管理应用型财会专业人才培养系列教材

财务报表分析

（第二版）

周晋兰　杨　昀　主编

科学出版社
北　京

内 容 简 介

本书从理论、方法和实务等方面系统地介绍如何正确解读与分析财务报表，具有三大特点：一是以哈佛分析框架为主体，全面阐释战略分析、会计分析、财务分析、前景分析的内容及逻辑关系；二是案例真实丰富，时效性强，全书以格力电器 2015~2019 年披露的财务报告展开分析，同时以同期美的集团财务指标进行对比，力图让本书的使用者全面掌握财务报表分析的基本方法，在领会哈佛分析框架原理的同时，理论联系实际，学以致用；三是体系完整，注重能力培养。各章既有识记类题目便于学生掌握知识点，又有上市公司案例和开放性问题启发学生思维、开阔学生视野，注重对学生综合应用能力的培养。

本书适合作为高等院校会计学、财务管理、审计学、金融学、投资学、财政学、市场营销、税务等专业的本科生教材，也可以作为相关专业硕士研究生入学考试的参考教材，并可作为企业、银行、证券和保险业工作者的学习参考书。

图书在版编目（CIP）数据

财务报表分析 / 周晋兰，杨昀主编. —2 版. —北京：科学出版社，2021.6

管理应用型财会专业人才培养系列教材

ISBN 978-7-03-068206-2

Ⅰ. ①财… Ⅱ. ①周… ②杨… Ⅲ. ①会计报表-会计分析-高等学校-教材 Ⅳ. ①F231.5

中国版本图书馆 CIP 数据核字（2021）第 039040 号

责任编辑：王京苏 / 责任校对：杨 赛

责任印制：吴兆东 / 封面设计：蓝正设计

科 学 出 版 社 出版

北京东黄城根北街 16 号

邮政编码：100717

http://www.sciencep.com

北京凌奇印刷有限责任公司印刷

科学出版社发行 各地新华书店经销

*

2017 年 3 月第 一 版 开本：787 × 1092 1/16

2021 年 6 月第 二 版 印张：19 1/2

2025 年 8 月第十四次印刷 字数：459 000

定价：56.00 元

（如有印装质量问题，我社负责调换）

第二版前言

《财务报表分析》第一版于 2017 年 3 月由科学出版社出版发行。自发行以来，本书深得用书师生的厚爱与好评，在此，真诚感谢大家的鼓励与支持!

《财务报表分析》以习近平新时代中国特色社会主义思想和党的二十大精神为指导，坚持落实立德树人的根本任务，坚决贯彻《中共中央关于认真学习宣传贯彻党的二十大精神的决定》要求，进行教材编写工作。本书章节依据著名的“哈佛分析框架”展开，以战略分析为起点，会计分析为基础，财务分析为核心，前景分析为终点，系统地介绍了“哈佛分析框架”原理及应用。本书通篇以珠海格力电器股份有限公司（简称格力电器）连续 5 年披露的年报为样本展开分析，同时与同期美的集团财务数据进行对比，力图让本书读者掌握财务报表分析的基本方法，在领会“哈佛分析框架”原理的同时，理论联系实际，学以致用。本书选用的上市公司紧密结合我国资本市场的现状，以家电行业巨头格力电器和美的集团连续 5 年的报表为例展开分析,紧扣时代脉搏，通过连续多年数据的动态分析，充分调动读者的学习兴趣，有效提升读者的实际操作能力。

目前，国内外经济形势发生了较大变化，国际经济环境不容乐观，国内经济环境处于前景看好的重要战略转型期。从家电行业看，行业调整依然持续，市场竞争激烈，格力电器、美的集团作为我国家电行业的领军企业，其发展趋势备受关注。本书通过对格力电器连续 5 年财务报表数据的计算、分析与评价，并与同期美的集团进行对比分析，旨在引导读者全面掌握财务分析的基本理论、基本方法和基本技能。

本次出版对第一版中的数据、分析、评价做了替换与修订，第一版中案例以格力电器、美的集团 2011 ~ 2015 年连续五年的报表为主线，对格力电器、美的集团的报表数据，运用“哈佛分析框架”原理做了全面的分析与评价。本次出版第二版将格力电器、美的集团报表数据时间修订为 2015 ~ 2019 年，各个章节的案例亦同步进行了修订，此次修订，对第一版中个别文字、图表、编排存在的问题进行了完善和修订。

党的二十大报告指出：“我们要坚持教育优先发展、科技自立自强、人才引领驱动，加快建设教育强国、科技强国、人才强国，坚持为党育人、为国育才，全面提高人才自主培养质量，着力造就拔尖创新人才，聚天下英才而用之。”教材是教学内容的主要载体，是教学的重要依据、培养人才的重要保障。在优秀教材的编写道路上，我们一直在努力。

《财务报表分析（第二版）》修订工作由周晋兰教授、杨昀教授完成。在修订过程中，程蕾教授、陈弘副教授提出了宝贵的修订意见，并参与了修订工作，在此表示深深的感谢！

由于笔者水平有限，书中难免存在疏漏，敬请读者批评指正。

周晋兰　杨昀

2024 年 1 月 10 日

目　录

第一章

财务报表分析概述

本章学习目标

1. 掌握财务报表分析的含义。
2. 了解财务报表分析的起源和发展。
3. 掌握财务报表分析的目的和内容。
4. 了解财务报表分析的程序与主体。
5. 理解并掌握会计报告的种类。
6. 掌握财务报表分析的主要方法。

第一节　财务报表分析的起源和发展

财务报表分析包括广义和狭义的概念。广义的财务报表分析是指利用企业的财务信息，对涵盖企业整体与局部、历史与未来、短期与长远的整体信息进行分析与评价，以揭示企业现实价值与未来价值。狭义的财务报表分析是指借助企业财务报表及报表附注等信息，以历史信息为依据，以揭示企业现阶段经营、财务状况和未来发展趋势的报表分析。

本书主要涉及狭义的财务报表分析内容，将财务报表分析定义如下：财务报表分析是指一定的财务分析主体以企业的财务报告等财务资料为依据，采用一定的标准，运用科学系统的方法，对企业的财务状况、经营成果、现金流量、财务信用、财务风险，以及财务总体情况和未来发展趋势的分析与评价。

财务报表的起源要追溯到中世纪的意大利城邦，为了征得财产税，要求编制财务报表。1673 年的法国《商法典》要求商人每两年编制反映全部不动产、动产、债券和负债的财产目录。

一、财务报表分析的起源

（一）英国财务报表分析的起源

英国的资产负债表是为向股东报告管理工作而发展起来的，对财务报告的分析也主要是由股东来完成的。

现代财务报表的主要形式源自 19 世纪的英国经验。在“南海泡沫”[①]事件发生 100 年后，1844 年英国颁布了《合股公司法》，要求公司必须向股东公布已审计的资产负债表。这种标准格式的资产负债表具备了当今资产负债表的雏形。它不仅仅是资产期初期末余额的简单罗列，要求将公司发行股票获得的股本收益和经营产生的资本公积分开，同时还按照流动性将资产和负债分为流动资产和固定资产、流动负债与长期负债。

“南海泡沫”使英国政府禁止设立股份公司和发行股票整整一个世纪，当股份公司再次在英国出现时，这种经审计的资产负债表首要解决的问题就是防止公司欺骗投资者，稳定资本市场。财务报表使用者阅读和分析财务报表的首要目的就是避免陷入金融诈骗。而这种资产负债表的内容和格式就清晰地说明了 19 世纪英国股东（或英国政府为了保护投资者）对财务报表的需求。

（二）美国财务报表分析的起源

在美国，资产负债表同样也是早期最主要的财务报表。但是，它们产生的原因却各不相同。19 世纪，美国的股份公司大多数是小型的，大部分资本不是通过发行股票而是依靠银行的短期借款筹集的。资产负债表主要以银行家为直接对象，银行对资产负债表的格式要求和报表分析成为美国财务报表分析的起源。这个时期，美国的银行家们认为债务人在贷款到期时的偿还能力与收益能力无关，而是与存货变现能力有着密切的关系，因此财务报表分析也只重视流动性，而不重视营利性。在这样的背景下产生了以流动比率指标为代表的信用分析，其中，美国著名的银行家亚历山大·沃尔（Alexander Wall）创立了比率分析体系。沃尔的比率分析体系，仅限于“信用分析”，所用的财务比率指标只有流动比率，主要为银行贷款提供信用分析，判断客户的偿债能力以防范银行贷款的违约风险。

二、财务报表分析的发展

财务报表分析的发展是随着报表使用者对信息需求的变化而变化的。在不同的发展阶段、不同的经济环境和不同的信息需求下，为了实现不同的财务报表分析目标，利益相关者或财务报表的阅读者对财务信息的需求不同，使财务报表分析体系演变成当今丰富的体系。

（一）以了解企业基本财务状况为目标的信用分析

19 世纪末 20 世纪初，美国企业在财务报表分析技术方面出现了许多重大突破，尤

① 见章末补充阅读材料 1-1。

其是以银行业为代表的信用分析和以铁路公司为代表的铁路建设投资分析。系统分析方法的出现和一些学者的研究使财务报表分析方法从一般经验中逐步显现出来，并形成一门学科。

当时财务报表分析的主要关注点在信用分析方面：出现了沃尔的信用分析指标；卡诺（Cannon）于 1906 年首次提出速动比率大致应为 2.5∶1。在投资分析方面：1909 年穆迪（John Moody）成立了信用评级公司，主要对铁路债券进行信用评级，此后，穆迪开始对公用事业和工业债券进行信用评级；查柏林（Lawrence Chamberlain）于 1911 年采用了伍德罗克（WoodLock）的营业比率、毛利比率、营业费用比率等财务比率进行信用分析。由于银行是主要的资金来源，这段时期财务报表分析的重心为信用分析，资产负债表是最主要的报表。

到了 20 世纪中期，财务分析专家们发现，在利用财务比率进行分析时需要一些比较的标准。因此，有些学者开始研究比率的统计分布，并且开始考虑是否应该为不同类型的企业建立不同的比率标准，于是在信用分析领域逐步形成了财务报表分析的实用比率学派。

（二）以了解企业盈利能力为目标的投资分析

以信用分析为中心的报表分析在 1920~1921 年商品萧条时期，经受了严峻的考验。商品萧条时期，美国盘存商品的变现价值大大低于实际成本，现金流量减少，偿还贷款也变得困难起来。随着信用的丧失，银行家们看到了仅以流动性为基础的贷款政策的局限性，所以，大量发行股票就成为一般公司扩大规模的资金源泉。当股票发行成为外部资金的主要来源，股东成为财务报表的主要使用者时，财务分析的重心就从信用分析扩展到投资分析，主要是盈利能力的分析，同时损益表也就成为更重要的报表。

（三）以改善经营管理为目标的内部分析

第二次世界大战以后，企业规模不断扩大，特别是公司制的企业组织形式出现后，经营活动日趋复杂。商业环境的变化促使财务报表分析重心由外部转向企业内部。企业在接受银行的分析与咨询过程中，逐渐认识到财务报表分析的重要性，开始由被动地接受分析逐步转变为主动地进行自我分析，分析的结果一方面用于应对银行家们的责难；另一方面用于企业的经营管理。

20 世纪 80 年代，全球经济进入一体化与知识化阶段以来，企业越来越明显地感受到来自国内外的双重压力，市场环境变幻莫测，经营条件日趋复杂，专注于企业经营管理的内部分析不断扩大和深化，成为财务报表分析的重心。同时，内部财务分析目标更加多元化，资料的可获得性也优于外部分析人员，这就为扩大分析领域、提高分析效果、发展分析技术提供了前提条件。

（四）以企业价值评估和证券定价为目标的资本市场分析

现代会计是资本市场发展的产物，现代财务报表也是为服务资本市场而建立起来的。资本市场的发展渗透到社会经济生活的各个方面，公司财务学也将其研究的重点转向资本市场。

现代财务学中，“有效市场假说”（efficient markets hypothesis，EMH）和“资本资产定价模型”（capital asset pricing model，CAPM）是在资本市场中研究财务报表分析的两个最重要的假说。财务报表分析逐渐被应用于解释和预测证券投资报酬及其风险水平，通过研究会计收益的性质及其与证券投资回报之间的统计关系，研究者发现，会计收益的变化能够对证券投资的回报产生影响，因而得出的结论是，所有能够预测非预期会计收益变化的财务分析方法都是有用的。

西方国家的实践证明，财务报表分析的确是现代投资者和证券分析师等评估企业投资价值的一种基本手段，财务报表分析是证券定价基础分析的重要组成部分。在资本市场日益发达的今天，为企业价值评估和证券定价目的进行的财务报表分析逐步成为财务报表分析的主要内容。

第二节 财务报表分析的目标、内容和基础

一、财务报表分析的目标

财务报表分析的目标是建立财务报表分析理论体系和内容体系的关键。财务报表分析的目标应与财务报表分析者的目标一致。

因此，研究财务分析的目标要满足投资者、债权人、经营管理者及其他利益相关者决策与控制的需要，财务报表分析的目标可以从以下几个方面进行。

（一）企业股权投资者财务报表分析目标

企业的股权投资者包括企业的所有者和潜在投资者，他们进行财务报表分析的目标如下：第一，是看企业的盈利能力状况，因为盈利能力是投资者资本保值和增值的关键；第二，投资者还关心企业的权益结构、支付能力及营运状况，这是决定企业是否具有良好发展前景的重要方面；第三，对企业所有者而言，进行财务报表分析也能评价企业经营管理者的经营业绩，发现经营过程中存在的问题，从而通过行使股东权利，对企业进行监督管理。

（二）企业债权投资者财务报表分析目标

企业的债权投资者包括向企业借款的银行和其他金融机构，以及购买企业债券的单位和个人等。企业的债权投资者对企业进行财务报表分析的主要目的是偿债能力和盈利能力分析相结合。作为债权投资者，第一，他们关心企业的偿债能力和信用状况；第二，他们也要看企业的收益情况与风险程度是否匹配。

（三）企业经营管理者财务报表分析目标

企业经营管理者主要是指企业的总经理以及各分厂、部门、车间的管理人员。作为

企业直接的管理者，他们进行财务报表分析的目标如下：第一，关心企业盈利能力的各项指标结果，如净资产报酬率等；第二，关心盈利的原因和过程，如资产结构分析、营运状况与效率分析、财务风险与经营风险分析等，目的是及时发现生产经营中的不足，并采取有效措施及时解决问题。

（四）其他财务报表分析者财务报表分析目标

其他财务分析者主要是指与企业经营有关的企业单位和国家行政管理与监督部门。与企业经营相关的企业单位包括材料供应商、产品订购商，他们进行报表分析的目标是明晰企业的商业信用和财务信用状况。

国家行政管理与监督部门主要包括工商、物价、财政、税务及审计部门。他们进行财务报表分析的目标如下：第一，监督国家各项经济政策、法规、制度在企业的执行情况；第二，保证企业财务信息的真实、准确性，为宏观经济决策提供可靠信息。

二、财务报表分析的内容

不同的财务报表使用者，由于其对财务信息的需求不同，因而相应的财务报表分析的内容也不同。概括起来，主要包括以下几个方面。

（一）资本结构分析

企业在生产经营过程中周转使用的资金，是从不同的来源取得的（包括从债权人借入和企业自有两大部分），又以不同的形态分配和使用（包括流动资产、固定资产、无形资产、其他资产等）。资本结构的健全和合理与否，直接关系到企业经济实力的充实和经济基础的稳定与否。如果资本结构健全、合理，企业的经济基础就比较牢固，就能承担各种风险；反之，如果资本结构不合理，企业的经济基础就会变得薄弱，难以承担各种风险。分析资本结构，对于企业的经营者、投资者或债权人，都具有十分重要的意义。

（二）偿债能力分析

企业在生产经营过程中，为了弥补自有资金的不足，经常通过举债来筹集部分生产经营资金。但是举债必须以能偿还为前提。如果企业不能按时偿还所负债务的本息，那么企业的生产经营就会陷入困境，以致危及企业的生存。因此，对于企业经营者来说，通过财务报表分析，测定企业的偿债能力，有利于其做出正确的筹资决策和投资决策；而对债权人来说，偿债能力的强弱是他们做出贷款决策的决定性依据。

（三）盈利能力分析

盈利能力，即赚取利润的能力。获取利润是企业生产经营的根本目的，也是投资者投资的基本目的。获利能力的大小显示着企业经营管理的成败和企业未来前景的好坏，因而是企业经营者和投资者财务报表分析的重点。

（四）营运能力分析

企业筹集资金是为了使用。如果资金得到充分有效的使用，则企业必能获得较多的收入，而且能减少对资金供应量的需求；反之，如果筹集到的资金得不到充分有效的使用，不仅不能给企业带来利益，而且还会给企业带来负担。因此，营运能力的高低，直接关系到企业获利能力的大小，预示着企业未来的发展前景，因而是企业经营者和投资者进行财务报表分析的一项重要内容。

（五）发展能力分析

企业发展能力通常是指企业未来生产经营活动的发展趋势和发展潜能，也可称作企业增长能力。这需要企业经营者运用股东和债权人的资本进行有效运营、合理控制成本、增加收入、获得利润，补偿债务资本之后从而实现股东财富的增长，进而增加企业价值。这种增长的潜力就是发展能力，对这种能力的分析就能预测企业的成长性，从而评估企业价值。

（六）综合分析

财务报表综合分析是指从影响企业经营的各个方面入手，通过综合指标体系的选择，将财务分析纳入一个有机的整体之中，对企业经营者成果、财务状况进行全面分析，从而对企业进行全面、客观、准确的评价。

三、财务报表分析的基础

财务报表分析的依据是财务分析进行的基础，可进一步划分为财务信息和非财务信息，财务信息主要是指从企业内部获得的资料，如企业的财务报表和报表附注。财务报表是对企业财务状况、经营成果和现金流量的结构性表述。根据《企业会计准则第 30 号——财务报表列报》，财务报表至少应当包括下列组成部分。

（1）资产负债表。资产负债表是反映企业一定日期财务状况的财务报表。通过资产负债表可以了解企业资产规模；了解企业资产结构以及资本结构是否合理。

（2）利润表。利润表是反映企业一定期间生产经营成果的财务报表。通过利润表可以了解企业的经营成果和获利能力，以及企业的成本控制水平。

（3）现金流量表。现金流量表是反映企业一定会计期间现金和现金等价物流入和流出的报表。通过现金流量表可以了解企业的支付能力和偿债能力，了解企业的现金流量并预测企业未来的现金流量。通过相关指标的计算还可以进一步了解现金流量的充裕程度。

（4）所有者权益（股东权益，下同）变动表。所有者权益变动表应当反映构成所有者权益的各组成部分当期的增减变动情况。

（5）附注。附注是对在资产负债表、利润表、现金流量表和所有者权益变动表等报表中列示项目的文字描述或明细资料，以及对未能在这些报表中列示项目的说明等。附注应当披露财务报表的编制基础，相关信息应当与资产负债表、利润表、现金流量表和所有者权益变动表等报表中列示的项目相互参照。

非财务信息是指从企业的内部和外部获得的财务报表以外的财务信息，如国家宏观调控政策、行业数据、市场占有率等。

第三节　财务报表分析的程序和主体

一、财务报表分析的程序

财务报表分析的程序，就是指进行财务分析的具体步骤，一般包括以下几步。

（一）明确分析的目的

任何财务报表分析者在进行财务分析时都有一定的目的性，分析的主体不同，财务分析的目的就不同。财务报表分析的目的是财务分析的起点，它决定了后续分析的内容和分析结论。因此，进行财务分析前先要明确分析的目的。

（二）确定分析的范围

明确了财务报表分析的目的，就可以按照成本效益原则确定分析范围，以做到有的放矢，将有限的精力放在分析重点上，以节约收集分析资料、选择分析方法的成本。

（三）收集相关资料

保证财务报表分析的客观性和准确性的基本条件之一，就是要搜集全面、真实、准确的分析对象的资料。财务分析的范围决定了所需搜集的相关资料的数量，范围小，所需资料少；而全面的财务分析，则需要搜集各方面的经济资料，如财务信息的资料和非财务信息的资料。此外，为了保证财务分析的有效进行，在开展财务分析之前，还要对搜集的资料进行必要的筛选、加工和整理。

（四）选择分析方法

财务报表分析的目的和范围不同，所选用的分析方法也不同。常用的财务分析方法有水平分析法、垂直分析法、比率分析法、趋势分析法和因素分析法等。这些方法各有特点，在进行财务分析时可以结合使用。通过对财务分析对象的实际情况进行深入研究、科学计算、横向和纵向比较、动态和静态分析等，从中发现财务管理中成功的经验，抓住主要矛盾，揭示存在的问题，并找出问题产生的原因。

（五）做出分析结论

财务报表分析的最终目的是为财务决策提供依据。通过比较与分析，可以提出各种方案，然后权衡各种方案的利弊得失，选出最佳方案，做出决策。此外，利用财务分析，可以分析、总结过去好的经验，找出问题及其产生的原因，提出改善工作的建议和需要采取的相应措施，进一步促进企业管理水平的提高。

二、财务报表分析的主体

在现代社会中，经济关系复杂多变，在设立公司、开办厂矿、购买债券、投资股票、就业求职等经济活动中，几乎每一个自然人都在充当一个或多个角色，而这些经济活动都需要事先了解企业的财务信息。因此，从结构上看，财务报表分析的主体构成复杂，几乎涵盖社会各阶层、各行业，而不同的主体对财务报表分析的目的各有侧重。从总体上看，财务报表分析的主体进行分析的目的是通过财务报表提供的会计信息，揭示数字背后的信息，了解企业生产经营状况和未来发展趋势，以获取对自己有用的信息。

财务报表分析的主体几乎包括全社会各类人士，如权益投资人、债权人、经理人员、政府机构和其他与企业有利益关系的人士。他们出于不同目的而使用财务报表，需要不同的信息，会采用不同的分析程序，对财务报表进行详细解读和深入分析。下面，我们以会计主体的视角，对财务报表分析的主体进行分类和归纳。

（一）债权人

债权人是指借款给企业并得到企业还款承诺的人。债权人关心企业是否具有偿还债务的能力。债权人可以分为短期债权人和长期债权人。债权人的主要决策包括决定是否给企业提供信用、是否需要提前收回债权。他们进行财务报表分析是为了回答以下几个方面的问题。

（1）公司为什么需要额外筹集资金？

（2）公司还本付息所需资金的可能来源是什么？

（3）公司对于以前的短期和长期借款是否按期偿还？

（4）公司将来在哪些方面还需要借款？

（二）投资人

投资人是指公司的权益投资人，即普通股股东。普通股股东投资于公司的目的是扩大自己的财富。他们所关心的是偿债能力、收益能力及投资风险等。权益投资人进行财务报表分析，是为了回答以下几个方面的问题。

（1）公司当前和长期的收益水平高低，以及公司收益是否容易受重大变动的影响。

（2）目前的财务状况如何，公司资本结构决定的风险和报酬如何？

（3）与其他竞争者相比，公司处于何种地位？

（三）经营者

经营者是指被所有者聘用的、对公司资产和负债进行管理的由个人组成的团体，有时也称为“管理当局”。经营者关心公司的财务状况、盈利能力和持续发展的能力。经营者可以获取外部使用人无法得到的内部信息。他们分析报表的主要目的是解决以下几个方面的问题。

（1）对所有者负责，了解获利能力，以及获利的原因与过程。

（2）了解管理的质量和效率，以便及时发现生产经营中存在的问题与不足。

（3）了解财务结构与风险，以及资源配置是否合理有效，是否能充分利用现有资源实现更多赢利。

（4）了解企业资本营运能力，以保证企业可持续经营。

（5）了解企业未来发展趋势和前景如何。

（四）政府机构有关人员

政府机构也是公司财务报表的使用人，包括税务部门、国有企业的管理部门、证券管理机构、会计监管机构和社会保障部门等。他们使用财务报表是为了履行自己的监督管理职责。他们分析报表主要是为了实现以下几个方面。

（1）获取企业财务信息，是为了支持宏观经济信息系统的需要。

（2）关心企业经营的经济效果和社会效果，是为了掌控国家资源配置和运用情况。

（3）监督和检查国家各项经济政策、法规、制度在企业的执行情况。

（4）监督和保证企业财务信息和财务报表的真实性、准确性。

（五）业务关联单位

业务关联单位主要是指供应商、客户及竞争对手。他们分析报表主要是为了实现以下几个方面。

（1）出于保护自身利益的需要，关注往来企业的财务状况和经营情况。

（2）最为关注的是企业的信用状况，包括商业信用和财务信用，以做出往来业务的决策。

（3）竞争对手为了抢占市场先机，或者保护自身市场份额，要做到知己知彼。

（六）企业内部员工

企业内部员工是直接利益相关者，企业的现在和将来、生存和发展、经营和环境，都可通过对报表的关注来了解企业财务状况、经营成果及现金流量状况。他们分析报表主要是为了实现以下两个方面。

（1）了解企业的债务结构，这是企业所提供的就业机会及其稳定性的基础。

（2）了解盈利能力，这是劳动报酬的高低与职工福利好坏的直接影响因素。

（七）其他人士

其他人士主要指财务报表分析的专业人员和潜在投资者。

第四节 财务报表分析的方法

一、水平分析法

水平分析法，也称横向比较法，是指将反映企业报告期财务状况、经营成果和现金流量的信息与反映企业前期或历史某一时期财务状况、经营成果和现金流量的信息进行对比，研究企业财务状况、经营成果和现金流量发展变动情况的一种财务分析方法。一般而言，水平分析法所进行的对比，不是对单一项目进行比较分析，而是对反映某方面情况的财务报表进行全面、综合的对比分析。

水平分析法的基本原理是将报表资料中不同时期的同类项目数据进行对比，对比的方式主要有绝对数和相对数两种，即分别计算变动额和变动率。其计算公式为

变动额=某项目分析期额−同类项目基期金额

变动率=（变动额 ÷ 基期的实际数值）× 100%

变动额衡量的是企业财务报表某一项目的变动规模；变动率衡量的是企业财务报表某一项目的变动程度，可以是上年度，也可以是以前某年度。以上两种形式的对比应同时进行，以免得出片面甚至错误的结论。

【例 1-1】格力电器 2018 年和 2019 年两年利润表的部分数据如表 1-1 所示。

表 1-1 格力电器比较利润表

项目	2018 年/万元	2019 年/万元	增加（减少）	
			差额/万元	百分比
一、营业收入	19 812 317.71	19 815 302.75	2 985.04	0.02%
减：营业成本	13 823 416.77	14 349 937.26	526 520.49	3.81%
税金及附加	174 189.27	154 298.37	−19 890.90	−11.42%
销售费用	1 889 957.80	1 830 981.22	−58 976.58	-3.12%
管理费用	436 585.01	379 564.56	−57 020.45	−13.06%
财务费用	−94 820.14	−242 664.34	−147 844.20	155.92%
资产减值损失	26 167.42	0.00	−26 167.42	−100.00%
加：公允价值变动净收益	4 625.74	22 826.41	18 200.66	393.46%
投资收益	10 676.89	−22 663.48	−33 340.37	−312.27%
其中：对联营企业和合营企业的投资收益	56.05	−2 098.32	−2 154.38	−3 843.57%
二、营业利润	3 099 688.47	2 960 510.71	−139 177.76	−4.49%
营业外收入	31 785.77	34 570.67	2 784.89	8.76%
减：营业外支出	4 123.47	59 810.66	55 687.19	1 350.49%
三、利润总额	3 127 350.77	2 935 270.72	−192 080.05	−6.14%
减：所得税	489 447.79	452 546.36	−36 901.43	−7.54%
四、净利润	2 637 902.98	2 482 724.36	−155 178.62	−5.88%

根据表 1-1 的资料，分析如下：2019 年格力电器的营业收入仅比 2018 年增加 2 985.05 万元（0.02%），2019 年净利润比 2018 年减少 155 178.62 万元（下降 5.88%）。净利润主要是由营业成本增加 526 520.49 万元（3.81%）和营业外支出增加 55 687.19 万元（1 350.49%）引起的。

从水平分析数据可以看出，这两年格力电器的财务费用均为负数，原因可能如下：①公司的银行存款余额大大高于公司银行借款余额，使利息收入大于利息支出；②公司资金转移给其他企业使用，尤其是给关联企业使用，上市公司收取手续费计入利息收入，高额利息收入与利息支出相抵后导致财务费用为负；③公司持有大量外币，在利率波动的情况下获得巨额的汇兑收益，加上利息支出较少，使汇兑收益大于利息支出。

二、垂直分析法

垂直分析法也称结构分析法、纵向分析法，是指通过计算财务报表中各项目占总体的比重或结构，来反映财务报表中的项目与总体结构关系的一种分析方法。垂直分析法可分别应用于资产负债表、利润表、现金流量表等财务报表的分析。财务报表经过垂直分析法处理后，通常被称为总体结构报表、同度量报表、共同比报表等。

垂直分析法的一般步骤如下：

（1）确定报表中各项目占总额的比重或百分比。其计算公式如下：

某项目的比重=（该项目的金额 ÷ 总体的金额）×100%

（2）通过各项目的比重分析各项目在企业经营中的重要性。一般而言，项目比重越大，说明其重要程度越高，对总体影响越大。

（3）将分析期各项目的比重与前期同项目比重对比，研究各项目的比重变动情况，也可将本企业报告期某项目比重与同行业企业同期同项目比重进行对比，从而确定差异。

在应用垂直分析法时，需要注意：总体基础的选择需要事先明确。例如，可以选择资产总额、营业收入等作为总体基础。另外，在进行同一企业前后期或不同企业同一期的结构对比时，应尽量保持结构比重计算口径的一致性。

【例 1-2】以上述格力电器 2018 年和 2019 年两年利润表为例，其分析数据如表 1-2 所示。

表 1-2　格力电器共同比利润表

项目	2018 年/万元	2019 年/万元	2018 年增加（减少）	2019 年增加（减少）
一、营业收入	19 812 317.71	19 815 302.75	100.00%	100.00%
减：营业成本	13 823 416.77	14 349 937.26	69.77%	72.42%
税金及附加	174 189.27	154 298.37	0.88%	0.78%
销售费用	1 889 957.80	1 830 981.22	9.54%	9.24%
管理费用	436 585.01	379 564.56	2.20%	1.92%
财务费用	−94 820.14	−242 664.34	−0.48%	−1.22%
资产减值损失	26 167.42	0.00	0.13%	0.00
加：公允价值变动净收益	4 625.74	22 826.41	0.02%	0.12%

续表

项目	2018 年/万元	2019 年/万元	2018 年增加（减少）	2019 年增加（减少）
投资收益	10 676.89	−22 663.48	0.05%	−0.11%
其中：对联营企业和合营企业的投资收益	56.05	−2 098.32	0.00	−0.01%
二、营业利润	3 099 688.47	2 960 510.71	15.65%	14.94%
加：营业外收入	31 785.77	34 570.67	0.16%	0.17%
减：营业外支出	4 123.47	59 810.66	0.02%	0.30%
三、利润总额	3 127 350.77	2 935 270.72	15.78%	14.81%
减：所得税	489 447.79	452 546.36	2.47%	2.28%
四、净利润	2 637 902.98	2 482 724.36	13.31%	12.53%

根据表 1-2 的资料，分析如下：格力电器 2019 年与 2018 年相比，营业成本每单位（万元）增加了 2.65 个百分点（72.42%−69.77%），使得净利润占比下降了 0.78 个百分点（12.53%− 13.31%）。

三、趋势分析法

趋势分析法是指根据企业连续几年或几个时期的分析资料，运用指数或动态比率的计算，比较和研究不同会计期间相关项目的变动情况和发展趋势的一种财务分析方法。

趋势分析法既可用于对财务报表的整体分析，即研究一定时期财务报表所有项目的变动趋势，也可对某些主要指标的发展趋势进行重点分析。趋势分析法的基本原理如下。

第一，计算趋势比率或指数。趋势指数的计算通常有两种方法。

（1）定基指数。定基指数是指财务报表中各个时期的指数都是以某一固定时期为基期来计算的。计算公式为

定基指数=比较期指标数 ÷ 基期指标数

（2）环比指数。环比指数是指在连续数年的财务报表中，计算后一年度各个项目对前一年度同一项目的百分比，随后类推，形成一系列比值，借以显示各个项目在分析期间内的总的趋势，这种分析的基期是变动的。计算公式为

环比指数=（分析期指标数值−上一期某指标数值）/上一期某指标数值 × 100%

第二，根据指数计算结果，评价与判断企业该指标的变动趋势及其合理性。

第三，根据企业分析期分析该项目的变动情况，研究其变动趋势或总结其变动规律，从而可预测出企业该项目的未来发展情况。

采用趋势分析法时，应注意以下问题。

（1）用于进行对比的各个时期的指标，在计算口径上必须一致。

（2）剔除偶发性项目的影响，使作为分析的数据能反映正常的财务状况；进行定基比趋势分析时，首先要选取一个合适的基期，将各年要比较的财务报表上的项目以基期指数作为 100，除以基期该项目的金额来衡量各项目的增减变化。如果选取的基年并不典型，将会影响分析效果。避免这一问题的方法之一是，以两年或三年的平均数作为基期指数 100，然后以各年财务报表上要比较的项目除以这一基期指数即可。

（3）应用例外原则，对有显著变动的指标应做重点分析，研究其产生的原因，以便采取对策，趋利避害。

【例 1-3】以格力电器 2018 年和 2019 年利润表为例，以 2017 年为基期，分析数据如表 1-3 所示。

表 1-3 格力电器趋势比较利润表

项目	2017 年/万元	2018 年/万元	2019 年/万元	2018 年		2019 年	
				定基指数	环比指数	定基指数	环比指数
一、营业收入	14 828 645.00	19 812 317.71	19 815 302.75	133.61%	33.61%	133.63%	0.02%
减：营业成本	9 956 291.28	13 823 416.77	14 349 937.26	138.84%	38.84%	144.13%	3.81%
税金及附加	151 303.54	174 189.27	154 298.37	115.13%	15.13%	101.98%	−11.42%
销售费用	1 666 026.85	1 889 957.80	1 830 981.22	113.44%	13.44%	109.90%	−3.12%
管理费用	607 114.37	436 585.01	379 564.56	71.91%	−28.09%	62.52%	−13.06%
财务费用	43 128.47	−94 820.14	−242 664.34	−219.86%	−319.86%	−562.65%	155.92%
资产减值损失	26 378.70	26 167.42	—	99.20%	−0.80%	—	—
加：公允价值变动净收益	921.25	4 625.74	22 826.41	502.12%	402.12%	2 477.76%	393.46%
投资收益	39 664.81	10 676.89	−22 663.48	26.92%	−73.08%	−57.14%	−312.27%
其中：对联营企业和合营企业的投资收益	648.75	56.05	−2 098.32	8.64%	−91.36%	−323.44%	−3 843.57%
二、营业利润	2 612 666.60	3 099 688.47	2 960 510.71	118.64%	18.64%	113.31%	−4.49%
加：营业外收入	51 105.91	31 785.77	34 570.67	62.20%	−37.80%	67.65%	8.76%
减：营业外支出	2 054.02	4 123.47	59 810.66	200.75%	100.75%	2 911.89%	1 350.49%
三、利润总额	2 661 718.50	3 127 350.77	2 935 270.72	117.49%	17.49%	110.28%	−6.14%
减：所得税	410 858.59	489 447.79	452 546.36	119.13%	19.13%	110.15%	−7.54%
四、净利润	2 250 859.90	2 637 902.98	2 482 724.36	117.20%	17.20%	110.30%	−5.88%

根据表 1-3 的资料，分析如下：2018 年，格力电器的营业收入的定基增长速度和环比增长速度呈现增长趋势。2019 年定基增长速度为 133.63%，环比增长速度为 0.02%，说明 2019 年格力电器增长趋势减弱。2019 年营业收入增长速度减慢的原因，需结合企业报表其他信息和宏观环境进一步进行分析。

四、比率分析法

比率分析法，是指把财务报表之间相关联的财务指标加以对比，计算出比率，据以确定经济活动变动程度的分析方法。比率是相对数，采用这种方法，能够把某些条件下的不可比指标变为可比指标，以利于进行分析。

（一）相关比率分析

相关比率是以两个相互联系但又不同的财务指标相除求得的。以两个指标的相除求得的比率，也就是通常所说的相对指标。利用相关比率指标，可以考察有联系的相关业务安排得是否合理。例如，流动负债除以流动资产得出流动比率，可以分析企业短期偿债能力的强弱。

（二）构成比率分析

构成比率又称结构比率，是以某项财务指标的某个组成部分的数据除以该项财务指标的总和数据求得的，也就是通常所说的比重。所以，构成比率分析就是比重分析。使用构成比率，可以考察总体中某个部分的形成和安排是否合理，以便协调各项财务活动。例如，负债除以资产等于资产负债率，通过资产负债率指标可以了解企业的资本结构是否合理。

比率分析法的优点是计算简便，计算结果容易判断。但是使用这一方法时，应注意：一是对比指标的相关性。计算比率的子项和母项必须具有相关性，对不相关的指标进行对比是没有意义的。二是对比口径的一致性。计算比率的子项和母项必须在计算时间、范围等方面保持口径一致。三是衡量标准的科学性。运用比率分析，需要选用一定的标准与之对比，以便对财务状况做出评价。

五、因素分析法

因素分析法是指在许多因素对某一项指标综合发生作用的情况下，分别确定各个因素的变动对该指标变动的影响。因素分析法的计算程序如下。

（1）列出各个因素的预算数和实际数。

（2）依次以每个因素的实际数替换预算数，有几个因素就替换几次，直到所有因素都由预算数替换成实际数，并计算出“替换指标”；然后将各次替换与替换前的指标相比较，两者的差额，就是某一因素对预算完成结果的影响程度。

（3）将各个因素的影响值相加，即实际数与预算数之间的总差额。

因素分析法常用的方法有连环替代法和差额计算法两种。

（一）连环替代法

连环替代法是指确定影响因素，并按照一定的替换顺序逐个因素替换，计算出各个因素对综合性经济指标变动程度的一种计算方法。

假定某项财务指标 A 的影响因素为 a、b、c，对差异额的影响与该财务指标的关系为乘积关系，即

$$\text{计划指标 } A_0=a_0\times b_0\times c_0$$

$$\text{实际指标 } A_n=a_n\times b_n\times c_n$$

$$\text{实际指标与计划指标的差异}=A_n-A_0=X$$

各因素对上述差异的影响程度：

$$\text{计划指标 } A_0=a_0\times b_0\times c_0 \quad ①$$

$$\text{第一次替代}=a_n\times b_0\times c_0 \quad ②$$

$$\text{第二次替代}=a_n\times b_n\times c_0 \quad ③$$

$$\text{第三次替代}=a_n\times b_n\times c_n \quad ④$$

$$因素 a 对差异额的影响=②-①=X_1$$
$$因素 b 对差异额的影响=③-②=X_2$$
$$因素 c 对差异额的影响=④-③=X_3$$
$$全部因素的影响= X_1+X_2+X_3=X$$

（二）差额计算法

差额计算法是因素分析法在实际应用中的一种简化形式。这种方法先计算出各因素实际数和预算数的差额，然后再按照一定的替换程序，依次计算出各因素变动对预算完成的影响程度。

假定某项财务指标 A 的影响因素为 a、b、c，与该财务指标的关系为乘积关系，即

$$计划指标 A_0=a_0\times b_0\times c_0$$
$$实际指标 A_n=a_n\times b_n\times c_n$$

因素 a 变动的影响：

$$(a_n-a_0)\times b_0\times c_0=X_1$$

因素 b 变动的影响：

$$a_n\times(b_n-b_0)\times c_0=X_2$$

因素 c 变动的影响：

$$a_n\times b_n\times(c_n-c_0)=X_3$$
$$全部因素的影响=X_1+X_2+X_3=A_n-A_0=X$$

【例 1-4】某企业 2019 年 3 月某种原材料费用的实际数量是 4 620 元，而其计划数是 4 000 元，实际比计划超支 620 元（表 1-4）。要求：运用因素分析法分析材料费用超支 620 元的原因。

表 1-4　某企业材料费用表

项目	单位	计划数	实际数
产品产量	件	100	110
单位产品材料消耗量	千克	8	7
材料单价	元	5	6
材料费用总额	元	4 000	4 620

第一，运用连环替代法进行分析。

（1）材料费用总额实际与计划的差异：

计划指标：100×8×5=4 000（元）

实际指标：110×7×6=4 620（元）

差额：4 620-4 000=620（元）

（2）各因素对材料费用总额的影响程度：

计划指标：100×8×5=4 000（元）　①

第一次替代：110×8×5=4 400（元）　②

第二次替代：110×7×5=3 850（元）　③

第三次替代：110 × 7 × 6=4 620（元） ④

实际指标：

②–①=4 400–4 000=400（元）

由于产量增加的影响，成本增加 400 元。

③–②=3 850–4 400=–550（元）

由于材料节约的影响，成本降低 550 元。

④–③=4 620–3 850=770（元）

由于单价提高的影响，成本增加 770 元。

全部因素汇总影响：

400–550+770=620（元）

第二，运用差额计算法进行分析。

（1）材料费用总额实际与计划的差异：

计划指标：100 × 8 × 5=4 000（元）

实际指标：110 × 7 × 6=4 620（元）

差额：4 620–4 000=620（元）

（2）各因素对材料费用总额的影响程度：

产量增加的影响：

（110–100）× 8 × 5=400（元）

由于产量增加，成本增加 400 元。

材料节约的影响：

110 ×（7–8）× 5=–550（元）

由于材料节约，成本降低 550 元。

价格提高的影响：

110 × 7 ×（6–5）=770（元）

由于单价提高，成本增加 770 元。

全部因素汇总影响：

400–550+770=620（元）

（三）注意事项

在运用因素分析法时，应注意以下问题。

（1）因素分解的关联性。确定构成经济指标的因素，必须是客观上存在着因果关系，且能够反映形成该项指标差异的内在构成原因的，否则就失去了存在价值。

（2）因素替代的顺序性。替代因素时，必须按照各因素的依存关系，排列成一定的顺序并依次替代，不可随意加以颠倒，否则就会得出不同的计算结果。一般而言，确定正确排列因素替代顺序的原则是，按分析对象的性质，从诸因素相互依存关系出发，并使分析结果有助于分清责任。

（3）顺序替代的连续性。连环替代法在计算每一个因素变动的影响时，都是在前一次计算的基础上进行，并采用连环比较的方法确定因素变化影响之和，因为只有保持计算程序上的连环性，才能使各个因素影响之和等于分析指标变动的差异，以全面说明分析指标变动的原因。

（4）计算结果的假定性。连环替代法计算的各因素变动的影响数，会因替代计算顺序的不同而有差别，因而计算结果不免带有假定性，即它不可能使每个因素计算的结果都达到绝对的准确，它只是在某种假定前提下的影响结果。离开了这种假定前提条件，也就不是这种影响结果。为此，分析时，财务人员应力求使这种假定是合乎逻辑的假定，是具有实际经济意义的假定。这样，计算结果的假定性，才不至于妨碍分析的有效性。

六、综合分析法

企业的各项财务活动、各张财务报表、各项财务指标是相互联系并相互影响的。这就需要财务报表使用者将企业财务活动看作一个大系统，将不同财务报表和不同财务指标结合起来。对系统中相互依存、相互作用的各种因素进行综合分析，有利于财务报表使用者全方位地了解所分析企业的财务状况、经营成果和现金流量，借以对所分析企业整体做出系统、全面的评价。

应用比较广泛的综合分析法有杜邦财务分析体系、沃尔评分法等。

（一）杜邦财务分析体系

杜邦财务分析体系是指利用各个主要财务比率指标之间的内在联系，建立财务分析指标体系，综合分析企业的财务状况的方法。由于该分析方法是由杜邦公司的财务主管布朗发明，并由杜邦公司最初采用，所以称为杜邦财务分析体系。整个指标体系呈金字塔形状。最上面的是净资产收益率，它是企业财务管理的核心指标，与企业财务管理目标的相关性最大，是投资人最关心的指标。接着对资产收益率进行层层分解，反映出它是由哪些指标计算得出的、受哪些因素的影响。在这个指标体系的最底层，反映的是会计六大要素的构成，即资产、负债、所有者权益、收入、费用和利润的项目构成。该指标体系简明直观，一目了然，同时又从会计的六大要素入手，反映出由六大会计要素所构成的相关财务指标，最终反映这些财务指标与核心指标净资产收益率之间的关系。本书第十章将对这一方法进行详细介绍。

（二）沃尔评分法

沃尔评分法是由亚历山大·沃尔率先提出的，他在20世纪初出版的《信用晴雨表研究》和《财务报表比率分析》中提出了信用能力指数的概念，把若干个财务比率用线性关系结合起来，以此来评价企业的信用水平。其基本原理和步骤如下：①选定七个财务指标，这些财务指标能综合评价企业的信用水平；②按照各财务指标的重要程度，分别给定其在总评价中的比重；③确定各财务指标的标准比率，通常现实条件下行业的较优值总和为100分；④计算出被评价企业的七个财务指标的实际比率；⑤计算财务指标实际比率与标准比率的关系比率，即关系比率=实际比率/标准比率；⑥求出财务指标的综合指数及合计数。格力电器 2019 年沃尔比重评分表如表 1-5 所示。

表 1-5 格力电器 2019 年沃尔比重评分表

财务比率	权重 ①	标准值 ②	实际值 ③	相对比率 ④=③/②	综合分数 ⑤=①×④
流动比率	25	2	1.26	0.63	15.75
净资产/负债总额	25	1.5	0.66	0.44	11.00
资产/固定资产	15	2.5	14.80	5.92	88.80
销售成本/存货	10	8	6.51	0.81	8.14
销售收入/应收账款	10	6	24.44	4.07	40.73
销售收入/固定资产	10	4	10.57	2.64	26.43
销售收入/净资产	5	3	1.77	0.59	2.95
合计	100				193.8

注：表 1-5 评析请参见第十章第三节沃尔评分法

➢补充阅读材料 1-1

“南海泡沫”发生于 17 世纪末到 18 世纪初的英国股市。长期的经济繁荣使英国私人资本不断集聚，社会储蓄不断膨胀，投资机会却相应不足，大量暂时闲置的资金迫切寻找出路，而当时股票的发行量极少，拥有股票是一种特权。一家名为“南海”的股份有限公司于 1711 年宣告成立，当时由于南海公司为支持英国债券信用购买了大量英国国债，作为回报，政府给予其税收和其他优惠。到 1720 年，南海公司更通过贿赂政府，向国会推出以南海股票换取国债的计划，促使南海公司股票大受追捧，投资者趋之若鹜，其中包括半数以上的参众议员，就连英国国王也禁不住诱惑，认购了价值 10 万英镑的股票。由于购买踊跃，股票供不应求，公司股票价格狂飙。从 1719 年 1 月的每股 128 英镑上升到 7 月的每股 1 000 英镑，6 个月涨幅高达 700%，在南海公司股票示范效应的带动下，市场上随即出现不少“泡沫公司”浑水摸鱼，试图趁南海股价上升的同时分一杯羹，全英国所有股份公司的股票都成了投机对象。脱离常规的投资狂潮引发了股价暴涨和暴跌，以及之后的大混乱。“南海泡沫”事件使政府信用破产，为制止这些泡沫公司的膨胀，英国国会在 1720 年 6 月通过了《泡沫法案》，炒股热潮随之减退，并连带触发南海公司股价急挫，至 12 月暴跌回 124 英镑，不少人血本无归，连著名物理学家牛顿也蚀本离场。自此，许多公司被解散，公众开始清醒过来，“南海泡沫”由此破灭。

➢思考题

1. 财务报表分析的含义是什么？
2. 财务报表分析在当今有哪些发展分支？
3. 财务报表分析的内容是什么？
4. 简述财务报表分析的目标。
5. 简述财务报表分析的主体。
6. 财务报表分析的程序是什么？

7. 财务报表分析主要有哪些方法？

➢练习题

一、单项选择题

1. 以信用分析为主的财务分析起源于（　　）。

A. 英国　B. 美国　C. 法国　D. 德国

2. 以改善经营管理为目标的内部分析是财务报表分析发展阶段的第几个阶段？（　　）

A. 第一　B. 第二　C. 第三　D. 第四

3. 主要关心企业的偿债能力和信用状况，以及收益情况与风险程度是否匹配的是哪个财务报表分析主体？（　　）

A. 股权投资者　B. 债权投资者

C. 经营管理者　D. 国家行政、监督管理部门

4. 反映企业一定期间生产经营成果的财务报表是（　　）。

A. 资产负债表　B. 利润表

C. 现金流量表　D. 股东权益变动表

5. 财务报表主体中，公司的权益投资人，即（　　）。

A. 普通股股东　B. 债权人

C. 经营管理者　D. 外部审计师

6. 通过计算财务报表中各项目占总体的比重或结构，来反映财务报表中的项目与总体结构关系的一种分析方法叫（　　）。

A. 水平分析法　B. 垂直分析法

C. 比率分析法　D. 因素分析法

7. 把财务报表之间相关联的财务指标加以对比，计算出比率，据以确定经济活动变动程度的分析方法是（　　）。

A. 水平分析法　B. 垂直分析法

C. 比率分析法　D. 因素分析法

二、多项选择题

1. 财务报表分析的目标有（　　）。

A. 股权投资者目标　B. 债权投资者目标　C. 经营管理者目标

D. 其他分析者目标　E. 内部职工目标

2. 财务报表分析的基础有（　　）。

A. 资产负债表　B. 利润表　C. 现金流量表

D. 股东权益变动表　E. 附注

3. 水平分析法的基本原理是将报表资料中不同时期的同类项目数据进行对比，对比的方式主要有绝对数和相对数两种，即分别计算（　　）。

A. 期初数　B. 期末数　C. 变动额　D. 期中数　E. 变动率

4. 因素分析法常用的方法有（　　）。

A. 水平分析法　B. 连环替代法　C. 垂直分析法　D. 差额计算法　E. 比率分析法

5. 趋势指数的计算方法通常有（　　）。

A. 定基指数　　B. 连环替代法　C. 环比指数　　D. 差额计算法　E. 比率分析法

三、判断题

1. 政府部门不需要对企业进行财务分析，因为与企业没有直接的经济利益关系。（　　）

2. 财务报表分析的主体不同，财务报表分析的目标也就不同。（　　）

3. 从债权人的立场上，企业的投资报酬率是财务分析最重要的内容。（　　）

4. 连环替代法属于比率分析法。（　　）

5. 杜邦财务分析体系中最重要的指标是资产负债率。（　　）

➢上市公司案例分析

1. 公司简介

山西兰花科技创业股份有限公司（简称兰花科创）（股票代码：600123），成立于1998年12月，公司股票于1998年12月17日在上海证券交易所上市。兰花科创是一家以煤炭、化肥、化工为主导产业的现代企业，煤炭产业现有各类矿井14个，年设计能力2 020万吨，其中生产矿井 7 个，年煤炭生产能力 960 万吨；参股 41%的亚美大宁年生产能力400万吨；在建资源整合矿井5个，设计年生产能力420万吨；新建玉溪煤矿240万吨/年矿井于 2019 年 11 月投入联合试运转。

兰花科创地处全国最大无烟煤产区——沁水煤田腹地。在晋城、临汾、朔州三地拥有煤炭资源面积177.8平方千米，煤炭保有储量为16.9亿吨，其中无烟煤13.77亿吨、动力煤2.49亿吨、焦煤0.64亿吨。“兰花”牌煤炭为山西省标志性名牌产品，备受国内外化工、电力、冶金、建材等行业用户青睐，“兰花”牌尿素畅销国内十几个省市并出口北美、东南亚等多个国家。

兰花科创是中国上市公司500强企业，股票先后入选上证（上海证券综合指数）50指数、上证180指数、沪深300指数样本股。2013年，荣获“中国制造业企业500强”“中国500强利润率最高40强企业”“第一批国家级知识产权优势企业”“中国上市公司内控百强企业”“煤炭行业中联十强”“山西省功勋企业”“山西省第一批创新型企业”等荣誉称号。

2019年，兰花科创累计生产煤炭861.89万吨，销售840.85万吨；累计生产尿素85.77万吨，销售83.37万吨；生产二甲醚25.63万吨，销售25.22万吨；生产己内酰胺12.07万吨，销售11.99万吨；全年实现销售收入79.47亿元，同比下降6.83%；实现利润8.53亿元，同比下降34.66%，归属于母公司净利润6.63亿元，同比下降38.66%；每股收益0.580 2元，净资产收益率6.42%。

2. 主要财务数据

兰花科创的主要财务数据如表1-6所示。

表 1-6　主要财务数据　　单位：万元

项目	2015 年	2016 年	2017 年	2018 年	2019 年
一、营业收入	456 451.70	435 761.40	756 633.00	852 910.20	794 689.90
减：营业成本	333 861.50	333 266.70	484 051.60	490 770.50	505 079.50
税金及附加	22 702.70	24 825.50	39 684.90	50 980.00	45 499.40
销售费用	16 867.70	16 678.00	21 918.40	23 254.00	21 669.20
管理费用	73 536.50	80 494.90	97 425.50	117 373.40	103 163.50
财务费用	16 984.40	32 287.30	35 713.40	42 721.30	36 416.60
资产减值损失	4 387.60	39 637.30	18 207.40	25 428.80	—
加：公允价值变动净收益	—	—	—	—	—
投资收益	13 601.90	17 991.10	38 223.60	30 830.90	43 059.20
其中：对联营企业和合营企业的投资收益	13 601.90	17 990.20	38 223.60	30 830.90	23 651.20
二、营业利润	1 713.20	−73 437.30	99 585.70	134 720.70	88 520.30
加：营业外收入	3 524.60	3 889.90	701.50	10 506.80	434.70
减：营业外支出	7 129.50	11 027.10	7 301.40	14 646.60	3 634.40
三、利润总额	−1 891.60	−80 574.60	92 985.70	130 580.90	85 320.50
减：所得税	10 091.70	6 405.40	31 065.40	38 378.00	32 386.60
四、净利润	−11 983.30	−86 979.90	61 920.30	92 203.00	52 933.90

3. 案例分析

（1）运用垂直分析法编制兰花科创共同比利润表。

（2）运用趋势分析法编制兰花科创定基比利润表。

（3）根据兰花科创垂直分析和趋势分析的结果，分析其营业收入和净利润增加的原因。

第二章

财务报表分析的逻辑框架

本章学习目标

1. 掌握哈佛分析框架的基本程序。
2. 了解战略分析的程序和要点。
3. 了解会计分析的程序和要点。
4. 了解财务分析的程序和要点。
5. 了解前景分析的程序和要点。

第一节　哈佛分析框架的基本程序

一、哈佛分析框架的内容

财务报表分析的质量受多重因素影响，包括经营环境、企业战略、会计环境和会计政策等。要想从财务报告中提炼出企业内部信息，就必须通过全面合理的分析程序。哈佛分析框架是目前比较通用的，融战略分析与财务分析于一体的财务报表分析程序。

图 2-1 所示为财务报表的哈佛分析框架。

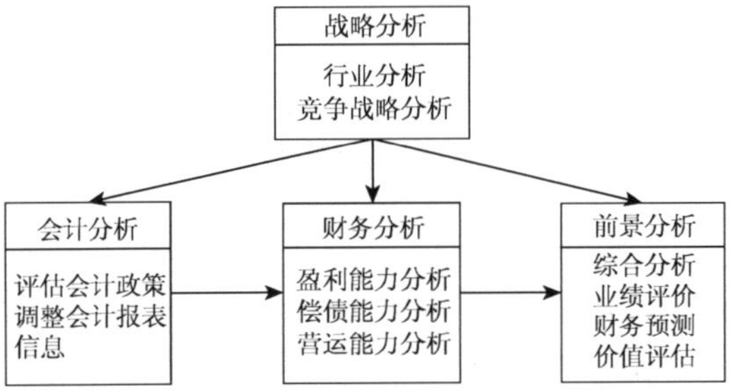

图 2-1　财务报表的哈佛分析框架

根据哈佛分析框架，财务报表分析包括以下四项内容。

（一）战略分析

战略分析是财务报表分析的基础。企业战略分析通过对企业所在行业或企业拟进入行业的分析，明确企业自身地位及应采取的竞争战略。企业战略分析通常包括行业分析和企业竞争策略分析。行业分析的目的在于分析行业的盈利水平与盈利潜力，因为不同行业的盈利能力和潜力大小是不同的。影响行业盈利能力的因素很多，归纳起来主要可分为两类：一是行业的竞争程度；二是市场谈判或议价能力。企业战略分析的关键在于企业如何根据行业分析的结果，正确选择企业的竞争策略，使企业保持持久竞争优势和高盈利能力。企业战略分析是会计分析和财务效率分析的导向，通过企业战略分析，分析者能深入了解企业的经济状况和经济环境，从而能进行客观和正确的会计分析与财务分析。

（二）会计分析

会计分析的目的在于评价企业会计所反映的财务状况与经营成果的真实程度。会计分析主要有两方面的作用：一是通过对会计政策、会计方法、会计披露的评价，揭示会计信息的质量；二是通过对会计政策、会计估计变更的调整，修正会计数据，为财务效率分析奠定基础，并保证财务分析结论的可靠性。

进行会计分析，一般可按以下步骤进行。第一，阅读会计报告；第二，比较会计报表；第三，解释会计报表；第四，修正会计报表信息。上文提到，会计分析是财务效率分析的基础，通过会计分析，对发现的由会计原则、会计政策等原因引起的会计信息差异，应通过一定的方式加以说明或调整，消除会计信息的失真问题。

（三）财务分析

财务分析的实施阶段是在战略分析与会计分析的基础上进行的，它是为实现财务分析目的进行财务指标计算与分析的阶段，主要是进行企业财务活动的效果效率分析，是财务报表分析的核心，因为这是财务分析师对企业未来盈利和发展前景进行合理预测与评估的根据。财务报表不仅直接反映了经营活动、投资活动和筹资活动等财务活动的结果，而且间接揭示了经营活动、投资活动和筹资活动等财务活动的效率，包括盈利能力、偿债能力、营运能力和发展能力指标计算，并通过财务分析来评价企业的这四种能力。

（四）前景分析

前景分析的目的是判断企业的未来盈利和发展前景。财务分析的目的不仅仅在于评价过去和反映现状，更重要的是通过对过去和现状的分析与评价，预测企业的未来发展趋势，评估企业的未来发展潜力，为财务报表使用者做出正确决策提供参考依据。因此，财务分析师需要利用综合分析方法、业绩评价方法、财务预测方法和企业价值评估方法，对企业的未来财务状况、经营成果和现金流量做出预测，对企业的发展前景和投资价值做出判断。从这一角度来看，前景分析是财务报表分析的终点。

二、哈佛分析框架的逻辑思路

哈佛分析框架具有严密的逻辑性，这主要体现在它是站在企业外部的财务分析师角度来考虑分析思路的。作为一名财务分析师，需要做到以下几点。

（一）对所分析的企业进行定性了解

对所分析的企业进行定性了解，是因为不同的行业，其盈利水平和发展前景不一样，同一行业不同的企业所采取的竞争战略也可能存在差别。如果不了解企业的行业性质和竞争战略，那么财务报表数据以及根据其财务报表计算的指标就会失去其经济意义。战略分析是会计分析和财务分析的基础和导向，只有先通过企业的战略分析，财务报表使用者才能深入了解企业的经济状况和经济环境，并进行客观、正确的会计分析与财务分析。

（二）甄别企业提供的财务报表数据的真实性

甄别企业提供的财务报表数据的真实性，是由于企业的管理当局出于种种动机，可能会利用会计政策和会计估计的灵活性操纵利润或者进行财务舞弊，从而导致财务报表的数据失真。在这种情况下，会计分析需要评价财务报表来反映企业财务状况与经营成果的真实程度，否则会造成“输进去是垃圾，输出来也是垃圾”的后果，从而误导财务报表使用者，甚至给财务报表使用者带来损失。因此，会计分析为下一步的财务分析奠定了可靠的数据基础。

（三）分析企业财务活动的效果效率

企业财务活动的效果效率是财务报表分析的核心，因为这是财务分析师对企业未来盈利和发展前景进行合理预测与评估的根据。财务报表不仅直接反映了经营活动、投资活动和筹资活动等财务活动的结果，而且间接揭示了经营活动、投资活动和筹资活动等财务活动的效率，包括盈利能力、偿债能力、营运能力和发展能力等。对财务分析师而言，需要通过财务分析来评价企业的这四种能力。财务报表分析是进行前景预测的依据。

（四）判断企业的未来盈利和发展前景

财务分析的目的不仅仅在于评价过去和反映现状，更重要的是通过对过去和现状的分析与评价，预测企业的未来发展趋势，评估企业的未来发展潜力，为财务报表使用者做出正确决策提供参考依据。因此，财务分析师需要利用综合分析方法、业绩评价方法、财务预测方法和企业价值评估方法，对企业的未来财务状况、经营成果和现金流量做出预测，对企业的发展前景和投资价值做出判断。从这一角度来看，前景分析是财务分析的终点。

可见，战略分析、会计分析、财务分析、前景分析这四个框架内容是依次递进、相互支持的，其共同构成了财务报表分析的逻辑框架。

第二节　战略分析

合理的财务报表分析必须以战略分析作为逻辑起点，通过战略分析可以对公司的经营环境进行定性的了解，为后续的会计分析和财务分析确立牢固的基础。通过战略分析，还可以辨认影响公司盈利状况的主要因素和主要风险，从而评估公司当前业绩的可持续性，并对未来业绩做出合理预测。战略分析应当围绕公司的价值创造能力展开，公司的价值创造能力取决于自身盈利能力与资本成本之间的差异。资本成本主要取决于资本市场，而公司盈利能力的高低主要取决于自身战略选择，其主要影响因素包括公司所处的行业、公司的竞争定位以及公司如何在各经营部门间创造协同效应。因此，战略分析一般包括行业分析和企业竞争战略分析。

一、行业分析

行业分析的目的是了解行业背景信息，分析行业的盈利能力与盈利水平。行业分析主要包括行业特征分析、行业生命周期分析和行业盈利能力分析。

（一）行业特征分析

行业的特征是指特定行业在某一时期的基本属性，它综合反映了该行业的基本状况和发展趋势。评价行业的特征是对财务报表进行有效分析的基本前提。评价行业的特征，主要是评价行业的竞争特征、需求特征、技术特征、增长特征和盈利特征。

（1）竞争特征，分析要点包括市场上主要的竞争对手数、竞争企业的战略、行业竞争热点、资源的可得性、潜在进入者、竞争结构、产品差异化程度。

（2）需求特征，分析要点包括需求增长率、顾客稳定性、产品生命周期阶段、替代品可接受性、需求弹性、互补性。

（3）技术特征，分析要点包括技术成熟程度、技术复杂性、相关技术的影响、技术的可保护性、研究与开发费用、增长率、技术进步的影响。

（4）增长特征，分析要点包括生产能力增长率，企业规模经济程度，新投资总额，一体化、多元化发展速度。

（5）盈利特征，分析要点包括平均利润率、平均贡献率、平均收益率。

在实际的财务报表分析中，行业特征分析可对以上特征因素赋予权重，根据以上特征因素进行评分，然后加总得到分析企业所在行业的总加权分数，分数越高，说明行业越具有优势。

（二）行业生命周期分析

生命周期理论是 20 世纪 90 年代以来国际上流行的一种管理理论。一般而言，企业生命周期是指从行业出现到行业完全退出市场所经历的时间。一般可以分为四个阶段，即投入期、成长期、成熟期和衰退期。

1. 投入期

在投入阶段，由于新行业刚刚诞生或初建不久，只有为数不多的创业公司投资于这个新兴的产业，并且投入阶段行业的创立投资和产品的研究、开发费用较高，而产品市场需求狭小，销售收入较低。较高的产品成本和价格与较小的市场需求，使这些创业公司面临很大的经营风险。

2. 成长期

在成长阶段，新行业的产品市场需求开始上升，新行业也随之繁荣起来。新行业出现了生产厂商和产品相互竞争的局面，市场的需求日趋饱和。生产厂商不能单纯地依存扩大生产量、提高市场份额来增加收入，而必须依靠追加生产、提高生产技术、降低成本，以及研制和开发新产品的方法来争取竞争优势，战胜竞争对手和维持企业的生存。

3. 成熟期

行业的成熟阶段是一个相对较长的时期。在这一时期里，在竞争中生存下来的少数大厂商垄断了整个行业市场，每个厂商都占有一定比例的市场份额。厂商与产品之间的竞争手段逐渐从价格手段转向各种非价格手段，如提高质量、改善性能和加强售后维修服务等。

4. 衰退期

新产品和大量替代品的出现，使原行业的市场需求开始逐渐减少，产品的销售量也开始下降。某些厂商开始向其他更有利可图的行业转移资金，因而原行业出现厂商数目减少、利润下降的萧条景象。

对于财务报表分析来说，需要根据相关信息，判断所分析的企业处于行业发展的哪一个阶段。

（三）行业盈利能力分析

不同行业的盈利能力有很大差异。迈克尔·波特（Michael Porter）被称为“竞争战略之父”，他提出了分析行业的“五大力量理论”。一个行业的盈利能力取决于五大力量，即现有企业间的竞争、新进入企业的威胁、替代产品的威胁、产品买方的议价能力及供应商的议价能力。

一般来说，现有企业间的竞争程度越高，行业的平均盈利能力越低。新进入企业的威胁越大，就会使行业中的竞争者越多，这样就提高了同行业的竞争程度，降低了行业的平均盈利能力。当行业存在许多替代产品或替代服务时，其竞争程度加剧，同样也会导致行业的平均盈利能力降低；如果客户的议价能力强，则会制约产品价格提高的可能性，甚至导致产品价格降低，这样就会削弱行业的平均盈利能力；如果供应商的议价能力强，则有可能提升原材料的价格，从而增加企业产品的成本，同样也会削弱行业的平均盈利能力。图 2-2 所示为波特五力模型，列示了影响行业盈利能力的五大因素。

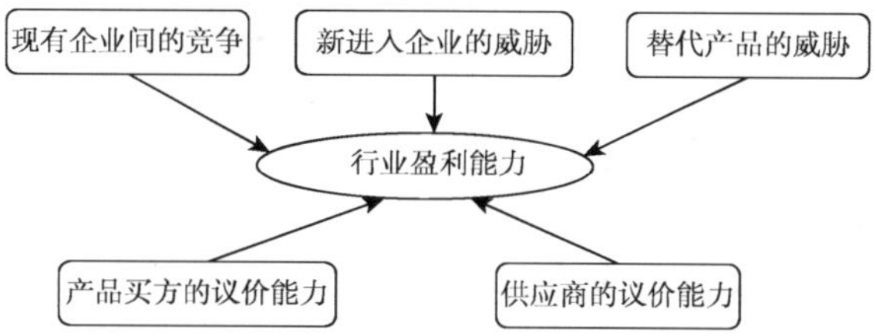

图 2-2 波特五力模型

二、企业竞争战略分析

企业的盈利能力不仅受所处行业的影响，还受企业所选择的竞争战略的影响，企业竞争战略分析的要点是根据行业分析的结果判断企业选择的竞争战略的合理性。

竞争战略分析的方法包括以下几种。

（一）波特竞争优势法

一般来说，能够为企业带来竞争优势的两大战略包括成本优势和差异化优势。

低成本战略是指以较低的成本提供产品或服务。企业可能通过规模经济、提高生产效率、简化产品设计、降低投入成本和提高组织效率等方式来获得成本优势。成本优势战略适用于对产品或服务价格弹性较为敏感的顾客。采用这种战略的企业往往投资于有效的生产规模，重视能够降低生产成本的设计，努力降低管理费用，极少投资于高风险的研发。

差异化战略是指企业就客户广泛重视的一些方面在产业内独树一帜，或在成本差距难以进一步扩大的情况下，生产比竞争对手功能更强、质量更优、服务更好的产品以显示经营差异。产品差异化可以凭借产品质量、产品多样性、产品捆绑销售等方式实现，也可以通过商标、产品外观、信誉等方面实现。采用此战略的企业必须对研究开发、工程技术和销售能力等进行较大投资。企业的组织结构和控制系统也鼓励创造和革新。

（二）SWOT 分析法

SWOT 分析法是以资源学派学者韦里克（Weihrich）为代表，将公司的内部分析与产业竞争环境的外部分析结合起来，形成了自己结构化的平衡系统分析体系，即基于内外部竞争环境和竞争条件下的态势分析，就是将与企业密切相关的各种主要内部优势、劣势和外部的机会及威胁等，通过调查列举出来，并依照矩阵形式排列，然后用系统分析的思想，把各种因素相互匹配起来加以分析，从中得出一系列相应的结论，而结论通常带有一定的决策性。SWOT 分析法从某种意义上来说隶属于企业内部分析方法，即根据企业自身的既定内在条件进行分析。运用这种方法，可以对企业所处的内外环境进行全面、系统、准确的研究，从而根据研究结果制定相应的发展战略、计划及对策等。

优势、劣势是内部因素，机会、威胁是外部因素。按照企业竞争战略的完整概念，战略应是一个企业“能够做的”（即组织的强项和弱项）和“可能做的”（即环境的机会和威胁）之间的有机组合。图 2-3 所示为 SWOT 分析框架。

优势（strengths）	劣势（weaknesses）
机会（opportunities）	威胁（threats）

图 2-3 SWOT 分析框架

（三）PEST 分析法

与 SWOT 分析法相反，PEST 分析主要是对企业外部环境的分析，即企业面临的宏观环境分析。P 是政治（politics），E 是经济（economy），S 是社会（society），T 是技术（technology）。在分析一个企业集团外部所处的背景时，通常是通过这四个因素来分析企业集团所面临的状况。

1. P——政治法律环境

政治环境主要包括政治制度与体制、政局、政府的态度等；法律环境主要包括政府制定的法律、法规。

2. E——经济环境

构成经济环境的关键战略要素包括 GDP、利率水平、财政货币政策、通货膨胀、失业率水平、居民可支配收入水平、汇率、能源供给成本、市场机制、市场需求等。

3. S——社会文化环境

对社会文化环境影响最大的是人口环境和文化背景。人口环境主要包括人口规模、年龄结构、人口分布、种族结构及收入分布等因素。

4. T——技术环境

技术环境主要包括发明及与企业市场有关的新技术、新工艺、新材料的出现和发展趋势以及应用背景。

PEST 分析法通常采用矩阵式的方法，就是将坐标分成四个象限，如用政治和经济做坐标，在政治环境和经济环境都好的情况下，就应该发展。在政治环境和经济环境都不理想的情况下，就不能发展。当环境一个好一个不太好时，就要适当考虑，可以发展也可以不发展。PEST 分析通常用于企业外部环境分析。

第三节 会计分析和财务分析

一、会计信息质量的影响因素

会计分析是财务报表分析的基础。而进行会计分析必须依赖于财务报表数据，财务报表数据是经过严密的会计程序加工后生成的信息。会计分析的目的在于评价企业会计所反映的财务状况与经营成果的真实程度，并通过会计方法对虚假会计信息进行还原。

因此，财务报表分析者应先谨慎考虑影响会计信息质量的因素。会计信息存在众多影响因素，美国哥伦比亚大学的佩因曼（Penman）教授指出，分析者应当谨慎考量有关会计信息质量的五个问题。

（一）公认会计原则的质量

分析者应当关注公认会计原则是否存在可能形成报表分析质量的缺陷。例如，分析者以价值评估作为报表分析的主要目的，而公认会计原则并没有包含与公司价值相关的所有信息，那么分析者可能要对报表进行相应的调整。又如，公认会计原则可能限制了某些对分析者很有用的信息在财务报表中的确认，典型的例子是人力资源、自创商誉等项目。

（二）审计质量

财务信息分析者应当关注企业的行为是否违背公认会计原则，甚至属于财务欺诈？公司是否在客户没有做出明确承诺的情况下就确认应收账款？是否存在应当确认但实际没有确认的费用或成本？是否使用了公认会计原则不允许的会计方法？要回答这些复杂的问题，分析者必须对企业的业务十分熟悉，并借助注册会计师的帮助。虽然把握审计质量是审计师的职责范围，但分析者也要对审计失效或注册会计师可能利用准则中的灰色区域忽视企业管理层的某些操纵行为保持警惕。

（三）公认会计原则的执行质量

财务信息分析者应当关注公司是否滥用公认会计原则来操纵财务报表。公认会计原则在对公司所使用会计方法加以限制的同时，又允许其在众多方法中进行选择。公司管理层可以利用这些选择来操纵财务报表以得到期望的数据，而且注册会计师也可能不会反对。

从某种程度而言，管理层不但能够控制公司的经营，也能够控制公司的财务报表。如果再考虑权责发生制会计中不可避免的估计判断，情况可能变得更加复杂。管理层的操纵行为不仅会影响当期财务报表，还会影响未来的财务报表。

（四）交易确认的时间质量

财务信息分析者应当关注公司是否通过对业务交易发生时间的操纵来影响财务报表的编制。在某些情况下，公司的确遵循了公认会计准则，却通过对业务交易发生时间的控制达到操纵财务报表的目的。尽管这是对具体业务的操纵而不是直接针对财务报表的操纵，也会使会计确认原则无能为力。它有两种具体方式，即收入操纵和费用操纵。

（1）操纵收入确认的时间。公认会计原则要求收入在产品发出或服务提供给消费者之后予以确认。某些公司会在一个会计期间结束之后发出大量产品以增加该期利润，或者推迟发货以减少利润，这种情况有时也被称为“渠道填塞”（channel stuffing）。

（2）操纵费用确认的时间。公司可能通过控制与损益表直接相关的费用来达到控制收益的目的。例如，把研发费用和广告费用先资本化再逐年摊销的做法就会增加当期的收益。相反，提前确认以后期间的费用就可以将当期的收益转移到以后各期。

（五）披露质量

财务信息分析者应当关注公司所披露的会计信息是否足够用来分析该公司的经营状况。这些披露反映在财务报表、报表附注、管理层的讨论和分析当中，这些披露内容给分析者提供了额外的信息。财务报表分析的质量很大限度上取决于良好的披露质量。

分析者应当特别关注四种披露信息，即从报表上融资性项目中区分出经营性项目的信息、从非经常项目中区分出核心经营收益的信息、揭示核心盈利能力的信息、对使用的会计方法的解释性信息。

二、会计分析的主要步骤

为了进行有效的报表分析，财务报表使用者先了解会计政策、会计估计的专业知识是十分必要的。会计分析相当于给表面“华丽”实质存在“水分”的财务报表“挤干水分”。会计分析主要针对资产负债表、利润表和现金流量表进行。一般来说，会计分析可以分为以下四个步骤。

（一）阅读会计报告

会计报表作为分析的出发点，对其进行仔细阅读是必不可少的第一步。只有在阅读财务报表后，才能对企业的会计政策、会计估计有所了解，对该公司的会计信息披露的完整性有初步认识，并应该着重注意企业的财务报表附注和财务状况说明书，了解企业会计政策和会计估计及其变更情况，同时也要注意注册会计师的审计意见。

财务报表附注是财务报表不可或缺的组成部分。财务报表使用者要想全面了解企业的财务状况、经营成果和现金流量，就应当详细阅读财务报表附注。财务报表附注提供了财务报表信息生成的依据，并提供了无法在报表上列示的财务与非财务信息，从而使财务报表中数据的信息更加完整。财务报表附注主要包括企业的基本情况、财务报表的编制基础、遵循企业会计准则的声明、重要会计政策和会计估计、会计政策和会计估计变更及差错更正的说明、重要报表项目及其变更的解释，以及重要事项揭示等内容。

现在，不仅上市公司需要注册会计师独立审计，许多非上市企业，其财务报表的真实性、准确性与完整性也需要会计师事务所作为独立方进行审计。审计后，会计师事务所要出具审计报告，提出审计意见。审计意见可划分为五种类型，即无保留意见、带强调事项段的无保留意见、保留意见、否定意见和无法表示意见。第一种意见可称为标准审计意见，后四种称为非标准审计意见。这样审计报告也被分为五种类型，一般而言，如果会计师事务所出具了标准意见审计报告，则说明企业财务报表的可信度有了比较大的保证；如果会计师事务所出具了非标准意见审计报告，特别是上述四种非标准意见的后三种类型，则财务报表使用者需要对企业的财务报表给予必要的怀疑。

（二）评估会计策略

在评估会计策略（包括会计政策和会计估计）时，需要先了解企业的关键会计政策是什么，所采取的关键会计政策是刚性的还是弹性的。如果企业选择具有较大弹性的会计政策，财务报表使用者需要予以重点关注，并且对企业采用该政策的目的进行深入分析。因为会计政策的选择及其变更可能会对财务报表产生重大影响，企业选择会计政策必然是考虑有利于自身的因素，也可能利用会计政策的弹性来隐瞒真实的财务状况和经营成果。

对此，财务报表使用者需要分析企业所选择的会计政策是否合理，是否与行业惯例一致，是否有利用会计政策操纵利润的嫌疑。

（三）分析财务报表变动

财务报表使用者需要了解企业提供的财务报表有哪些项目出现了变动，显著的变动往往意味着不正常的原因。因此，财务报表使用者应利用水平分析法、垂直分析法、比率分析法、趋势分析法等专门方法，对财务报表项目的变动额度、变动幅度和变动趋势等进行分析，寻找出显著的变动，并结合第一步，同时利用财务报表附注，判断企业对项目的显著变动是否具有充分的、合理的解释，从而排除正常变动，锁定异常变动。

实践证明，不具有合理解释的异常变动项目往往存在财务舞弊的嫌疑。面对出现的潜在危险信号，财务报表使用者需要进一步搜集相关信息，寻找异常变动的真正原因，获取证实财务舞弊的直接证据。

（四）调整财务报表数据

如果通过以上步骤和方法确实发现了公司的财务舞弊现象，财务报表使用者就需要利用财务报表及其他相关资料，对财务报表相关项目的数据进行调整，以恢复该项目的本来面目。调整财务报表存在水分的项目数据，有许多方法，如虚拟资产剔除法、异常利润剔除法、关联交易分析法等。

虚拟资产剔除法就是将财务报表中那些故意隐藏费用的“虚拟资产”项目剔除出去。众所周知，资产的本质就在于预期能给企业带来经济利益；而“虚拟资产”指的是已经发生的费用或损失，但由于企业缺乏承受能力而暂时挂账为资产的项目，如待摊费用、递延资产、待处理流动资产损失和待处理固定资产损失等。在财务报表中，这类资产经常被作为隐藏公司费用的“黑洞”或调节利润的“蓄水池”。一些企业往往通过不及时确认、少摊销或不摊销已经发生的费用和损失等手段，来达到减少费用、虚增利润的目的。倘若如此，财务报表使用者需要将这些虚拟资产从财务报表中剔除出去。

异常利润剔除法就是将财务报表中那些导致利润虚增的非正常利润项目剔除出去。众所周知，判断一个企业的真实盈利能力应该主要依据该企业正常经营活动所产生的利润。而异常利润指的是企业通过债务重组、股权转让、出售长期资产、非货币性交易等异常事项产生的利润。这种利润具有偶然性或意外性，所以在判断公司盈利能力时应予以剔除。

更为糟糕的是，有些企业打着债务重组、股权转让、出售长期资产、非货币性交易等业务的“旗号”，行财务舞弊之实。因此，面对这些现象，财务报表使用者需要将这些异常利润从财务报表中剔除出去。

关联交易分析法就是对财务报表中那些具有操纵利润事实的关联交易相关项目进行调整。关联交易是指企业关联方之间进行的交易，关联交易并非为法律所禁止，但有些企业违背关联交易原则，通过操纵关联交易定价，从而达到调节利润的目的。对此，如果一个企业在某一个会计期间的收入或利润主要来自关联企业的贡献，那么财务报表使用者就需要注意分析关联交易的定价政策是否合理，如果存在不合理的证据，则应对这一关联交易相关的项目进行调整。

三、财务分析

财务分析是财务报表分析的核心。财务分析是指以企业基本活动为对象、以财务报表为主要信息来源、以分析和综合为主要方法的系统认识企业的过程。财务分析的对象是企业的各项基本活动。财务分析就是从报表中获取符合报表使用人分析目的的信息，认识企业活动的特点，评价其业绩，发现其问题。

财务分析采用专门的分析方法，如在第一章中介绍的水平分析法、垂直分析法、比率分析法、趋势分析法和因素分析法，通过比较、分类、类比、归纳、演绎对企业财务报表进行指标化定量分析。

财务分析的主要内容是对资产负债表、利润表、现金流量表三大报表进行指标分析，对企业的四大能力（即盈利能力、营运能力、偿债能力和发展能力）进行指标计算和分析。这些内容将在本书第三章至第九章进行详细介绍。

第四节 前景分析

一、前景分析的内容

前景分析是财务报表分析的终点。财务报表使用者进行分析的目的不仅是了解企业的过去和评价企业的现状，更重要的是对企业的发展前景进行预测和分析，以此实现财务报表分析的各种目标，即投资、信贷、经营管理和其他目标。

前景分析包括财务预测、价值评估和综合分析等内容。

二、财务预测

（一）财务预测的含义

财务预测以报表中的历史数据为基础，结合企业所处的外部环境和自身财务状况，以及企业的发展趋势，通过专业的信息和技术手段，对企业未来财务状况和经营成果做出预测，是实现财务报表“决策有用性”的关键。

（二）财务预测的目的

进行预测分析的目的有以下几点。

1. 观测企业发展的趋势及其规律

事物的发展有一定的规律与走势，趋势分析和预测分析有助于分析者认识和控制未来的不确定性，使对未来的无知降到最低限度，使企业预期目标同可能变化的周围环境和经济条件保持一致，在各项指标发展变动的趋势及规律的基础上，为预测未来与价值评估服务。

2. 为财务预警、及时防范和化解风险提供依据

企业在经营过程中，随时都可能受到各种不利因素的侵袭，从而引发财务危机。财务危机的发生将给企业带来灾难性的损失，甚至破产。但实际上，任何企业的危机都是一个逐渐恶化的过程，如果能够及早察觉财务危机的信号，提前发现企业可能面临的财务失败，在财务危机处于萌芽状态时采取有效措施改善管理，财务危机是可以规避的。

趋势分析和预测分析能够发现企业财务风险的征兆，通过监测、识别、诊断企业存在的财务隐患及其动态，为企业及时防范和化解风险提供第一手资料，保证企业良性运营。

3. 为正确财务决策的做出提供依据

管理的关键在于决策，决策的关键在于预测。通过预测将为决策的各种方案提供依据，以供决策者权衡利弊，进行正确选择。例如，公司进行经营决策时，必然要涉及成本费用、收益及资金需要量等问题，而这些大多数要通过财务预测进行估算。因此，财务预测直接影响着经营决策的质量。

随着市场经济的迅速发展以及经济环境的不断变化，企业经营中的不确定因素越来越多，有关企业未来发展的信息比历史信息对决策者更为重要。趋势分析、预测分析正是基于对企业过去、现在的了解和把握，对企业未来经营中的不确定性进行判断，对企业的发展趋势和前景进行较为准确的预计和估算，从而增进决策者对企业未来的了解，减少决策过程中的不确定事项，为正确经营决策的做出提供依据。

债权人可以借助预测评估企业偿还借款的可能性，决定是否向企业提供资金；投资者可以借助预测判断被投资公司能否实现资本的保值增值，获取更大收益，以决定是否向该公司继续注入资金或购买公司股票。

4. 为编制财务预算、进行财务控制提供信息源

财务预算与财务控制是财务管理也是企业管理的两项重要职能，二者共同保证了企业战略目标的实现。其中，财务预算是财务控制的基础和标准，财务控制的直接目标是保证企业各项收入成本费用的发生按照预算进行。

预算的制定是否科学、先进与可行，决定了企业的财务控制是否有效、企业的发展目标能否实现以及实现的程度如何。切实有效的预测，使企业对未来的财务活动有较为准确的分析和判断，能够帮助企业做出科学、先进、可行的财务预算并保证财务控制有章可循，助力企业目标的顺利实现。

5. 为评估企业价值奠定基础

持续经营的企业之所以有价值，关键就在于它拥有的资产能够在未来产生收益。无论这种收益体现为现金、净利润还是其他形式。所以，对企业价值的评估离不开对企业未来收益的预测，离不开对企业未来资产、负债、所有者权益、收入、费用、利润、现金流量等项目的预测，财务预测提供了评估企业价值所需的各项资料，是评估企业价值的前提和基础。

（三）财务预测的内容

对企业生产经营活动的未来发展进行预计和测算的预测分析，需要对企业财务状况和经营成果进行全面分析。具体来说，包括利润表的趋势与预测分析、资产负债表的趋势与预测分析、现金流量表的趋势与预测分析等内容。

1. 利润表的趋势与预测分析

利润表是反映一定时期企业生产经营成果的财务报表，它揭示了企业收益的形成过程。利润表趋势与预测分析是对企业收益的增减变动及趋势进行的分析，这一分析的重心是对企业利润的增减变动及未来变化进行分析与预测。预测中收入是报表中大多数项目的预测基础，因此对收入的预测应该尽可能准确，这也是未来绩效预测最该投入精力的环节。利润表预测分析是整个预测分析的逻辑起点。

2. 资产负债表的趋势与预测分析

资产负债表是反映特定时点企业财务状况的财务报表。其中，资产项目是企业获取收益的物质基础，负债及所有者权益项目则揭示了企业取得各项资产的资本来源。资产负债表趋势与预测分析就是对企业财务状况的增减变动及其未来发展进行分析，即对企业拥有的资产、承担的债务、形成的所有者权益在不同时点的增减变动以及在未来某一时点的发展状况进行分析。

3. 现金流量表的趋势与预测分析

现金流量表是综合反映企业一定会计期间内现金流入和现金流出及净流量的报表，在现代企业管理中占据重要地位，对企业经营、投资、筹资的趋势与预测分析是整个趋势与预测分析的核心和终点。预测现金流量表与企业经营改进、资本支出预测、营运资本管理、资本结构变化、收益预测营销模式等战略密切相关。

三、价值评估

企业价值评估是一种经济评估方法，目的是分析和衡量企业的公平市场价值并提供有关信息，以帮助投资人和管理当局改善决策。

（一）价值评估的目的

1. 现代企业目标决定了价值评估的重要性

现代企业制度作为一种资本雇佣劳动制，企业资本所有者是企业的所有者，资本增值是资本所有者投资的根本目的，也是企业经营的目标所在，资本增值的衡量离不开价值评估。无论是评估企业价值还是股东价值，都需要进行价值评估。

2. 价值评估是衡量业绩的最佳标准

价值之所以是业绩评价的最佳标准，一是因为它是要求完整信息的唯一标准，进行价值评估，需要有企业长期的利润表、资产负债表和现金流量表的信息，没有这些完整信息，就无法准确评估企业价值，而其他业绩衡量标准都需要完整信息；二是因为价值评估是面向未来的评估，它考虑长期利益，而不是短期利益；三是因为价值评估是企业各种重要财务决策行为的基本行为准则，如企业合并和杠杆收购、证券分析师寻找被低估价值的股票、证券商为原始股定价、潜在投资者选择新的投资机会、公司选择股票回购的最佳时机、信用分析师了解贷款风险等，都需要进行价值评估。

（二）价值评估的内容

企业价值评估的内容就是要明确对企业价值进行评估。

1. 企业价值与股东价值

企业价值是指企业全部资产的价值。股东价值亦称资本价值，是指企业的净资产价值。由于“资产=负债+所有者权益”，因此，无论评估企业价值还是评估股东价值，都是相互关联的。我们既可从评估企业价值入手评估股东价值，也可从评估股东价值入手评估企业价值，但应注意评价中所需要信息的不同。

2. 持续经营价值与清算价值

企业的持续经营价值与清算价值可能存在不同。价值评估时应根据评估对象的具体情况，考虑应选择的价值。有的企业清算价值高于持续经营价值，有的企业持续经营价值高于清算价值，企业公允的市场价值应是持续经营价值和清算价值中较高的一个。

3. 少数股权价值与控股权价值

价值评估时通常以股票或债券市场价格为基础进行评估。企业市场价值是评估企业经营业绩的重要指标和资本成本的主要决定因素。但是，应当指出，市场价值衡量的是少数股权价值，而不是控股权交易的可靠价格指标。

（三）价值评估的方法

企业价值评估的方法将直接影响到价值评估的结果及市场交易的实施。通常可将价值评估方法分为收益法、市场法、成本法和期权估价法四种基本类型。

企业价值评估中的收益法是指通过将被评估企业预期收益资本化或折现以确定评估对象价值的评估思路。收益法中的预期收益可以以现金流量、各种形式的利润（包括会计利润和经济利润）或现金红利等口径表示。因此，价值评估的收益法又可分为以现金流量为基础的机制评估法和以经济利润为基础的价值评估法。

在价值评估实务中，无论采用何种方法，对企业未来收益和相关标准的精确预测都是十分困难的。但是，对企业收益及相关指标的预测直接影响到对企业价值的判断，是决定企业最终评估价值的关键因素，所以在评估中应全面考虑影响企业盈利能力的因素，如被评估企业资本结构、经营状况、历史业绩、发展前景和被评估企业所在行业相关经济要素及发展前景等，客观、公正地对企业的收益做出合理的预测。而要做到这一点，掌握好会计分析和财务分析是十分必要的。只有通过对企业进行正确的会计分析和财务分析，才能得出正确的预测分析结论，从而为运用收益法及市场法进行价值评估奠定基础。

四、综合分析

财务报表综合分析是指采用专门的分析方法，如杜邦财务分析体系、沃尔评分法、企业经营业绩评价综合指数法等，系统、全面、综合地对企业的财务状况和经营状况进行分析、解释和评价，为财务报表使用者提供有用的决策信息。该部分内容将在本书第十章进行详细介绍。

第五节 本书框架和主要案例简介

参阅国内外通行的财务报表分析体系和框架，本书的内容主要分为十三章。

第一章为财务报表分析概述，界定了财务分析的含义，研究财务报表分析的产生与发展，明确财务报表分析的目标和基础，对财务报表分析的哈佛框架和主体进行介绍，并介绍主要的财务报表分析方法等。

第二章为财务报表分析的逻辑框架，主要介绍了目前最主流的哈佛分析框架的基本内容和报表分析的基本步骤。

第三章为资产负债表分析，介绍了资产负债表的概念及作用，对资产负债表的格式与内容进行了阐述，对资产负债表按照资产、负债、所有者权益项目进行逐一分析，并对资产负债表进行水平分析和垂直分析，弄清企业总体财务状况，使学生了解资产负债表与利润表、现金流量表之间的关系。

第四章为利润表分析，介绍了利润表的概念及作用，明确利润表的基本结构与内容，运用案例数据对利润表进行水平分析和垂直分析，并对利润表项目进行分析，明确收入、费用、利润等各项目的分析要点。

第五章为现金流量表分析，介绍了现金流量表的基本结构和内容，通过案例说明了现金流量表的结构分析和趋势分析及运用，并对现金流量表各项目进行详细分析，明确现金流量表与资产负债表、利润表之间的关系。

第六章为盈利能力分析，介绍了盈利能力分析的技术方法，明确盈利能力指标中的数据选取，阐明盈利质量的含义，介绍了盈利质量分析的方法与应用。

第七章为营运能力分析，介绍了营运能力分析的内涵及意义，通过案例数据介绍了流动资产营运能力指标的计算、非流动资产营运能力指标的计算和总资产营运能力指标的计算方法，并结合其他数据进行了财务分析。

第八章为偿债能力分析，介绍了偿债能力分析的含义和意义，运用案例数据进行了短期偿债能力指标和长期偿债能力指标的计算，并结合案例进行评价、分析，介绍了偿债能力分析应注意的问题。

第九章为发展能力分析，介绍了发展能力分析的含义及目的，通过案例介绍了发展能力指标的计算和运用方法，并结合其他报告资料进行了发展能力的整体评价。

第十章为财务综合分析，介绍了财务综合分析的目的和内容，通过案例数据进行了杜邦财务分析体系的计算和运用分析，介绍了沃尔评分法的基本步骤和缺陷，介绍了企业经营业绩评价综合指数法的计算及运用。

第十一章为其他财务信息分析，介绍了财务报表附注的含义和意义，阐述财务报表附注包含的基本内容和分析要点，通过案例年度报告数据进行了附注分析，并结合其他报表信息做出分析，还介绍了关联方交易的分析和识别，通过实例，介绍了审计报告的内容和体例。

第十二章为财务报表的粉饰与识别，介绍了财务报表粉饰的含义，分析了其主要动机和类型。通过真实案例介绍了财务报表粉饰的常用手段，针对粉饰手段，介绍了有效的识别方法。

第十三章为企业财务预警分析，介绍了财务信息预警分析的含义和意义，以及财务信息预警分析的方法和主要指标计算方法。

本书以格力电器作为主要案例贯穿全书，选取 2015~2019 年格力电器资产负债表、利润表、现金流量表、报表附注等财务报告进行分析。为使案例鲜活，使读者从行业面了解案例，使案例既有白色家电行业特色，又具备企业自身特点，引入格力电器主要竞争对手美的集团作为对比案例。

格力电器是一家集研发、生产、销售、服务于一体的国际化家电企业，主要产品为空调。格力电器主要竞争对手美的集团也是一家以家电业为主，涉足物流等领域的大型综合性现代化企业集团。以往美的主要依靠“营销驱动型”战略迅速发展扩张，格力主要依靠“技术驱动型”战略稳扎稳打。

近年来，格力一方面继续丰富产品线，推出具有科技含量的新产品；另一方面，积极转型，加速投入互联网潮流——2015 年底，格力董事长董明珠与京东董事长刘强东联手，以卡通形象为格力与京东的合作卖力吆喝；此外，董明珠还出现在格力天猫旗舰店的大幅地铁广告中，力挺电商平台。

美的集团股份有限公司（简称美的集团）是一家以家电业为主，涉足物流等领域的大型综合性现代化企业集团，旗下拥有三家上市公司、四大产业集团，是中国最具规模的白色家电生产基地和出口基地之一。创业于 1968 年的美的集团，于 1980 年正式进入家电行业，1981 年开始使用美的品牌，2013 年在深圳证券交易所上市。美的的亮点主要有三个：其一，产品创新上了新台阶，新科研队伍的建设成为保持美的产品活力的坚强后盾，获得国家科技进步奖，为企业形象加分不少；其二，提升售后服务，美的近几年通过服务资源的大量投入、服务网络的合理布局，以及管理体制、考核体系的日臻完善，逐步取得先机，加强了网络舆论好感；其三，在应对智能家居体系建设上，快格力一步，与多家企业合作，完成了智慧家居体系搭建。

选取的两个主要上市公司案例均为白色家电行业巨头，近年来发展各有亮点。本书各章遵循目前全世界最为流行和完善的哈佛分析框架分析思路，将两个典型案例作为主线，以战略分析为起点，会计分析为基础，财务分析为核心，前景分析为终点，有助于学生熟悉并了解白色家电行业的代表性企业，对所学内容融会贯通，并启发学生的发散性思维，对行业和企业的前景进行深度分析和思考。

➢思考题

1. 哈佛分析框架包括哪些内容?
2. 战略分析的基本方法有哪些?
3. 会计信息质量的影响因素有哪些?
4. 会计分析的基本步骤有哪些?
5. 前景分析有哪些基本方法?

➢练习题

一、单项选择题

1. 哈佛分析框架的起点是（　　）。

A. 战略分析　　B. 会计分析　　C. 财务分析　　D. 前景分析

2. 哈佛分析框架的核心是（　　）。

A. 战略分析　　B. 会计分析　　C. 财务分析　　D. 前景分析

3. 哈佛分析框架的基础是（　　）。

A. 战略分析　　B. 会计分析　　C. 财务分析　　D. 前景分析

4. 会计分析的目的是（　　）。

A. 对企业经营环境和竞争战略进行分析

B. 分析企业的发展前景

C. 评价企业会计所反映的财务状况与经营成果的真实程度

D. 分析企业的发展能力

5. 行业生命周期第二个阶段是（　　）。

A. 投入期　　B. 成熟期　　C. 衰退期　　D. 成长期

二、多项选择题

1. 行业分析包括（　　）。

A. 行业特征分析　　B. 行业政策分析　　C. 行业盈利能力分析

D. 行业生命周期分析　　E. 行业类型分析

2. 企业竞争战略分析方法有（　　）。

A. 生命周期法　　B. SWOT 分析法　　C. 因素分析法

D. 波特竞争优势分析法　　E. PEST 分析法

3. 波特竞争优势理论认为，能够为企业带来竞争优势的两大战略是（　　）。

A. 营销渠道优势　　B. 成本优势　　C. 差异化优势

D. 人才优势　　E. 核心竞争力优势

4. SWOT 分析法中，哪些属于企业内部因素？（　　）

A. 资本　　B. 优势　　C. 劣势　　D. 机会　　E. 威胁

5. 前景分析包括哪几种？（　　）

A. 财务预测　　B. 战略分析　　C. 财务报表的综合分析

D. 会计分析　　E. 价值评估

三、判断题

1. 现有企业间的竞争程度越高，行业的平均盈利能力越高。(　　)
2. 财务报表附注是财务报表不可或缺的组成部分。(　　)
3. SWOT 分析法中，W 是劣势，属于外部因素。(　　)
4. PEST 分析法主要是对企业外部环境的分析。(　　)
5. 前景分析是财务报表分析的起点。(　　)

➤上市公司案例分析

1. 公司简介

国家电投集团远达环保股份有限公司（简称远达环保）（股票代码：600292），成立于 1999 年，公司注册资本金 7.81 亿元，资产总额 87 亿元。主要股东为国家电力投资集团公司和重庆市城市建设投资（集团）有限公司。

远达环保的控股股东国家电力投资集团公司是中国五大发电集团之一，也是我国三大核电开发建设运营商之一，为世界 500 强企业。远达环保是国家电力投资集团唯一的节能环保产业平台。业务范围涉及环保工程、核环保、节能、水处理及运营、特许经营、催化剂和环保产品制造、清洁能源供应、土壤修复、固（危）废处理、科技研发及服务、电站服务及“互联网+”等领域。

远达环保承担了国家 863 计划、重大产业发展专项等 10 余项国家级重大科技项目，掌握了石灰石—石膏湿法脱硫、SCR 脱硝、二氧化碳捕集等 27 项自主知识产权技术，累计获得授权专利 393 项、登记软件著作权 7 项，研究成果获国家及省部级奖励 80 余项。公司自主研发的“燃煤电厂烟气催化剂脱硝技术再生研发及应用”获得 2015 年度国家技术发明奖二等奖。

远达环保始终立足主业，多元发展。截至 2018 年底，公司拥有全资、控股及参股企业共计 45 家，其中，全资企业 7 家、控股企业 4 家、参股企业 34 家，投资企业涉及银行、证券、保险、担保、基金、资产管理、房地产开发、通用航空、智能交通等多个领域，股权投资金额超过 220 亿元。公司参控股企业中拥有上市公司 6 家。公司现有员工 7 778 人，其中本部 190 人，中高级职称 114 人，占比 60%，本科以上学历 168 人，占比 88%。

2. 案例分析

（1）运用 SWOT 分析法对远达环保进行分析。

（2）运用 PEST 分析法对远达环保进行战略分析。

第三章

资产负债表分析

本章学习目标

1. 了解资产负债表的概念及作用。
2. 熟悉资产负债表的格式与内容。
3. 掌握资产负债表的垂直分析及其运用。
4. 掌握资产结构的类型、计算及分析。
5. 掌握资本结构的类型、计算及分析。
6. 掌握资产负债表的趋势分析及其运用。

第一节　资产负债表概述

一、资产负债表的概念及作用

资产负债表是反映企业在某一特定日期财务状况的财务报表,即反映企业在某一特定日期所拥有或控制的经济资源、所承担的现时义务和所有者对净资产的要求权。它以“资产 =负债+所有者权益”这一会计等式为依据,按照一定的分类标准和次序反映企业在某一时间点上资产、负债和所有者权益的基本状况。资产负债表是一张静态的报表，反映企业在资产负债表日（或报告期末）全部的资产、负债及所有者权益情况的报表。资产负债表的作用主要有以下几点。

第一，可以反映企业拥有的经济资源及其分布情况。

通过资产负债表，可以反映企业在某一特定日期所拥有或控制的经济资源，资产是企业进行生产经营的基础，资产负债表中的资产反映由过去的交易、事项形成并由企业在某一特定日期所拥有或控制的、预期会给企业带来经济利益的资源。资产按流动性的强弱进一步分为流动资产和非流动资产。流动资产是指预计在一个正常营业周期中变现、出售或耗用，或者主要为交易目的而持有，或者预计在资产负债表日起一年内（含一年）变现的资产，或者自资产负债表日起一年内交换其他资产或清偿负债的能力不受限制的现金或现金等价物。非流动资产是指流动资产以外的资产。

第二，可以反映企业所承担的现时义务和所有者对净资产的要求权。

资产负债表是以“资产=负债+所有者权益”这一会计等式为依据，资产负债表右方反映了企业所承担的现时义务和所有者对净资产的要求权。资产负债表中的负债反映在某一特定日期企业所承担的、预期会导致经济利益流出企业的现时义务。负债应当按照流动负债和非流动负债在资产负债表中进行列示，在流动负债和非流动负债类别下再进一步按性质分项列示。流动负债是指预计在一个正常营业周期中清偿，或者主要为交易目的而持有，或者自资产负债表日起一年内（含一年）到期应予以清偿，或者企业无权自主地将清偿推迟至资产负债表日后一年以上的负债。资产负债表中列示的流动负债项目通常包括短期借款、应付票据、应付账款、预收款项、应付职工薪酬、应交税费、应付利息、应付股利、其他应付款、一年内到期的非流动负债等。非流动负债是指流动负债以外的负债。非流动负债项目通常包括长期借款、应付债券和其他非流动负债等。

资产负债表中的所有者权益是指企业资产扣除负债后的剩余权益，反映企业在某一特定日期股东（投资者）拥有的净资产的总额，它一般按照实收资本、资本公积、盈余公积和未分配利润分项列示。

第三，可以帮助财务报表使用者全面了解企业的财务状况，分析企业的经营风险和财务风险。

资产负债表左方提供了企业所拥有或控制的经济资源的总量，当企业拥有或控制了一定数量的资产后，依据企业的经营方针、目标，结合企业的生产经营特点，合理地配置这些资产。资产配置的合理程度反映在资产及各类资产内部各项目的分布和占资产总额的比重上。财务报告的使用者根据它可以了解和分析企业所掌握的经济资源及其分布与结构的合理性，判断企业是否存在经营风险。

资产负债表右方提供了企业资金的来源，即权益总额及其构成。企业的资金有多少来自所有者，多少来自债权人，负债和所有者权益一般各占一定的比重，负债、所有者占资金总额的比重通常被称为资本结构。财务报表使用者通过资产负债表右方的资本结构可以判断企业的财务风险。

二、资产负债表的列报要求

资产负债表列报，最根本的目标就是应如实反映企业在资产负债表日所拥有的资源、所承担的负债以及所有者所拥有的权益。资产负债表遵循了“资产=负债+所有者权益”这一会计恒等式，把企业在特定时日所拥有的经济资源和与之相对应的企业所承担的债务及偿债以后属于所有者的权益充分反映出来。因此，资产负债表应当分别列示资产总计项目和负债与所有者权益之和的总计项目，并且这二者的金额应当相等。

资产有多种分类方法，如按货币性资产和非货币性资产分类，按有形资产和无形资产分类，按短期资产和长期资产分类，按资产的流动性分类等。我国和国际会计实务一般是将资产按流动性进行分类。在我国，通常按资产的变现或耗用时间长短，将资产分为流动资产和非流动资产。按照我国财务报表列报准则的规定，应先列报流动性强的资产，再列报流动性弱的资产。资产负债表中的资产类至少应当列示流动资产和非流动资产的合计项目；负债类至少应当列示流动负债、非流动负债以及负债的合计项目；所有者权益类应当列示所有者权益的合计项目。

（一）资产的列报

资产负债表中的资产反映由过去的交易、事项形成并由企业在某一特定日期所拥有或控制的、预期会给企业带来经济利益的资源。资产应当按照流动资产和非流动资产两大类别在资产负债表中列示，在流动资产和非流动资产类别下进一步按性质分项列示。

1. 流动资产和非流动资产的划分

资产负债表中的资产应当分流动资产和非流动资产列报，因此区分流动资产和非流动资产十分重要。资产满足下列条件之一的，应当归类为流动资产。

（1）预计在一个正常营业周期中变现、出售或耗用。这主要包括存货、应收账款等资产。需要指出的是，变现一般针对应收账款等而言，是指将资产变为现金；出售一般针对产品等存货而言；耗用一般是指将存货（如原材料）转变成另一种形态（如产成品）。

（2）主要为交易目的而持有。这主要是指根据《企业会计准则第 22 号——金融工具确认和计量》划分的交易性金融资产。

（3）预计在资产负债表日起一年内（含一年）变现。

（4）自资产负债表日起一年内，交换其他资产或清偿负债的能力不受限制的现金或现金等价物。在实务中存在用途受到限制的现金或现金等价物，如用途受到限制的信用证存款、汇票存款、技改资金存款等，这类现金或现金等价物如果作为流动资产列报，可能高估了流动资产金额，从而高估流动比率等财务指标，影响使用者的决策。

2. 正常营业周期

正常营业周期，是指企业从购买用于加工的资产起，至实现现金或现金等价物的期间。正常营业周期通常短于一年，因生产周期较长等而导致正常营业周期长于一年的，尽管相关资产往往超过一年才变现、出售或耗用，但仍应当将其划分为流动资产。正常营业周期不能确定的，应当以一年（12 个月）作为正常营业周期。

值得注意的是，判断流动资产、流动负债时所称的一个正常营业周期，是指企业从购买用于加工的资产起至实现现金或现金等价物的期间。正常营业周期通常短于一年，在一年内有几个营业周期。但是，也存在正常营业周期长于一年的情况，如房地产开发企业开发用于出售的房地产开发产品，造船企业制造的用于出售的大型船只等，从购买原材料进入生产，到制造出产品出售并收回现金或现金等价物的过程，往往超过一年，在这种情况下，与生产循环相关的产成品、应收账款、原材料尽管是超过一年才变现、出售或耗用，仍应将其作为流动资产列示。当正常营业周期不能确定时，应当以一年（12 个月）作为正常营业周期。

（二）负债的列报

资产负债表中的负债反映某一特定日期企业所承担的、预期会导致经济利益流出企业的现时义务。负债按偿还期限的长短和风险的大小被划分为流动负债和非流动负债，在资产负债表中进行列示，在流动负债和非流动负债类别下再进一步按性质分项列示。

流动负债的判断标准与流动资产的判断标准相类似。负债满足下列条件之一的，应当归类为流动负债：①预计在一个正常营业周期中清偿；②主要为交易目的而持有；③自资产负债表日起一年内到期应予以清偿；④企业无权自主地将清偿推迟至资产负债表日后一年以上。

值得注意的是，有些流动负债，如应付账款、应付职工薪酬等，属于企业正常营业周期中使用的营运资金的一部分。尽管这些经营性项目有时在资产负债表日后超过一年才到期清偿，但是它们仍应被划分为流动负债。

（三）所有者权益的列报

资产负债表中的所有者权益是指企业资产扣除负债后的剩余权益，反映企业在某一特定日期股东投资者拥有的净资产的总额。资产负债表中的所有者权益一般按照净资产的不同来源和特定用途进行分类，应当按照实收资本（或股本）、资本公积、盈余公积、未分配利润等项目分项列示。

三、资产负债表的格式和列报方法

（一）资产负债表的格式

资产负债表的格式如表 3-1 所示。

表 3-1　资产负债表

会企 01 表

编制单位：　　　　　　　　年　　月　　日　　　　　　　　单位：

资产	期末余额	年初余额	负债和所有者权益	期末余额	年初余额
流动资产：			流动负债：		
货币资金			短期借款		
交易性金融资产			交易性金融负债		
应收票据			应付票据		
应收账款			应付账款		
预付款项			预收款项		
应收利息			应付职工薪酬		
应收股利			应交税费		
其他应收款			应付利息		
存货			应付股利		

续表

资产	期末余额	年初余额	负债和所有者权益	期末余额	年初余额
持有待售资产			其他应付款		
一年内到期的非流动资产			持有待售负债		
其他流动资产			一年内到期的非流动负债		
流动资产合计			其他流动负债		
非流动资产：			流动负债合计		
可供出售金融资产			非流动负债：		
持有至到期投资			长期借款		
长期应收款			应付债券		
长期股权投资			长期应付款		
投资性房地产			专项应付款		
固定资产			预计负债		
在建工程			递延所得税负债		
工程物资			其他非流动负债		
固定资产清理			非流动负债合计		
生产性生物资产			负债合计		
油气资产			所有者权益：		
无形资产			实收资本（或股本）		
开发支出			资本公积		
商誉			减：库存股		
长期待摊费用			其他综合收益		
递延所得税资产			盈余公积		
其他非流动资产			未分配利润		
非流动资产合计			所有者权益合计		
资产总计			负债及所有者权益总计		

（二）资产负债表的列报方法

1. 资产项目的列报方法

1）“货币资金”项目

“货币资金”项目反映企业库存现金、银行结算户存款、外埠存款、银行汇票存款、银行本票存款、信用卡存款、信用证保证金存款等的合计数。“货币资金”项目应根据“库存现金”“银行存款”“其他货币资金”科目期末余额的合计数填列。

2）“交易性金融资产”项目

“交易性金融资产”项目反映企业持有的以公允价值计量且其变动计入当期损益的以交易为目的所持有的债券投资、股票投资、基金投资、权证投资等金融资产。本项目应根据“交易性金融资产”科目的期末余额填列。

3）“应收票据”项目

“应收票据”项目反映企业因销售商品、提供劳务等而收到的商业汇票，包括银行承兑汇票和商业承兑汇票。企业会计准则规定，应收票据也要根据实际情况计提坏账准备，并按照扣除坏账准备后的净额列示。因此，本项目应根据“应收票据”账户的期末余额减去“坏账准备”账户中有关应收票据计提的坏账准备余额后的金额填列。

4）“应收账款”项目

“应收账款”项目反映企业因销售商品、提供劳务等经营活动应收取的款项，如应收的价款、增值税款及代垫的运杂费等。本项目应根据“应收账款”和“预收账款”账户所属各明细账户的期末借方余额合计，减去“坏账准备”账户中有关应收账款计提的坏账准备期末余额后的金额填列。

5）“预付款项”项目

“预付款项”项目反映企业按照购货合同规定预付给供应单位的款项等。本项目应根据“预付账款”和“应付账款”账户所属各明细账户的期末借方余额合计，减去“坏账准备”账户中有关预付账款计提的坏账准备期末余额后的金额填列。

6）“应收利息”项目

“应收利息”项目反映企业因持有交易性金融资产、持有至到期投资和可供出售金融资产等应收取的利息。本项目应根据“应收利息”科目的期末余额，减去“坏账准备”科目中有关应收利息计提的坏账准备期末余额后的金额填列。

7）“应收股利”项目

“应收股利”项目反映企业应收取的现金股利和应收取其他单位分配的利润。本项目应根据“应收股利”科目的期末余额，减去“坏账准备”科目中有关应收股利计提的坏账准备期末余额后的金额填列。

8）“其他应收款”项目

“其他应收款”项目反映企业除应收票据、应收账款、预付账款、应收股利、应收利息等经营活动以外的其他各种应收、暂付的款项。其他应收款属于企业营业收入以外的债权，如应收的各种赔款、罚款、存储的保证金，以及应向职工收取的垫付款项等。本项目应根据“其他应收款”账户的期末余额，减去“坏账准备”账户中有关其他应收款计提的坏账准备期末余额后的金额填列。

9）“存货”项目

“存货”项目反映企业期末在库、在途和在加工中的各种存货的可变现净值。存货是企业在生产经营中为销售或耗用而储备的资产，包括各种原材料、包装物、低值易耗品、委托加工材料、产成品、库存商品及委托代销商品等。本项目应根据“在途物资”“材料采购”“原材料”“库存商品”“周转材料”“委托加工物资”“生产成本”“劳务成本”等账户的期末余额合计，减去“存货跌价准备”账户期末余额后的金额填列。材料采用计划成本核算以及库存商品采用计划成本或售价核算的小企业，应按加或减材料成本差异、减商品进销差价后的金额填列。

10）“持有待售资产”项目

“持有待售资产”项目反映企业划分为持有待售的非流动资产及被划分为持有待售的处置中的资产。本项目应根据单独设置的“持有待售资产”科目的期末余额填列，或根据非流动资产类科目的余额计算分析填列。

11）“一年内到期的非流动资产”项目

“一年内到期的非流动资产”项目反映企业非流动资产项目中在一年内到期的金额，包括一年内到期的持有至到期投资、长期待摊费用和一年内可收回的长期应收款。本项目应根据上述账户分析计算后填列。

12）“其他流动资产”项目

“其他流动资产”项目反映企业除货币资金、交易性金融资产、应收票据、应收账款、存货等流动资产以外的其他流动资产。本项目应根据有关科目的期末余额填列。

13）“可供出售金融资产”项目

“可供出售金融资产”项目反映企业持有的以公允价值计量的可供出售的股票投资、债券投资等金融资产。本项目应根据“可供出售金融资产”科目的期末余额，减去“可供出售金融资产减值准备”科目期末余额后的金额填列。

14）“持有至到期投资”项目

“持有至到期投资”项目反映企业持有的以摊余成本计量的持有至到期投资。本项目根据“持有至到期投资”账户期末余额减去一年内到期的投资部分和“持有至到期投资减值准备”账户期末余额后填列。

15）“长期应收款”项目

“长期应收款”项目反映企业融资租赁产生的应收款项和采用递延方式分期收取的款项，实质上具有融资性质的销售商品和提供劳务等经营活动产生的应收款项。本项目应根据“长期应收款”期末余额，减去一年内到期的部分、“未确认融资收益”账户期末余额、“坏账准备”账户中按长期应收款计提的坏账损失后的金额填列。

16）“长期股权投资”项目

“长期股权投资”项目反映企业不准备在1年内（含1年）变现的各种股权性质投资的账面余额，减去减值准备后的净额。本项目应根据“长期股权投资”账户的期末余额减去“长期股权投资减值准备”账户期末余额后填列。

17）“投资性房地产”项目

“投资性房地产”项目反映企业持有的投资性房地产。企业采用成本模式计量投资性房地产的，本项目应根据“投资性房地产”科目的期末余额，减去“投资性房地产累计折旧（摊销）”和“投资性房地产减值准备”科目期末余额后的金额填列；企业采用公允价值模式计量投资性房地产的，本项目应根据“投资性房地产”科目的期末余额填列。

18）“固定资产”项目

“固定资产”项目反映企业各种固定资产原价减去累计折旧和累计减值准备后的净额。本项目应根据“固定资产”科目的期末余额，减去“累计折旧”和“固定资产减值准备”科目期末余额后的金额填列。

19）“在建工程”项目

“在建工程”项目反映企业期末各项未完工程的实际支出，包括交付安装的设备价值、未完建筑安装工程已经耗用的材料、工资和费用支出、预付出包工程的价款等的可收回金额。本项目应根据“在建工程”科目的期末余额，减去“在建工程减值准备”科目期末余额后的金额填列。

20）“工程物资”项目

“工程物资”项目反映企业尚未使用的各项工程物资的实际成本。本项目根据“工程物资”账户期末余额，减去“工程物资减值准备”账户期末余额后填列。

21）“固定资产清理”项目

“固定资产清理”项目反映企业因出售、毁损、报废等原因转入清理但尚未清理完毕的固定资产的净值，以及固定资产清理过程中所发生的清理费用和变价收入等各项金额的差额。本项目应根据“固定资产清理”科目的期末借方余额填列，如“固定资产清理”科目期末为贷方余额，以“–”号填列。

22）“生产性生物资产”项目

“生产性生物资产”项目反映企业持有的生产性生物资产。本项目应根据“生产性生物资产”科目的期末余额，减去“生产性生物资产累计折旧”和“生产性生物资产减值准备”科目期末余额后的金额填列。

23）“油气资产”项目

“油气资产”项目反映企业持有的矿区权益和油气井及相关设施的原价减去累计折耗和累计减值准备后的净额。本项目应根据“油气资产”科目的期末余额，减去“累计折耗”科目期末余额和相应减值准备后的金额填列。

24）“无形资产”项目

“无形资产”项目反映企业持有的无形资产，包括专利权、非专利技术、商标权、著作权、土地使用权等。本项目应根据“无形资产”科目的期末余额，减去“累计摊销”和“无形资产减值准备”科目期末余额后的金额填列。

25）“开发支出”项目

“开发支出”项目反映企业开发无形资产过程中能够资本化形成无形资产成本的支出部分。本项目应根据“研发支出”科目中所属的“资本化支出”明细科目期末余额填列。“开发支出”项目，可以用来表示正处于开发过程，而且估计能够开发成功并具有一定价值，因此能够资本化的无形资产的投入成本，预示着企业的科技进步前景。

26）“商誉”项目

“商誉”项目反映企业合并中形成的商誉的价值。本项目应根据“商誉”科目的期末余额，减去相应减值准备后的金额填列。

27）“长期待摊费用”项目

“长期待摊费用”项目反映企业已经发生但应由本期和以后各期负担的分摊期限在一年以上的各项费用。“长期待摊费用”项目中在一年内（含一年）摊销的部分，在资产负债表“一年内到期的非流动资产”项目填列。本项目应根据“长期待摊费用”科目的期末余额减去将于一年内（含一年）摊销的数额后的金额填列。

28）“递延所得税资产”项目

“递延所得税资产”项目反映企业确认的可抵扣暂时性差异产生的递延所得税资

产，本项目应根据“递延所得税资产”科目的期末余额填列。

29）“其他非流动资产”项目

“其他非流动资产”项目反映企业除长期股权投资、固定资产、在建工程、工程物资、无形资产等资产以外的其他非流动资产。本项目应根据有关科目的期末余额填列。

2. 负债项目的列报方法

1）“短期借款”项目

“短期借款”项目反映企业向银行或其他金融机构等借入的期限在一年以下（含一年）的借款。本项目应根据“短期借款”科目的期末余额填列。

2）“交易性金融负债”项目

“以公允价值计量且其变动计入当期损益的金融负债”项目反映企业承担的以公允价值计量且其变动计入当期损益的以交易为目的所持有的金融负债。本项目应根据“交易性金融负债”科目的期末余额填列。

3）“应付票据”项目

“应付票据”项目反映企业购买材料、商品和接受劳务供应等而开出、承兑的商业汇票，包括银行承兑汇票和商业承兑汇票。本项目应根据“应付票据”科目的期末余额填列。

4）“应付账款”项目

“应付账款”项目反映企业因购买材料、商品和接受劳务供应等经营活动而应支付的款项。本项目应根据“应付账款”和“预付账款”科目所属各明细科目的期末贷方余额合计数填列，如“应付账款”科目所属明细科目期末有借方余额的，应在资产负债表“预付款项”项目内填列。

5）“预收款项”项目

“预收款项”项目反映企业按照购货合同规定预付给供应单位的款项。本项目应根据“预收账款”和“应收账款”科目所属各明细科目的期末贷方余额合计数填列，如“预收账款”科目所属各明细科目期末有借方余额，应在资产负债表“应收账款”项目内填列。

6）“应付职工薪酬”项目

“应付职工薪酬”项目反映企业根据有关规定应付给职工的工资、职工福利、社会保险费、住房公积金、工会经费、职工教育经费、非货币性福利、辞退福利等各种薪酬。外商投资企业按规定从净利润中提取的职工奖励及福利基金，也在本项目列示。

7）“应交税费”项目

“应交税费”项目反映企业按照税法规定计算应交纳的各种税费，包括增值税、消费税、所得税、资源税、土地增值税、城市维护建设税、房产税、土地使用税、车船使用税、教育费附加、矿产资源补偿费等。企业代扣、代交的个人所得税，也通过本项目列示。企业所交纳的税金不需要预计应交数的，如印花税、耕地占用税等，不在本项目列示。本项目应根据“应交税费”科目的期末贷方余额填列，如“应交税费”科目期末为借方余额，应以“-”号填列。

8）“应付利息”项目

“应付利息”项目反映企业按照规定应当支付的利息，包括分期付息到期还本的长期借款应支付的利息、企业发行的企业债券应支付的利息等。本项目应当根据“应付利息”科目的期末余额填列。

9）“应付股利”项目

“应付股利”项目反映企业分配的现金股利或利润。企业分配的股票股利，不通过本项目列示。本项目应根据“应付股利”科目的期末余额填列。

10）“其他应付款”项目

“其他应付款”项目反映企业除应付票据、应付账款、预收款项、应付职工薪酬、应付股利、应付利息、应交税费等经营活动以外的其他各项应付、暂收的款项。本项目应根据“其他应付款”科目的期末余额填列。

11）“持有待售负债”项目

“持有待售负债”项目反映企业被划分为持有待售的处置中的负债。本项目应根据单独设置的“持有待售负债”科目的期末余额填列，或根据非流动负债类科目的余额分析技术填列。

12）“一年内到期的非流动负债”项目

“一年内到期的非流动负债”项目反映企业非流动负债中将于资产负债表日后一年内到期部分的金额，如将于一年内偿还的长期借款。本项目应根据有关科目的期末余额填列。

13）“其他流动负债”项目

“其他流动负债”项目反映企业除短期借款、交易性金融负债、应付票据、应付账款、应付职工薪酬、应交税费等流动负债以外的其他流动负债。本项目应根据有关科目的期末余额填列。

14）“长期借款”项目

“长期借款”项目反映企业向银行或其他金融机构借入的期限在一年以上（不含一年）的各项借款。本项目应根据“长期借款”科目的期末余额填列。

15）“应付债券”项目

“应付债券”项目反映企业为筹集长期资金而发行的债券本金和利息。本项目应根据“应付债券”科目的期末余额填列。

16）“长期应付款”项目

“长期应付款”项目反映企业除长期借款和应付债券以外的其他各种长期应付款项。本项目应根据“长期应付款”科目的期末余额，减去相应的“未确认融资费用”科目期末余额后的金额填列。

17）“专项应付款”项目

“专项应付款”项目反映企业取得政府作为企业所有者投入的具有专项或特定用途的款项。本项目应根据“专项应付款”科目的期末余额填列。

18）“预计负债”项目

“预计负债”项目反映企业确认的对外提供担保、未决诉讼、产品质量保证、重组义务、亏损性合同等预计负债。本项目应根据“预计负债”科目的期末余额填列。

19）“递延所得税负债”项目

“递延所得税负债”项目反映企业确认的应纳税暂时性差异产生的所得税负债。本项目应根据“递延所得税负债”科目的期末余额填列。

20）“其他非流动负债”项目

“其他非流动负债”项目反映企业除长期借款、应付债券等负债以外的其他非流动负债。本项目应根据有关科目的期末余额减去将于一年内（含一年）到期偿还数后的余额填列。非流动负债各项目中将于一年内（含一年）到期的非流动负债，应在“一年内到期的非流动负债”项目内单独反映。

3. 所有者权益项目的列报方法

1）“实收资本（或股本）”项目

“实收资本（或股本）”项目反映企业各投资者实际投入的资本（或股本）总额。本项目应根据“实收资本（或股本）”科目的期末余额填列。

2）“资本公积”项目

“资本公积”项目反映企业资本公积的期末余额。本项目应根据“资本公积”科目的期末余额填列。

3）“库存股”项目

“库存股”项目反映企业持有尚未转让或注销的本公司股份金额。本项目应根据“库存股”科目的期末余额填列。

4）“其他综合收益”项目

“其他综合收益”项目是指企业根据其他会计准则规定未在当期损益中确认的各项利得和损失。本项目应根据“其他综合收益”科目的期末余额填列。

5）“盈余公积”项目

“盈余公积”项目反映企业盈余公积的期末余额。本项目应根据“盈余公积”科目的期末余额填列。

6）“未分配利润”项目

“未分配利润”项目反映企业尚未分配的利润。本项目应根据“本年利润”科目和“利润分配”科目的余额计算填列。未弥补的亏损在本项目内以“-”号填列。

第二节　资产负债表项目分析

一、资产项目分析

1.“货币资金”项目分析

货币资金是指企业的生产经营资金在周转过程中处于货币形态的那部分资金。企业持有货币资金主要是为了满足经营需要、预防需要和投机需要，但企业持有过多或过少的货币资金，都将会对实现企业财务管理目标产生不利影响。货币资金持有量过大，会使企业整体盈利能力下降，反之，如果货币资金持有量过少，企业会因为没有足够的支付能力而引发财务风险。

对货币资金进行分析，主要从以下三个方面进行。

第一，货币资金的使用是否符合国家相关法规的规定。货币资金是企业的血液，也是流动性最强的资产，为保障企业资产的安全完整，企业应严格按照《中华人民共和国会计法》《内部会计控制规范》《银行账户管理办法》《现金管理暂行条例》等法律法规，管理、控制货币资金的使用和开支范围。

第二，货币资金的持有数量是否合适。货币资金是流动性最强的资产，同时也是盈利能力最差的资产，一个企业货币资金的持有量是否合适，主要取决于以下因素。

（1）企业规模。通常企业规模越大，业务量就越多，货币资金的需求量就越大；反之，企业规模小，货币资金的需求量相对较小。

（2）行业特点。不同行业对货币资金的需求量是不一样的，如制造业对货币资金的需求量相对较小，商品流通企业货币资金的需求量相对较大，金融企业需要大量的货币资金。

（3）企业融资能力。企业信用较好，发展前景好，融资能力较强，就不必过多持有货币资金。

（4）企业负债结构。若企业负债主要以流动负债为主，应持有较多的货币资金，以偿还到期的债务。若企业负债主要以非流动负债为主，就不必持有过多的货币资金。

第三，货币资金的持有量与企业近期数据比较，与同行业比较。一个发展稳定的企业，其货币资金的变化应呈现稳步增长的态势，若企业的货币资金发生大幅度的变动，应结合现金流量表及报表附注做进一步分析。分析货币资金发生变动的原因，如销售规模变动、信用政策改变、为大笔现金支出做准备、所筹资金尚未使用等。通常导致货币资金发生变动的原因主要有如下几点。

（1）销售规模的变动。企业销售商品或提供劳务是取得货币资金的最重要途径，当销售规模发生变动时，货币资金存量规模必然会发生相应的变动，并且二者具有一定的相关性。

（2）信用政策的变动。销售规模的扩大是货币资金增加的先决条件，如果企业改变信用政策，则货币资金存量规模就会因此而变化。例如，在销售时，企业提高现销比例，货币资金存量规模就会大些；反之，货币资金存量规模就会小些。企业收账政策改变，也会对货币资金存量规模产生影响，如企业奉行较严格的收账政策，收账力度较大，货币资金存量规模就会大些。

（3）为大笔现金支出做准备。在企业生产经营过程中，可能会发生大笔的现金支出，如准备派发现金股利，偿还将要到期的巨额银行借款或集中购货等，企业为此必须提前做好准备，积累大量的货币资金以备需要，这样就会使货币资金存量规模较大。一旦这种需要消失，货币资金存量规模就会降下来。

（4）资金调度。一般来说，企业货币资金存量规模过小，会降低企业的支付能力，影响到企业的信誉，因而负担不必要的罚金支出等，或因此丧失优惠进货机会及最佳投资机会等；反之，如果货币资金存量规模过大，则会使企业丧失这部分资金的获利机会，影响企业资金的利用效果。企业管理人员对资金的调度会影响货币资金存量规模，如在货币资金存量规模过小时，通过筹资活动提高其存量规模；而在其存量规模较大时，通过短期证券投资的方法加以充分利用，就会降低其存量规模。

2.“交易性金融资产”项目分析

“交易性金融资产”项目，其显著特征是随时变现。持有该类金融资产一方面能获得较好的收益，另一方面又能增强企业整体资产的流动性，降低企业的财务风险。因此，适当持有以公允价值计量且其变动计入当期损益的金融资产对企业来说是一种较好的财务策略。

根据新会计准则的有关规定，交易性金融资产的期末账面价值便是其在该时点上的公允价值与前次账面价值之间的差异，即公允价值变动金额需要计入当期损益。财政部、国家税务总局明确规定，在计税时，持有期间的“公允价值变动损益”不予考虑，只有在实际处置时，所取得的价款在扣除其历史成本后的差额才计入处置期间的应纳税所得额，可见交易性金融资产的计税基础仍为历史成本。因此，在上市公司持有交易性金融资产期间，当公允价值发生变动时，账面价值与计税基础之间便存在一种“暂时性差异”，只有在实际处置后，该差异才会转回。

新准则要求交易性金融资产期末按公允价值计价，如果企业交易性金融资产所占的比重较大，分析时应注意股市行情变化，以预防风险。

3.“应收票据”项目分析

应收票据反映企业收到的未到期收款而且也未向银行贴现的商业承兑汇票和银行承兑汇票等应收票据余额。应收票据与一般的应收款项相比，流动性和安全性更强，更容易在市场上流通转让，供货方比较容易接受。尽管企业会计准则规定，应收票据也要根据实际情况计提坏账准备，并按照扣除坏账准备后的净额列示。现阶段，由于我国的应收票据最长期限是六个月，因此，实际工作中一般不对应收票据计提坏账准备。分析时，应注意企业持有的应收票据的类型，一般来说银行承兑汇票风险较低，而商业承兑汇票的风险则较高。目前，我国的应收票据大多数是银行承兑汇票，因此风险相对较小。

4.“应收账款”项目分析

应收账款反映企业因销售商品、提供劳务等而应向购买单位收取的各种款项，减去已计提的坏账准备后的净额。在正常情况下，这种账款在一年内应该能够收回，因此将其归属于流动资产。但在实际工作中，债务人可能因资金紧张等原因迟迟不归还货款，导致企业应收账款长期收不回来，甚至发生坏账。为了体现应收账款的真实价值，应收账款应当估计其坏账损失，按照商业信用金额扣除所计提的坏账准备的净额列示。应收账款的起点是销售，终点是现金，应收账款分析应与销售额、现金流分析联系起来。正常情况下，销售额增加会引起应收账款增加，现金的存量和经营现金流量也会随之增加。如果一个企业应收账款日益增加，而销售和现金日益减少，则企业的营销政策就可能已出现问题，甚至变得比较可疑，有虚构收入操纵利润之嫌。应收款项增长较快，所占比重较大时，应当分析其原因。一般来说，应收账款增加的原因主要有三个：一是销售增加引起应收账款的增加；二是企业为扩大销售适当放宽信用标准，造成应收账款增加；三是客户财务发生困难拖延付款。

对应收账款分析，应注意以下几点。

（1）销售规模的变动。当销售规模发生变动时，会引起应收款项和货币资金的同比增长，应收票据和应收账款的合计数，可以看作企业的赊销，通过赊销占营业收入的比重，可以进一步了解企业销售额的增长是以赊销为主还是以现销为主。

（2）考察应收账款有无真实的贸易背景，分析企业是否利用虚无信用来创造销售，或用无真实贸易背景的应收票据向银行贴现，加大企业信用风险。

（3）考察应收账款的质量，可从以下几个方面进行：①账龄分析，一般而言，未过信用期或已过信用期但拖欠期较短的债权出现坏账的可能性比已过信用期较长时间的债权发生坏账的可能性要小。涉及与其他企业比较时，应参考其他企业的计算口径，确定标准。②对债务人的构成分析，包括债务人的区域构成、债务人的所有权性质、债权人与债务人的关联状况和债务人的稳定程度，应收账款的大部分是否集中于少数几个客户。③对形成债权的内部经手人进行分析。④分期付款应收款较其他应收款流动性要差，对其分析要区别于一般应收账款。

5.“预付款项”项目分析

预付款项反映企业预收的款项，减去已计提的坏账准备后的净额。预付款项同样存在债权性风险，也应当根据市场经济环境等考虑计提坏账准备，并按照其价值净额予以列示。预付款项是一种特殊的流动资产，由于款项已经支付，除一些特殊情况外（如预收货款的企业未能按约提供产品、预付保险单被提前注销等），在未来会计期间不会导致现金流入，即在这种债权收回时，流入的不是货币资金，而是存货。预付款项在性质上并不属于货币性资产，因此该项目的变现性极差。预付款项如果较多，通常意味着企业为了稳定货源等而进行了一笔资金垫支。

6.“应收利息”项目分析

应收利息是指已到期但尚未领取的债券利息，该项目应结合“交易性金融资产”“可供出售金融资产”“持有至到期投资”进行分析。

7.“应收股利”项目分析

应收股利反映企业应收取的现金股利和应收取其他单位分配的利润。若金额较多、比重较大，应关注对外投资风险。

8.“其他应收款”项目分析

其他应收款是指企业除应收账款、应收票据、预付账款以外的其他各种应收、暂付款项。例如，应收的各种赔款、罚款、存储保证金、应向职工收取的各种暂付款项、预付给企业内部单位或个人的备用金、应收出租包装物的押金等。其他应收款是暂付款，一般期限较短，其数额也不大。其他应收款金额如果过大，可能隐含企业的违规行为，如非法拆借资金、给个人的销售折扣、抽逃注册资金等，应警惕企业将该项目作为企业成本费用和利润的调节器，此时应当深入了解相应资金的安全性。

9.“存货”项目分析

存货是指企业在日常活动中持有以备出售的产成品或商品、处在生产过程中的在产品、在生产过程或提供劳务过程中耗用的材料和物料等，包括各种原材料、包装物、低值易耗品、委托加工材料、产成品、库存商品及委托代销商品等。存货的作用在于：①适当的存货有利于组织均衡生产；②储备必要的原材料，可保证生产原料供应；③储备必要的产成品，有利于销售；④可防止意外事故造成的停产损失。

存货资产过多所带来的不利影响有两个方面：一是增加存货，则存货成本增加；二是存货占用资金多，市场风险增大，因此，存货也存在一个合理的数量问题。

对存货进行分析，应注意以下几点。

第一，会计政策变更对存货影响的分析。

存货资产是企业流动资产中最重要的组成部分，是生产经营活动中重要的物质基础，存货资产的变动，不仅对流动资产的资金占用有极大的影响，而且对生产经营活动产生重大影响。存货变动主要受到企业生产经营方面的影响，如生产经营规模的扩张和收缩、资产利用效果的高低、资产周转速度的快慢、存货管理的水平等。现仅就会计政策对存货的影响进行分析，其原因如下。

（1）存货数量盘存方法的影响。存货数量变动是影响资产负债表存货项目的基本因素，企业存货数量的确定主要有两种方法可供选择，即定期盘存法和永续盘存法。当企业采用定期盘存法进行存货数量核算时，资产负债表上存货项目反映的就是存货的实有数量。如果采用永续盘存法，除非在编制资产负债表时对存货进行盘存，否则，资产负债表上存货项目所反映的只有存货的账面数量：两种不同的存货数量确认方法会造成资产负债表上存货项目的差异，这种差异不是存货数量本身变动引起的，而是存货数量的会计确认方法不同造成的。

（2）期末存货价值的计价原则对存货项目的影响。期末存货价值的确定通常采用历史成本原则，但会计制度也允许企业采用“成本与可变现净值孰低法”确定。当按历史成本原则确定的存货低于可变现净值时，按两种方法确定的期末存货价值是一致的，当存货的可变现净值下跌至成本以下时，按“成本与可变现净值孰低法”确定的存货期末金额就会低于按历史成本法确定的存货期末金额。因此，当企业改变存货价值确定方法时，就有可能引起资产负债表上存货项目的变动。

第二，对存货物理质量的分析。例如，商业企业的商品是否完好无损、制造业的产成品质量是否符合相应的等级要求。

第三，存货的时效状况分析。例如，食品是否超过保质期、出版物的内容是否过时、工业产品的技术是否落伍。

第四，存货的品种构成结构分析。即盈利产品占企业品种构成的比例及市场发展前景和产品抗变能力。

第五，存货的日常管理分析。企业存货的质量，不仅取决于存货的账面数字，还与存货的日常管理密切相关。只有恰当保持各项存货的比例和库存周期，材料存货才能为生产过程消化，商品存货才能及时实现销售，从而使存货顺利变现。

10.“持有待售资产”项目分析

对于企业将要出售的资产是否需要划分为持有待售固定资产，需要考虑以下三点：一是企业决定出售该项资产（企业已经就处置该非流动资产做出决议）；二是出售给谁

（如企业已经与授予方签订了不可撤销的转让协议）；三是什么时候出售（该项转让将在一年内完成）。

11.“一年内到期的非流动资产”项目分析

一年内到期的非流动资产项目，反映企业将于一年内到期的非流动资产项目金额。

12.“其他流动资产”项目分析

其他流动资产项目主要是指被银行冻结的存款或暂时不能使用的资产，若比重较高应高度关注。

13.“可供出售金融资产”项目分析

可供出售金融资产主要是反映企业持有的以公允价值计量的可供出售的股票投资、债权投资等金融资产。对于公允价值能够可靠计量的金融资产，企业可以将其直接指定为可供出售金融资产。例如，在活跃市场上有报价的股票投资、债券投资等，如果企业没有将其划分为交易性金融资产、贷款及应收款项、持有至到期投资这三类金融资产，则应将其作为可供出售金融资产处理。现实会计实务当中，可供出售金融资产通常是持有期限不能确定、持有意图不够明显的非流动资产。

14.“持有至到期投资”项目分析

持有至到期投资是指到期日固定、回收金额固定或可确定，且企业有明确意图和能力持有至到期的非衍生金融资产。可见，被确认为持有至到期投资的项目具备苛刻的条件，这些条件缺一不可。持有至到期投资属于金融工具范畴，但与按照公允价值计量的交易性金融资产和可供出售金融资产不同，在资产负债表中，持有至到期投资按照摊余成本计量。摊余成本，是指其初始确认金额扣除已偿还本金、加上或减去相关累计摊销额并扣除已发生的减值损失后的金额。

15.“长期应收款”项目分析

长期应收款项目反映企业融资租赁产生的应收款项、采用递延方式具有融资性质的销售商品和提供劳务等产生的长期应收款项等。对于可能发生的坏账损失，企业应当予以扣除。长期应收款对于一般企业并不多见，在进行财务分析时应仔细探究那些名义上的“长期应收款”项目是不是在实质上构成对其他单位的一种变相投资和资金占用。例如，在我国，很多企业将拨付给下属独立核算的分公司的长期资金列入长期应收款，但并没有明确的回收期限，其在实质上已经相当于长期股权投资。

16.“长期股权投资”项目分析

长期股权投资反映的内容主要是企业持有的对子公司、合营企业、联营企业的投资。对于企业持有的对被投资单位不具有控制、共同控制或重大影响，并且在活跃市场中没有报价、公允价值不能可靠计量的权益性投资，也被纳入长期股权投资项目。财务会计上的投资，是指企业为了获得收益或实现资本增值向被投资单位投放资金的经济行为。这与一般经济生活当中的投资用语不同，长期投资强调的是一个对外投资的问题，如果投资出去以后，投资企业成为被投资单位的股东，这样的投资一般称为股权投资。在日常会计核算中，长期股权投资是一个比较复杂的问题，反映到资产负债表中，该项目的金额代表的含义也比较混乱。例如，它可能反映的是原始投资额（成本法），也可能反映的是随着被投资单位净资产公允价值的变动而按照持股比例予以调整后的金额（权益法），有时也可能反映所拥有的被投资方账面净资产的份额（同一控制下企业合并形成的长期股权投资），如此等等，建议财务报告使用者能够结合附注信息对长期股权投资项目予以分析。

企业长期投资的主要作用如下：①出于战略性考虑（如兼并竞争对手、控制原料供应商），形成企业的优势；②通过多元化经营而降低经营风险、稳定经营收益；③为将来某些特定目的积累资金。

对长期股权投资进行分析，应注意以下几点。

（1）资产负债表中长期投资项目的金额，在很大程度上代表企业长期不能直接控制的资产流出，其投资方案是否合理，关键看其能否获得较高收益、是否可分散风险、企业的安全性如何。

（2）资产负债表中长期投资项目，代表的是企业高风险的资产区域，要看其是否与企业的总体发展目标和经营方针一致，也就是说，长期投资的增加应以不影响企业生产资金周转和提高企业资金效益为前提，长期投资的减少应以实现企业资产的保值增值为前提。

（3）长期投资收益的增加，有可能引起企业货币状况的恶化。因为对债权投资来说，投资收益的确定先于利息的收取，企业需对此部分收益上交所得税；对股权投资收益，在权益法确认投资收益时，企业确认的投资收益总会大于企业收回的股利，这样就会出现企业利润分配所需货币大于收回货币的情况。

（4）长期债权投资的质量分析，可从以下几个方面进行：对长期债权投资的账龄、债务人构成，对利润表中债权投资收益与现金流量表中因利息收入而收到的现金之间差异的分析。

（5）长期股权投资的质量分析，可从以下几个方面进行：长期股权投资构成分析（投资方向、投资规模、持股比例等）、对利润表中股权投资收益与现金流量表中因股权投资收益而收到的现金之间差异的分析。

17.“投资性房地产”项目分析

投资性房地产指的是企业为赚取租金或资本增值，或者两者兼有而持有的房地产，其范围包括已出租的土地使用权、持有准备增值后转让的土地使用权和已出租的建筑物等。需要注意，房地产开发企业开发的商品房并不是投资性房地产，而是该企业的存货。眼下许多媒体往往把二者混为一谈，这在一定限度上混淆了投资者的视听。

在会计核算中，投资性房地产有两种后续计量模式，即成本模式和公允价值计量模式。采用公允价值计量模式时，需要同时满足以下两个条件：一是投资性房地产所在地有活跃的房地产交易市场；二是企业能够从房地产交易市场上取得同类或类似房地产的市场价格及其他相关信息，从而对投资性房地产的公允价值做出科学合理的估计。据此，该适用条件是比较苛刻的，一般仅有在大中型城市城区中的房地产才适用于采用公允价值计量，而且一个企业所有的房地产只能选用一种模式计量，而不能两种模式同时并用。因此在资产负债表上，投资性房地产一般是按照成本（减去累计摊销和减值损失）计量的，允许采用公允价值计量投资性房地产，往往涉及企业损益的变化，需要通过附注信息对此予以合理关注。

18.“固定资产”项目分析

固定资产是指企业为生产商品、提供劳务、出租或经营管理而持有的，使用寿命超过一个会计年度的有形资产。固定资产是企业经营规模大小的标志，是企业最重要的生产力要素之一，是企业经济效益和竞争力的源泉。在资产负债表上，固定资产按照固定资产原值减去累计折旧和固定资产减值准备后的净额列示。累计折旧计提存在不同方法，企业通常基于税收方面的考虑而选用不同的折旧方法，由此导致的固定资产账面价值的变化，财务报告使用者需要结合附注信息予以分析，在必要时可以还原固定资产的原始价值，以便考核企业的经营实力，正确评估固定资产的整体运行情况，对其使用效率和综合竞争力水平予以全面而公允的评价。对固定资产进行分析，应注意以下几点。

（1）会计政策变更的影响。从会计政策方面讲，引起固定资产变动的最主要原因是折旧方法的选择，会计准则和制度允许企业使用的折旧方法有平均年限法、工作量法、双倍余额递减法和年限总和法，后两种方法属于加速折旧法。不同的折旧方法由于各期所提折旧不同，会引起固定资产价值发生不同的变化。固定资产折旧方法的选择对固定资产的影响还隐含着会计估计对固定资产的影响。例如，对折旧年限的估计、对固定资产残值的估计等。分析时，分析人员必须了解企业采用什么样的会计政策，据此说明会计政策选择和变更对资产负债表产生的影响，这样才能真正反映出生产经营活动的结果及其影响。

（2）企业规模的影响。固定资产代表了企业生产能力的强弱，但并不是固定资产越大越好，超越企业生产规模和生产能力拥有固定资产，会占用企业大量的资金，且变现能力弱，造成企业资金周转困难。企业固定资产持有的数量与所处的行业有密切关系，如制造业固定资产数额一般较大，而商品流通企业固定资产数额则相对较少，因此，分析中应注意固定资产的持有量是否与行业特点相吻合。

（3）固定资产构成的影响。固定资产构成是指各类固定资产原价占全部固定资产原价的比重，它反映固定资产的配置情况。合理的配置固定资产既可以提高企业的生产能力，又能使固定资产得到充分有效的利用。分析固定资产构成情况的变化，就是看固定资产的配置是否合理，为挖掘固定资产的利用潜力提供依据。固定资产构成分析主要包括三个方面的内容：一是分析生产经营用固定资产与非生产经营用固定资产之间的比例变化情况，查明企业是否优先增加生产经营用的固定资产；二是考察未使用、不需用固定资产比重的变化情况，查明企业是否对未使用、不需用固定资产及时进行了处置，结合企业的生产技术特点，分析生产用固定资产内部结构是否合理；三是考察生产经营用固定资产内部结构是否合理。

（4）固定资产增减变化的影响。固定资产原值在年内的变化可以在一定程度上反映其质量的变化；各类固定资产在某会计期间的变化，不外乎增加、减少（投资转出、清理、转移）。但是，由于特定企业生产经营状况的特点，企业对各类固定资产的结构有不同要求。各个期间固定资产原值的变化，应朝着优化企业内部固定资产结构、改善固定资产质量、提高固定资产利用效果的方向努力。因此，从年度固定资产结构的变化与生产经营特点之间的吻合程度，就可以对固定资产质量的变化情况做出判断。

19.“在建工程”项目分析

在建工程和工程物资是在资产负债表中予以分列的两个项目。企业搞基本建设工程，购买专用的材料、物资，在投入具体工程建设之前，被称为工程物资；工程开工以后，企业已经投入了资金，该项目的成本就构成“在建工程”项目金额。宽泛而言，固定资产在达到可使用状态之前，都被“暂列”入在建工程处理。换言之，在资产负债表上，在建工程意味着企业正在进行的固定资产投资项目，影响到企业当前和未来的经营发展状况。如果该项目金额巨大，对于企业长期、短期的财务状况都会有较大影响，财务报告使用者需要结合企业所在行业发展形势以及企业自身的经营状况和发展规划对企业“大兴土木”的合理性和前景予以进一步的观察。

20.“工程物资”项目分析

“工程物资”项目反映企业为构建长期资产所购买的工程物资，该项目应与“在建工程”“固定资产”结合起来进行分析。

21.“固定资产清理”项目分析

“固定资产清理”项目通常应无余额，若期末余额比重较大，应查明原因。

22.“生产性生物资产”项目分析

生产性生物资产是指小企业（农业）为生产农产品，提供劳务或出租等目的而持有的生物资产，包括经济林、薪炭林、产畜和役畜等。制造业生产性生物资产余额通常为零。

23.“油气资产”项目分析

“油气资产”项目，其余额通常为零。

24.“无形资产”项目分析

无形资产是指企业拥有或者控制的、没有实物形态的、可辨认的非货币性资产，包括商标权、著作权（版权）、专利权、土地使用权、非专利技术、特许权等。与固定资产类似，无形资产是能够给企业带来较长期的经济利益的资产。无形资产尽管没有实物形态，但在知识经济时代，对企业生产经营活动的影响是非常重要的。资产负债表上的无形资产是指无形资产原值减去无形资产摊销后的摊余价值，所以，只根据资产负债表提供的资料是难以分析无形资产的增减变化的。此外，按照我国财务制度的规定，企业的研究开发费一旦产生就计入当期费用，因而资产负债表上的无形资产也不能真实地反映出企业拥有的无形资产的全部。无形资产的减少除出售、对外投资等原因外，更主要的是因为其价值摊销，分析时应注意企业是否有利用无形资产摊销而调整利润的行为。

无形资产按取得时的实际成本作为入账价值，在取得当月起在预计使用年限内分期平均摊销，计入损益。对可收回金额低于账面价值的差额，应计提无形资产减值准备。摊销期限一般按有效使用期或法定寿命期孰短的原则确定，最长不超过40年（我国为10年）；研究与开发费用在发生时做费用处理。企业无形资产的种类、取得成本、已摊销金额和期末余额，在报表附注中披露，可以解释无形资产总额的变动原因。

随着科技进步和知识创新步伐的加快，无形资产所占比重对于部分企业而言会越来越大，并构成企业价值和核心竞争力的主要来源。在资产负债表上，无形资产项目按照无形资产的取得成本减去相关累计摊销后的金额列示。据此可以看出，无形资产在财务报表上反映企业这方面的投入金额，并不能反映其无形资产的真正价值，而在现实经济生活当中，其成本和价值可能相去甚远。

25. “开发支出”项目分析

“开发支出”项目可以用来表示正处于开发过程，而且估计能够开发成功并具有一定价值，因此能够资本化的无形资产的投入成本，预示着企业的科技进步前景。

26. “商誉”项目分析

目前，会计上核算的商誉仅仅是指企业在非同一控制下企业合并中，所支付的合并成本大于合并中取得的被购买方可辨认净资产公允价值份额的差额。根据新会计准则，商誉入账后不要求摊销，而是在期末进行减值测试，在资产负债表上按照扣除可能发生的减值损失后的净额列示。在会计核算中，商誉并非源自对企业的“好感”的价值，也未必代表超出正常水平的获利能力和服务潜力，而是在企业合并时对被购买方支付的溢价，而这个溢价支付在经济学家眼里已经被部分证实属于主并企业“狂妄自大”的表现及其对被并购方盲目的、不现实的预期造成的。举例而言，甲公司和乙公司不存在什么关联方关系，甲公司通过公开市场交易形成对乙公司的吸收合并，实际付出成本 200 亿元，所取得的乙公司全部净资产的公允价值（不是原账面价值）为 180 亿元，则多付出的 20 亿元在会计上就被反映为商誉。而且，要知道会计对于自创商誉是不予反映的，又鉴于对商誉进行减值测试的难度，商誉在企业财务报表上的反映金额可能不过是一个平衡数，其信息含量应该是比较有限的。

27. “长期待摊费用”项目分析

长期待摊费用是指不能全部计入当期损益，应当在以后年度内分期摊销的各项费用，包括开办费、租入固定资产改良支出、固定资产大修理支出、筹建期汇兑净损失等。财务报告使用者对于较大金额的长期待摊费用应予以重视，观察企业是否将一些费用递延到后期处理，以达到粉饰现时报表或者有意识地进行平滑收益和盈余管理的目的。

28. “递延所得税资产”项目分析

递延所得税资产反映企业由于会计和税法之间的差异，会计根据税法的规定需要在当期缴纳更多的所得税（相对于会计利润和账面净资产的增加数而言），但以后期间相对会少缴的所得税金额，即会计上所说的由资产（负债）账面价值小于（大于）计税基础所形成的，可抵扣暂时性差异而造成的预期未来经济利益。本着权责发生制和配比原则，会计上应在该经济利益形成的当期予以确认计量，并在报表上予以列示。分析时应注意企业在以后期间能否取得足够的可以利用当期可抵扣暂时性差异的应纳税所得额，否则应当减少递延所得税资产的确认。

29. “其他非流动资产”项目分析

其他非流动资产是指企业正常使用的固定资产、流动资产等以外的，由于某种特殊原因，企业不得随意支配的资产。这种资产一经确定，未经许可，企业无权支配和使用，但仍应加强管理，单独核算，主要包括特准储备物资、银行冻结存款和冻结物资以及涉及诉讼中的财产。

二、负债项目分析

1.“短期借款”项目分析

短期借款用于解决企业流动资金匮乏，一般不用于长期资产的资金需求。短期借款相对而言资金成本较低，但其作为流动负债，通常带有强制性的偿还负担，如果资金安排不当，容易造成企业短期的偿债压力。财务报告使用者可以结合若干财务比率指标进行具体分析。对短期借款进行分析，应注意以下几点。

（1）流动资产资金需要，特别是临时性占用流动资产需要发生变化。当季节性或临时性需要产生时，企业就可能通过举借短期借款来满足其资金需要，当这种季节性或临时性需要消除时，企业就会偿还这部分短期借款，从而造成短期借款的变动。

（2）短期借款资金成本较低。一般来讲，短期借款的利率低于长期借款和长期债券的利率，举借短期借款相对于长期借款来说，可以减少利息支出。

（3）调整负债结构和财务风险。企业增加短期借款，就可以相对减少对长期负债的需求，使企业负债结构发生变化。相对于长期负债而言，短期借款具有风险大、利率低的特点，负债结构变化将会引起负债成本和财务风险发生相应的变化。

（4）偿还期限短，偿债压力大。短期借款可以随借随还，有利于企业对资金存量进行调整。分析时应检查企业短期借款的到期期限，如果是即将到期的短期借款，应当以企业变现速度最快的货币资金和交易性金融资产为保障，查验短期与可用于偿还的资产数额之间的匹配关系，预测企业的可用于偿债的现金流状况，初步评价企业的短期借款偿还能力。

2.“交易性金融负债”项目分析

“交易性金融负债”项目反映了公允价值计量且其变动计入当期损益的金融负债，分析时应结合股市行情、银行利率变化带来的风险。

3.“应付票据”项目分析

应付票据反映企业为了抵付货款等而开出并承兑的、尚未到期付款的应付票据，包括银行承兑汇票和商业承兑汇票。相对于应付账款而言，应付票据可变现能力更强，更容易为客户所接受。

4.“应付账款”项目分析

应付账款反映企业购买原材料、商品和接受劳务供应等而应付给供应单位的款项。应付票据及应付账款是因商品交易产生，其变动原因如下。

（1）企业销售规模的变动。当企业销售规模扩大时，会增加存货需求，使应付账款及应付票据等债务规模扩大；反之，会使其降低。

（2）为充分利用无成本资金。应付账款及应付票据是因商业信用产生的一种无资金成本或资金成本极低的资金来源，企业在遵守财务制度、维护企业信誉的条件下充分对其加以利用，可以减少其他筹资方式的筹资数量，节约利息支出。

（3）提供商业信用企业的信用政策发生变化。如果其他企业放宽信用政策和收账政策，企业应付账款和应付票据的规模就会大些；反之，就会小些。

（4）企业资金的充裕程度。企业资金相对充裕，应付账款和应付票据规模就小些，当企业资金比较紧张时，就会影响到应付账款和应付票据的清欠。

5.“预收款项”项目分析

预收款项是指企业因销售商品、提供劳务而预先向客户收取的款项。作为一笔流动负债，它意味着后续的商品或服务支出。企业大量而稳定的预收账款的存在往往意味着后续期内较为稳定的收入来源，这对于以后期间的利润具有一定的保障作用，同时也可能展示出该企业商品或劳务供应的“紧俏性”和优越感，对市场而言是一个好消息。

6.“应付职工薪酬”项目分析

应付职工薪酬反映企业按照规定应当向职工支付的各项报酬。作为新企业会计准则改革的一项重要内容，会计上树立了完整的人工成本概念，使职工薪酬的内容变得十分丰富。它不仅包括传统意义上的工资和职工福利费，社会保险费、住房公积金、工会经费、职工教育经费、非货币性福利、辞退福利、现金结算的股份支付等也被纳入职工薪酬的范畴。

7.“应交税费”项目分析

应交税费反映的是企业按照税法规定计算并交纳的各种税费。除了少数税种，如印花税和耕地占用税等不需要通过该项目反映，企业应交而尚未交纳的其他大部分税款以及教育费附加、矿产资源补偿费等都需要通过该项目予以列示。应交税费和应付职工薪酬等其他流动负债一样，都是企业“眼下”需要偿付的义务。分析时注意企业有无拖欠税款现象以及对企业支付能力的影响。

8.“应付利息”项目分析

应付利息项目期末金额较大，预示企业有大量应付未付的利息。

9.“应付股利”项目分析

“应付股利”项目若比重过高，应注意关注企业的现金流，是否有足够的资金支付现金股利。

10.“其他应付款”项目分析

其他应付款反映企业除短期借款、应付票据、应付账款、预收账款、应付利息、应付股利、应付职工薪酬、应交税费等之外的应付或暂收款项。与上文对于其他应收款的分析类似，其他应付款作为一种往来结算款项，财务报告使用者需要警惕企业变相的资金拆借和不合理的资金占用行为。

分析重点：①其他应付款规模与变动是否正常；②是否存在企业长期占用关联方企业的现象。

11.“持有待售负债”项目分析

“持有待售负债”项目，结合报表附注中持有待售负债一并分析。

12.“一年内到期的非流动负债”项目分析

“一年内到期的非流动负债”项目，预示企业在一年内将产生现金流出，若数额较大，应结合资产负债表货币资金进行分析。

13.“其他流动负债”项目分析

“其他流动负债”项目，其比重通常不高，若比重较高，应通过报表附注查明原因做深入分析。

14.“长期借款”项目分析

影响长期借款变动的因素如下：①银行信贷政策及资金市场的资金供求状况。②满足企业对资金的长期需要。分析时应关注企业长期借款的用途，企业长期借款的增加与企业长期资产的增加是否相匹配，是否存在将长期借款用于流动资产支出的情况。③保持企业权益结构的稳定性，分析时应关注资产负债率的变化，保持合理的资本结构。④调整企业负债结构和财务风险。⑤长期债务的偿还与现金流的关系，关注长期债务到期的时间，根据企业连续几年的现金流量，预测企业能否有足够的资金偿还到期的债务。⑥债务与企业盈利能力。长期借款本金和利息的支付来自企业盈利，因此盈利能力应与长期借款规模相配比。

15.“应付债券”项目分析

“应付债券”项目，分析时应关注发行债券的时间、金额及用途。

16.“长期应付款”项目分析

长期应付款反映企业除长期借款、应付债券以外的其他各种长期性的应付款项。现在的业务中，分期付款的比较多，如应付融资租赁款项、分期付款购买货物等。如果其偿还期超过一年，会计上就称之为长期应付款。

17.“专项应付款”项目分析

专项应付款具有特定用途，通常比重不高，若比重较高，则应对专项应付款的构成进行分析。

专项应付款通常是指企业取得政府作为企业所有者投入的具有专项或特定用途的款项。对于此类负债，财务分析者似乎不必太较真，因为它通常并不要求用现金偿还，只要能完成政府交给的任务即可，有时可以看作国家对该企业的政策倾斜和变相补贴，不像一般的长期负债那样构成企业强制的偿还负担。

18.“预计负债”项目分析

由于预计负债的确认和计量涉及较多的财务判断，企业也倾向于尽可能少地披露相关债务。因此，分析时应注意仔细寻找有关预计负债的存在踪迹，查看企业售后条款、发生的诉讼事项等，并注意企业对预计负债的计量是否正确、预计负债金额的估计是否合理等。

19.“递延所得税负债”项目分析

递延所得税负债反映企业由于会计和税法之间的差异，会计根据税法的规定在当期不必交纳较多的所得税（相对于会计利润和账面净资产的增加数而言），但“注定”在以后期间需要“补交”的所得税金额，即会计上所说的由于资产（负债）账面价值大于（小于）计税基础所形成的应纳税暂时性差异而可能造成的预期未来经济利益的流出，本着权责发生制和配比原则，会计上应在这种在未来予以“补交”的义务形成的当期予以确认计量，并在报表上予以列示。分析时应当关注资产和负债的计税基础和账面价值，核实企业的递延所得税负债是否真实，是否存在少计、漏计的情况。

20.“其他非流动负债”项目分析

“其他非流动负债”项目金额在负债总额中比重不应过高，若比重较大，应结合报表附注做深入分析。

三、所有者权益项目分析

所有者权益是指企业的投资者对企业净资产的要求权，亦称净权益。根据所有者权益的永久性程度一般将其分为投入资本和留存收益两大类。其中，投入资本是指企业所有者实际投入企业的资本，包括实收资本和资本公积。而留存收益是指通过企业的生产经营活动而形成的资本，即经营所得净收益的积累，包括盈余公积和未分配利润两部分。

未分配利润是指企业实现的净利润在提取盈余公积和分配利润后的余额。它是一种未拨定的留存收益，既未指定用途，也未分配给所有者。同时，它也是所有者权益的重要组成部分，是资产负债表与利润表（或利润分配表）联系的桥梁。

1.“实收资本（或股本）”项目分析

实收资本是指股份有限公司以外的企业投资者实缴的并经注册的出资额，也称资本金。对股份有限公司而言，实收资本即股本，表现为已投入企业的资本中相当于股票面值或设定价值的部分。我国的资本金制度从法律上明确了建立企业必须有合法投资者最低限额的投资。我国实行注册资本金制度，开办企业必须依法筹集最低限度的资本金，即注册资本。例如，《中华人民共和国公司法》第 78 条规定股份有限公司最低注册资本不低于 1 000 万元。注册资本是国家授予企业法人经营管理的财产或者企业法人自有财产数额的表现，它能反映公司法人财产权的大小，并用以作为公司经营的保障和社会信用方面的保障。但是，投资者的资本金往往允许分次缴付，因此在核算上就有必要设置“实收资本（或股本）”科目来反映实际收到的资本金。投资者在缴清资本金后，企业的实收资本应与注册资本一致。股本的变动一般由以下原因引起。

（1）公司增发新股或配股。从本质上说，这是由投资者追加投资引起的股本变化。如果企业减资则会相反。

（2）资本公积或盈余公积转增股本。这虽然会引起股本发生变化，但所有者权益总额并不因此变化。

（3）以送股进行利润分配。这会引起股本增加和未分配利润减少，但所有者权益总额不变。

2.“资本公积”项目分析

资本公积在会计核算中被分为两大类：一是资本（股本）溢价，二是其他资本公积。投资者直接投入企业的资金包括两部分：第一部分就是上述的股本或实收资本；第二部分就是企业收到投资者出资超过其在注册资本或股本中所占份额的部分，即资本溢价或股本溢价，在会计上通过“资本公积”项目核算。资本公积除了包括资本溢价之外，还包括其他资本公积，主要是指直接计入所有者权益的利得和损失。例如，会计核算中调整其他资本公积的事项有采用权益法核算的长期股权投资，以及随着被投资方除净损益之外的所有者权益的其他变动而变动的部分。

3.“库存股”项目分析

企业可通过股票回购的方式，减少流通在外股票的数额，若企业收益较好，往往会增加股票的回购。

4.“其他综合收益”项目分析

依据《企业会计准则第30号——财务报表列报》的相关规定，在资产负债表中的“资本公积”项目后增加了“其他综合收益”项目，将“其他综合收益”从资本公积中分离出来单独列示。一方面，使报表使用者能直接从资产负债表中获取其他综合收益的相关信息，改变其他综合收益与资本公积混合列示的状况；另一方面，更加清晰地表明了资产负债表、利润表以及所有者权益变动表中的“其他综合收益”项目之间的勾稽关系，方便财务报表的编制和解读，也为报表使用者提供了可靠、清晰、可比的信息资源。分析时应关注其他综合收益的增减变动，对引起其他综合收益变动的原因结合利润表、附注做进一步分析。

5.“盈余公积”项目分析

盈余公积和未分配利润合称留存利润或留存收益，它们都表示企业经营活动中的积累，二者并没有本质区别。一般教科书把盈余公积定义为“具有特定用途的留存收益”，这里所说的“特定用途”其实是一个误解。盈余公积作为一项资金来源，并没有什么特定用途。如果说它有特定用途，就是指盈余公积对于利润分配的限定。换言之，只要不被当作红利分给股东，至于这部分资金用于内部经营活动的什么方面，并没有什么限制和特殊的规定。除了法定盈余公积之外，公司还可以根据股东大会或类似权力机构的批准，按规定提取一定比例的盈余公积，以进一步扩大资本积累。

盈余公积是一种已拨定的留存收益，是指从累计的税后利润中已指定用途、不可随便分配给所有者的部分。盈余公积按其提取的法定性和用途的不同，又可分为法定盈余公积和任意盈余公积。企业的盈余公积主要用途如下：①弥补亏损。企业弥补亏损的渠道大体上有三条。一是用税前利润弥补；二是用税后利润弥补；三是用盈余公积弥补。②增加资本或股本。经股东会议决议，企业可将盈余公积转增为资本，但此时应注意以下三点。一是要先办理增资手续；二是要按股东原有股份比例结转，股份有限公司可采用发放新股或增加每股面值的方法增加股本；三是法定盈余公积金转增股本时，在转增后留存的此项公积应不少于注册资本的25%。

6.“未分配利润”项目分析

未分配利润是指利润具体分配后的剩余。确切地说，就是公司期初的累积未分配利润，加上本期实现的净利润，减去提取的盈余公积、向投资者分配的利润等之后的余额。未分配利润是企业可自由支配的资金来源，可以留待以后年度进行分配，可以用来以丰补歉，对于稳定或调整企业的利润分配政策有一定意义。引起未分配利润项目发生变化的原因有两点。

（1）企业生产经营活动的业绩。包括本年度的经营活动和以前年度的经营活动，因为未分配利润是以前年度生产经营业绩积累的结果。

（2）企业的利润分配政策。企业采取高股利分配政策，未分配利润就会减少，企业采取低股利分配政策，未分配利润就会增加。

第三节　资产负债表垂直分析

一、共同比资产负债表的编制

第一章介绍的财务分析的基本方法有水平分析法、垂直分析法、比率分析法、趋势分析法和因素分析法等。下面运用垂直分析法原理编制共同比资产负债表。共同比资产负债表是指将资产负债表中的每个项目与一个共同项目相比，以计算结构百分比，据此分析资产的分布是否合理，资本的结构是否合理。资产负债表的总体通常是资产总额，根据分析目的不同，总体亦可以是流动资产总额、非流动资产总额、流动负债总额、非流动负债总额、所有者权益总额。资产负债表结构百分比计算公式为

结构百分比=某项目指标值/该项目总体值×100%

现以格力电器2015~2019年资产负债表为例，编制共同比资产负债表，如表3-2所示，美的集团共同比资产负债表主要项目如表3-3所示。

表3-2　格力电器共同比资产负债表

项目	2015年	2016年	2017年	2018年	2019年
货币资金	54.93%	52.43%	46.34%	45.01%	44.32%
交易性金融资产	—	—	0.28%	0.40%	0.34%
应收票据	9.20%	16.43%	15.01%	14.29%	—
应收账款	1.78%	1.62%	2.70%	3.06%	3.01%
预付款项	0.52%	1.00%	1.73%	0.86%	0.85%
其他应收款	0.16%	0.13%	0.12%	1.02%	0.06%
应收利息	0.69%	0.57%	0.88%	0.90%	—
应收股利	—	—	—	—	—
存货	5.86%	4.95%	7.71%	7.97%	8.51%
一年内到期的非流动资产	—	—	—	—	0.16%
其他流动资产	1.04%	1.09%	4.81%	6.81%	8.16%
流动资产合计	74.80%	78.36%	79.80%	79.49%	75.40%
可供出售金融资产	1.67%	0.76%	1.01%	0.88%	—
持有至到期投资	—	—	—	—	—
长期应收款	—	—	—	—	—
长期股权投资	0.06%	0.06%	0.05%	0.90%	2.50%
投资性房地产	0.30%	0.33%	0.24%	0.21%	0.18%
固定资产	9.54%	9.70%	8.13%	7.32%	6.76%
在建工程	1.26%	0.32%	0.47%	0.66%	0.86%
工程物资	—	—	—	—	—
固定资产清理	0.01%	0.02%	0.01%	—	—
无形资产	1.64%	1.84%	1.68%	2.07%	1.87%
开发支出	—	—	—	—	—

续表

项目	2015 年	2016 年	2017 年	2018 年	2019 年
商誉	—	—	—	0.02%	0.12%
长期待摊费用	0.01%	0.00	0.00	0.00	0.00
递延所得税资产	5.42%	5.30%	5.04%	4.52%	4.43%
其他非流动资产	0.41%	0.72%	0.47%	0.31%	0.34%
非流动资产合计	25.20%	21.64%	20.20%	20.51%	24.60%
资产总计	100.00%	100.00%	100.00%	100.00%	100.00%
短期借款	3.88%	5.87%	8.67%	8.78%	5.63%
交易性金融负债	—	—	—	—	—
应付票据	4.59%	5.00%	4.54%	4.31%	8.94%
应付账款	15.33%	16.20%	16.07%	15.52%	14.72%
预收款项	4.71%	5.50%	6.58%	3.90%	2.91%
应付职工薪酬	1.05%	0.93%	0.87%	0.98%	1.21%
应交税费	1.84%	1.71%	1.82%	1.93%	1.31%
应付利息	0.03%	0.02%	0.09%	0.05%	—
应付股利	0.00	0.05%	0.00	0.00	0.00
其他应付款	1.61%	1.22%	1.21%	1.89%	0.96%
一年内到期的非流动负债	1.49%	—	—	—	—
其他流动负债	34.02%	32.77%	28.34%	25.22%	23.03%
流动负债合计	69.65%	69.57%	68.61%	62.76%	59.92%
长期借款	—	—	—	—	0.02%
应付债券	—	—	—	—	—
长期应付款	—	—	—	—	—
专项应付款	—	—	—	—	—
预计负债	—	—	—	—	—
递延所得税负债	0.15%	0.15%	0.19%	0.21%	0.33%
其他非流动负债	—	—	—	—	—
非流动负债合计	0.31%	0.31%	0.30%	0.33%	0.48%
负债合计	69.96%	69.88%	68.91%	63.10%	60.40%
实收资本（或股本）	3.72%	3.30%	2.80%	2.39%	2.13%
资本公积	0.11%	0.10%	0.05%	0.04%	0.03%
盈余公积	2.16%	1.92%	1.63%	1.39%	1.24%
减：库存股	—	—	—	—	—
未分配利润	23.34%	24.17%	25.93%	32.61%	33.15%
少数股东权益	0.65%	0.58%	0.58%	0.55%	0.67%
外币报表折算价差	—	—	—	—	—
归属母公司所有者权益（或股东权益）	29.39%	29.54%	30.51%	36.35%	38.93%
所有者权益（或股东权益）合计	30.04%	30.12%	31.09%	36.90%	39.60%
负债和所有者（或股东权益）合计	100.00%	100.00%	100.00%	100.00%	100.00%

表 3-3　美的集团共同比资产负债表（简表）

项目	2015 年	2016 年	2017 年	2018 年	2019 年
货币资金	9.21%	10.08%	19.46%	10.58%	23.49%
应收票据	10.00%	4.35%	4.37%	4.76%	1.58%
应收账款	8.05%	7.89%	7.06%	7.35%	6.18%
存货	8.11%	9.16%	11.87%	11.24%	10.74%
流动资产合计	72.47%	70.70%	68.44%	69.28%	71.69%
固定资产	14.54%	12.34%	9.11%	8.51%	7.17%
流动负债合计	55.89%	52.28%	48.00%	49.39%	47.79%
非流动负债合计	0.63%	7.29%	18.58%	15.55%	16.61%
负债合计	56.51%	59.57%	66.58%	64.94%	64.40%
股东权益合计	43.49%	40.43%	33.42%	35.06%	35.60%
资产总计	100.00%	100.00%	100.00%	100.00%	100.00%

根据表 3-2 和表 3-3，可以初步得出以下结论。

（1）2015~2019 年，格力电器资产总额以流动资产为主，流动资产占资产总额的比重在 74%以上。在流动资产中主要是货币资金，2019 年货币资金占资产总额的比重高达 44.32%，说明格力电器的资产总额中有近一半的资产是可以直接支付的货币资金。2019 年格力电器资产总额为 2 829.72 亿元，其中货币资金就高达 1 254.01 亿元，说明格力电器货币资金回笼良好，现金持有量非常充裕，具有很强的支付能力和偿债能力，但也预示其资金闲置，资金利用效率不高。2016 ~ 2019 年，格力电器货币资金比重较 2015 年逐年下降，说明格力电器加强了对货币资金的合理运用。从同期的美的集团来看，美的集团也是以流动资产为主，但其货币资金占资产总额的比重在 9% ~ 24%，资金持有量比较合理，不存在大量资金闲置。

（2）2015~2019 年，格力电器营业收入逐年增长，赊销（指应收票据与应收账款，下同）款项增幅不大，说明格力电器产品畅销，其产品销售主要以现金销售为主。同期美的集团赊销占比高于格力电器。

（3）2015~2019 年，格力电器存货比重控制在 9%以内，存货管理较为理想。同期美的集团存货占比亦不高。作为制造业，无论是格力电器还是美的集团，存货所占比重均较低，说明存货周转良好，不存在积压存货的情况。

（4）2016~2019 年，格力电器非流动资产所占比重在 25%以内，在非流动资产中主要是固定资产，2019 年固定资产为 191.22 亿元，占资产总额的 6.76%。

（5）格力电器的资本总额中，负债所占比重较高。2015~2019 年格力电器的负债占资本总额的 60%以上，在负债总额中主要是流动负债，流动负债中占比较高的是应付账款和其他流动负债，2019 年应付账款为 416.57 亿元，占资本总额的 14.72%，其他流动负债为 651.81 亿元，占资本总额的 23.03%。格力电器 2019 年末货币资金为 1 254.01 亿元，有足够的资金清偿短期债务。

（6）2015~2019 年，格力电器自有资本逐年上升，2015 年所有者权益占资本总额的 30.04%，2019 年所有者权益占资本总额的 39.60%，从格力电器的资本结构看，债务风险有所下降。

二、资产结构分析

资产按不同的标准可以有不同的分类，新企业会计准则将资产按流动性的强弱划分为两大类，即流动资产和非流动资产。流动资产是指将在一年或超过一年不超过一个营业周期变现或消耗的资产。流动资产流动性强、变现能力强，具有较强的抗风险能力，但过多持有流动资产，会削弱企业的盈利能力。企业在进行资产结构决策时，往往关注资产的流动性问题，特别是流动资产占总资产的比重，企业为了更好地发展，流动资产的持有量应控制在一个与企业规模相适应的合理水平，根据流动资产占资产总额的比重，可以将企业的资产结构划分为三种类型，即保守型、中庸型和风险型。

流动资产占资产总额的比重=流动资产合计/资产总额 × 100%

（一）保守型资产结构

保守型资产结构是指企业在一定销售水平上，尽可能增加流动资产的比重，减少非流动资产的比重，从而使企业总资产构成维持较低的风险水平。在这种资产结构下，企业资产流动性较好，从而降低了企业的风险，但因为收益水平较高的非流动资产比重较小，企业的盈利水平同时也较低，因此，企业的风险和收益水平都较低。采用保守型资产结构的企业，比较注重营运资金的保有，注重规模扩张应以资产的流动性和足够的偿债能力为前提。这类企业，经营比较稳健，资本扩张速度较慢，效率保障程度较高。

（二）中庸型资产结构

中庸型资产结构是指企业在一定销售水平上，尽可能使无风险、低风险资产和风险资产的比重达到均衡，从而使企业全部资产维持在合理的水平。中庸型资产结构表明企业的投资策略是中庸型的，既不保守，又不冒进。从理论上讲，这种结构具有最好的稳定性。因为企业的经营活动，一方面，需要有一定的基本物质条件，如场地、房屋、建筑物、机器设备、工具、装置等有形固定资产及某些特定的长期权利；另一方面，又需要一定的流动性资源，如现金、债权、存货等，以满足其正常的周转需要、支付需求和其他临时性需求。如果企业把总资产相对均衡地配置在流动资产和长期资产上，则说明企业同时兼顾了规模与效益、短期与长期的关系。企业的经营状况、财务状况多数是比较稳定的。

（三）风险型资产结构

风险型资产结构是指企业在一定销售水平上，尽可能减少流动资产的比重，增加非流动资产的比重，从而使企业总资产构成维持较高的收益水平。在这种资产结构下，企业资产流动性和变现能力较弱，从而提高了企业的风险，但因为收益水平较高的非流动资产比重较大，企业的盈利水平同时也提高，因此，企业的风险和收益水平都较高。风险型资产结构表明非流动资产占资产总额的比重较大，企业拥有雄厚的物质基础。这是一种扩张式结构，说明企业把大量资金配置于固定资产、长期投资及无形资产等变现性较慢的资产上，企业扩张欲强烈，追求长期经济利益。相比之下，对资产的流动性和短期偿债能力较为忽视。这类企业注重外延式的扩大再生产，注重规模经济优势，善于进行资本运营，应当说是企业发展的一个方向。但由于投资额大，投资回收期长，投资风险相对也大。虽然扩张结构并不意味着企业一定发生财务危机，但如果筹资不畅、投资项目预期效益差甚至不能按期收回投资，则企业的财务危机必然出现。

表 3-4 和表 3-5 列示了格力电器、美的集团流动资产占资产总额结构百分比，格力电器和美的集团作为家电制造业，流动资产占比较高，说明资产结构比较保守。保守型资产结构的优势是能使企业拥有足够的具有较强流动性和变现能力的资产以应付其到期的债务，拥有足够的存货保证生产和销售的顺利进行，因此企业所面临的风险较小，但其不利之处在于，流动资产占用了大量的资金，增大了资金占用的机会成本，不利于加速资金的周转，从而导致企业资金利润率相对较低。近年来，格力电器流动资产占资产总额的比重在 70%以上，从 2019 年流动资产占资产总额 75.40%，较 2018 年的 79.49%，下降了 4.09 个百分点，说明格力电器优化了资产组合，以提高资产的利用效率。同期，美的集团也是以流动资产为主，其流动资产占比略低于格力电器，说明其资产利用效率相对较高。

表 3-4 格力电器流动资产占资产总额结构百分比分析

项目	2015 年	2016 年	2017 年	2018 年	2019 年
流动资产合计/万元	12 094 931.50	14 291 078.40	17 153 464.60	19 971 094.90	21 336 404.10
资产总计/万元	16 169 801.60	18 236 970.50	21 496 799.90	25 123 415.70	28 297 215.70
流动资产占资产总额的比重	74.80%	78.36%	79.80%	79.49%	75.40%

表 3-5 格力电器、美的集团流动资产占资产总额结构百分比比较

企业	2015 年	2016 年	2017 年	2018 年	2019 年
格力电器	74.80%	78.36%	79.80%	79.49%	75.40%
美的集团	72.47%	70.70%	68.44%	69.28%	71.69%

三、资本结构分析

资本结构是指企业各项资本的构成及其比例关系。广义的资本结构是指企业全部资本的构成，包括企业负债与所有者权益之间的比率关系、债务结构、所有权结构等；狭义的资本结构是指企业各中长期资本价值的构成及其比例关系，尤其是指长期的股权资本与债权资本的构成及其比例关系。资本结构问题实际上是债务资本和权益资本各占多少比例的问题，或者说是确定负债在全部资本中所占比重的问题。

不同的融资结构，其资金成本和财务风险是各不相同的。资金成本是指企业为获取某类资本所要付出的代价。财务风险是指企业由于生产经营活动对资金的供应者承担义务而可能发生的危险。最佳的融资结构应是资金成本最低而财务风险最小的融资结构。资本结构也有三种类型，即保守型、中庸型和风险型。

$$负债占资产总额的比重=负债合计/资产总额\times 100\%$$

或

资产负债率=负债合计/资产总额×100%

（一）保守型资本结构

保守型资本结构，是指在资本结构中主要采取主权资本融资，且负债融资结构中又以长期负债融资为主。在这种融资结构下，企业对流动负债的依赖性较低，从而减轻了短期偿债压力，财务风险较低，与此同时，由于主权资本融资的成本较高，又会增大企业的资金成本，这是一种低财务风险、高资金成本的融资结构。

（二）中庸型资本结构

中庸型资本结构，是指在资本结构中主权资本融资与负债资本融资几乎对等。在这种融资结构下，主权资本融资与负债资本融资的比重主要根据资金的用途来确定，即波动性资产采用短期融资的方式筹资，对永久性资产则采用长期融资的方式筹资。这种融资决策的优点是，企业既可以避免由资金来源期限太短引起的还债风险，也可以减少由于过多地借入长期资金而支付的高额利息。

（三）风险型资本结构

风险型资本结构，是指在资本结构中主要采取负债融资，流动负债也被大量长期资产所占用。在这种融资结构下，企业用长期资金来满足部分永久性资产对资金的需求，余下的永久性资产和全部波动性资产，都靠短期资金来融通。风险型融资的缺点是具有较大的风险性，这个风险既有旧债到期难以偿还和可能借不到新债的风险，还有利率上升、再融资成本升高的风险。当然，高风险也可能获得高收益，如果企业的融资环境比较宽松，或者企业正赶上利率下调的好时机，则具有更多短期融资的企业会获得较多利率成本降低的收益。这是一种高财务风险、低资金成本的融资结构。

从表 3-6 和表 3-7 可以看出，格力电器主要以债务资本为主。国际公认标准认为，资产负债率为 50%较合理，即企业的资本一半由债权人提供，一半由股东提供，既利用了财务杠杆，财务压力又不至于过大。近年来，格力电器资产负债率逐年下降，2019 年，资产负债率为 60.40%，结合资产结构分析可以看出，格力电器是保守型的资产结构，其资产总额以流动资产为主，且流动资产中主要是货币资金，故目前格力电器财务风险在可控范围。结合表 3-2 格力电器共同比资产负债表，格力电器的债务主要来自流动负债，而流动负债中的债务主要是其他流动负债，2015~2019 年，其他流动负债的比重逐年上升，2015 年其他流动负债占资本总额的 34.02%，其他流动负债主要是格力电器采取销售返利产生的，关于销售返利分析请参见第十一章。同期美的集团资产负债率略高于国际公认标准，但结合其资产结构看，美的集团财务风险亦在可控范围之内。

表 3-6 格力电器资本结构分析

项目	2015 年	2016 年	2017 年	2018 年	2019 年
负债合计/万元	11 313 140.80	12 744 610.20	14 813 320.20	15 851 944.60	17 092 450.10
资产总计/万元	16 169 801.60	18 236 970.50	21 496 799.90	25 123 415.70	28 297 215.70
资产负债率	69.96%	69.88%	68.91%	63.10%	60.40%

表 3-7　格力电器、美的集团资本结构比较

企业	2015 年	2016 年	2017 年	2018 年	2019 年
格力电器	69.96%	69.88%	68.91%	63.10%	60.40%
美的集团	56.50%	59.57%	66.58%	64.94%	64.40%

第四节　资产负债表趋势分析

一、趋势分析法的原理

第一章介绍了趋势分析法，资产负债表的趋势分析就是采用比较的方法，分析企业连续若干年的财务信息，并观察其变动趋势。趋势分析法是根据企业连续数期的财务报告，以第一年或另外选择某一年份为基期，计算每一期各项目对基期同一项目的趋势百分比，或者计算趋势比例或指数，形成一系列具有可比性的百分数或指数，从而揭示当期财务状况和经营成果的增减变化及发展趋势。对不同时期财务指标的比较，可以计算成动态比率指标，依据采用的基期不同，所计算的动态指标比率有两种：

（1）定基比趋势分析：

定基比趋势分析=分析期某指标数值/固定基期某指标数值 × 100%

（2）环比趋势分析：

环比趋势分析=（分析期某指标数值–上一期某指标数值）/上一期某指标数值 × 100%

或

环比趋势分析=分析期某指标数值/上一期某指标数值 × 100%

二、趋势分析法的应用

现以格力电器 2015~2019 年资产负债表为例，定基比分析（以 2015 年为基期）数据如表 3-8 所示，环比分析数据如表 3-9 所示，美的集团环比分析数据如表 3-10 所示。

表 3-8　格力电器资产负债表定基比趋势分析（以 2015 年为基期）

项目	2015 年	2016 年	2017 年	2018 年	2019 年
货币资金	100.00%	107.65%	112.15%	127.31%	141.19%
交易性金融资产	—	—	—	—	—
应收票据	100.00%	201.37%	216.78%	241.34%	—
应收账款	100.00%	102.82%	201.95%	267.42%	295.68%
预付款项	100.00%	214.04%	438.47%	254.96%	282.52%
其他应收款	100.00%	96.44%	99.53%	1 005.32%	62.65%
应收关联公司款	—	—	—	—	—
应收利息	100.00%	94.21%	170.24%	203.38%	—
应收股利	—	—	—	—	—
存货	100.00%	95.26%	174.88%	211.23%	254.22%

续表

项目	2015 年	2016 年	2017 年	2018 年	2019 年
其中：消耗性生物资产	—	—	—	—	—
一年内到期的非流动资产	—	—	—	—	—
其他流动资产	100.00%	118.26%	613.82%	1 015.59%	1 370.53%
流动资产合计	100.00%	118.16%	141.82%	165.12%	176.41%
可供出售金融资产	100.00%	51.18%	80.41%	81.94%	—
持有至到期投资	—	—	—	—	—
长期应收款	—	—	—	—	—
长期股权投资	100.00%	108.86%	115.64%	2 357.80%	7 400.22%
投资性房地产	100.00%	121.60%	105.10%	109.37%	101.45%
固定资产	100.00%	114.58%	113.19%	119.14%	123.91%
在建工程	100.00%	28.44%	49.92%	81.37%	118.89%
工程物资	—	—	—	—	—
固定资产清理	100.00%	167.88%	66.98%	—	—
生产性生物资产	—	—	—	—	—
油气资产	—	—	—	—	—
无形资产	100.00%	126.32%	135.70%	195.94%	199.75%
开发支出	—	—	—	—	—
商誉	—	—	—	—	—
长期待摊费用	100.00%	12.85%	26.99%	51.79%	33.22%
递延所得税资产	100.00%	110.31%	123.66%	129.50%	143.09%
其他非流动资产	100.00%	199.63%	153.75%	119.87%	144.34%
非流动资产合计	100.00%	96.83%	106.59%	126.44%	170.82%
资产总计	100.00%	112.78%	132.94%	155.37%	175.00%
短期借款	100.00%	170.49%	297.07%	351.58%	254.02%
交易性金融负债	—	—	—	—	—
应付票据	100.00%	122.88%	131.49%	145.88%	340.42%
应付账款	100.00%	119.15%	139.36%	157.24%	168.01%
预收款项	100.00%	131.53%	185.61%	128.51%	107.95%
应付职工薪酬	100.00%	100.33%	110.57%	145.72%	202.14%
应交税费	100.00%	104.99%	131.27%	162.82%	124.38%
应付利息	100.00%	86.35%	405.28%	276.41%	—
应付股利	100.00%	12 393.15%	100.00%	100.00%	100.00%
其他应付款	100.00%	85.24%	99.88%	182.05%	104.03%
应付关联公司款	—	—	—	—	—
一年内到期的非流动负债	100.00%	—	—	—	—
其他流动负债	100.00%	108.64%	110.73%	115.19%	118.49%
流动负债合计	100.00%	112.65%	130.96%	140.01%	150.56%
长期借款	—	—	—	—	—

续表

项目	2015年	2016年	2017年	2018年	2019年
应付债券	—	—	—	—	—
长期应付款	—	—	—	—	—
专项应付款	—	—	—	—	—
预计负债	—	—	—	—	—
递延所得税负债	100.00%	114.69%	165.27%	219.63%	380.03%
其他非流动负债	—	—	—	—	—
非流动负债合计	100.00%	112.56%	126.90%	164.61%	267.90%
负债合计	100.00%	112.65%	130.94%	140.12%	151.08%
实收资本（或股本）	100.00%	100.00%	100.00%	100.00%	100.00%
资本公积	100.00%	98.63%	55.86%	50.22%	50.22%
盈余公积	100.00%	100.00%	100.00%	100.00%	100.00%
减：库存股	—	—	—	—	—
未分配利润	100.00%	116.79%	147.71%	217.13%	248.55%
少数股东权益	100.00%	101.38%	118.61%	132.76%	181.21%
外币报表折算价差	—	—	—	—	—
归属母公司所有者权益（或股东权益）	100.00%	113.35%	138.03%	192.18%	231.80%
所有者权益（或股东权益）合计	100.00%	113.09%	137.61%	190.90%	230.71%
负债和所有者（或股东权益）合计	100.00%	112.78%	132.94%	155.37%	175.00%

表 3-9　格力电器资产负债表环比趋势分析

项目	2015年	2016年	2017年	2018年	2019年
货币资金	62.84%	7.65%	4.18%	13.52%	10.90%
交易性金融资产	—	—	—	68.17%	−5.66%
应收票据	−70.52%	101.37%	7.65%	11.33%	—
应收账款	8.19%	2.82%	96.40%	32.42%	10.57%
预付款项	−46.72%	114.04%	104.85%	−41.85%	10.81%
其他应收款	−33.26%	−3.56%	3.20%	910.06%	−93.77%
应收关联公司款	—	—	—	—	—
应收利息	−10.66%	−5.79%	80.70%	19.47%	—
应收股利	—	—	—	—	—
存货	10.17%	−4.74%	83.58%	20.78%	20.35%
其中：消耗性生物资产	—	—	—	—	—
一年内到期的非流动资产	—	—	—	—	—
其他流动资产	162.21%	18.26%	419.03%	65.45%	34.95%
流动资产合计	0.67%	18.16%	20.03%	16.43%	6.84%
可供出售金融资产	25.80%	−48.82%	57.11%	1.90%	—
持有至到期投资	—	—	—	—	—
长期应收款	—	—	—	—	—
长期股权投资	3.52%	8.86%	6.23%	1 938.87%	213.86%

续表

项目	2015年	2016年	2017年	2018年	2019年
投资性房地产	−3.22%	21.60%	−13.57%	4.06%	−7.24%
固定资产	3.30%	14.58%	−1.21%	5.26%	4.00%
在建工程	63.02%	−71.56%	75.52%	63.02%	46.10%
工程物资	—	—	—	—	—
固定资产清理	185.05%	67.88%	−60.10%	—	—
生产性生物资产	—	—	—	—	—
油气资产	—	—	—	—	—
无形资产	7.09%	26.32%	7.43%	44.39%	1.94%
开发支出	—	—	—	—	—
商誉	—	—	—	—	529.14%
长期待摊费用	−60.94%	−87.15%	110.09%	91.86%	−35.86%
递延所得税资产	6.97%	10.31%	12.11%	4.72%	10.50%
其他非流动资产	−89.80%	99.63%	−22.98%	−22.04%	20.42%
非流动资产合计	12.92%	−3.17%	10.07%	18.63%	35.10%
资产总计	3.50%	12.78%	17.87%	16.87%	12.63%
短期借款	75.39%	70.49%	74.24%	18.35%	−27.75%
交易性金融负债	—	—	—	—	—
应付票据	7.93%	22.88%	7.01%	10.94%	133.36%
应付账款	−7.43%	19.15%	16.96%	12.83%	6.85%
预收款项	18.54%	31.53%	41.12%	−30.76%	−16.00%
应付职工薪酬	9.47%	0.33%	10.20%	31.78%	38.73%
应交税费	−64.16%	4.99%	25.03%	24.03%	−23.61%
应付利息	33.75%	−13.65%	369.35%	−31.80%	—
应付股利	0.00	12 293.15%	−99.19%	0.00	0.00
其他应付款	2.40%	—14.76%	17.18%	82.27%	−42.86%
应付关联公司款	—	—	—	—	—
一年内到期的非流动负债	16.60%	—	—	—	—
其他流动负债	9.55%	8.64%	1.93%	4.02%	2.87%
流动负债合计	3.91%	12.65%	16.25%	6.91%	7.54%
长期借款	—	—	—	—	—
应付债券	—	—	—	—	—
长期应付款	—	—	—	—	—
专项应付款	—	—	—	—	—
预计负债	—	—	—	—	—
递延所得税负债	−4.95%	14.69%	44.10%	32.89%	73.04%
其他非流动负债	—	—	—	—	—
非流动负债合计	−81.33%	12.56%	12.74%	29.72%	62.75%
负债合计	1.83%	12.65%	16.23%	7.01%	7.83%
实收资本（或股本）	100.00%	0.00	0.00	0.00	0.00
资本公积	−94.17%	−1.37%	−43.36%	−10.11%	0.00
盈余公积	18.31%	0.00	0.00	0.00	0.00
减：库存股	—	—	—	—	—

续表

项目	2015 年	2016 年	2017 年	2018 年	2019 年
未分配利润	8.31%	16.79%	26.47%	47.00%	14.47%
少数股东权益	6.79%	1.38%	17.00%	11.92%	36.50%
外币报表折算价差	—	—	—	—	—
归属母公司所有者权益（或股东权益）	7.63%	13.35%	21.78%	39.23%	20.61%
所有者权益（或股东权益）合计	7.61%	13.09%	21.69%	38.72%	20.85%
负债和所有者(或股东权益）合计	3.50%	12.78%	17.87%	16.87%	12.63%

表 3-10　美的集团资产负债表主要项目环比趋势分析

项目	2016 年	2017 年	2018 年	2019 年
货币资金	44.97%	180.73%	−42.23%	154.29%
应收票据	−42.37%	46.14%	15.68%	−62.02%
应收账款	29.72%	30.28%	10.62%	−3.75%
存货	49.55%	88.42%	0.68%	9.44%
流动资产合计	29.19%	40.78%	7.58%	18.50%
固定资产	12.42%	7.33%	−0.72%	−3.44%
流动负债合计	23.86%	33.54%	9.35%	10.82%
非流动负债合计	1 442.54%	270.50%	−11.01%	22.25%
负债合计	39.57%	62.54%	3.67%	13.56%
股东权益合计	23.10%	20.22%	11.49%	16.27%
资产总计	32.41%	45.43%	6.29%	14.51%

通过分析表 3-8、表 3-9 和表 3-10，可以初步得出以下结论。

（1）格力电器总资产中，流动资产增长较快，2019 年流动资产较 2015 年上升 76.41%，其中货币资金增长幅度较大，2019 年货币资金较 2015 年上升 41.19%，2019 年货币资金持有量高达 1 254.01 亿元，说明格力电器资金非常充裕，具有较强的支付能力和投资能力。当然，过多的货币资金持有量，也说明了格力电器的资金没能充分合理地利用。同期，美的集团资产总额也呈上升趋势，但增长幅度比较平缓。

（2）格力电器总资产中，非流动资产亦有所增长，2019 年非流动资产较 2015 年上升 70.82%，其中主要是无形资产的增长，2015 年格力电器无形资产为 26 亿元，2019 年无形资产为 53 亿元，2019 年无形资产较 2015 年上升 99.75%。近年来，格力电器加大了无形资产研制开发力度，以获得更多的利润。

（3）格力电器 2015~2019 年资产总额呈现上升趋势，2019 年资产总额为 2 829 亿元，较 2015 年资产总额 1 616 亿元，增长 75%，其中股东权益增长 130.71%，股东权益的增长主要是因为未分配利润的增加，2019 年的未分配利润较 2015 年上升了 148.55%，说明 2015 年以来格力电器获利能力增强。同期，美的集团资产总额亦呈现上升趋势，股东权益稳定增长，美的集团近年来发展呈现稳健增长的态势。

➤思考题

1. 什么叫资产负债表？编制资产负债表有何作用？
2. 简述经营规模对资产结构的影响及其成因。
3. 简述风险型资产结构及其优劣。
4. 资产结构比重是指什么？包括哪些比例关系？
5. 如何对资产负债表进行垂直分析？
6. 如何对资产负债表进行趋势分析？

➤练习题

一、单项选择题

1. 具有高资金成本，低财务风险的融资结构称为（　　）。

A. 风险型融资结构　　B. 安全型融资结构

C. 中庸型融资结构　　D. 保守型融资结构

2. 资产负债表质量分析是对（　　）。

A. 财务状况质量分析　　B. 财务成果质量分析

C. 现金流量运转质量分析　　D. 产品质量分析

3. 下列关于资产结构的说法不正确的有（　　）。

A. 财务风险主要与资产结构有关

B. 经营风险主要与资产结构有关

C. 资产的流动性与资产风险性有密切关系

D. 资产的流动性与资产收益性有密切关系

4. 一般而言，所有者权益项目中，比重越大越好的项目是（　　）。

A. 普通股本　　B. 资本公积

C. 优先股本　　D. 留存收益

5. 在保守型资产结构的企业中（　　）。

A. 风险资产比重高　　B. 面临的风险大

C. 资产利润率低　　D. 资产利润率高

6. 使用多期比较分析方法是为了（　　）。

A. 了解企业财务状况的发展趋势及变化

B. 查明某些特定项目在不同年度的差异

C. 分析不同企业财务状况的差异

D. 比较各年度所有项目的变化状态

7. 如果企业的融资结构是保守型的，那么资产风险结构一般应是（　　）。

A. 保守型　　B. 中庸型

C. 风险型　　D. 无法判断

8. 在资本结构中主要采取主权资本结构，且在负债融资结构中又以长期负债融资为主的融资结构属于（ ）。

A. 中庸型融资结构　　B. 保守型融资结构

C. 风险型融资结构　　D. 次风险型融资结构

9. 现金类资产是指货币资金和（ ）。

A. 存货　　B. 交易性金融资产

C. 应收票据　　D. 可供出售金融资产

10. 我国资产负债表的格式一般采用（ ）。

A. 单步式　　B. 多步式

C. 账户式　　D. 报告式

二、多项选择题

1. 下列属于速动资产范围的有（ ）。

A. 货币资金

B. 以公允价值计量且其变动计入当期损益的金融资产

C. 存货

D. 应收账款

2. 下列各项中，属于流动负债的有（ ）。

A. 预收账款　　B. 其他应付款

C. 预付账款　　D. 一年内到期的长期借款

3. 下列资产负债表项目，应根据有关科目余额减去其备抵项目后的净额填列的有（ ）。

A. 货币资金　　B. 交易性金融资产

C. 长期股权投资　　D. 应收账款

4. 资产的风险结构可以归结为（ ）。

A. 保守型　　B. 风险型

C. 中庸型　　D. 综合型

5. 非流动资产包括（ ）。

A. 交易性金融资产　　B. 可供出售金融资产

C. 长期应收款　　D. 长期应付款

6. 通过资产负债表，可以了解（ ）。

A. 某一日期的资产总额和资产结构　　B. 债务的期限结构和数量

C. 资本的保值增值情况　　D. 某一会计期间的经营成果

7. 影响企业资本结构的因素包括（ ）。

A. 资本成本与融资风险　　B. 行业因素

C. 获利能力　　D. 企业内部管理水平

8. 保守型资产结构的特点是（ ）。

A. 财务风险低　　B. 流动资产和长期保持适中的水平

C. 持有数量较大的流动资产　　D. 长期资产比重较低

9. 影响企业资产结构的因素包括（　　）。

A. 企业内部管理水平　　B. 企业规模

C. 管理层的风险态度　　D. 行业因素

三、判断题

1. 企业的速动资产一般指的是不包括存货和一年内到期的非流动资产。（　　）

2. 资产要素是动态要素，反映某一时期企业的财务状况。（　　）

3. 一年内到期的长期借款属于非流动负债。（　　）

4. 留存收益包括盈余公积和未分配利润。（　　）

5. 递延所得税资产应列示在资产负债表非流动资产项目内。（　　）

6. 预计负债应列示在资产负债表流动负债项目内。（　　）

➤上市公司案例分析

1. 公司简介

一汽轿车股份有限公司（简称一汽轿车）（股票代码：000800），是中国第一汽车集团的控股子公司。公司的主营业务为开发、制造和销售乘用车及其配件。一汽轿车的企业使命是“造最好的车，让驾乘更快乐，让员工更幸福，让社会更和谐”，企业愿景是“成就一流品牌，成为具有国际竞争力的汽车企业”。

一汽轿车成立以来，持续不断地打造高品质乘用车产品以满足用户需求，先后被评为“中国公众认为售后服务最好的十大汽车生产厂商”、“中国公众认为最诚信的十大汽车生产厂商”、“中国公众认为最放心的十大汽车生产厂商”、“中国机械工业现代化管理企业”、“全国和谐劳动关系优秀企业”、“中国环境标志优秀企业”及“全国质量检验工作先进单位”等。公司未来产品将通过红旗品牌、中国一汽品牌及合作品牌，满足高、中、低端各级别乘用车用户需求，依托中国一汽“品质、技术、创新”的品牌理念，塑造“品质、安全、科技”的品牌形象，努力将“一汽”品牌打造成为国民车第一品牌，将红旗品牌打造成世界知名品牌。

2. 主要财务数据

一汽轿车主要财务数据如表 3-11 所示。

表 3-11　一汽轿车 2015~2019 年主要财务数据　　单位：万元

项目	2015 年	2016 年	2017 年	2018 年	2019 年
利润表摘要					
营业收入	2 561 880.60	2 208 542.80	2 790 221.20	2 624 417.10	2 766 431.10
营业成本	2 012 772.10	1 760 085.70	2 162 924.10	2 095 372.90	2 249 424.50
营业利润	7 573.30	−116 208.20	46 604.60	45 662.50	−9 212.20
利润总额	8 569.00	−99 217.70	46 127.70	25 725.30	1 325.70
所得税费用	2 511.80	1 056.00	14 337.30	3 009.10	−2 502.30
净利润	6 057.20	−100 273.70	31 790.40	22 716.20	3 828.00
基本每股收益/元	0.03	−0.59	0.17	0.10	0.03

续表

项目	2015 年	2016 年	2017 年	2018 年	2019 年
资产负债表摘要					
货币资金	632 192 967.99	1 068 110 056.75	1 266 472 822.50	482 147 889.94	1 852 442 285.08
应收账款	24 299 956.01	166 079 059.11	180 965 357.66	1 543 920 221.51	1 319 132 295.06
存货	3 305 859 807.20	2 806 428 670.77	2 219 037 788.15	2 188 830 040.71	3 840 333 673.82
流动资产合计	8 854 978 079.40	10 632 181 300.92	10 679 819 227.40	9 846 124 323.28	9 950 505 146.96
固定资产净额	5 480 255 566.57	4 834 060 764.28	4 214 350 171.27	4 300 935 186.08	4 422 252 162.30
资产总计	18 038 458 173.68	19 048 873 949.44	18 537 952 829.98	18 628 194 017.76	19 655 194 103.72
流动负债合计	8 850 331 878.26	10 896 324 427.26	9 921 105 410.28	9 528 791 391.24	10 860 810 047.14
非流动负债合计	442 958 937.59	479 003 134.02	623 455 275.53	941 220 660.22	679 234 342.29
负债合计	9 293 290 815.85	11 375 327 561.28	10 544 560 685.81	10 470 012 051.46	11 540 044 389.43
所有者权益（或股东权益）合计	8 745 167 357.83	7 673 546 388.16	7 993 392 144.17	8 158 181 966.30	8 115 149 714.29
现金流量表摘要					
期初现金及现金等价物余额	74 418.80	63 219.30	106 811.00	126 647.30	48 214.80
经营活动产生的现金流量净额	83 956.50	56 764.50	228 508.00	8 519.30	209 833.50
投资活动产生的现金流量净额	−83 975.90	−2 069.50	−4 196.10	−83 538.10	−66 971.60
筹资活动产生的现金流量净额	−11 077.90	−11 069.70	−204 361.00	−3 356.50	−5 835.60
现金及现金等价物净增加额	−11 199.50	43 591.70	19 836.30	−78 432.50	137 029.40
期末现金及现金等价物余额	63 219.30	106 811.00	126 647.30	48 214.80	185 244.20

3. 案例分析

（1）近年来，我国汽车市场增速趋缓、产能过剩、市场竞争激烈，一汽轿车该怎样实现保值增值的目标？

（2）一汽轿车的资产结构合理吗？其存货持有量是否需要做调整？

（3）资本结构有哪几种类型？你认为一汽轿车的资本结构合理吗？

第四章 利润表分析

本章学习目标

1. 了解利润表的概念及作用。
2. 熟悉利润表的基本结构与内容。
3. 掌握利润表的垂直分析及其运用。
4. 掌握利润表的趋势分析及其运用。

第一节　利润表概述

一、利润表的概念及作用

利润表是指反映企业在一定会计期间的经营成果的财务报表。利润表是以“利润=收入-费用”这一会计等式为依据编制而成的，是一张动态的财务报表。利润表的列报必须充分反映企业经营业绩的主要来源和构成，有助于使用者判断净利润的质量及其风险，有助于使用者预测净利润的持续性，从而做出正确的决策。利润表的作用体现在以下几个方面。

第一，可据以解释、评价和预测企业的经营成果和获利能力，为投资决策提供依据。

经营成果通常是指以营业收入、其他收入抵扣成本、费用、税金等的差额所表示的收益信息。经营成果是一个绝对值指标，可以反映企业财富增长的规模。获利能力是一个相对值指标，它是指企业运用一定经济资源（如人力、物力）获取经营成果的能力，这里，经济资源可以因报表用户的不同需要而有所区别，可以是资产总额、净资产，也可以是资产的耗费（成本或费用），还可以是投入的人力（如职工人数）。因而衡量获利能力的指标包括资产收益率、净资产（税后）收益率、成本收益率及人均实现收益等指标。经营成果的信息直接由利润表反映，而获利能力的信息除利润表外，还要借助其他财务报表和注释附表才能得到。

通过比较和分析同一企业在不同时期，或不同企业在同一时期的资产收益率、成本收益率等指标，能够揭示企业利用经济资源的效率；通过比较和分析收益信息，可以了解某一企业收益增长的规模和趋势。根据利润表所提供的经营成果信息，股东、债权人和管理部门可解释、评价和预测企业的获利能力，据以对是否投资或追加投资、投向何处、投资多少等做出决策。

第二，可据以解释、评价和预测企业的偿债能力，为筹资决策提供依据。

偿债能力是指企业以资产清偿债务的能力。利润表本身并不提供偿债能力的信息，然而企业的偿债能力不仅取决于资产的流动性和资本结构，还取决于获利能力。企业在个别年份获利能力不足，不一定影响偿债能力，但若一家企业长期丧失获利能力，则资产的流动性必然由好转坏，资本结构也将逐渐由优变劣，陷入资不抵债的困境。因而一家数年收益很少，获利能力不强甚至亏损的企业，通常其偿债能力不会很强。

债权人和管理部门通过分析和比较收益表的有关信息，可以间接地解释、评价和预测企业的偿债能力，尤其是长期偿债能力，并揭示偿债能力的变化趋势，进而做出各种信贷决策和改进企业管理工作的决策，如维持、扩大或收缩现有信贷规模，应提出何种信贷条件等。管理部门则可据以找出偿债能力不强的原因，努力提高企业的偿债能力，改善企业的公关形象。财务部门通过分析和比较利润表的有关信息和偿债能力可以对筹资的方案和资本结构以及财务杠杆的运用做出决策。

第三，可以为企业管理层的经营决策提供依据。

比较和分析收益表中各种构成要素，可知悉各项收入、成本、费用与收益之间的增长趋势，发现各方面工作中存在的问题，揭露缺点，找出差距，改善经营管理，努力增收节支，杜绝损失的发生，做出合理的经营决策。

第四，可以考核和评价企业经营管理人员的经营业绩和管理水平，为业绩考核提供依据。

通过对利润表中各项构成因素的比较分析，可以考核企业经营目标完成情况，发现各方面工作中存在的问题，促使企业经营管理人员找出差距，明确重点，不断提高经营管理水平。

第五，可以为税务部门课征税款提供依据。

利润表反映的收入、费用、成本及利润情况，可以为税务部门课征税款提供依据，也可以为有关贸易组织和政府有关部门制定价格提供基本依据。此外，利润表还是国民经济核算中计算国民收入的主要资料来源。

二、利润表的列报要求

利润表的格式一般有两种，即单步式利润表和多步式利润表。单步式利润表是指将当期所有的收入列在一起，然后将所有的费用列在一起，两者相减得出当期净损益。多步式利润表是指通过对当期的收入、费用、支出项目按性质加以归类，按利润形成的主要环节列示一些中间性利润指标，分步计算当期净损益。

《企业会计准则第 30 号——财务报表列报》规定，企业应当采用多步式利润表，将不同性质的收入和费用进行对比，从而可以得出一些中间性的利润数据，便于使用者理解企业经营成果的不同来源。企业可以分如下三个步骤编制利润表。

第一步，以营业收入为基础，减去营业成本、税金及附加、销售费用、管理费用、财务费用、资产减值损失，加上公允价值变动收益（减去公允价值变动损失）和投资收益（减去投资损失），计算出营业利润。

第二步，以营业利润为基础，加上营业外收入，减去营业外支出，计算出利润总额。

第三步，以利润总额为基础，减去所得税费用，计算出净利润（或净亏损）。

普通股或潜在普通股已公开交易的企业，以及正处于公开发行普通股或潜在普通股过程中的企业，还应当在利润表中列示每股收益信息。

三、利润表的格式和列报方法

（一）利润表的格式

利润表的格式如表 4-1 所示。

表 4-1 利润表

会企 02 表

编制单位： 年 月 日 单位：

报表日期	本期金额	上期金额
一、营业收入		
减：营业成本		
税金及附加		
销售费用		
管理费用		
财务费用		
资产减值损失		
加：公允价值变动收益（损失以“–”号填列）		
投资收益（损失以“–”号填列）		
其中：对联营企业和合营企业的投资收益		
二、营业利润（亏损以“–”号填列）		
加：营业外收入		
其中：非流动资产处置利得		
减：营业外支出		
其中：非流动资产处置损失		
三、利润总额（亏损总额以“–”号填列）		
减：所得税费用		
四、净利润（净亏损以“–”号填列）		

续表

报表日期	本期金额	上期金额
五、其他综合收益的税后净额		
（一）以后不能重分类进损益的其他综合收益		
1.重新计量设定收益计划净负债或净资产的变动		
2.权益法下被投资单位不能重分类进损益的其他综合收益中享有的份额		
（二）以后将重分类进损益的其他综合收益		
1.权益法下被投资单位以后将重分类进损益的其他综合收益中享有的份额		
2.可供出售金融资产公允价值变动损益		
3.持有至到期投资重分类为可供出售金融资产损益		
4.现金流量套期损益的有效部分		
5.外币财务报表折算差额		
六、综合收益总额		
七、每股收益		
（一）基本每股收益		
（二）稀释每股收益		

（二）利润表的列报方法

1.“营业收入”项目

“营业收入”项目反映企业经营主要业务和其他业务所确认的收入总额。本项目应根据“主营业务收入”和“其他业务收入”科目的发生额分析填列。

2.“营业成本”项目

“营业成本”项目反映企业经营主要业务和其他业务所发生的成本总额。本项目应根据“主营业务成本”和“其他业务成本”科目的发生额分析填列。

3.“税金及附加”项目

“税金及附加”项目反映企业经营业务应负担的消费税、城市建设维护税、资源税、土地增值税和教育费附加等。本项目应根据“税金及附加”科目的发生额分析填列。

4.“销售费用”项目

“销售费用”项目反映企业在销售商品过程中发生的包装费、广告费等费用，以及为销售本企业商品而专设的销售机构的职工薪酬、业务费等经营费用。本项目应根据“销售费用”科目的发生额分析填列。

5.“管理费用”项目

“管理费用”项目反映企业为组织和管理生产经营所发生的管理费用。本项目应根据“管理费用”的发生额分析填列。

6.“财务费用”项目

“财务费用”项目反映企业筹集生产经营所需资金等而发生的筹资费用。本项目应根据“财务费用”科目的发生额分析填列。

7.“资产减值损失”项目

“资产减值损失”项目反映企业各项资产发生的减值损失。本项目应根据“资产减值损失”科目的发生额分析填列。

8.“公允价值变动收益”项目

“公允价值变动收益”项目反映企业应当计入当期损益的资产或负债公允价值变动收益。本项目应根据“公允价值变动收益”科目的发生额分析填列，如为净损失，本项目以“–”号填列。

9.“投资收益”项目

“投资收益”项目反映企业以各种方式对外投资所取得的收益。本项目应根据“投资收益”科目的发生额分析填列，如为投资损失，本项目以“–”号填列。

10.“营业利润”项目

“营业利润”项目反映企业实现的营业利润，如为亏损，本项目以“–”号填列。

11.“营业外收入”项目

“营业外收入”项目反映企业发生的与经营业务无直接关系的各项收入。本项目应根据“营业外收入”科目的发生额分析填列。

12.“营业外支出”项目

“营业外支出”项目反映企业发生的与经营业务无直接关系的各项支出。本项目应根据“营业外支出”科目的发生额分析填列。

13.“利润总额”

“利润总额”项目反映企业实现的利润，如为亏损，本项目以“–”号填列。

14.“所得税费用”项目

“所得税费用”项目反映企业应从当期利润总额中扣除的所得税费用。本项目应根据“所得税费用”科目的发生额分析填列。

15.“净利润”项目

“净利润”项目反映企业实现的净利润，如为亏损，本项目以“–”号填列。

16.“其他综合收益的税后净额”项目

其他综合收益是指企业根据企业会计准则规定未在当期损益中确认的各项利得和损失扣除所得税影响后的净额的合计数，本项目应根据“其他综合收益”科目及其所属明细科目的本期发生额分析填列。

其他综合收益项目应当根据其他相关会计准则的规定分为下列两类列报。

（1）“以后不能重分类进损益的其他综合收益”项目，其中：①“重新计量设定受益计划净负债或净资产导致的变动的税后净额”项目；②“按照权益法核算的在被投资单位以后会计期间不能重分类进损益的其他综合收益中所享有份额的税后净额”项目。

（2）“以后将重分类进损益的其他综合收益”项目，其中：①“按照权益法核算的在被投资单位以后会计期间在满足规定条件时将重分类进损益的其他综合收益中所享有份额的税后净额”项目；②可供出售金融资产公允价值变动形成利得（损失以“–”号填列）的税后净额；③持有至到期投资重分类为可供出售金融资产形成的利得（损失以“–”

号填列）的税后净额；④现金流量套期工具产生的利得或损失中属于有效套期的部分（损失以“–”号填列）的税后净额；⑤外币财务报表折算差额。

17.“综合收益总额”项目

“综合收益总额”项目是指企业在某一期间除与所有者以其所有者身份进行的交易之外的，其他交易或事项所引起的所有者权益变动。“综合收益总额”项目，反映净利润和其他综合收益扣除所得税影响后的净额相加后的合计金额。

18.“每股收益”项目

每股收益包括“基本每股收益”和“稀释每股收益”。这两个指标是向资本市场广大投资者反映上市公司（公众公司）每一股普通股所创造的收益水平。对资本市场广大投资者（股民）而言，是反映投资价值的重要指标，是投资决策最直观、最重要的参考依据，是广大投资者关注的重点。

1）基本每股收益

基本每股收益是按照归属于普通股股东的当期净利润除以当期实际发行在外普通股的加权平均数计算的每股收益。基本每股收益仅考虑当期实际发行在外的普通股股份。

2）稀释每股收益

稀释每股收益是以基本每股收益为基础，假定企业所有发行在外的稀释性潜在普通股均已转换为普通股。企业在计算稀释每股收益时应当考虑稀释性潜在普通股以及对分子和分母调整因素的影响。

第二节 利润表项目分析

一、收入分析

收入是指企业在日常活动中形成的、会导致所有者权益增加的、与所有者投入资本无关的经济利益的总流入。这里的收入，包括销售商品收入、提供劳务收入和让渡资产使用权收入。企业收入取得的途径有两个：一是在营业收入中获取的经常性收入，包括主营业务收入和其他业务收入，营业收入具有可持续性、可再生性及稳定性；二是在非营业活动中取得的非经常性收入，如营业外收入，非经常性收入具有偶然性、间断性。因此，通过分析经常性收入或非经常性收入在总收入中的占比，可以评价企业的经营风险和可持续发展能力。在市场经济条件下，收入作为影响利润指标的重要因素，越来越受到企业和投资者等众多信息使用者的重视。

营业收入是企业创造利润的核心，具有稳定性和可持续性，如果企业的利润总额大部分来源于营业收入，则说明企业的利润质量较高。在分析营业收入时，需要注意以下几个问题。

（一）收入的确认标准是否符合条件的分析

1. 销售商品收入的确认与计量

商品包括企业为销售而生产的产品和为转售而购进的商品，如工业企业生产的产品、商业企业购进的商品等，企业销售的其他存货，如原材料、包装物等，也被视同企业的商品。收入准则规定，销售商品收入同时满足下列条件的，才能予以确认。

（1）企业已将商品所有权上的主要风险和报酬转移给购货方。

（2）企业既没有保留通常与所有权相联系的继续管理权，也没有对已售出的商品实施有效控制。

（3）收入的金额能够可靠地计量。

（4）相关的经济利益很可能流入企业。

（5）相关的已发生或将发生的成本能够可靠地计量。

2. 提供劳务收入的确认与计量

提供劳务交易的结果能够可靠估计，是指其同时满足下列条件。

（1）收入的金额能够可靠地计量。

（2）相关的经济利益很可能流入企业。

（3）交易的完工进度能够可靠地确定。

（4）交易中已发生和将发生的成本能够可靠地计量。

3. 让渡资产使用权收入的确认与计量

让渡资产使用权收入包括利息收入、使用费收入等。让渡资产使用权收入同时满足下列条件的，才能予以确认。

（1）相关的经济利益很可能流入企业。

（2）收入的金额能够可靠地计量。

（二）收入的确认时间的合法性分析

收入的确认时间的合法性分析，即分析本期收入与前期收入或后期收入的时间界限有无混淆的迹象。

（三）收入的确认方法的合理性分析

收入的确认方法的合理性分析，即分析所采用的完工百分比法、完工合同法的条件与估计方法是否合理。

（四）收入质量的分析

收入的本质是经济利益流入，而经济利益流入的主要形式就是货币资金回笼。因此，要判断企业收入的质量，还需结合现金流量表计算销售净现率，该指标可反映企业销售商品所获取的变现收益水平。该指标越大，说明企业货款回笼越及时，坏账发生的可能性越小，收入质量越高。

二、费用分析

费用是指企业在日常活动中发生的会导致所有者权益减少的、与向所有者分配利润无关的经济利益的总流出。一定会计期间会计主体经济利益的减少，是损益表要素之一。企业发生费用的形式是，由于资产流出企业、资产损耗或负债增加而引起所有者权益减少。但有例外，如企业所有者抽回投资或企业向所有者分配利润，虽然会引起资产减少或负债增加，并使所有者权益减少，但不属于企业发生费用的经济业务。

费用包含营业成本和期间费用。营业成本是与营业收入直接相关的，已经确定了归属期和归属对象的各种直接费用，营业成本主要包括主营业务成本、劳务成本、其他业务成本，而期间费用大多与产销量无关，一般属固定性成本，企业可通过固定预算进行成本控制和管理。

（一）营业成本分析

营业成本包括材料成本、人工成本和制造费用。不同的成本项目，其习性和控制方法也不同。营业成本主要靠改进和创新工艺技术、使用熟练工等途径来降低消耗，企业可通过弹性预算来控制成本水平。

（二）期间费用分析

期间费用是指虽与本期收入的取得密切相关，但不能直接归属于某个特定对象的各种费用。期间费用是企业当期发生的费用中重要的组成部分。期间费用包括销售费用、管理费用和财务费用。

1. 销售费用分析

销售费用也称营业费用，是指企业销售商品过程中所发生的费用，包括运输费、装卸费、包装费、保险费、展览费和广告费，以及为销售本企业产品而专设的销售机构的职工工资、福利费、业务费等，如果是商业企业，还包括进货过程中发生的运输费、装卸费、包装费、保险费、运输途中的合理损耗和入库前的挑选整理费等。

销售费用的分析建立在本期销售费用实际发生额以及其他相关信息的基础上。为便于分析，企业应定期编制销售费用明细表，用以提供分析所必需的数据。进行分析时，首先查看表中销售费用总额预算的执行情况；其次进行各项目的对比分析，查明销售费用脱离预算的原因。分析销售费用可联系当期市场需求变化情况和企业销售业务的开展、销售规模的大小等业务背景来进行。

销售费用的分析要点如下。

（1）销售过程中的运输费、装卸费、包装费、保险费等是企业对客户提供产品时的附加服务，它虽然耗费企业资源，却是企业提高对客户服务质量不可减少的费用，通常属于变动成本，与企业销售量的变动成正比，其中运输费还会受运输价格的影响。企业在进行降低这部分费用的决策时，一定要谨慎考虑它对企业和产品形象的影响，以及对送货时间效率等市场竞争能力的影响。

（2）展览和广告费用于提高企业或产品知名度，拓展产品或服务市场，是企业增加营业收入的手段。展览和广告费发生后一般是一次性计入当期费用，但它产生的影响能够持续多久则很难估计，因此其金额是否合理较难确定。从成本特性上看符合“酌量性固定成本”特征，其费用发生额只适宜与预算额相比，并结合企业销售量和市场占有情况分析其功效；而不宜与前期实际数额去对比增减额并据此做出优劣的结论。企业应针对产品及服务特点、其目标市场的特点，慎重制定广告策略，应以其预计增加的营业利润是否能够抵补广告支出作为决策的依据，并及时通过比较展览和广告后一定时期的销售收入增长额与展览和广告费投入额，评价分析广告投入的作用是否有效。

（3）专设销售机构的费用通常随企业营业规模的扩大而呈阶梯状上升。专设的销售机构可以使企业更好地开拓不同地区的市场，扩大企业在该地区的销售量。但是，相对于委托代理商或分销商的销售方式，专设销售机构的费用是固定的，这就需要企业在当地的销售收入至少高于保本点，保证收回该专设销售机构的费用，否则专设销售机构将成为企业的包袱。因此，专设销售机构的费用可与该销售机构实现的销售收入、销售利润等指标一起进行本量利分析，以判断其合理性。

（4）商业企业在进货过程中发生的各项费用的多少与企业采购频率、采购批量等采购策略有关，商业企业减少进货费用的关键是按照经济采购批量的决策方式进行采购，应努力减少运输途中的损耗，如选取稳妥、负责的运输商等。

2. 管理费用分析

管理费用是指企业为组织和管理生产经营所发生的费用，包括行政管理费用，如行政管理人员工资及福利费、各种办公用物料消耗及摊销、差旅费、会议费、业务招待费等；维持经营能力的费用，如聘请中介机构费、咨询费、无形资产及长期待摊费用摊销、坏账准备等；促进企业发展的研究开发费、职工培训费等；承担社会责任的费用，如工会经费、待业保险费、劳动保险费，以及除所得税外的其他税费等。

管理费用的分析是指对报告期已发生的管理费用从费用项目到实际发生数额是否合理进行分析和评价，并找出问题和原因。因此，也要利用编制、提供管理费用明细表这一手段和工具，借助表中数据完成分析工作。它与产品销售费用的分析方法一致，只是费用的性质和内容不同，在具体分析时要结合业务情况或管理背景分别而论。

管理费用的分析要点如下。

（1）行政管理费用在一定时期内，如果企业经营规模没有发生重大改变，几乎与企业的业务量没有关系。因此，只要预算制定是合理的，则超过预算就说明企业费用控制存在问题。行政管理费的发生主要在企业最高的管理层，内部监督力量较弱，因此其标准的制定、控制和评价也较困难。

（2）维持经营能力的费用中，聘请中介机构的费用和咨询费通常金额较小，或是不为企业控制，可以不作为分析的重点。无形资产及长期待摊费用的摊销以及坏账准备的提取金额受企业会计政策的影响很大。在无形资产、长期待摊费用以及应收账款金额既定的情况下，这部分摊销金额和坏账准备金额的大小取决于企业制定的摊销年限和提取比例，通过改变摊销年限和提取比例降低这部分费用虽能使企业账面利润得到改观，但并不能说明企业费用降低的业绩，分析时应格外注意。

（3）促进企业发展的费用虽然在当期甚至近期无法看到成效，而且很容易因企业追求调整账面利润需要而减少，但是它们却是企业未来发展至关重要的投入。这部分费用从金额直观地分析，应在企业可承担的能力范围内适当增长。国际上公司研究开发费用的水平通常应达到销售收入的10%以上。研究开发费用的效果，可从新产品在营业收入中所占比例、专利产品在营业收入中所占比例等财务指标中得到一定程度的反映。

（4）承担社会责任的费用是企业不可避免和减少的，而且大部分项目的金额都不是企业可以控制的，对这些企业无法控制的费用进行分析的重点不是其金额的大小，而是发现企业外部环境的变化，从而纠正对企业保本收入和保利收入的判断。

对于营业费用和管理费用两项期间费用而言，在企业的产品结构、销售规模、营销策略、组织结构、管理风格及管理手段等方面变化不大的情况下，其发生规模应基本保持稳定。若两项费用在年度间出现巨额变化，则很可能是会计调整的结果。因此，可以通过销售费用率（销售费用同营业收入的比率）和管理费用率（管理费用同营业收入的比率）来初步判断两项费用开支的合理性和有效性。

3. 财务费用分析

财务费用是指企业为了筹集资金等而发生的费用，包括利息费用、汇兑损失和相关的手续费。我国企业的利息收入和汇兑损益作为财务费用的冲减也归类为财务费用的内容。财务费用是企业筹资活动和闲置资金利用效果的反映。财务费用的高低主要取决于企业的筹资决策，即资金来源中负债比例、长短期债务安排的结果。因此，在分析评价财务费用时应考虑企业融资对生产经营资金需求的满足程度以及外汇市场上汇率变化的风险情况（有外币业务的企业需要考虑）。

财务费用的分析要点如下。

（1）利息费用的分析主要用于判断企业财务风险的大小，可以通过计算利息保障倍数、企业财务杠杆系数等指标进行分析。

（2）利息收入是企业的一项收入，它是企业将闲置资金存入银行所得到的利息。通常情况下，银行存款利息率应远远低于企业的投资收益率，因此除保持流动性必要的现金外，将资金过多地存于银行说明企业资金运用效率低下。如果企业利息收入金额突然大幅度增加，最常见的原因是企业新近筹集大笔资金用于固定资产投资。

（3）汇兑损失和汇兑收益是指有外汇业务的企业因汇率变化而产生的外汇项目的增值或减值。企业虽无法控制汇率的变化，但可以通过对汇率变化的预测，及时调整相关的外汇资产，合理安排外汇负债期限，尽量减少汇兑损失，增加汇兑收益。可以说，汇兑损失和汇兑收益可以在一定程度上反映企业财务部门管理外汇资金的绩效。

对于财务费用而言，一般来说，其规模变化与企业的产品结构、销售规模、营销策略等方面不存在正相关关系，而是更多地受贷款规模、贷款利率和贷款环境等外部因素的影响。企业财务费用规模的变化则反映了企业的理财状况。

三、税金分析

利润表中的税金是指根据“税金及附加”科目的发生额分析填列的税金，包括企业经营业务应负担的消费税、城市建设维护税、资源税、土地增值税和教育费附加等。税金的增减变动与营业收入密切相关，与税率变动密切相关，因此，分析时应关注营业收入变化以及税率变动对税金的影响。

四、资产减值损失分析

资产减值损失是指因资产的账面价值高于其可收回金额而造成的损失。新企业会计准则规定，需要计提减值损失的有应收账款、存货、固定资产、在建工程、无形资产、长期投资、投资性房地产等。发生资产减值损失，预示企业的资产减值，分析中应关注资产减值的类别、金额和比重。

五、公允价值变动损益分析

“公允价值变动损益”科目是企业会计准则新增加的损益类科目，核算的内容包括企业交易性金融资产、交易性金融负债，以及采用公允价值模式计量的投资性房地产、衍生工具、套期保值业务等因公允价值变动形成的应计入当期损益的利得或损失。通过列报公允价值变动损益，利润表全面反映了企业的收益情况，具体分为经营性收益和非经营性收益。投资者能了解企业因公允价值变动而产生的损益是多少及其占企业全部收益的比重，从而更好地进行分析和决策。

六、投资收益分析

投资收益是指企业在一定期间内对外投资所取得的回报。投资收益包括对外投资所分得的股利和收到的债券利息，以及投资到期收回或到期前转让债权所得款项高于账面价值的差额等。投资活动也可能遭受损失，如投资到期收回或到期前转让所得款低于账面价值的差额，即投资损失。投资收益减去投资损失则为投资净收益。随着企业握有的管理和运用资金权力的日益增大，资本市场的逐步完善，投资活动中获取收益或承担亏损，虽不是企业通过自身的生产或劳务供应活动所得，却是企业利润总额的重要组成部分，并且其比重发展趋势越来越大。

七、利得和损失分析

利得是指由企业非日常活动所形成的、会导致所有者权益增加的、与所有者投入资本无关的经济利益的流入。损失是指由企业非日常活动所发生的、会导致所有者权益减少的、与向所有者分配利润无关的经济利益的流出。

利得和损失分为两种：一种是直接计入所有者权益的利得或损失；另一种是直接计入当期利润的利得或损失。换言之，利得和损失会分别反映在资产负债表（或所有者权益增减变动表）和利润表中。利得或损失具体会涉及非常多的业务。

计入当期利润的利得或损失包括的业务有盘亏损失、非常损失、公益性捐赠支出、盘盈利得、政府补助、捐赠利得、处置非流动资产的利得或损失、非货币性资产交换的利得或损失、债务重组的利得或损失等。一般计入当期利润的利得或损失用“营业外收入”“营业外支出”科目来核算。

计入所有者权益的利得或损失一般用“资本公积——其他资本公积”科目核算，常见的业务有可供出售金融资产的公允价值变动计入所有者权益、被投资方除净损益外的其他权益变动时投资方按应享有的份额而增加或减少的资本公积。

分析时，应注意收入、损失和费用的定义亦非常相似。

收入是指企业在日常活动中所形成的、会导致所有者权益增加的、与所有者投入资本无关的经济利益的总流入。费用是指企业在日常活动中发生的、会导致所有者权益减少的、与向所有者分配利润无关的经济利益的总流出。但是一个很明显的区别是收入和费用是企业的日常活动形成的，而利得和损失是非日常活动所形成的。

八、利润分析

企业利润按来源分为营业利润和非经常性损益，营业利润是企业在主业中赚取的，它反映企业的经营效果、盈利能力、核心竞争力和发展前景，具有稳定性、持续性、可再生性和风险小等特点；非经常性损益来源于非营业活动，大多与企业资产处置和证券交易等业务有关，具有偶发性、间断性、易操纵、风险大等特点。非经常性损益占比越大，营业利润的比重就越小，企业盈利能力就越差，经营风险就越大。净收益营运指数只能用来反映企业盈利的数量，却不能反映企业收益的质量。因为企业利润是按权责发生制确认和计量的，在没有取得实际性现金流入之前，账面上的利润永远是纸上的收益，是抽象的，特别是当企业进行盈余管理时，利润虚假的成分更大。因此，报表上的利润规模大，并不能得出企业财务状况和经济效益良好的结论，我们还应结合现金流量表，通过计算现金营运指数和销售净现率等指标才能做出正确的评判。

九、其他综合收益分析

其他综合收益是指企业根据企业会计准则规定未在损益中确认的各项利得和损失扣除所得税影响后的净额。企业在计算利润表中的其他综合收益时，应当扣除所得税影响；在计算合并利润表中的其他综合收益时，除了扣除所得税影响外，还需要分别计算归属于母公司所有者的其他综合收益和归属于少数股东的其他综合收益。

综合收益，是指企业在一定期间内发生的与所有者以外的其他各方之间的交易或事项所引起的所有者权益的变动额。综合收益由净利润（即净收益）和其他综合收益两部分构成。综合收益离不开利得和损失两个重要的会计概念。利得是指由企业非日常活动所形成的、会导致所有者权益增加的、与所有者投入资本无关的经济利益的流入，包括直接计入所有者权益的利得和直接计入当期损益的利得；损失是指由企业非日常活动所发生的、会导致所有者权益减少的、与向所有者分配利润无关的经济利益的流出，损失包括直接计入所有者权益的损失和直接计入当期损益的损失。

直接计入所有者权益的利得和损失，是指不应计入当期损益、会导致所有者权益发生增减变动的、与所有者投入资本或者向所有者分配利润无关的利得或者损失，主要包括可供出售金融资产的公允价值变动额、按照权益法核算的在被投资单位其他综合收益中所享有的份额、非投资性房地产转换为采用公允价值模式计量的投资性房地产时（即转换日）的公允价值大于账面价值的差额、现金流量套期中套期工具的公允价值变动额（有效套期部分）、境外经营外币折算差额等。

直接计入当期损益的利得和损失，是指应当计入当期损益、最终会引起所有者权益发生增减变动的、与所有者投入资本或者向所有者分配利润无关的利得或者损失，主要包括公允价值变动损益（包括以公允价值计量且其变动计入当期损益的金融资产或金融负债、采用公允价值模式计量的投资性房地产、衍生工具、套期保值业务等公允价值变动形成的应直接计入当期损益的利得或损失）、非流动资产处置利得与非流动资产处置损失、债务重组利得与债务重组损失、政府补助、非常损失、盘盈利得与盘亏损失、捐赠利得与捐赠支出等。

第三节　利润表垂直分析

一、垂直分析法的原理

垂直分析又称结构百分比分析、共同比分析，是指同一期间财务报表中不同项目间的比较与分析，主要是通过编制结构百分比报表进行分析，利润表结构是指利润表中各内容要素金额之间的相互关系。利润表结构分析就是对这种关系进行分析，从而对企业整体的经营成果做出判断。利润表结构分析，即以利润表中某一关键项目为基数，以其金额为 1 或为 100%，分别计算出其余项目的金额各占关键项目金额的百分比，这个百分比表示项目的比重，通过比重对各项目做出判断和评价。运用结构百分比法所编制的利润表，通常被称为总体结构利润表，也称共同比利润表。利润表通常以营业收入总额或利润总额为总体值。利润表结构百分比计算公式为

$$结构百分比=某项目指标值/该项目总体值\times 100\%$$

二、垂直分析法的应用

现以格力电器 2015~2019 年利润表为例，计算利润表结构百分比，编制格力电器共同比利润表，数据如表 4-2 所示，美的集团共同比利润表如表 4-3 所示。

表 4-2　格力电器共同比利润表

项目	2015 年	2016 年	2017 年	2018 年	2019 年
一、营业收入	100.00%	100.00%	100.00%	100.00%	100.00%
减：营业成本	67.54%	67.30%	67.14%	69.77%	72.42%
税金及附加	0.77%	1.32%	1.02%	0.88%	0.78%
销售费用	15.86%	15.21%	11.24%	9.54%	9.24%
管理费用	5.17%	5.07%	4.09%	2.20%	1.92%
财务费用	−1.97%	−4.47%	0.29%	−0.48%	−1.22%
资产减值损失	0.09%	0.00	0.18%	0.13%	—

续表

项目	2015 年	2016 年	2017 年	2018 年	2019 年
加：公允价值变动净收益	−1.03%	1.01%	0.01%	0.02%	0.12%
投资收益	0.10%	−2.05%	0.27%	0.05%	−0.11%
其中：对联营企业和合营企业的投资收益	0.00	0.01%	0.00	0.00	−0.01%
二、营业利润	13.83%	16.12%	17.62%	15.65%	14.94%
加：营业外收入	1.44%	1.01%	0.34%	0.16%	0.17%
减：营业外支出	0.01%	0.02%	0.01%	0.02%	0.30%
其中：非流动资产处置净损失	0.01%	0.01%	—	—	—
三、利润总额	15.25%	17.11%	17.95%	15.78%	14.81%
减：所得税	2.34%	2.78%	2.77%	2.47%	2.28%
四、净利润	12.91%	14.33%	15.18%	13.31%	12.53%

表 4-3 美的集团共同比利润表（简表）

项目	2015 年	2016 年	2017 年	2018 年	2019 年
营业收入	100.00%	100.00%	100.00%	100.00%	100.00%
营业成本	74.16%	72.69%	74.97%	72.46%	71.14%
销售费用	10.69%	11.12%	11.11%	11.97%	12.44%
管理费用	5.38%	6.05%	6.14%	3.69%	3.43%
财务费用	0.10%	−0.63%	0.34%	−0.70%	−0.80%
营业利润	10.77%	10.96%	8.98%	9.85%	10.67%
利润总额	11.59%	11.89%	9.08%	9.93%	10.76%
所得税费用	1.75%	1.92%	1.35%	1.59%	1.67%
净利润	9.84%	9.97%	7.73%	8.34%	9.09%

从表 4-2 和表 4-3，可以初步得出以下结论。

（1）2015~2017 年，格力电器营业成本占营业收入的比重逐年下降，为格力电器创造了较多的利润空间。然而，2018 ~ 2019 年，格力电器营业成本占营业收入比重上升，2019 年，营业成本占营业收入比重为 72.49%，降低了利润空间。从整体来看，格力电器的利润可持续性较强，其营业利润主要来源于营业收入。同一时期的美的集团营业成本占营业收入的比重在 71%以上，说明家用电器的料、工、费成本较为一致，家电企业要提高利润空间需要在产品差异化、美誉度方面下功夫，以提高市场占有率。

（2）从销售费用看，格力电器的销售费用占比 2015~2019 年呈下降趋势，提高了利润空间。同期，美的集团的销售费用占营业收入的比重均在 10%以上，销售费用占比略高于格力电器，缩小了利润空间。

（3）从管理费用看，格力电器、美的集团管理费用占比均呈现下降趋势，说明两家家电企业在管理方面均对管理费用进行了有效的管控。

（4）从财务费用看，2018 ~ 2019 年格力电器连续 2 年财务费用是负数，说明格力电器这两年货币资金回笼良好，资金充裕。2019 年格力电器货币资金高达 1 254.01 亿元，当年财务费用为负数，即利息收入为18亿元，说明格力电器的利润质量较高。2018～2019年美的集团财务费用也是负数，说明货币资金充裕。

（5）从净利润看，2019年，格力电器受营业成本上升的影响，净利润较前几年略有下降。同期，美的集团营业成本、销售费用、管理费用控制较好，净利润近年来稳步上升。

第四节 利润表趋势分析

一、趋势分析法的原理

趋势分析法是根据企业连续数期的财务报告，以第一年或另外选择某一年份为基期，计算每一期各项目对基期同一项目的趋势百分比，或者计算趋势比例或指数，形成一系列具有可比性的百分数或指数，从而揭示当期经营成果的增减变化及发展趋势。对不同时期财务指标的比较，可以计算成动态比率指标，依据采用的基期不同，所计算的动态指标比率有两种。

（1）定基比趋势分析：

定基比趋势分析=分析期某指标数值/固定基期某指标数值×100%

（2）环比趋势分析：

环比趋势分析=（分析期某指标数值-上一期某指标数值）/上一期某指标数值×100%

或

环比趋势分析=分析期某指标数值/上一期某指标数值×100%

二、趋势分析法的应用

现以格力电器2015~2019年利润表为例，定基比分析（以2015年为基期）数据如表4-4所示；环比分析数据如表4-5所示；美的集团利润表环比分析数据如表4-6所示。

表4-4 格力电器利润表定基比趋势分析（以2015年为基期年度）

项目	2015年	2016年	2017年	2018年	2019年
一、营业收入	100.00%	110.80%	151.71%	202.69%	202.72%
减：营业成本	100.00%	110.40%	150.81%	209.39%	217.37%
税金及附加	100.00%	190.24%	201.23%	231.67%	205.21%
销售费用	100.00%	106.26%	107.44%	121.88%	118.08%
管理费用	100.00%	108.72%	120.25%	86.47%	75.18%
财务费用	100.00%	251.22%	−22.36%	49.16%	125.81%
资产减值损失	100.00%	−1.15%	305.60%	303.15%	−
加：公允价值变动净收益	100.00%	−108.22%	−0.91%	−4.58%	−22.59%

续表

项目	2015年	2016年	2017年	2018年	2019年
投资收益	100.00%	−2 298.23%	410.38%	110.46%	−234.48%
其中：对联营企业和合营企业的投资收益	100.00%	247.51%	199.85%	17.27%	−646.42%
二、营业利润	100.00%	129.15%	193.30%	229.33%	219.03%
加：营业外收入	100.00%	78.06%	36.39%	22.63%	24.62%
减：营业外支出	100.00%	187.73%	185.90%	373.19%	5 413.13%
其中：非流动资产处置净损失	100.00%	165.41%	—	—	—
三、利润总额	100.00%	124.29%	178.53%	209.76%	196.87%
减：所得税	100.00%	131.54%	179.75%	214.14%	197.99%
四、净利润	100.00%	122.98%	178.30%	208.96%	196.67%

表 4-5　格力电器利润表环比趋势分析

项目	2015年	2016年	2017年	2018年	2019年
一、营业收入	−29.04%	10.80%	36.92%	33.61%	0.02%
减：营业成本	−25.00%	10.40%	36.60%	38.84%	3.81%
税金及附加	−44.81%	90.24%	5.78%	15.13%	−11.42%
销售费用	−46.33%	6.26%	1.11%	13.44%	−3.12%
管理费用	4.79%	8.72%	10.61%	−28.09%	−13.06%
财务费用	104.70%	151.22%	−108.90%	−319.86%	155.92%
资产减值损失	−78.33%	−101.15%	−26 703.22%	−0.80%	—
加：公允价值变动净收益	−26.87%	−208.22%	−99.16%	402.12%	393.46%
投资收益	−86.66%	−2 398.23%	−117.86%	−73.08%	−312.27%
其中：对联营企业和合营企业的投资收益	−190.15%	147.51%	−19.25%	−91.36%	−3 843.57%
二、营业利润	−15.99%	29.15%	49.67%	18.64%	−4.49%
加：营业外收入	98.89%	−21.94%	−53.38%	−37.80%	8.76%
减：营业外支出	−74.22%	87.73%	−0.98%	100.75%	1 350.49%
其中：非流动资产处置净损失	−39.47%	65.41%	—	—	—
三、利润总额	−11.00%	24.29%	43.63%	17.49%	−6.14%
减：所得税	−8.55%	31.54%	36.65%	19.13%	−7.54%
四、净利润	−11.43%	22.98%	44.99%	17.20%	−5.88%

表 4-6　美的集团利润表主要项目环比趋势分析

项目	2015年	2016年	2017年	2018年	2019年
营业收入	−2.28%	14.88%	51.35%	7.87%	7.14%
营业成本	−2.85%	12.62%	56.09%	4.27%	5.18%
销售费用	0.45%	19.45%	51.25%	16.26%	11.34%

续表

项目	2015 年	2016 年	2017 年	2018 年	2019 年
管理费用	−0.75%	29.28%	53.63%	−35.24%	−0.42%
财务费用	−39.94%	−824.08%	−181.11%	−323.43%	22.41%
营业利润	10.90%	16.89%	24.04%	18.20%	16.11%
利润总额	14.73%	17.84%	15.54%	17.93%	16.13%
所得税费用	3.51%	25.80%	6.25%	27.10%	12.84%
净利润	16.99%	16.42%	17.33%	16.33%	16.75%

从表 4-4、表 4-5 和表 4-6 可以初步得出以下结论。

（1）2015~2019 年，格力电器的营业收入呈逐年上升趋势。2019 年，受经济不景气的影响，营业收入增幅减缓。同期的美的集团营业收入呈现稳健增长态势。

（2）近年来，格力电器营业收入呈上升态势，销售费用呈下降趋势，为格力电器增加了利润空间。说明格力电器已经树立了很好的品牌形象，在广告投入不多的情况下，其产品仍然得到消费者的认可。同期，美的集团营业收入呈稳步增长的态势，销售费用也随之增加。

（3）近年来，格力电器管理费用控制较好，同期，美的集团管理费用亦呈下降趋势，说明两家家电企业对管理费用管控合理。

（4）2018 ~ 2019 年，格力电器的财务费用是以负数列示的，财务费用是负数指的是利息收入。说明格力电器现金持有量非常充裕，同时也预示格力电器资金闲置。同期，美的集团货币资金持有量适中，财务费用逐年下降，趋于合理水平。

➤思考题

1. 什么叫利润表？编制利润表有何作用？
2. 说明利润增减变动分析与共同比利润表分析方法的异同。
3. 简述企业盈利能力分析应考虑的特殊因素及项目。
4. 利润结构分析包括哪些内容？
5. 什么叫共同比利润表？其作用是什么？

➤练习题

一、单项选择题

1. 进行净利润增减变动分析时，应该先关注的项目是（　　）

A. 投资收益　　B. 营业成本

C. 营业外收入　　D. 所得税

2. 纵向分析的一种重要形式是（　　）。

A. 比较资产负债表　　B. 比较收益表

C. 差异分析　　D. 共同比财务报表

3. 反映利润质量较高的事项是（　　）。

A. 利润的含金量较低　　B. 利润没有较多的现金支撑

C. 利润来源于未来持续性较强的业务

D. 利润来源于未来具有可预测性的业务

4. 编制共同比利润表时，作为总体项目的是（　　）。

A. 营业收入　　B. 营业成本

C. 营业利润　　D. 利润总额

5. 通过两期利润表的对比，可以了解企业利润增减变化的（　　）。

A. 内部原因　　B. 外部原因

C. 深层原因　　D. 表层原因

6. 我国利润表的格式一般采用（　　）。

A. 单步式　　B. 多步式

C. 账户式　　D. 报告式

二、多项选择题

1. 下列关于利润表分析的说法，正确的有（　　）。

A. 利润表的趋势分析可以分析单一项目在连续期间的变化

B. 利润表的趋势分析可以从整体角度把握各项目之间的关系

C. 利润表的结构分析可以分析利润产生的过程和结构

D. 利润表的结构分析可以分析利润的来源及构成

2. 下列关于利润表的表述，正确的是（　　）。

A. 只需按年编报　　B. 动态报表

C. 静态报表　　D. 反映经营成果

3. 下列各项，可以计入利润表"税金及附加"项目的有（　　）。

A. 增值税　　B. 城市维护建设税

C. 教育费附加　　D. 矿产资源补偿费

4. 下列各项，影响企业营业利润的项目有（　　）。

A. 销售费用　　B. 管理费用

C. 投资收益　　D. 所得税费用

5. 下列各项，影响企业利润表中"营业利润"的项目有（　　）。

A. 主营业务收入　　B. 营业外收入　　C. 投资收益　　D. 资产减值损失

6. 利润表分析应包括的内容通常有（　　）。

A. 收入分析　　B. 成本费用分析

C. 利润构成分析　　D. 利润质量分析

7. 下列关于利润表质量分析表述正确的有（　　）。

A. 如果企业的利润总额绝大部分来源于营业收入，则企业的利润质量较高

B. 来自与关联方交易的营业收入，分析人员应当单列，或者对其按照公允价值进行调整

C. 行政手段增加的收入与企业自身竞争力无关，质量不高，应当在财务分析中予以剔除

D. 营业外收支项目没有可持续性，所以在分析利润状况时应当从利润总额中扣除

8. 与财务费用发生有关的业务包括（　　）。

A. 企业借款融资　　B. 企业购销业务中的现金折扣

C. 企业外币业务汇兑损益　　D. 企业股权融资

9. 下列利润来源中，数额比例大，则可以说明企业利润质量较低的科目有（　　）。

A. 营业利润　　B. 公允价值变动损益

C. 营业外收入　　D. 补贴收入

三、判断题

1. 利用定基比报表可以看出哪个项目的变化比较重要。（　　）

2. 企业净资产规模与收入之间存在正比例关系。（　　）

3. 利润表中的所得税费用等于利润总额乘所得税税率。（　　）

4. 利润总额等于营业利润加营业外收入减营业外支出。（　　）

5. 公允价值变动损益项目发生增减变化会影响企业的营业利润。（　　）

6. 企业所得税是企业的一项费用，该项目可以由当期利润总额乘以税率得到。（　　）

7. 公允价值变动损益科目出现正值表明企业当期获得的是未实现的投资收益，反之，为负值则表明出现的是未实现的投资损失。（　　）

➤上市公司案例分析

1. 公司简介

内蒙古伊利实业集团股份有限公司（简称伊利股份）（股票代码：600887），是目前中国规模最大、产品线最健全的企业，也是唯一一家同时符合奥运会及世博会标准，为2008年北京奥运会和2010年上海世博会提供服务的乳制品企业。伊利的发展历程可以说是中国乳业从小到大、从弱到强的历史缩影。伊利股份从20世纪50年代仅95户养牛专业户组成的“呼市回民区合作奶牛场”，发展成为今天在中国乳业具有举足轻重地位的龙头企业，不仅成为中国乳业的一面旗帜，还通过奥运会与世博会，将中国乳业带上了世界舞台。在“全球织网”的战略下，伊利已经实现国际化布局。作为行业龙头企业，伊利股份旗下多款产品长期居市场领先地位，整体营业额在行业中遥遥领先。

伊利股份现拥有液态奶、冷饮、奶粉、酸奶和原奶五大事业部，所属企业近百个，旗下有纯牛奶、乳饮料、雪糕、冰淇淋、奶粉、酸奶、奶酪等1 000多个产品品种，产销量、规模、品牌价值居全国第一。

伊利股份将持续严格坚持“四个最严”标准，深入落实《中华人民共和国食品安全法》要求，践行“卓越、担当、创新、共赢”的核心价值观，凭借全球最高标准，整合全球最优资源，打造全球最优品质，服务广大消费者。2015年，伊利股份以塑造消费者高度信赖的质量形象为目标，夯实质量领先管理体系和质量自主管理模式两项基础，在国际知名的检验、鉴定、测试和认证机构SGS咨询团队指导下，以全球食品安全管理体系FSSC22000为主线，建设世界一流的质量管理体系和质量管理队伍，实现端到端全链条质量自主管理，

有效管控质量风险，确保产品品质和服务领先，助力公司战略目标的实现。

近年来，我国经济增长放缓，国内乳品消费市场从过去快速增长进入平稳增长阶段。目前，国内乳品市场进入品质消费时代，在大健康食品概念下，健康、高品质、高附加值的产品，已成为乳企持续成长的核心动力，与此同时，乳企也将面临更多来自其他相关行业竞争者的挑战。随着生活水平的提升，消费者更加重视食品安全，政府进一步加强了食品安全监管，食品质量与安全环境不断得到净化，将带动整体乳业产业链的健康持续发展。

2. 主要财务数据

伊利股份 2015~2019 年主要财务数据如表 4-7 所示。

表 4-7 伊利股份 2015~2019 年主要财务数据 单位：万元

项目	2015 年	2016 年	2017 年	2018 年	2019 年
利润表摘要					
营业收入	5 986 348.60	6 031 201.00	6 754 745.00	7 897 638.90	9 000 913.30
营业成本	3 837 557.80	3 742 743.50	4 236 240.30	4 910 603.40	5 639 171.30
营业利润	489 432.20	552 041.20	711 591.10	769 082.90	828 031.70
利润总额	552 353.30	663 207.20	707 397.30	757 763.20	819 410.50
所得税费用	86 910.80	96 303.70	107 115.80	112 563.60	124 337.90
净利润	465 442.50	566 903.50	600 281.50	645 199.60	695 072.60
基本每股收益/元	0.76	0.93	0.99	1.06	1.15
资产负债表摘要					
货币资金	1 308 366.70	1 382 365.40	2 182 306.60	1 105 100.40	1 132 532.10
应收账款	57 217.70	57 213.70	78 614.00	110 102.70	161 551.00
存货	466 312.90	432 578.10	463 999.40	550 707.40	771 503.10
流动资产合计	1 978 615.20	2 019 269.90	2 984 573.20	2 445 529.70	2 570 585.00
固定资产	1 455 860.00	1 313 746.20	1 325 639.00	1 468 776.20	1 829 621.40
资产总计	3 963 096.80	3 926 227.30	4 930 035.50	4 760 620.40	6 046 126.70
流动负债合计	1 820 202.30	1 490 745.50	2 385 002.50	1 917 078.00	3 143 227.50
非流动负债合计	128 302.90	111 893.00	21 051.20	39 820.30	275 485.40
负债合计	1 948 505.20	1 602 638.50	2 406 053.80	1 956 898.30	3 418 712.80
所有者权益（或股东权益）合计	2 014 591.60	2 323 588.80	2 523 981.80	2 803 722.20	2 627 413.90
现金流量表摘要					
期初现金及现金等价物余额	1 246 063.90	1 221 672.00	1 321 140.50	2 075 598.00	1 356 493.10
经营活动产生的现金流量净额	953 649.90	1 281 732.60	700 629.70	862 477.20	845 548.00
投资活动产生的现金流量净额	−348 693.90	−324 321.20	−311 681.10	−537 398.40	−999 934.00
筹资活动产生的现金流量净额	−627 901.60	−881 453.30	405 280.70	−1 074 898.50	−101 646.90
现金及现金等价物净增加额	−24 391.90	99 468.50	754 457.50	−719 104.90	−249 821.60
期末现金及现金等价物余额	1 221 672.00	1 321 140.50	2 075 598.00	1 356 493.10	1 106 671.40

3. 案例分析

（1）为确保消费者舌尖上的安全，伊利股份加大了质量检测设备的投入，是否会削减伊利股份的利润？

（2）近年来，伊利股份销售额逐年增长，其利润质量如何？

（3）伊利股份的营业额能否保持持续增长的态势？

第五章

现金流量表分析

本章学习目标

1. 熟悉现金流量表的基本结构与内容。
2. 掌握现金流量的分析。
3. 掌握现金流量表的垂直分析及其运用。
4. 掌握现金流量表的趋势分析及其运用。
5. 理解现金流量表与利润表、资产负债表之间的关系。

第一节　现金流量表概述

一、现金流量表的概念及作用

现金流量表，是指反映企业在一定会计期间现金和现金等价物流入和流出的报表。现金流量表以现金及现金等价物为基础，按照收付实现制原则编制，将权责发生制下的盈利信息调整为收付实现制下的现金流量信息。现金流量表揭示了“企业现金从哪里来，到何处去”，进一步解释利润表和资产负债表的结果。现金流量表的编制是以收付实现制为基础，反映企业在一定时期内现金收入和现金支出情况的报表，是一张动态财务报表。

编制现金流量表的主要目的，是为财务报表使用者提供企业一定会计期间内现金和现金等价物流入和流出的信息，以便于财务报表使用者了解和评价企业获取现金和现金等价物的能力，并据以预测企业未来现金流量。现金流量表的作用主要体现在以下几个方面。

（1）现金流量表可以提供企业的现金流量信息，从而对企业的财务状况、现金的持有量做出客观的评价。市场经济条件下，企业要在激烈的竞争中立于不败之地，其生产的产品要与时俱进满足市场的需求，企业的产品有市场才会有销路，企业不仅要销售产品，还要保证货币资金及时回笼，这样才能保证以后的经营活动顺利开展。销售商品、提供劳务收到的现金是企业可持续的现金来源，据此，可以判断企业的经营活动是否顺畅，现金流是否稳定。

（2）现金流量表可以提供企业的偿债能力和支付能力信息，为相关信息使用者提供决策支持。资产负债表按照流动性把资产分为流动资产和非流动资产，这种划分方法对了解企业的流动性、偿债能力和支付股利能力有一定的局限性，因为有些资产项目并不会形成未来的现金流入和流出。分析基于权责发生制编制的利润表，利润表里所反映的净收益包含不少非现金项目，并不能反映企业未来现金流动。评估企业是否具有偿债能力和支付股利的能力，最直接有效的方法就是分析其现金流量，通过现金流量表，可以了解到企业是否有足够的现金偿还到期债务，支付股利和进行必要的固定资产投资。

（3）现金流量表可以提供企业未来获取现金的能力。现金流量表反映了企业过去一段时间的现金流量及其他生产经营指标，可以借此了解企业现金的来源和去向，尤其是分析企业在经营活动中产生的现金流入和流出，分析企业具体依赖多少外部资金，根据企业现金的流量、流速、流向做出一个合理的评价，就可以预测企业未来现金流量，从而为编制现金流量计划、制定营运资本政策提供数据支持。企业未来获取现金流量的能力也决定了企业的具体价值，因此也为投资者和债权人决策提供服务。

（4）现金流量表可以从现金流量的角度了解企业净利润的质量，为分析和判断企业的发展前景提供信息。从信息的可靠性角度来讲，通常认为现金流量表更加可以反映出企业的盈利情况。实实在在的现金流入才能真正地代表企业获得的真实收益。利润表所反映的信息由于应用权责发生制，对于支出的确认可能会存在人为操纵，从而影响盈余质量。一般认为，现金流量表中的信息可信度较高，没有被操纵过，如果企业的高利润相应地有较高的现金流支持，那么说明这个企业的盈余质量较高。

二、现金的概念及现金流量的分类

现金的概念有狭义和广义之分。狭义现金仅指企业的库存现金；广义的现金，除了包括库存现金以外，还包括银行存款、其他货币资金及现金等价物。现金流量表中现金的概念，是广义的现金概念，包括现金和现金等价物。

1. 现金

现金是指企业库存现金以及可以随时用于支付的存款。不能随时用于支付的存款不属于现金。现金主要包括以下几个方面。

（1）库存现金。库存现金是指企业持有可随时用于支付的现金，与“现金”科目的核算内容一致。

（2）银行存款。银行存款是指企业存入金融机构，可以随时用于支取的存款，与“银行存款”科目核算内容基本一致，但不包括不能随时用于支付的存款。例如，不能随时支付的定期存款等不应作为现金；提前通知金融机构便可支取的定期存款则应包括在现金范围内。

（3）其他货币资金。其他货币资金是指存放在金融机构的外埠存款、银行汇票存款、银行本票存款、信用卡存款、信用证保证金存款和存出投资款等，与“其他货币资金”科目核算内容一致。

2. 现金等价物

现金等价物是指企业持有的期限短、流动性强、易于转换为已知金额现金、价值变动风险很小的投资。其中，“期限短”一般是指从购买日起 3 个月内到期。例如，可在证券市场上流通的 3 个月内到期的短期债券等。现金等价物虽然不是现金，但其支付能力与现金的差别不大，可视为现金。例如，企业为保证支付能力，手持必要的现金，为了不使现金闲置，可以购买短期债券，在需要现金时，随时可以变现。

3. 现金流量

现金流量是指企业现金和现金等价物的流入及流出。

4. 现金净流量

现金净流量是指现金流入和流出的差额。如果是正数，则为净流入；如果是负数，则为净流出。

5. 现金流量的分类

现金流量可分为三类，即经营活动产生的现金流量、投资活动产生的现金流量和筹资活动产生的现金流量。

经营活动是指企业发生的投资活动和筹资活动以外的所有交易和事项。

投资活动是指企业长期资产的购建和不包括在现金等价物范围内的投资及其处置活动。这里所说的长期资产是指固定资产、在建工程、无形资产、其他资产等持有期限在一年或一个营业周期以上的资产。

筹资活动是指导致企业资本及债务规模和构成发生变化的活动。

三、现金流量表的勾稽关系

要正确分析现金流量表，需要了解现金流量表的勾稽关系，现金流量表由主表和补充资料（也称附表）组成，二者关系如下。

1. 现金流量表主表项目勾稽关系

经营活动产生的现金流量净额=经营活动产生的现金流入–经营活动产生的现金流出

投资活动产生的现金流量净额=投资活动产生的现金流入–投资活动产生的现金流出

筹资活动产生的现金流量净额=筹资活动产生的现金流入–筹资活动产生的现金流出现金及现金等价物净增加额=经营活动产生的现金流量净额+投资活动产生的现金流量净额+筹资活动产生的现金流量净额+汇率变动对现金的影响

期末现金及现金等价物余额=现金及现金等价物净增加额+期初现金及现金等价物余额

2. 现金流量表与其附表的勾稽关系

现金流量表主表中经营活动产生的现金流量净额=现金流量表补充资料中经营活动产生的现金流量净额

现金流量表主表中现金及现金等价物净增加额=现金流量表补充资料中现金及现金等价物净增加额=（货币资金期末余额-货币资金期初余额）+（现金等价物期末余额-现金等价物期初余额）

在货币资金不存在受限和不存在现金等价物情况下：

现金流量表主表中期末现金及现金等价物余额=资产负债表中货币资金项目期末数

四、现金流量表的格式和列报方法

（一）现金流量表的格式

现金流量表包含现金流量表和现金流量表附注，现金流量表由六部分组成，现金流量表附注由三部分组成，分别如表 5-1 和表 5-2 所示。

表 5-1 现金流量表

会企 03 表

编制单位： 年 月 单位：

项目	本期金额	上期金额
一、经营活动产生的现金流量		
销售商品、提供劳务收到的现金		
收到的税费返还		
收到其他与经营活动有关的现金		
经营活动现金流入小计		
购买商品、接受劳务支付的现金		
支付给职工以及为职工支付的现金		
支付的各项税费		
支付其他与经营活动有关的现金		
经营活动现金流出小计		
经营活动产生的现金流量净额		
二、投资活动产生的现金流量		
收回投资收到的现金		
取得投资收益收到的现金		
处置固定资产、无形资产和其他长期资产收回的现金净额		
处置子公司及其他营业单位收到的现金净额		
收到其他与投资活动有关的现金		
投资活动现金流入小计		
购建固定资产、无形资产和其他长期资产支付的现金		
投资支付的现金		
取得子公司及其他营业单位支付的现金净额		

续表

项目	本期金额	上期金额
支付其他与投资活动有关的现金		
投资活动现金流出小计		
投资活动产生的现金流量净额		
三、筹资活动产生的现金流量		
吸收投资收到的现金		
取得借款收到的现金		
收到其他与筹资活动有关的现金		
筹资活动现金流入小计		
偿还债务支付的现金		
分配股利、利润或偿付利息支付的现金		
支付其他与筹资活动有关的现金		
筹资活动现金流出小计		
筹资活动产生的现金流量净额		
四、汇率变动对现金的影响		
四（2）、其他原因对现金的影响		
五、现金及现金等价物净增加额		
期初现金及现金等价物余额		
六、期末现金及现金等价物余额		

表 5-2　现金流量表附注

单位：

补充资料	本期金额	上期金额
一、将净利润调节为经营活动现金流量		
净利润		
加：资产减值准备		
固定资产折旧、油气资产折耗、生产性生物资产折旧		
无形资产摊销		
长期待摊费用摊销		
处置固定资产、无形资产和其他长期资产的损失		
固定资产报废损失		
公允价值变动损失		
财务费用		
投资损失		
递延所得税资产减少		
递延所得税负债增加		
存货的减少		
经营性应收项目的减少		
经营性应付项目的增加		
其他		

续表

补充资料	本期金额	上期金额
经营活动产生的现金流量净额		
二、不涉及现金收支的重大投资和筹资活动		
债务转为资本		
一年内到期的可转换公司债券		
融资租入固定资产		
三、现金及现金等价物净变动情况		
现金的期末余额		
减：现金的期初余额		
加：现金等价物的期末余额		
减：现金等价物的期初余额		
加：其他原因对现金的影响		
现金及现金等价物净增加额		

（二）现金流量表的列报方法

1. 经营活动产生的现金流量的列报方法

1）销售商品、提供劳务收到的现金

本项目反映企业销售商品、提供劳务实际收到的现金，包括销售收入和应向购买者收取的增值税销项税额，具体包括本期销售商品、提供劳务收到的现金，以及前期销售商品、提供劳务本期收到的现金和本期预收的款项，减去本期销售本期退回的商品和前期销售本期退回的商品支付的现金。

2）收到的税费返还

本项目反映企业收到返还的各种税费，如收到的增值税、所得税、消费税、关税和教育费附加返还款等。

3）收到其他与经营活动有关的现金

本项目反映企业除上述各项目外，收到的其他与经营活动有关的现金，如罚款收入、经营租赁固定资产收到的现金、投资性房地产收到的租金收入、流动资产损失中由个人赔偿的现金收入、除税费返还外的其他政府补助收入等。

4）购买商品、接受劳务支付的现金

本项目反映企业购买材料、商品、接受劳务实际支付的现金，包括支付的货款以及与货款一并支付的增值税进项税额，具体包括本期购买商品、接受劳务支付的现金，以及本期支付前期购买商品、接受劳务的未付款项和本期预付款项，减去本期发生的购货退回收到的现金。为购置存货而发生的借款利息资本化部分，应在“分配股利、利润或偿付利息支付的现金”项目中反映。

5）支付给职工以及为职工支付的现金

本项目反映企业实际支付给职工的现金以及为职工支付的现金，包括企业为获得职工提供的服务，本期实际给予各种形式的报酬以及其他相关支出，如支付给职工的工资、奖金、各种津贴和补贴等，以及为职工支付的其他费用，不包括支付给在建工程人员的工资。支付的在建工程人员的工资，在“购建固定资产、无形资产和其他长期资产所支付的现金”项目中反映。

企业为职工支付的医疗、养老、失业、工伤、生育等社会保险基金，补充养老保险，住房公积金，企业为职工交纳的商业保险金，因解除与职工劳动关系给予的补偿，现金结算的股份支付，以及企业支付给职工或为职工支付的其他福利费用等，应根据职工的工作性质和服务对象，分别在“购建固定资产、无形资产和其他长期资产所支付的现金”和“支付给职工以及为职工支付的现金”项目中反映。

6）支付的各项税费

本项目反映企业按规定支付的各项税费，包括本期发生并支付的税费，以及本期支付以前各期发生的税费和预交的税金，如支付的增值税、消费税、所得税教育费附加、印花税、房产税、土地增值税、车船使用税、增值税和所得税等。不包括本期退回的增值税、所得税。本期退回的增值税、所得税等，在“收到的税费返还”项目中反映。

7）支付其他与经营活动有关的现金

本项目反映企业除上述各项目外，支付其他与经营活动有关的现金，如罚款支出、支付的差旅费、业务招待费、保险费、经营租赁支付的现金等。其他与经营活动有关的现金，如果金额较大，应单列项目反映。本项目可以根据有关科目的记录分析填列。

2. 投资活动产生的现金流量的列报方法

1）收回投资收到的现金

本项目反映企业出售、转让或到期收回除现金等价物以外的交易性金融资产、持有至到期投资、可供出售金融资产、长期股权投资及投资性房地产等而收到的现金。不包括债权性投资收回的利息、收回的非现金资产，以及处置子公司及其他营业单位收到的现金净额。债权性投资收回的本金，在本项目反映，债权性投资收回的利息，不在本项目中反映，而在“取得投资收益所收到的现金”项目中反映。处置子公司及其他营业单位收到的现金净额单设项目反映。

2）取得投资收益收到的现金

本项目反映企业因股权性投资而分得的现金股利，从子公司、联营企业或合营企业分回利润而收到的现金，因债权性投资而取得的现金利息收入。股票股利由于不产生现金流量，不在本项目中反映。包括在现金等价物范围内的债券投资，其利息收入在本项目中反映。

3）处置固定资产、无形资产和其他长期资产收回的现金净额

本项目反映企业出售固定资产、无形资产和其他长期资产（如投资性房地产）所取得的现金，减去为处置这些资产而支付的有关费用后的净额。处置固定资产、无形资产和其他长期资产所收到的现金，与处置活动支付的现金，两者在时间上比较接近，以净额更能准确反映处置活动对现金流量的影响。由于自然灾害等原因所造成的固定资产等长期资产报废、毁损而收到的保险赔偿收入，在本项目中反映。例如，处置固定资产、无形资产和其他长期资产所收回的现金净额为负数，则应作为投资活动产生的现金流量，在“支付其他与投资活动有关的现金”项目中反映。

4）处置子公司及其他营业单位收到的现金净额

本项目反映企业处置子公司及其他营业单位所取得的现金，减去子公司或其他营业单位持有的现金和现金等价物，以及相关处置费用后的净额。本项目可以根据有关科目的记录分析填列。

整体处置一个单位，其结算方式是多种多样的。企业处置子公司及其他营业单位是整体交易，子公司和其他营业单位可能持有现金和现金等价物。这样，整体处置子公司或其他营业单位的现金流量，就应以处置价款中收到现金的部分，减去子公司或其他营业单位持有的现金和现金等价物以及相关处置费用后的净额反映。

现金流量表准则要求企业在附注中以总额披露当期取得或处置子公司及其他营业单位的下列信息：①取得或处置价格；②取得或处置价格中以现金支付的部分；③取得或处置子公司及其他营业单位所取得的现金；④取得或处置子公司及其他营业单位按主要类别分类的非现金资产和负债。处置子公司及其他营业单位收到的现金净额如为负数，则将该金额填列至“支付其他与投资活动有关的现金”项目中。

5）收到其他与投资活动有关的现金

本项目反映企业除上述各项目外，收到其他与投资活动有关的现金。其他与投资活动有关的现金，如果价值较大，应单列项目反映。本项目可以根据有关科目的记录分析填列。

6）购建固定资产、无形资产和其他长期资产支付的现金

本项目反映企业购买、建造固定资产，取得无形资产和其他长期资产（如投资性房地产）支付的现金，包括购买机器设备所支付的现金及增值税款、建造工程支付的现金、支付在建工程人员的工资等现金支出，不包括为购建固定资产、无形资产和其他长期资产而发生的借款利息资本化部分，以及融资租入固定资产所支付的租赁费。为购建固定资产、无形资产和其他长期资产而发生的借款利息资本化部分，在“分配股利、利润或偿付利息支付的现金”项目中反映；融资租入固定资产所支付的租赁费，在“支付其他与筹资活动有关的现金”项目中反映，不在本项目中反映。

7）投资支付的现金

本项目反映企业进行权益性投资和债权性投资所支付的现金，包括企业取得的除现金等价物以外的交易性金融资产、持有至到期投资、可供出售金融资产而支付的现金，以及支付的佣金、手续费等交易费用。企业购买债券的价款中含有债券利息的，以及溢价或折价购入的，均按实际支付的金额反映。

企业购买股票和债券时，实际支付的价款中包含的已宣告但尚未领取的现金股利或已到付息期但尚未领取的债券利息，应在“支付其他与投资活动有关的现金”项目中反映；收回购买股票和债券时支付的已宣告但尚未领取的现金股利或已到付息期但尚未领取的债券利息，应在“收到其他与投资活动有关的现金”项目中反映。

8）取得子公司及其他营业单位支付的现金净额

本项目反映企业取得子公司及其他营业单位购买出价中以现金支付的部分，减去子公司或其他营业单位持有的现金和现金等价物后的净额。本项目可以根据有关科目的记

录分析填列。

整体购买一个单位，其结算方式是多种多样的，如购买方全部以现金支付或一部分以现金支付而另一部分以实物清偿。同时，企业购买子公司及其他营业单位是整体交易，子公司和其他营业单位除有固定资产和存货外，还可能持有现金和现金等价物。这样，整体购买子公司或其他营业单位的现金流量，就应以购买出价中以现金支付的部分减去子公司或其他营业单位持有的现金和现金等价物后的净额反映，如为负数，应在“收到其他与投资活动有关的现金”项目中反映。

9）支付其他与投资活动有关的现金

本项目反映企业除上述各项目外，支付其他与投资活动有关的现金。其他与投资活动有关的现金，如果价值较大，应单列项目反映。本项目可以根据有关科目的记录分析填列。

3. 筹资活动产生的现金流量的列报方法

1）吸收投资收到的现金

本项目反映企业以发行股票、债券等方式筹集资金实际收到的款项净额（发行收入减去支付的佣金等发行费用后的净额）。以发行股票等方式筹集资金而由企业直接支付的审计、咨询等费用，不在本项目中反映，而在“支付其他与筹资活动有关的现金”项目中反映；由金融企业直接支付的手续费、宣传费、咨询费、印刷费等费用，从发行股票、债券取得的现金收入中扣除，以净额列示。

2）取得借款收到的现金

本项目反映企业举借各种短期、长期借款而收到的现金，实际收到的款项净额（发行收入减去直接支付的佣金等发行费用后的净额）。本项目可以根据“短期借款”“长期借款”“交易性金融负债”“现金”“银行存款”等科目的记录分析填列。

3）收到其他与筹资活动有关的现金

本项目反映企业除上述各项目外，收到其他与筹资活动有关的现金。其他与筹资活动有关的现金，如果价值较大，应单列项目反映。本项目可根据有关科目的记录分析填列。

4）偿还债务支付的现金

本项目反映企业以现金偿还债务的本金，包括归还金融企业的借款本金、偿付企业到期的债券本金等。企业偿还的借款利息、债券利息，在“分配股利、利润或偿付利息支付的现金”项目中反映，不在本项目中反映。本项目可以根据“短期借款”“长期借款”“交易性金融负债”“应付债券”“库存现金”“银行存款”等科目的记录分析填列。

5）分配股利、利润或偿付利息支付的现金

本项目反映企业实际支付的现金股利、支付给其他投资单位的利润或用现金支付的借款利息、债券利息。不同用途的借款，其利息的开支渠道不同，如在建工程、财务费用等，均在本项目中反映。

6）支付其他与筹资活动有关的现金

本项目反映企业除上述各项目外，支付其他与筹资活动有关的现金，如以发行股票、债券等方式筹集资金而由企业直接支付的审计、咨询等费用，融资租赁各期支付的现金、以分期付款方式购建固定资产以后各期支付的现金等以及无形资产等各期支付的现金。其他与筹资活动有关的现金，如果价值较大，应单列项目反映。本项目可以根据有关科目的记录分析填列。

（三）汇率变动对现金的影响

编制现金流量表时，应当将企业外币现金流量以及境外子公司的现金流量折算成记账本位币。现金流量表准则规定，外币现金流量以及境外子公司的现金流量，应当采用现金流量发生日的即期汇率或按照系统合理的方法确定的、与现金流量发生日即期汇率近似的汇率折算。汇率变动对现金的影响额应当作为调节项目，在现金流量表中单独列报。

汇率变动对现金的影响，是指企业外币现金流量及境外子公司的现金流量折算成记账本币时，所采用的是现金流量发生日的汇率或按照系统合理的方法确定的、与现金流量发生日即期汇率近似的汇率，而现金流量表“现金及现金等价物净增加额”项目中外币现金净增加额是按资产负债表日的即期汇率折算。这两者的差额即汇率变动对现金的影响。

第二节 现金流量质量分析

企业的现金流量由经营活动产生的现金流量、投资活动产生的现金流量和筹资活动产生的现金流量三部分构成。在现金流量表中，经营活动是企业最主要的活动，由经营活动产生的现金流量，能够反映出企业持续稳定的创现能力。

一、经营活动现金流量分析

经营活动是指企业发生的投资活动和筹资活动以外的所有交易和事项。企业经营活动产生的现金流量产生于正常的生产经营中，因此，对经营活动的分析是现金流量分析的重点。企业经营活动产生的现金流量主要来源于销售商品、提供劳务收到的现金。企业对外销售商品、提供劳务带来的现金流入，收现比例越高，现金流量质量越好（可通过主营业务的现金比率来衡量）。这样，企业管理部门就可以加快经营性应收账款的回收，并在信用期内采取延期支付费用的方式，加快存货和其他资产的周转。由此可知，如果企业经营现金流量主要来源于营业收入收现能力的提高，则说明现金流量质量较好；反之，如果经营现金流量主要来源于存货、经营性应收项目和经营性应付项目，则说明现金流量处于危险状态。一般来说，如果企业经营活动产生的现金流量占总的现金流入比重较大，而现金流出占总的现金流出比重相对较小，且净现金流量为正数，表明企业正常的生产经营活动能满足企业的继续发展。

经营活动，是指企业除投资活动和筹资活动以外的所有交易和事项。分析现金流量表，关键是看企业来自经营活动现金的净流量。因为企业偿还债务、进行投资都需要动用现金，而经营活动产生的现金流量是满足这些需要的最根本来源。一般来说，在企业经营正常且稳定的情况下，经营活动产生的现金净流量应该为正数，也就是说企业销售商品提供劳务收到的现金大于经营过程中购买商品接受劳务、支付工资和税费的开销，说明企业的销售利润大，销售回款良好，创现能力强。当经营活动产生的现金净流量为负数时，企业可能处于创建期或业务衰退期，这时要结合投资活动、筹资活动产生的现金流量进行分析。企业处于创建期，材料消耗量较多，为推销产品会发生大量的广告费、宣传费等，资金占用率较高；企业处于衰退期，会因为存货大量积压，产品销售不出去而导致经营活动产生的现金净流量为负数。

（1）将销售商品、提供劳务收到的现金与购进商品、接受劳务付出的现金进行比较。在企业经营正常、购销平衡的情况下，二者比较是有意义的。比率大，说明企业的销售利润大，销售回款良好，创现能力强。

（2）将销售商品、提供劳务收到的现金与经营活动流入的现金总额进行比较，可大致说明企业产品销售现款占经营活动流入的现金的比重有多大。比重大，说明企业主营业务突出，营销状况良好。

（3）将本期经营活动现金净流量与上期进行比较，增长率越高，说明企业产品的销路越好，货币资金回笼能力越强。

二、投资活动现金流量分析

投资活动，是指企业长期资产的购建和不包括在现金等价物范围的投资及其处置活动。投资活动现金流量反映了企业对外进行投资以及对内购置长期资产等活动的现金流量。当企业扩大规模或开发新的利润增长点时，需要投入大量的现金，投资活动产生的现金流入量补偿不了流出量，投资活动现金净流量为负数。当企业处于衰退时期时，由于市场已经饱和，销售量下降，企业将大幅度收回投资，因此，此时投资活动现金净流量为正数。分析投资活动现金流量，应结合企业的投资项目进行分析，不能单纯地以现金净流入的正负直接判断其优劣。

投资活动现金流量反映企业资本性支出中的现金数额。企业购置厂房、设备或者处置固定资产，以及研究开发、对外长期投资等都会产生现金的流入和流出。对固定资产的投资并非完全的现金流出，如果企业需要转移生产地点或者淘汰旧设备，就可以到二级市场售出，取得处置收益；企业的对外投资将带来投资收益，企业也可根据自身情况收回投资，这些都形成了投资活动的现金流入。对投资活动现金流量进行分析，重点就是分析这些流入和流出的数额。例如，有的企业投资活动的流出数高出流入数量几倍，就要分析企业不惜重金进行投资是因为企业长期需要购置大量设备，还是企业发现有利可图的机会，抑或是企业虽面临困境准备扭转局面重新开拓新市场而投出过多等一系列问题。

当企业扩大规模或开发新的利润增长点时，需要大量的现金投入，投资活动产生的现金流入量补偿不了流出量，投资活动现金净流量为负数，但如果企业投资有效，将会在未来产生现金净流入用于偿还债务、创造收益，企业不会有偿债困难。因此，分析投资活动现金流量，应结合企业的投资项目进行，不能简单地以现金净流入还是净流出来论优劣。

三、筹资活动现金流量分析

筹资活动，是指导致企业资本及债务规模和构成发生变化的活动。筹资活动的现金流量与企业的发展规划有很大的关联性。当企业以扩大投资和经营活动为目标时，企业将以各种方式筹资，此时现金流量可能为正数。一般来说，筹资活动产生的现金净流量越大，企业面临的偿债压力也越大，但如果现金净流入量主要来自企业吸收的权益性资本，则企业不仅不会面临偿债压力，其资金实力反而增强。当企业经营正常，且有足够能力偿付债务时，会拿出现金去偿付债务，此时现金流量为负数。

一般来说，筹资活动产生的现金净流量越大，企业面临的偿债压力也越大，但如果现金净流入量主要来自企业吸收的权益性资本，则不仅不会面临偿债压力，资金实力反而增强。因此，在分析时，可将吸收权益性资本收到的现金与筹资活动现金总流入进行比较，所占比重大，说明企业资金实力增强，财务风险降低。

企业的发展必然要求不断扩大生产经营规模。除了动用自身积累之外，还可以通过发行股票和债券、银行贷款等方式进行，并引发偿还贷款、支付股利和利息等一系列活动。这些就会产生筹资活动的现金流量。在对筹资活动进行分析时，要分析企业的融资政策，企业进行的是何种筹资方式，融入融出的内因以及对整个经济活动的影响。一般来说，企业采用何种融资方式，取决于资本成本的高低。尤其当企业在面临经营危机和财务危机时，主要通过外部筹资来满足这一需要，以使生产继续下去和避免倒闭。与投资活动相比，数额相对较大，且流入流出量相当时，就要对其进行分析，是纯属巧合，还是为弥补资金缺口而迫不得已采取的措施。因而要将企业的整个筹资活动产生的现金流量及相关项目联系起来。

四、现金流量质量分析

现金流量表主表由三大板块组成，即经营活动产生的现金净流量、投资活动产生的现金净流量和筹资活动产生的现金净流量。对于企业而言，由于每种活动产生的现金净流量的正负方向构成不同，会产生不同的现金流量结果，进而会对企业的财务状况产生重要影响。

阅读现金流量表，关键是看企业来自经营活动的现金净流量，最理想的现金流量是经营活动现金净流量为正数。经营活动现金净流量为正数说明企业销售商品、提供劳务收到的现金足以抵补经营活动的日常开销，并有剩余的现金流量用于偿还债务或进行投资。分析现金流量表除了看经营活动产生的现金流量外，还要看投资活动和筹资活动产生的现金流量，并结合企业不同的发展阶段进行综合分析。一般来说，当企业处于不同的发展时期时，其经营活动现金净流量、投资活动现金净流量、筹资活动现金净流量三者的正负所反映的情况是多层面的。企业在创建期，需要投入大量的现金购置厂房、机器设备、原材料等，产品处于市场开发期，尚未打开销路，这一时期为开发产品需要大量的投资和筹资，所以经营活动和投资活动的现金净流量一般均为负数，筹资活动则为正数；在企业成长发展期，产品生产和销售快速增长，经营现金净流量为正数，为扩大市场份额，企业会不断追加投资，投资现金净流量依然为负数，当经营现金流量不足以满足投资所需现金时，企业还会进行筹资活动，因此筹资活动现金净流量可能是正负相间的；企业在成熟繁荣期，产品销量稳定，拥有一定的市场份额，货币资金回笼能力强，经营活动现金净流量和投资活动现金净流量为正数，由于用经营活动产生的现金来偿还债务，筹资活动现金净流量为负数；企业进入衰退期后，市场萎缩，销售下降，经营活动现金流量为负数，企业大规模收回投资并偿还债务，投资活动现金流量为正数，筹资活动现金流量为负数。

企业的现金流量来源于经营活动、投资活动和筹资活动，其中经营活动产生的现金流量是最主要的现金流量来源，经营活动现金流入量大于流出量，其经营活动现金净流量为正数是最理性、最健康的现金流量，若经营活动现金流入量小于流出量，其经营活动现金净流量为负数，则预示企业经营活动产生的现金流量不能满足正常经营的需求，企业就要寻求从外部筹资。分析现金流量要以经营活动现金净流量为切入点，结合投资活动现金净流量、筹资活动现金净流量做全面分析。下面，我们通过经营活动、投资活动和筹资活动现金流量净流量正值、负值的不同组合，来分析现金流量的质量。

（1）经营活动现金流入量大于流出量，投资活动现金流入量大于流出量，筹资活动现金流入量大于流出量时（+ + +），说明企业销售商品提供劳务提供的资金足以抵补经营活动的各项开销，产品销路好，货币资金回笼能力强，经营活动、财务状况良好，积极筹资进行投资，分析时注重对投资项目进行可行性研究，以免因不当投资造成浪费。

（2）经营活动现金流入量大于流出量，投资活动现金流入量大于流出量，筹资活动现金流入量小于流出量时（+ + −），说明企业进入成熟期，经营活动和投资活动处于良性循环阶段，经营活动和投资活动均能产生现金净流入，偿还到期债务。

（3）经营活动现金流入量大于流出量，投资活动现金流入量小于流出量，筹资活动现金流入量大于流出量时（+ − +），说明企业的产品销售好，货币回笼能力较强，用经营活动产生的现金流量及筹集的资金用于投资项目，企业大量追加投资用于扩大再生产。

（4）经营活动现金流入量大于流出量，投资活动现金流入量小于流出量，筹资活动现金流入量小于流出量时（+ − −），说明企业产品销售能力强，货币资金回笼好，主要依靠经营活动的现金流入运营，一旦经营状况陷入危机，财务状况将会恶化。还可以进行投资，分析时注意投资规模是否适度。

（5）经营活动现金流入量小于流出量，投资活动现金流入量大于流出量，筹资活动现金流入量大于流出量时（− + +），说明企业经营活动现金流入不足，需依赖借贷维持经营；如果投资活动现金流入量净额是依靠收回投资或处置长期资产所得，则财务状况更严峻，企业应分析市场需求，调整产业结构，生产适销对路的产品。

（6）经营活动现金流入量小于流出量，投资活动现金流入量大于流出量，筹资活动现金流入量小于流出量时（− + −），说明企业经营活动效果不好，经营活动产生的现金流量已不能抵补经营活动的开销，债务又进入偿还期，若企业靠收回投资或处置长期资产所得维持运营，说明企业财务状况已陷入困境，发展前景堪忧。

（7）经营活动现金流入量小于流出量，投资活动现金流入量小于流出量，筹资活动现金流入量大于流出量时（－－＋），说明企业产品得不到市场的认可，货币资金回笼能力差，需要筹集资金维持经营活动和投资活动，一旦举债困难或债务到期，财务风险很大。若投资效果良好，则能使企业走出困境。

（8）经营活动现金流入量小于流出量，投资活动现金流入量小于流出量，筹资活动现金流入量小于流出量时（－－－），说明企业三项活动均不能产生现金净流入，产品没能打开销路，货币资金回笼差，债务进入偿还期，用仅有的资金进行投资，说明财务状况已处于瘫痪状态。若企业能及时剥离资产，调整产业结构，则有望渡过难关。

第三节　现金流量表垂直分析

现金流量表分析，是指对现金流量表上的有关数据进行比较、分析和研究，从而了解企业的财务状况，发现企业在财务方面存在的问题，预测企业未来的财务状况，为报表使用者科学决策提供依据。例如，现金流量表提供了有关现金流量的数据资料（这是债权人判断企业偿债能力的重要依据），但根据这些数据还不能直接对企业的偿债能力做出评价，因而也不能据此做出决策。报表使用者，应根据自己的需要，运用各种专门的方法，对财务报表提供的数据资料进行进一步加工、整理、分析和研究，从中得出有用的信息，从而为决策提供正确依据。

现金流量表的结构分析就是通过对现金流量表中不同项目之间的比较，分析企业现金流入和流出的来源与方向，评价各种现金流量形成的原因。现金流量结构分析主要是指企业各种现金流入量、各种现金流出量，以及现金净流量与企业总的现金流入量、总的现金流出量及全部现金净流量的比率关系。现金流量分析包括现金流入结构分析、现金流出结构分析、现金流出流入结构分析。

一、现金流入结构分析

首先，分别计算经营活动现金流入、投资活动现金流入和筹资活动现金流入占现金总流入的比重，了解现金的主要来源。一般来说，经营活动现金流入占现金总流入比重大的企业，经营状况较好，财务风险较低，现金流入结构较为合理。其次，分别计算经营活动现金支出、投资活动现金支出和筹资活动现金支出占现金总流出的比重，它能具体反映企业的现金用于哪些方面。一般来说，经营活动现金支出比重大的企业，其生产经营状况正常，现金支出结构较为合理。

综上所述，企业的现金流量由经营活动产生的现金流量、投资活动产生的现金流量和筹资活动产生的现金流量三部分构成。分析现金流量及其结构，可以了解企业现金的来龙去脉和现金收支构成，评价企业经营状况、创现能力、筹资能力和资金实力。

现金流入结构分析就是将经营活动、投资活动和筹资活动的现金流入加总合计，然后计算每个现金流入项目占总现金流入的比率，分析现金流入的结构和含义，明确企业的现金来自何方，要增加现金流入主要应在哪些方面采取措施等。计算现金流入结构分析的公式为

经营活动现金流入占现金总流入百分比=经营活动现金流入量/现金总流入量 × 100%

投资活动现金流入占现金总流入百分比=投资活动现金流入量/现金总流入量 × 100%

筹资活动现金流入占现金总流入百分比=筹资活动现金流入量/现金总流入量 × 100%

企业的经营、投资和筹资活动均能带来现金流入，因此，流入结构应是分析的重点。通过对现金流入结构进行分析，可以明确企业的经营、投资和筹资活动所产生的现金流量在全部现金流入中所占比重，还可以了解现金流入具体项目的构成情况，明确企业的现金来自何方，要增加企业的现金流入主要应在哪些方面采取措施等。

通过表 5-3 所示的现金流入结构分析表，可以得到以下信息。

表 5-3 格力电器现金流入结构分析表

项目	2015 年	2016 年	2017 年	2018 年	2019 年
销售商品、提供劳务收到的现金	84.46%	74.80%	77.13%	73.47%	81.07%
收到的税费返还	0.94%	1.22%	1.19%	1.28%	0.90%
收到其他与经营活动有关的现金	3.57%	3.14%	1.92%	4.12%	1.36%
经营活动现金流入小计	90.46%	80.81%	81.46%	79.55%	85.36%
收回投资收到的现金	0.72%	3.36%	2.44%	3.65%	1.53%
取得投资收益收到的现金	0.06%	0.28%	0.11%	0.32%	0.21%
处置固定资产、无形资产和其他长期资产收回的现金净额	0.00	0.03%	0.00	0.00	0.00
收到其他与投资活动有关的现金	0.11%	0.01%	0.32%	1.44%	2.38%
投资活动现金流入小计	0.90%	3.68%	2.87%	5.41%	4.12%
吸收投资收到的现金	—	—	0.06%	—	0.16%
取得借款收到的现金	7.69%	13.25%	15.49%	15.03%	10.36%
收到其他与筹资活动有关的现金	0.96%	2.26%	0.11%	0.00	—
筹资活动现金流入小计	8.65%	15.51%	15.67%	15.04%	10.52%
现金流入总计	100.00%	100.00%	100.00%	100.00%	100.00%

格力电器 2015~2019 年连续 5 年的现金流入主要是经营活动产生的现金流入，经营活动产生的现金流入占总现金流入的 79%以上，2019 年经营活动产生的现金流入占总现金流入的 85.36%，说明格力电器现金流入量以经营活动为主，造血功能非常强。在经营活动产生的现金流入量中，又以销售商品、提供劳务收到的现金为主，销售商品、提供劳务收到的现金连续 5 年占经营活动产生的现金流入量 73%以上，说明格力电器的产品畅销，货币资金回笼良好，货币资金充裕。

二、现金流出结构分析

现金流出结构分析就是将经营活动、投资活动和筹资活动的现金流出加总合计，然后计算每个现金流出项目占总现金流出的比率，分析现金流出的结构和含义。通过现金

流出结构分析可以看出企业资金的主要去向，进而分析企业为了发展状况和各项现金流出波动的原因。明确企业的现金来自何方，要增加现金流入主要应在哪些方面采取措施等。计算现金流入结构分析的公式为

经营活动现金流出占现金总流出百分比=经营活动现金流出量/现金总流出量×100%

投资活动现金流出占现金总流出百分比=投资活动现金流出量/现金总流出量×100%

筹资活动现金流出占现金总流出百分比=筹资活动现金流出量/现金总流出量×100%

在了解了企业的现金流入结构以后,还应该知道企业支出的现金都用在了哪些地方，这就需要对现金流出结构进行分析。现金流出结构分析是指企业的各项现金支出占企业全部现金支出的百分比。一般情况下，经营活动（如购买商品、接受劳务和支付经营活动等活动）所支出的现金往往要占到较大的比重，投资和筹资活动的现金流出则因企业的财务政策不同而存在较大差异。有些企业较少，而有些企业则可能很大，甚至超过经营活动的现金支出。

在企业正常的经营活动中，其经营活动的现金流出应当具有一定的稳定性，各期变化幅度一般不会太大，但投资和筹资活动的现金流出的稳定性较差，甚至具有偶发性、随意性。随着交付投资款、偿还到期债务、支付股利等活动的发生，当期该类活动的现金流出便会剧增。所以，由于情况的不同，对现金流出的结构也很难采用统一的标准进行分析。在分析时应考虑现金流出中各项目所占的实际比例，分析哪些项目所占比重过大，需要加以控制；哪些项目所占比重不足，今后应该加大投入。

通过对表5-4所示的格力电器现金流出结构分析表进行分析，可以得到以下信息。

表5-4　格力电器现金流出结构分析表

项目	2015年	2016年	2017年	2018年	2019年
购买商品、接受劳务支付的现金	42.82%	39.08%	31.10%	44.30%	45.33%
支付给职工以及为职工支付的现金	5.63%	5.46%	4.09%	4.87%	4.25%
支付的各项税费	13.86%	10.94%	7.03%	8.59%	7.28%
支付其他与经营活动有关的现金	10.50%	8.08%	8.31%	8.53%	10.36%
经营活动现金流出小计	74.91%	58.55%	51.84%	67.69%	70.87%
购建固定资产、无形资产和其他长期资产支付的现金	2.90%	3.16%	1.29%	2.18%	2.27%
投资支付的现金	2.85%	1.44%	6.62%	8.78%	3.46%
取得子公司及其他营业单位支付的现金净额	—	—	—	0.58%	0.37%
支付其他与投资活动有关的现金	0.18%	17.29%	27.39%	6.50%	3.39%
投资活动现金流出小计	5.93%	21.90%	35.30%	18.05%	9.49%
偿还债务支付的现金	9.57%	10.67%	6.93%	13.75%	13.31%
分配股利、利润或偿付利息支付的现金	9.59%	8.86%	5.93%	0.49%	6.33%
支付其他与筹资活动有关的现金	—	0.01%	—	0.02%	—
筹资活动现金流出小计	19.16%	19.54%	12.86%	14.26%	19.64%
现金流出总计	100.00%	100.00%	100.00%	100.00%	100.00%

（1）格力电器2015~2019年连续5年的现金流出主要是经营活动产生的现金流出

量，经营活动产生的现金流出占总现金流出的51%以上，与格力电器以经营活动为主的现金流非常匹配。2016年、2017年格力电器加大了固定资产投资力度，投资活动现金流出占比较高。筹资活动的现金流出占比5年间变化不大，筹资活动流出主要是支付的现金股利。

（2）在经营活动现金流出量中，购买商品、接受劳务支付的现金占总现金流出量的比重控制在46%之内，说明格力电器近年来购买商品、接受劳务支付的现金控制较好。

三、现金流出流入结构分析

现金流出流入结构反映企业的各项现金活动中现金流出占现金流入的比率。

经营活动现金流量比=经营活动现金流出量/经营活动现金流入量×100%

投资活动现金流量比=投资活动现金流出量/投资活动现金流入量×100%

筹资活动现金流量比=筹资活动现金流出量/筹资活动现金流入量×100%

在上述三个公式中，尤以经营活动现金流量比的分析效果最好，该比率越低，表示经营活动现金净流量越多。

（1）一个销售业绩良好、经营稳定的企业，其经营活动现金流量比应维持在50%~90%，这样企业可以用经营活动产生的现金的10%~50%去偿还债务或进行投资。经营活动现金的流入量大于流出量，说明借款企业能够用经营活动产生的现金还款，而且现金流量充足。

（2）经营活动现金流量比为90%~100%，说明企业经营活动所产生的现金较少，虽然借款企业偿还贷款本息没有问题，但若现金流量继续减少，将会影响贷款的偿还。

（3）经营活动现金流量比大于100%，说明企业销售业绩欠佳，靠经营活动已经不能为企业带来现金流量，而必须依靠收回投资或举债才能维持生产经营。

通过表5-5和表5-6可以看出，格力电器经营活动现金流量比5年间在85%以内，说明格力电器产品销售能力较强，货币资金回笼良好，经营活动现金净流量非常充裕。既可以用剩余的资金偿还债务，也可以用于投资。同期，美的集团经营活动现金流量比2019年亦控制在85%以内，说明其货币资金较充裕，也处于合理水平。

表5-5 格力电器经营活动现金流量比计算表

项目	2015年	2016年	2017年	2018年	2019年
经营活动现金流出小计/万元	7 441 812.63	6 065 548.38	9 728 275.76	11 926 897.22	14 730 220.92
经营活动现金流入小计/万元	11 879 650.81	7 551 543.59	11 364 129.59	14 620 976.37	17 519 592.33
经营活动现金流量比	62.64%	80.32%	85.61%	81.57%	84.08%

表5-6 格力电器、美的集团经营活动现金流量比比较表

企业	2015年	2016年	2017年	2018年	2019年
格力电器	62.64%	80.32%	85.61%	81.57%	84.08%
美的集团	80.07%	83.59%	88.21%	87.69%	84.69%

通过表5-7和表5-8可以看出，格力电器近年来投资活动现金流出量大于流入量，2017年投资活动现金流量比高达1 655.26%，其投资活动现金流出主要用于购建固定资

产、无形资产和其他长期资产，同时格力电器收回了以往的对外投资，集中资金用于新生产线的扩建。同期，美的集团投资活动现金流量比变化不大，说明 5 年间美的集团没进行大规模的长期资产更新投资。

表 5-7　格力电器投资活动现金流量比计算表

项目	2015 年	2016 年	2017 年	2018 年	2019 年
投资活动现金流出小计/万元	589 246.28	2 268 726.71	6 625 623.66	3 179 474.10	1 972 058.25
投资活动现金流入小计/万元	117 930.80	344 071.44	400 277.86	994 897.57	844 553.39
投资活动现金流量比	499.65%	659.38%	1655.26%	319.58%	233.50%

表 5-8　格力电器、美的集团投资活动现金流量比比较表

企业	2015 年	2016 年	2017 年	2018 年	2019 年
格力电器	499.65%	659.38%	1 655.26%	319.58%	233.50%
美的集团	140.21%	125.92%	138.90%	127.42%	125.96%

通过表 5-9 和表 5-10 可以看出，2015~2017 年，格力电器筹资活动现金流量比均超过 100%，说明格力电器近年来筹资活动现金流出大于筹资活动现金流入，格力电器筹资活动的现金流出主要是用于分配股利、利润或偿付利息支付的项目，该项目产生的现金流出主要是分配现金股利。同期，美的集团 2018~2019 年筹资活动现金流量比也高于 100%，主要是用于分配股利、利润或偿付利息支付的项目。

表 5-9　格力电器筹资活动现金流量比计算表

项目	2015 年	2016 年	2017 年	2018 年	2019 年
筹资活动现金流出小计/万元	1 903 743.40	2 024 449.63	2 413 026.89	2 512 523.40	4 081 708.40
筹资活动现金流入小计/万元	1 135 441.20	1 449 293.62	2 186 092.78	2 763 908.05	2 159 510.79
筹资活动现金流量比	167.67%	139.69%	110.38%	90.90%	189.01%

表 5-10　格力电器、美的集团筹资活动现金流量比比较表

企业	2015 年	2016 年	2017 年	2018 年	2019 年
格力电器	167.67%	139.69%	110.38%	90.90%	189.01%
美的集团	133.64%	99.55%	69.22%	355.59%	116.36%

通过表 5-11 和表 5-12 可以看出，格力电器现金流出量占现金流入量的比例均在 100%以下。通过前面的分析可知，格力电器的现金流入量主要来自经营活动，经营活动产生的现金净流量完全可以满足公司追加投资及支付现金股利的需求，目前有较充裕的资金。同期，美的集团现金流出流入比 2015 年及 2018 年超过 100%，其他 3 年接近 100%，说明美的集团的现金没有格力电器充裕。

表 5-11　格力电器现金流出流入比计算表

项目	2015 年	2016 年	2017 年	2018 年	2019 年
现金流出总计/万元	10 524 048.60	12 627 451.44	25 392 549.97	20 798 368.82	22 756 045.82
现金流入总计/万元	11 475 290.95	13 732 867.12	26 693 448.49	23 221 084.92	25 521 816.19
现金流出流入比	91.71%	91.95%	95.13%	89.57%	89.16%

表 5-12　格力电器、美的集团现金流出流入比比较表

企业	2015 年	2016 年	2017 年	2018 年	2019 年
格力电器	91.71%	91.95%	95.13%	89.57%	89.16%
美的集团	100.05%	97.42%	97.40%	101.39%	96.62%

第四节　现金流量表趋势分析

一、趋势分析法的原理

趋势分析法是指根据连续几年的财务报表，比较各期有关项目金额，对相关指标的增减情况进行分析，来做出正确判断，并预测发展趋势的一种分析方法。运用趋势分析法，报表使用者可以了解有关项目变动的基本趋势，判断这种变动趋势是有利或者不利，并对企业的未来发展做出预测。趋势分析通常采用编制历年财务报表的方法，即将连续多年的报表（至少是三年至五年或十年的财务报表）并列在一起加以分析，以观察变化趋势。观察连续数期的财务报表要比仅对一个报告期的财务报表进行研究了解到更多的情况和信息，并有利于分析变化的趋势。

现金流量表的趋势分析就是分析企业的现金收入、现金支出及其余额发生了怎样的变动，其变动趋势如何，这种趋势对企业是有利还是不利的。报表使用者通过现金流量的趋势分析，可以了解企业财务状况的变动趋势，了解企业财务状况变动的原因，在此基础上预测企业未来的财务状况，从而为决策提供依据。趋势分析法有定基比趋势分析法和环比趋势分析法，其计算公式分别如下。

（1）定基比趋势分析：

定基比趋势分析=分析期某指标数值/固定基期某指标数值×100%

（2）环比趋势分析：

环比趋势分析=（分析期某指标数值–上一期某指标数值）/上一期某指标数值×100%

或

环比趋势分析=分析期某指标数值/上一期某指标数值×100%

二、趋势分析法的应用

现以格力电器 2015～2019 年现金流量表为例，格力电器现金流量表定基比分析（以 2015 年为基期）数据如表 5-13 所示，环比分析数据如表 5-14 所示，美的集团现金流量表主要项目环比分析数据如表 5-15 所示。

表 5-13　格力电器现金流量表定基比趋势分析（以 2015 年为基期年度）

项目	2015 年	2016 年	2017 年	2018 年	2019 年
一、经营活动产生的现金流量					
销售商品、提供劳务收到的现金	100.00%	63.02%	97.01%	121.74%	150.01%
收到的税费返还	100.00%	92.08%	133.94%	190.46%	149.87%

续表

项目	2015 年	2016 年	2017 年	2018 年	2019 年
收到其他与经营活动有关的现金	100.00%	62.76%	57.23%	161.60%	59.71%
经营活动现金流入小计	100.00%	63.57%	95.66%	123.08%	147.48%
购买商品、接受劳务支付的现金	100.00%	95.15%	137.20%	183.46%	221.47%
支付给职工以及为职工支付的现金	100.00%	101.19%	137.46%	153.39%	157.97%
支付的各项税费	100.00%	82.29%	95.81%	109.93%	109.83%
支付其他与经营活动有关的现金	100.00%	80.22%	149.40%	144.00%	206.29%
经营活动现金流出小计	100.00%	81.51%	130.72%	160.27%	197.94%
经营活动产生的现金流量净额	100.00%	33.48%	36.86%	60.71%	62.85%
二、投资活动产生的现金流量					
收回投资收到的现金	100.00%	330.77%	358.30%	706.40%	329.58%
取得投资收益收到的现金	100.00%	312.76%	179.69%	684.63%	504.38%
处置固定资产、无形资产和其他长期资产收回的现金净额	100.00%	2 213.24%	288.86%	512.86%	782.43%
处置子公司及其他营业单位收到的现金净额	—	—	—	—	—
收到其他与投资活动有关的现金	100.00%	4.53%	309.02%	1 849.19%	3 400.84%
投资活动现金流入小计	100.00%	291.76%	339.42%	843.63%	716.14%
购建固定资产、无形资产和其他长期资产支付的现金	100.00%	113.60%	84.06%	133.04%	163.40%
投资支付的现金	100.00%	52.83%	438.45%	546.40%	253.92%
取得子公司及其他营业单位支付的现金净额	—	—	—	—	—
支付其他与投资活动有关的现金	100.00%	10 219.80%	29 330.11%	6 532.05%	4 016.54%
投资活动现金流出小计	100.00%	385.02%	1 124.42%	539.58%	334.67%
投资活动产生的现金流量净额	100.00%	408.36%	1 320.84%	463.51%	239.23%
三、筹资活动产生的现金流量					
吸收投资收到的现金	—	—	—	—	—
取得借款收到的现金	100.00%	122.64%	214.03%	273.69%	210.64%
收到其他与筹资活动有关的现金	100.00%	167.84%	12.75%	0.41%	—
筹资活动现金流入小计	100.00%	127.64%	192.53%	243.42%	190.19%
偿还债务支付的现金	100.00%	116.21%	136.76%	254.69%	290.75%
分配股利、利润或偿付利息支付的现金	100.00%	96.38%	116.76%	9.06%	138.16%
支付其他与筹资活动有关的现金	—	—	—	—	—
筹资活动现金流出小计	100.00%	106.34%	126.75%	131.98%	214.40%

续表

项目	2015 年	2016 年	2017 年	2018 年	2019 年
筹资活动产生的现金流量净额	100.00%	74.86%	29.54%	−32.72%	250.19%
四、汇率变动对现金的影响					
四（2）、其他原因对现金的影响					
五、现金及现金等价物净增加额					
加：期初现金及现金等价物余额	100.00%	177.82%	163.93%	49.10%	66.13%
六、期末现金及现金等价物余额	100.00%	92.19%	27.61%	37.19%	34.09%

表 5-14　格力电器现金流量表环比趋势分析

项目	2015 年	2016 年	2017 年	2018 年	2019 年
一、经营活动产生的现金流量					
销售商品、提供劳务收到的现金	29.68%	−36.98%	53.94%	25.49%	23.22%
收到的税费返还	141.87%	−7.92%	45.46%	42.20%	−21.31%
收到其他与经营活动有关的现金	4.20%	−37.24%	−8.81%	182.36%	−63.05%
经营活动现金流入小计	31.21%	−36.43%	50.49%	28.66%	19.83%
购买商品、接受劳务支付的现金	9.59%	−4.85%	44.19%	33.72%	20.72%
支付给职工以及为职工支付的现金	−2.44%	1.19%	35.85%	11.59%	2.98%
支付的各项税费	3.30%	−17.71%	16.44%	14.74%	−0.09%
支付其他与经营活动有关的现金	−23.94%	−19.78%	86.23%	−3.61%	43.25%
经营活动现金流出小计	3.93%	−18.49%	60.39%	22.60%	23.50%
经营活动产生的现金流量净额	134.32%	−66.52%	10.08%	64.69%	3.54%
二、投资活动产生的现金流量					
收回投资收到的现金	43.94%	230.77%	8.33%	97.15%	−53.34%
取得投资收益收到的现金	89.35%	212.76%	−42.55%	281.00%	−26.33%
处置固定资产、无形资产和其他长期资产收回的现金净额	−50.58%	2 113.24%	−86.95%	77.55%	52.56%
处置子公司及其他营业单位收到的现金净额	—	—	—	—	—
收到其他与投资活动有关的现金	−78.30%	−95.47%	6 719.15%	498.41%	83.91%
投资活动现金流入小计	−13.92%	191.76%	16.34%	148.55%	−15.11%
购建固定资产、无形资产和其他长期资产支付的现金	62.30%	13.60%	−26.00%	58.26%	22.82%
投资支付的现金	21.55%	−47.17%	729.97%	24.62%	−53.53%
取得子公司及其他营业单位支付的现金净额	—	—	—	—	—

续表

项目	2015 年	2016 年	2017 年	2018 年	2019 年
支付其他与投资活动有关的现金	40.98%	10 119.80%	186.99%	−77.73%	−38.51%
投资活动现金流出小计	39.23%	285.02%	192.04%	−52.01%	−37.98%
投资活动产生的现金流量净额	64.67%	308.36%	223.45%	−64.91%	−48.39%
三、筹资活动产生的现金流量					
吸收投资收到的现金	—	—	—	—	—
取得借款收到的现金	−2.70%	22.64%	74.52%	27.87%	−23.04%
收到其他与筹资活动有关的现金	433.69%	67.84%	−92.41%	−96.81%	—
筹资活动现金流入小计	6.99%	27.64%	50.84%	26.43%	−21.87%
偿还债务支付的现金	21.94%	16.21%	17.68%	86.23%	14.16%
分配股利、利润或偿付利息支付的现金	103.70%	−3.62%	21.15%	−92.24%	1 425.00%
支付其他与筹资活动有关的现金	—	—	—	—	—
筹资活动现金流出小计	52.59%	6.34%	19.19%	4.12%	62.45%
筹资活动产生的现金流量净额	312.11%	−25.14%	−60.54%	−210.77%	−864.64%
四、汇率变动对现金的影响					
四（2）、其他原因对现金的影响					
五、现金及现金等价物净增加额					
加：期初现金及现金等价物余额	48.69%	77.82%	−7.81%	−70.05%	34.70%
六、期末现金及现金等价物余额	77.82%	−7.81%	−70.05%	34.71%	−8.34%

表 5-15 美的集团现金流量表主要项目环比趋势分析

项目	2015 年	2016 年	2017 年	2018 年	2019 年
销售商品提供劳务收到的现金	19.34%	17.88%	27.72%	7.87%	13.06%
经营活动产生的现金流量净额	7.97%	−0.26%	−8.44%	13.99%	38.51%
投资活动产生的现金流量净额	−37.67%	9.06%	75.62%	−46.34%	23.95%
筹资活动产生的现金流量净额	19.79%	5 650.96%	12 189.04%	−168.12%	−75.55%
期初现金及现金等价物余额	−68.55%	−1.64%	141.24%	74.46%	−17.77%
现金及现金等价物净增加额	−99.26%	101.16%	27.18%	−141.63%	−421.95%
期末现金及现金等价物余额	−1.61%	58.55%	74.46%	−17.77%	69.57%

通过表 5-13、表 5-14 和表 5-15 可得到如下信息。

近年来，格力电器销售商品、提供劳务收到的现金波动较大，2016 年受经济不景气的影响，销售商品、提供劳务收到的现金下降，至 2018 年开始回升，2019 年销售商品、提供劳务收到的现金比基期年度增长 50.01%。近年来，格力电器经营活动现金流出增幅较大，2019 年经营活动现金流出较基期年度 2015 年增长了 97.94%。格力电器经营活动现金净流量 2015 年 443 亿元，2019 年 278 亿元。同期，美的集团经营活动现金流量净额的变化趋势与格力电器类似。

第五节　现金流量表综合分析

一、现金流量表与利润表的比较分析

利润表是反映企业一定期间经营成果的重要报表，它揭示了企业利润的计算过程和利润的形成过程。利润是评价企业经营业绩及盈利能力的重要指标，利润是收入减去费用的差额，由于收入费用的确认与计量基础是权责发生制，其中包括了较多的会计估计，因此，利润表提供的信息存在一定的缺陷。尽管会计人员在进行估计时要遵循会计准则，并有一定的客观依据，但不可避免地要运用主观判断。而且，由于收入与费用是按其归属来确认的，而不管是否实际收到或付出了现金，以此计算的利润常常使一个企业的盈利水平与其真实的财务状况不符。有的企业账面利润很大，看似业绩可观，现金却入不敷出，举步维艰；而有的企业虽然亏损较大，却现金充足，周转自如。所以，仅以利润来评价企业的经营业绩和获利能力有失偏颇。若能结合现金流量表所提供的现金流量信息，特别是经营活动现金净流量的信息进行分析，则较为客观全面。其实，利润和现金净流量是两个从不同角度反映企业业绩的指标，前者可称为应计制利润，后者可称为现金制利润。二者的关系，通过现金流量表的补充资料揭示出来。具体分析时，可将现金流量表的有关指标与损益表的相关指标进行对比，以评价企业利润的质量。

第一，经营活动现金净流量与净利润比较，能在一定程度上反映企业利润的质量。利润表中净利润的变现能力是指企业实现的利润转换为现金的能力。通常一个经营收益水平较高的企业，其利润也是相当可观的，而利润的取得又会增加企业的资金，使企业有持续和稳定的现金流入，从而从根本上保障债权人的权益。

盈余现金保障倍数=经营活动现金流量净额/净利润

盈余现金保障倍数是指企业一定时期经营活动现金流量净额同净利润的比值。盈余现金保障倍数指标反映了企业当期净利润中现金收益的保障程度，真实地反映了企业盈余的质量。盈余现金保障倍数指标将利润表中权责发生制基础核算的净利润与现金流量表中收付实现制下的经营活动现金净流量有机地结合起来。

通常我们运用盈余现金保障倍数这一指标来评价企业净收益质量，这一比率越高，说明净利润中已经收到现金的程度越高，这是因为利润表中的净利润是以权责发生制为基础核算的，而现金流量表中的现金流量是以收付实现制为基础编制的。企业的净利润是收入减去费用的差额，由于收入费用的确认与计量是以权责发生制为基础核算的，收入与费用是按其归属期确认的，而不管是否实际收到或付出了现金。以权责发生制为基础计算的净利润包含了没有收到现金的赊销收入，以此计算的净利润常常使一个企业的

盈利水平与其真实的财务状况不符。这就是为什么有的企业账面利润很大，看似业绩可观，而现金却入不敷出；而有的企业虽然巨额亏损，却现金充足、周转自如。所以，仅以净利润来评价企业的经营业绩和获利能力有失偏颇，应该结合现金流量表所提供的现金流量信息，特别是经营活动现金净流量的信息进行分析，则较为客观全面。企业只有把净利润这一指标建立在与之相称的现金流量基础上，才能防止由于现金短缺而陷入经营困难的境地。

通过表 5-16 和表 5-17 可以看出，格力电器的利润质量很高，其净利润有充裕的现金做保障。一般来说，盈余现金保障倍数大于 1，说明企业的净利润质量较高。格力电器的盈余现金保障倍数 2016 年、2017 年低于 1，其他年份盈余现金保障倍数均高于 1，说明格力电器净利润的质量很高。同期，美的集团盈余现金保障倍数高于格力电器，体现了较高的利润质量。

表 5-16 格力电器盈余现金保障倍数计算表

项目	2015 年	2016 年	2017 年	2018 年	2019 年
经营活动现金流量净额/万元	4 437 838.20	1 485 995.20	1 635 853.80	2 694 079.20	2 789 371.40
净利润/万元	1 262 373.30	1 552 463.50	2 250 859.90	2 637 903.00	2 482 724.40
盈余现金保障倍数	3.52	0.96	0.73	1.02	1.12

表 5-17 格力电器、美的集团盈余现金保障倍数比较表

企业	2015 年	2016 年	2017 年	2018 年	2019 年
格力电器	3.52	0.96	0.73	1.02	1.12
美的集团	1.96	1.68	1.31	1.29	1.53

第二，销售商品、提供劳务收到的现金与营业收入比较，可以大致说明企业销售商品回收现金的情况及企业销售的质量。收现数所占比重大，说明销售收入实现后所增加的资产转换现金速度快、质量高。

现金销售比率=销售商品、提供劳务收到的现金/营业收入

现金销售比率是指企业一定时期销售商品提供劳务收到的现金同营业收入的比值，反映了企业的收入质量。

（1）一般来说，该比率越高收入质量越高，当比值小于 1.13 时，说明本期的收入有一部分没有收到现金。

（2）当比值大于 1.13 时，说明本期的收入不仅全部收到了现金，还收到了上一会计期间的应收款项或预收了下一会计期间的款项。

（3）该比率如果过低，说明企业挂账收入较高，而实际收到的现金较少，预示企业存在较严重的虚盈实亏，估计经营管理出现了问题，应引起高度关注。

通过表 5-18 和表 5-19 可以看出，格力电器的现金销售比率 2015~2019 年连续 5 年超过 50%，说明产品销售能力强，其货币资金回笼良好。同期，美的集团也显示了良好的销售能力及货币资金回笼能力。

表 5-18　格力电器现金销售比率计算表

项目	2015 年	2016 年	2017 年	2018 年	2019 年
销售商品、提供劳务收到的现金/万元	11 091 832.10	6 989 662.10	10 759 912.00	13 502 912.60	16 638 769.80
营业收入/万元	9 774 513.70	10 830 256.50	14 828 645.00	19 812 317.70	19 815 302.80
现金销售比率	113.48%	64.54%	72.56%	68.15%	83.97%

表 5-19　格力电器、美的集团现金销售比率比较表

企业	2015 年	2016 年	2017 年	2018 年	2019 年
格力电器	113.48%	64.54%	72.56%	68.15%	83.97%
美的集团	90.94%	96.40%	81.35%	81.35%	85.84%

第三，取得投资收益收到的现金与投资收益比较，可大致反映企业投资收益的质量。

投资收益是指企业在一定期间内对外投资所取得的回报。投资收益包括对外投资所分得的股利和收到的债券利息，以及投资到期收回或到期前转让债权所得款项高于账面价值的差额等。投资活动也可能遭受损失，如投资到期收回或到期前转让所得款低于账面价值的差额，即投资损失。投资收益减去投资损失则为投资净收益。随着企业握有的管理和运用资金权力的日益增大，资本市场的逐步完善，投资活动中获取收益或承担亏损，虽不是企业通过自身的生产或劳务供应活动所得，却是企业利润总额的重要组成部分，并且其比重发展呈越来越大的趋势。

$$投资收益现金比率=取得投资收益收到的现金 / 投资收益 \times 100\%$$

从表 5-20 和表 5-21 可以看出，格力电器的对外投资情况不够理想，2016 年、2019 年对外投资发生亏损，对外投资仅 2018 年取得较好的收益。同期，美的集团对外投资收益较理想。

表 5-20　格力电器投资收益现金比率计算表

项目	2015 年	2016 年	2017 年	2018 年	2019 年
取得投资收益收到的现金/万元	8 464.30	26 472.80	15 209.60	57 949.00	42 692.00
投资收益/万元	9 665.50	−222 135.60	39 664.80	10 676.90	−22 663.50
投资收益现金比率	87.57%	−11.92%	38.35%	542.75%	−188.37%

表 5-21　格力电器、美的集团投资收益现金比率比较表

企业	2015 年	2016 年	2017 年	2018 年	2019 年
格力电器	87.57%	−11.92%	38.35%	542.75%	−188.37%
美的集团	103.86%	151.95%	149.03%	231.22%	2 453.26%

二、现金流量表与资产负债表的比较分析

资产负债表是反映企业期末资产和权益状况的报表，运用现金流量表的有关指标与资产负债表有关指标进行比较，可以更为客观地评价企业的偿债能力、支付能力。

第一，经营活动现金流量净额与流动负债进行比较，能在一定程度上揭示企业流动负债的偿还情况。

现金流动负债比率=经营活动现金流量净额/流动负债×100%

现金流动负债比率是指企业一定时期的经营活动现金流量净额同流动负债的比率。现金流动负债比率是从现金流动角度来反映企业当期偿付短期负债的能力。该指标可以看作流动比率的补充，流动比率是流动资产与流动负债之比，由于流动资产体现的是能在一年内或一个营业周期内变现的资产，包括许多流动性不强的项目，如呆滞的存货、有可能收不回的应收账款等。它们虽然具有资产的性质，但事实上却不能再转变为现金，不再具有偿付债务的能力。而且，不同企业的流动资产结构差异较大，资产质量各不相同，因此，仅用流动比率等指标来分析企业的偿债能力，往往有失偏颇。因此，可运用现金流动负债比率作为流动比率等指标的补充。

（1）现金流动负债比率是从现金流入和现金流出的动态角度对企业实际偿债能力进行分析。

（2）由于有利润的年份不一定有足够的现金来偿还债务，所以利用以收付实现制为基础的现金流动负债比率指标，能充分体现企业经营活动所产生的现金净流入可以在多大限度上保证当期流动负债的偿还，直接地反映出企业偿还流动负债的实际能力。用该指标评价企业偿债能力更为谨慎。

（3）该指标较大，表明企业经营活动产生的现金净流入较多，能够保障企业按时偿还到期债务，说明偿债能力越强。但也不是越大越好，太大则表示企业流动资金利用不充分，收益能力不强。

通过表 5-22 和表 5-23 可以看出，格力电器的现金流动负债比率均为正数，说明格力电器近年来短期偿债能力较强，短期债务风险小。同期，美的集团现金流动负债比率也是正数，且比值较高，说明美的集团近年来短期偿债能力较强，短期债务风险小。

表 5-22 格力电器现金流动负债比率计算表

项目	2015 年	2016 年	2017 年	2018 年	2019 年
经营活动现金流量净额/万元	4 437 838.20	1 485 995.20	1 635 853.80	2 694 079.20	2 789 371.40
流动负债/万元	11 262 518.10	12 687 628.00	14 749 078.90	15 768 612.60	16 956 830.00
现金流动负债比率	39.40%	11.71%	11.09%	17.09%	16.45%

表 5-23 格力电器、美的集团现金流动负债比率比较表

企业	2015 年	2016 年	2017 年	2018 年	2019 年
格力电器	39.40%	11.71%	11.09%	17.09%	16.45%
美的集团	37.17%	29.93%	20.52%	21.39%	26.74%

第二，经营活动现金流量净额与债务总额进行比较，能在一定程度上反映企业债务总额现金的清偿程度。

现金债务总额比率=经营活动现金流量净额/债务总额×100%

现金债务总额比率是评价企业中长期偿债能力的重要指标，同时也是预测公司持续经营能力的重要指标。一般认为，经营活动产生的现金流量是企业长期资金最主要的来源，而投资活动和筹资活动所获得的现金流量虽然在必要时也可用于偿还债务，但不能将其视为经常性的现金流量。因此，用现金债务总额比率这一指标，可以衡量企业通过经营活动所获得的现金偿还债务的能力，该指标越高，企业的偿债能力越强，反之，企业的偿债能力越弱。对债权人来讲，偿债能力的强弱是他们做出贷款决策的基本依据和决定性条件。将现金流量表中的经营活动现金流量净额和负债总额相比，可以较好地反映企业的偿债能力。

通过表 5-24 和表 5-25 可以看出，无论是格力电器还是美的集团，其偿债能力都较强。

表 5-24　格力电器现金债务总额比率计算表

项目	2015 年	2016 年	2017 年	2018 年	2019 年
经营活动现金流量净额/万元	4 437 838.20	1 485 995.20	1 635 853.80	2 694 079.20	2 789 371.40
债务总额/万元	11 313 140.80	12 744 610.20	14 813 320.20	15 851 944.60	17 092 450.10
现金债务总额比率	39.23%	11.66%	11.04%	17.00%	16.32%

表 5-25　格力电器、美的集团现金债务总额比率比较表

企业	2015 年	2016 年	2017 年	2018 年	2019 年
格力电器	39.23%	11.66%	11.04%	17.00%	16.32%
美的集团	36.76%	26.27%	14.80%	16.27%	19.84%

➤思考题

1. 什么叫现金流量表？编制现金流量表有何作用？
2. 简述现金流量结构分析的含义和意义。
3. 简述现金流量趋势分析的含义和意义。
4. 影响企业现金流量的因素有哪些？
5. 利润与现金之间有怎样的关系？

➤练习题

一、单项选择题

1. 可用来评价经营活动现金流量获利能力的指标是（　　）。

A. 现金比率　　　　B. 净利润和经营活动净现金流量比率
C. 净利润现金保证比率　　　　D. 销售收入现金回收率

2. 能较好地将收付实现制与权责发生制有机结合的指标是（　　）。

A. 现金比率　　　　B. 现金充分性比率
C. 净利润现金保证比率　　　　D. 支付现金股利比率

3. 经营活动净现金流量与负债总额之比可以衡量企业的（　　）。

A. 还本能力　　　　B. 付息能力
C. 变现能力　　　　D. 支付能力

4. 按照我国的《企业会计准则——现金流量表》的分类方法，下列项目中属于筹资活动现金流量的有（　　）。

A. 收到的现金股利　　　　B. 支付的现金股利

C. 收到的债券利息　　D. 收回投资收到的现金

5. 在经营活动现金流量中，下列项目中反映现金创造能力最灵敏的是（　　）。

A. 销售商品、提供劳务收到的现金　　B. 收到的租金

C. 收到的税收返还　　D. 收到的其他与经营活动有关的现金

6. 现金流量表可用于（　　）。

A. 分析经营风险　　B. 分析资产质量

C. 预测未来的现金流量　　D. 预测未来利润与现金流量的差异

二、多项选择题

1. 利用趋势分析法进行现金流量表分析时，如果期初项目为零，处理方法可能包括（　　）。

A. 剔除该项目　　B. 结合比率分析法进行分析

C. 结合比较现金流量表逐项进行分析　　D. 结合定基比报表逐项进行分析

E. 结合其他报表数据进行分析

2. 现金流量表中的现金是指（　　）。

A. 库存现金　　B. 银行存款　　C. 短期股票投资　　D. 现金等价物

3. 下列关于现金流量表分析的表述，错误的有（　　）。

A. 企业承担经营风险与财务风险的能力都与企业现金流量状况直接相关

B. 经营活动现金净流量越大，说明企业的现金状况越稳定，支付能力越有保障

C. 当经营活动的现金流量为正数时，其流入与流出比率一定大于 1

D. 对于任何公司而言，经营活动现金净流量一般大于零，投资活动的现金净流量应小于零，筹资活动的现金净流量应正负相间

4. 下列关于现金流量项目之间相关关系说法正确的有（　　）。

A. 各类活动产生的现金流量净额等于现金流入小计与现金流出小计的差额

B. 现金及现金等价物净增加额等于经营活动产生的现金流量净额、投资活动产生的现金流量净额、筹资活动产生的现金流量净额之和

C. 主表经营活动现金流量净额是按直接法确定的

D. 补充资料经营活动现金流量净额是按间接法确定的

5. 下列各项中，属于现金流量表中投资活动产生的现金流量的有（　　）。

A. 外购无形资产支付的现金

B. 转让固定资产所有权收到的现金

C. 购买三个月内到期的国库券支付的现金

D. 收到分派的现金股利

三、判断题

1. 现金比率是指企业的货币资金与企业流动负债的比率。（　　）

2. 现金净流量越大，说明企业的财务状况越好。（　　）

3. 分析现金流量表，关键是看经营活动产生的现金流量净额。（　　）

4. 现金等价物是指等同于现金的货币资金。（　　）

5. 现金流量表的编制基础是权责发生制。(　　)

➤上市公司案例分析

1. 公司简介

烟台张裕葡萄酿酒股份有限公司(简称张裕 A)(股票代码:000869),前身是著名的爱国侨领张弼士 1892 年创办的张裕酿酒公司,该公司的创办标志着我国葡萄酒工业化的序幕由此拉开。经过一百多年的发展,张裕 A 已经发展成为中国乃至亚洲最大的葡萄酒生产经营企业。1997 年和 2000 年张裕 B 股和 A 股先后成功发行并上市,2002 年 7 月,张裕 A 被中国工业经济联合会评为"最具国际竞争力向世界名牌进军的 16 家民族品牌之一"。2008 年,张裕 A 入选全球葡萄酒 30 个顶级品牌。2016 年,张裕 A 在"第十届中国品牌价值 500 强"中名列第 90 位。

我国葡萄酒行业处于成长期,葡萄酒市场总体处于上升趋势。张裕 A 在国内葡萄酒行业位于前列。张裕 A 发展过程中坚持以市场为中心,调整营销策略和产品结构,大力发展中低档产品,优化市场布局,完善营销渠道,全力促进产品销售,取得了较好效果,2019 年实现营业收入 501 101 万元,较 2018 年同比下降 2.16%。

2. 主要财务数据

张裕 A 2015~2019 年主要财务数据如表 5-26 所示。

表 5-26　张裕 A 2015~2019 年主要财务数据　　单位:万元

项目	2015 年	2016 年	2017 年	2018 年	2019 年
利润表摘要					
营业收入	464 972.20	471 759.60	493 254.50	514 224.50	503 101.10
营业成本	151 250.30	157 577.10	167 159.20	190 161.20	188 749.60
营业利润	133 999.90	128 381.70	135 632.90	140 479.40	152 321.60
利润总额	138 816.00	133 761.90	137 192.80	140 861.20	153 051.50
所得税费用	35 788.40	35 702.90	33 813.40	36 712.80	40 080.60
净利润	103 027.60	98 058.90	103 379.40	104 148.40	112 970.90
基本每股收益/元	1.5	1.43	1.51	1.52	1.65
资产负债表摘要					
货币资金	128 536.20	139 151.80	140 252.30	147 570.00	156 578.40
应收账款	19 779.50	17 306.30	26 379.60	24 215.30	26 621.80
存货	226 085.30	224 861.00	247 361.40	272 459.10	287 241.00
流动资产合计	396 420.50	421 626.30	463 894.90	501 664.50	538 026.20
固定资产	308 924.50	468 318.70	532 908.40	574 973.20	589 406.90
资产总计	1 034 421.10	1 152 807.80	1 253 675.50	1 311 772.90	1 364 793.30
流动负债合计	240 773.30	265 207.30	281 925.80	274 614.80	265 616.40
非流动负债合计	17 992.10	47 652.00	53 951.80	48 109.30	41 293.10
负债合计	258 765.30	312 859.30	335 877.70	322 724.20	306 909.50
所有者权益(或股东权益)合计	775 655.80	839 948.50	917 797.90	989 048.70	1 057 883.80

续表

项目	2015年	2016年	2017年	2018年	2019年
现金流量表摘要					
期初现金及现金等价物余额	96 047.20	109 224.20	125 694.20	118 088.90	120 686.00
经营活动产生的现金流量净额	114 304.60	88 991.20	97 324.30	97 597.90	83 783.80
投资活动产生的现金流量净额	−93 785.50	−68 744.20	−82 020.80	−50 784.90	−20 816.20
筹资活动产生的现金流量净额	−7 757.30	−4 092.40	−24 310.10	−43 230.80	−47 146.60
现金及现金等价物净增加额	13 176.90	16 470.10	−7 605.30	—	15 891.20
期末现金及现金等价物余额	109 224.20	125 694.20	118 088.90	120 686.00	136 577.30

3. 案例分析

（1）近年来，张裕A货币资金回笼能力如何？张裕A创造的现金流能否满足偿还债务的需求？

（2）由于国外葡萄酒大量涌入，市场竞争激烈，张裕 A 调整了营销策略和产品结构，大力发展中低档产品，优化市场布局，你认为该种营销策略具有可持续性吗？能带来持续、稳定的现金流吗？

（3）目前在建的烟台张裕葡萄酒城综合体投资额较大，建设周期较长，若投资超出预算，张裕A是否有足够的资金追加投资？

第六章

盈利能力分析

本章学习目标

1. 掌握盈利能力分析指标的技术方法。
2. 理解各盈利能力指标中的数据选择。
3. 理解盈利质量的含义。
4. 掌握盈利质量分析的方法与应用。

第一节　业务盈利能力分析

企业盈利能力也称获利能力，是指企业为资金提供者创造收益的能力。对企业的盈利能力可以从以下四个不同的角度进行分析：一是业务获利能力，是指企业在经营活动中平均每一元销售收入创造收益的能力；二是资产获利能力，是指企业用投资者投入企业的每一元资金创造收益的能力；三是市场获利能力，是指企业投资者在资本市场上的每一元投资创造收益的能力；四是盈利质量分析，是指盈利的稳定性与现金的保证程度。

将企业营业收入与各环节获利水平分别进行比较，可形成不同的业务获利指标，具体包括销售毛利率、营业利润率和销售净利率。

一、销售毛利率

（一）基本概念

销售毛利率是指企业一定时期销售毛利占销售收入的百分比。它表明企业每单位销售收入能带来多少毛利，是评价企业经营效益的主要指标。

销售毛利率=（营业收入–营业成本）/营业收入×100%

销售毛利是企业全部利润中最为重要的部分，没有足够大的毛利率便不能盈利。销售毛利率越高，说明单位产品获利能力越强；销售毛利率越低，说明单位产品获利能力越弱。

（二）指标说明

1. 关注产品的行业特点

不同行业的产品具有不同的销售毛利率。例如，高技术、高智力行业具有较高的销售毛利率，以支撑高技术、高智力所需的研发费用、人力资源成本等，最终维持企业较为合理的行业利润率。同样，某些行业产品生产成本较低，但流通过程需要大量耗费，则产品的销售毛利率通常也会较高；而产品差异小、市场竞争激励的行业，则容易因产品价格竞争而导致较低的销售毛利率，如钢铁、水泥。

2. 关注行业的战略

企业战略是导致同一行业不同企业具有不同销售毛利率的重要原因，执行产品领先战略的企业，其产品通常具有更高的毛利率；执行低成本战略的企业，其产品毛利率通常较低。

3. 销售毛利率变动的其他原因

企业销售毛利率变动还可能是产品的成本和价格变动引起的，如由原材料价格变动、销售单价不稳定等因素引起。

如表 6-1、表 6-2 所示，2015 ~ 2017 年，格力电器销售毛利率维持在 32%以上，2018 ~ 2019 年，销售毛利率开始下降。同期，美的集团销售毛利率略高于格力电器，说明其营业成本控制较好。

表 6-1 格力电器销售毛利率计算表

项目	2015 年	2016 年	2017 年	2018 年	2019 年
营业收入/万元	9 774 513.70	10 830 256.50	14 828 645.00	19 812 317.70	19 815 302.80
营业成本/万元	6 601 735.40	7 288 564.10	9 956 291.30	13 823 416.80	14 349 937.30
毛利/万元	3 172 778.30	3 541 692.40	4 872 353.70	5 988 900.90	5 465 365.50
销售毛利率	32.46%	32.70%	32.86%	30.23%	27.58%

表 6-2 格力电器、美的集团销售毛利率比较表

企业	2015 年	2016 年	2017 年	2018 年	2019 年
格力电器	32.46%	32.70%	32.86%	30.23%	27.58%
美的集团	25.84%	27.31%	25.03%	27.54%	28.86%

二、营业利润率

（一）基本概念

营业利润率是指企业一定时期营业利润占营业收入的百分比。它表明企业每单位营业收入能带来多少营业利润，反映了企业销售收入扣除成本、税金、期间费用、资产减值损失、投资收益后的获利能力，可用来衡量包括管理和销售活动在内的整个经营活动所形成的获利能力有多大。

营业利润率=营业利润/营业收入×100%

营业利润不包括企业的营业外收支，是影响企业整体经营成果的主要因素，体现了对企业持续业务获利能力的关注。（备注：营业利润率亦称销售利润率。）

（二）指标说明

（1）该指标体现了企业经营活动最基本的获利能力，没有足够大的营业利润率就无法形成企业的最终利润，为此，结合企业的营业收入和营业成本分析，能够充分反映出企业成本控制、费用管理、产品营销、经营策略等方面的不足与成绩。

（2）营业利润率的高低可以反映企业成本费用控制好坏的综合效果，但应辩证看待成本费用对销售利润率的影响。企业成本费用增加，一种可能是成本费用管理出现问题，另一种可能是企业在进行某种经营战略或策略的改变，如企业的研发费用增加，意味着产品的未来竞争力提高，某一期研发力度加大导致费用增长、销售利润率下降，在未来则可能带来营业收入的高增长；而企业广告费用的增加，同样意味着企业未来营业收入可能增长。因此，分析时不能简单地对营业利润率提高或降低下结论，需要全面考虑企业业务、战略的变化。

如表 6-3、表 6-4 所示，2018 年，格力电器营业收入快速增长，2019 年营业收入增速减缓，营业成本上升，毛利下降，营业利润率下降。在市场萎缩的情况下，格力电器通过控制费用来支撑营业利润，给相关利益者传递了积极的信息。同期，美的集团营业利润率低于格力电器，说明美的集团费用控制不够理想。

表 6-3　格力电器营业利润率计算表

项目	2015 年	2016 年	2017 年	2018 年	2019 年
营业收入/万元	9 774 513.70	10 830 256.50	14 828 645.00	19 812 317.70	19 815 302.80
营业利润/万元	1 351 617.70	1 745 569.80	2 612 666.60	3 099 688.50	2 960 510.70
营业利润率	13.8%	16.1%	17.6%	15.6%	14.9%

表 6-4　格力电器、美的集团营业利润率比较表

企业	2015 年	2016 年	2017 年	2018 年	2019 年
格力电器	13.8%	16.1%	17.6%	15.6%	14.9%
美的集团	10.77%	10.96%	8.98%	9.85%	10.67%

三、销售净利率

（一）基本概念

销售净利率是指企业一定时期净利润占营业收入的百分比。它表明企业每单位营业收入能带来多少净利润，反映企业销售收入扣除全部成本后费用的获利能力，被广泛地用来衡量企业经营管理水平，是评价企业经营效益的指标之一。

销售净利率=净利润/营业收入×100%

（二）指标说明

1. 关注营业外收支的影响

该比例的分子净利润包括偶然性或不具可持续性的损益，如果要更准确地判断企业经营活动创造可持续利润的能力，可将这些损益从分子中剔除。

2. 辩证看待成本费用的影响

与销售利润率相比，销售净利率更多地考虑了所得税的影响，体现了经营业务与股东创造利润的能力。该指标越高，说明企业的产品或服务为股东创造利润的能力越强。但是，与销售毛利率和销售净利率一样，该比率在一定程度受产品特征、行业竞争程度和企业战略的影响。竞争激烈的行业，产品获利能力有限，该指标普遍较低，企业需要通过更强的资产管理能力来提高股东的最终收益。

如表 6-5、表 6-6 所示，2015~2017 年，格力电器营业收入整体呈上升趋势，2018 ~ 2019 年，受原材料、人工成本上涨的影响，销售毛利率、营业利润率、销售净利率均有所下降。同期，美的集团销售净利率低于格力电器。

表 6-5 格力电器销售净利率计算表

项目	2015 年	2016 年	2017 年	2018 年	2019 年
营业收入/万元	9 774 513.70	10 830 256.50	14 828 645.00	19 812 317.70	19 815 302.80
净利润/万元	1 262 373.30	1 552 463.50	2 250 859.90	2 637 903.00	2 482 724.40
销售净利率	12.9%	14.3%	15.1%	13.31%	12.5%

表 6-6 格力电器、美的集团销售净利率比较表

企业	2015 年	2016 年	2017 年	2018 年	2019 年
格力电器	12.9%	14.3%	15.1%	13.31%	12.5%
美的集团	9.84%	9.97%	7.73%	8.34%	9.09%

第二节 资产盈利能力分析

资产盈利能力是指投资者在企业中所投资金产生收益的能力。将资产获利能力指标分成总资产报酬率和股东权益报酬率。

一、总资产报酬率

（一）基本概念

总资产报酬率是指企业一定时期内获得的报酬总额与平均资产总额的比率。总资产报酬率表示企业包括净资产和负债在内的全部资产的总体获利能力，是评价企业资产运营效益的重要指标。其计算公式为

$$总资产报酬率=净利润/平均资产总额\times100\%$$

（二）指标说明

1. 关注净利润的持续性

企业财务报表中的净利润包括企业经营活动、企业金融资产投资、营业外收支等所有活动对股东收益产生的影响。当分析目的是对历史绩效的评价时，所有这些活动及其影响都应予以考虑；当分析目的是服务于预测企业未来获利能力时，该指标中的偶然性损益和不可预测的损益就应该剔除。

2. 总资产报酬率的分解

总资产报酬率体现的是公司为股东获取利润的能力，可通过进一步分解，找出这种能力产生与变化的具体原因。

总资产报酬率=销售净利率×总资产周转率

总资产报酬率的分解表明，企业投资产生的利润有两个关键因素，即产品的获利能力和企业资产管理的效率。因此，对总资产报酬率进行分析，重点是对这两个关键因素进行分解分析。

在实务中，有分析者认为总资产报酬率的分子和分母不匹配，因此提出了另外一个总资产报酬率的公式：

总资产报酬率=息税前利润/资产平均总额×100%

该公式的分子采用息税前利润，体现企业使用所有资产为所有投资者创造收益的能力。以净利润为分子的总资产报酬率指标为实务中常用的指标，并且是下文综合分析中杜邦财务分析体系的重要指标。因此，如无特别说明，本教材用净利润为分子的总资产报酬率指标。

如表 6-7、表 6-8 所示，近年来，格力电器通过扩张不断提高生产能力，2016 年，格力电器总资产报酬率有较大提升，2019 年，受宏观经济持续低迷的影响，市场需求不足，总资产报酬率进入下降拐点。同期，美的集团资产总额及营业收入均呈现稳步增长的态势，尽管总资产报酬率低于格力电器，但其发展后劲较强。

表 6-7　格力电器总资产报酬率计算表

项目	2015 年	2016 年	2017 年	2018 年	2019 年
净利润/万元	1 262 373.30	1 552 463.50	2 250 859.90	2 637 903.00	2 482 724.40
平均资产总额/万元	158 964 482 397.47	172 033 860 682.21	198 668 852 188.87	233 101 078 302.60	267 103 157 346.05
总资产报酬率	7.94%	9.02%	11.33%	11.32%	9.30%

表 6-8　格力电器、美的集团总资产报酬率比较表

企业	2015 年	2016 年	2017 年	2018 年	2019 年
格力电器	7.94%	9.02%	11.33%	11.32%	9.30%
美的集团	10.94%	10.59%	8.89%	8.46%	8.94%

二、股东权益报酬率

（一）基本概念

股东权益报酬率也称净资产收益率，是指企业一定时期内的净利润同平均净资产的比率。股东权益报酬率充分体现了投资者投入企业的自有资本获取净收益的能力，突出反映了投资与报酬的关系，是评价企业资本经营效益的核心指标。

股东权益报酬率=净利润/平均净资产×100%

（二）指标说明

1. 必要时考虑其他综合收益

股东权益报酬率的分子一般采用企业利润表上的净利润数值。但是，如果要分析企业股东权益回报的完整情况，还应考虑直接计入资本公积的其他综合收益，如可供出售金融资产公允价值变动净额，这些是股东在当期获得未在当期确认的损益。因此，也可以采用利润表上包括其他综合收益在内的综合收益变动数据作为分子。

2. 必要时扣除非经常性损益的影响

如果分析股东权益报酬率的目的在于对未来进行预测，那么分析企业具有的持续性报酬率更有价值。分析者可对企业各项损益是否具有持续性、重复性、可预测性进行判断，将非经常性损益从分子中扣除。我国证券会规定以下项目为非经常性损益①。

3. 必要时扣除少数股东权益的影响

由于股东权益报酬率的分析对象是合并公司中母公司股东取得回报的情况，当企业合并报表上存在少数股东权益时，该指标的分子和分母最好选取归属母公司股东的净利润和归属母公司的股东权益数据。这两个数据可以在企业的利润表和资产负债表上分别取得。如果少数股东权益以及归属少数股东的净利润数额很小，则可忽略其影响。

4. 必要时增加计算加权平均股东权益

通常情况下，企业股东权益会因会计年度内不断取得利润而逐渐增加，因此将股东权益的年初值和年末值进行平均是合理的。但是，如果上市公司在分析期间增发股票，或者大额分配现金红利，这种平均方法就会产生很大的误差。例如，年初增发与年末增发相比，年初增发的公司显然占用了更长时间的新股投入，如果使用年初年末平均，会抹杀这两者在年度内实际使用投资额的差异。更为精确的计算方式是按照企业实际使用不同数额股东资金的期限进行加权平均。

2019 年，空调行业在总体销售、出口、内销上都同比下降，空调全行业都感受到了来自市场的压力。2019 年，格力电器上榜《财富》世界 500 强，位列榜单 414 位。在上榜的 129 家中国企业中，格力电器的股东权益报酬率第一。

如表 6-9、表 6-10 所示，格力电器的股东权益报酬率 2015~2017 年呈上升趋势，且高于同行业平均水平。受家电行业不景气的影响，2019 年的股东权益报酬率为 24.25%，

---

① 以下对非经常性损益、少数股东权益、加权平均股东权益的计算要求，见中国证券监督管理委员会《公开发行证券的公司信息披露编报规则第 9 号——净资产收益率和每股收益的计算及披露》。

较 2018 年降低了 8.82 个百分点。同期，美的集团股东权益报酬率略高于格力电器。

表 6-9　格力电器股东权益报酬率计算表

项目	2015 年	2016 年	2017 年	2018 年	2019 年
净利润/万元	1 262 373.30	1 552 463.50	2 250 859.90	2 637 903.00	2 482 724.40
平均股东权益/万元	46 849 029 794.05	51 745 105 684.22	60 879 200 276.85	79 774 754 745.33	102 381 184 125.27
股东权益报酬率	26.95%	30.00%	36.97%	33.07%	24.25%

表 6-10　格力电器、美的集团股东权益报酬率比较表

企业	2015 年	2016 年	2017 年	2018 年	2019 年
格力电器	26.95%	30.00%	36.97%	33.07%	24.25%
美的集团	26.78%	25.38%	24.50%	24.69%	25.28%

第三节　市场盈利能力分析

企业投资盈利能力分析中，市场盈利能力比率是比较特别的一类。严格地说，除每股收益比率外，每股收益、市盈率、市净率等指标并不直接表明投资的获利能力，但受到企业获利能力的影响，是证券市场的投资者依据企业获利能力进行企业估值的重要工具。

一、每股收益

（一）基本概念

每股收益是指普通股股东每持有一股所能享有的企业利润或需承担的企业亏损。每股收益通常被用来反映企业的经营成果，衡量普通股的获利水平及投资风险，是投资者、债权人等信息使用者据以评价企业盈利能力、预测企业成长潜力，进而做出相关经济决策的一项重要财务指标之一。

每股收益=净利润/当期实际发行在外普通股的加权平均数

在企业股份没有变化的情况下，每股收益反映企业的盈利能力，每股收益增加，表明企业的盈利能力增强。每股收益增加越多，相对原有的市盈率，企业的股票价格就可能上升得越快。

（二）指标说明

1. 净利润的可持续性和可预测性

一般情况下，该指标分子使用净利润数据（不含少数股东的净利润），但是，当企业净利润中包含大量偶然、一次性的非经常性损益时，更好的做法是使用扣除非经常性损益的净利润。

2. 普通股平均数的计算

该指标的分母使用计算发行在外的普通股平均股数，不包括企业的库存股。由于企业发行在外的普通股数量变化在年内并非均匀，因此，当企业在期间内新发或回购普通股时，应该按月甚至按天数计算加权评价股数。

$$加权平均发行在外股数=\sum[发行在外股票数额\times(发行在外时间)/12]$$

企业新增的股份如果是由利润分配转增方式而来的，则不论增发在哪个月份，对企业所有者权益总额来说都没有任何改变。因此，转增的股份被视同为公司年初就存在的股本。

如表 6-11、表 6-12 所示，格力电器基本每股收益 2015~2018 年持续增长，由于 2019 年盈利能力下降，每股收益下降。同期，美的集团从 2016 年起，每股收益呈稳步上升的态势。

表 6-11 格力电器每股收益计算表

项目	2015 年	2016 年	2017 年	2018 年	2019 年
净利润/万元	1 262 373.30	1 552 463.50	2 250 859.90	2 637 903.00	2 482 724.40
普通股股数/股	6 015 730 878.00	6 015 730 878.00	6 015 730 878.00	6 015 730 878.00	6 015 730 878.00
每股收益/元	2.10	2.58	3.74	4.39	4.13

表 6-12 格力电器、美的集团每股收益比较表

企业	2015 年	2016 年	2017 年	2018 年	2019 年
格力电器	2.10%	2.58%	3.74%	4.39%	4.13%
美的集团	3.19%	2.46%	2.84%	3.25%	3.63%

二、市盈率

（一）基本概念

市盈率是指普通股每股市价与每股收益的比值，反映了投资者对每元净利润所愿支付的价格，可以用来估计股票的投资报酬和风险。计算公式为

$$市盈率=普通股每股市场价格/普通股每股收益$$

市盈率把股价和利润联系起来，反映了企业的近期表现，如果股价上升，但利润没有变化，甚至下降，则市盈率将会上升。一般来说，市盈率水平：0~13 表示股价被低估；14~20 表示正常水平；21~28 表示价值被高估；28 以上反映股市出现投机性泡沫。

（二）指标说明

1. 市盈率反映投资者对企业前景的预期

市盈率的分子是股票市价，因此，该比例体现了市场对企业为股东创造价值的能力预期，影响市盈率高低的内在因素与这种预期有关，包括预期股东权益报酬率的高低、预期未来经营收入的增长率、预期经营业务和财务的分析程度等。市盈率高的企业，说明市场上对该企业的未来增长有良好的预期，因此相比当下的收益，投资者愿意支付更

高的价格；反之，则投资者只愿意支付较低的价格。

2. 市盈率分析的相对性

对于同一行业，股权结构和产品类似的企业，分析者通常会进行市盈率比较，同一时期市盈率低的股票，可能是因为市场低估了其价值；反之，则认为其价值被高估。但这样的分析结果一定要关注影响市盈率的内在因素是否有差异，仅靠指标数值简单横向比较，结论可靠性较差。

如表 6-13、表 6-14 所示，2019 年，无论是格力电器还是美的集团，其市盈率都有较大的提升，与 2019 年活跃的资本市场密切相关，表明投资者对公司的经营能力和潜在的成长能力有较高的期望。

表 6-13　格力电器市盈率计算表

项目	2015 年	2016 年	2017 年	2018 年	2019 年
每股市价/元	22.35	24.62	43.7	35.69	65.58
每股收益/元	2.10	2.58	3.74	4.39	4.13
市盈率	10.64	9.54	11.68	8.13	15.88

表 6-14　格力电器、美的集团市盈率比较表

企业	2015 年	2016 年	2017 年	2018 年	2019 年
格力电器	10.64	9.54	11.68	8.13	15.88
美的集团	15.63	10.88	14.82	8.46	13.85

三、市净率

（一）基本概念

市净率也称市倍率，反映股价相当于每股净资产的倍数，每股净资产是股票的账面价值，它是用成本计算的。每股市价是这些资产的现值，是证券市场交易的结果。投资者认为，市价高于账面价值时，公司的资产质量好，有发展潜力；反之，则资产质量差，没有发展前景。优质股票的市价都会超出每股净资产许多，一般来说，市净率达到 3 就可以树立较好的公司形象。

$$市净率=每股市价/每股净资产$$

（二）指标说明

1. 影响市净率的根本因素

影响企业市净率的根本因素，是指投资者所判断的企业超过当前账面价值为投资者创造超额利润的能力。当预期未来股东权益报酬率等于股东必要报酬率时，企业的股票市净率为 1；当预期未来股东权益报酬率高于必要报酬率越多时，企业的利润增长率越高，则股票的市净率高于 1，并且越大；反之，当预期未来股东权益低于股东权益必要报酬率时，股票市净率小于 1。

2. 市净率的相对性

如果影响一个企业的市净率的根本因素没有改变，市净率却变得过高或过低，则说明市场对该企业的估值可能偏高或偏低。投资者可以根据相同行业不同企业的市净率高低判断其中的某只股票价格是否存在高估或低估。

同样，市场的非理性因素也会造成企业股票市价过高或者过低，分析者选取比较对象进行比较时，要考虑市场的状况，不能简单地得出本只股票价值被低估或高估的结论。

如表 6-15、表 6-16 所示，格力电器市净率保持在 3%左右，说明市场对该公司资产质量的评价比较稳定。同期，美的集团 2019 年市净率为 3.99%，亦显示了较好的资产质量。

表 6-15 格力电器市净率计算表

项目	2015 年	2016 年	2017 年	2018 年	2019 年
每股市价/元	22.35	24.62	43.7	35.69	65.58
每股净资产/元	8.07	9.13	11.11	15.41	18.63
市净率	2.77%	2.70%	3.93%	2.32%	3.52%

表 6-16 格力电器、美的集团同行业企业市净率比较表

企业	2015 年	2016 年	2017 年	2018 年	2019 年
格力电器	2.77%	2.70%	3.93%	2.32%	3.52%
美的集团	2.75%	2.90%	4.79%	2.82%	3.99%

第四节 盈利质量分析

盈利质量实质上是广义盈利能力分析的一部分，是指盈利的稳定性与现金保证程度。影响盈利稳定程度的主要因素是盈利结构，影响盈利现金保证程度的主要因素是经营现金流量与利润的同步性。同样，1 000 万元的主营业务收入和营业外收入，对公司净利润的贡献是相同的，但是它们却反映了不同的盈利能力，1 000 万元的主营业务收入体现了公司的核心竞争力，而 1 000 万元的营业外收入未必意味着下期还有同样的收入，因此，不同的盈利结构反映着不同的盈利质量。另外，盈利能力分析是以资产负债表、利润表为基础的，因而是在权责发生制基础上对公司一定时期内获取利润能力的一种评价结果。但在权责发生制下确认的收入或利润未必都能收现，如果不能收现，则会高估盈利能力，只有拥有现金保证的收入或利润才是有质量的盈利。通过一系列现金流量指标的计算，对公司盈利能力进行进一步修复与检验，有利于对公司盈利状况进行多视角、全方位的综合分析。

盈利结构是指收益组成项目的搭配及其排列、盈利的业务结构与盈利的地区结构。剖析公司的盈利结构，可以得知公司盈利的主要项目是什么，分析盈利质量如何，盈利总额发生增加变动的影响因素有哪些，从而帮助公司找出有利因素和不利因素，有针对性地采取措施，促使其提高盈利能力，并对未来的盈利能力做出预测。

一、盈利的项目结构

公司的利润来源主要包括主营业务带来的利润、投资获取的收益以及营业外收支净额。主营业务获取的利润是公司核心竞争力的表现，具有相对稳定性和未来预测价值，公司主营业务利润在净利润中的比重越大，说明公司的盈利质量越高。投资收益代表公司对外投资获取的收益，是为了多元化经营、分散风险或利用闲置资金而获取的收益，投资收益多，占净利润的比重大，说明公司盈利在一定程度依赖对外投资，而投资又是有风险的，因此，相同比重的投资收益对盈利质量的贡献程度不如主营业务利润的贡献大。营业外收支净额最不具有稳定性和预测价值，如果一个公司的净利润大部分是营业外收支净额的贡献，那么该公司的盈利质量值得被关注。

进行盈利项目结构分析用到的指标有营业利润比重、投资收益比重和营业外收支净额比重。

$$营业利润比重=营业利润/净利润\times 100\%$$

$$投资收益比重=投资收益/净利润\times 100\%$$

$$营业外收支净额比重=（营业外收入-营业外支出）/净利润\times 100\%$$

根据格力电器财务报表有关资料，对该公司盈利的项目结构进行分析，如表 6-17 所示。

表 6-17　格力电器盈利项目结构分析计算表

项目	2015 年	2016 年	2017 年	2018 年	2019 年
营业利润/万元	1 351 617.70	1 745 569.80	2 612 666.60	3 099 688.50	2 960 510.70
公允价值变动收益/万元	−101 032.20	109 333.20	921.30	4 625.70	22 826.40
投资收益/万元	9 665.50	−222 135.60	39 664.80	10 676.90	−22 663.50
资产减值损失/万元	8 631.80	−99.20	26 378.70	26 167.40	—
营业外收入/万元	140 429.20	109 623.50	51 105.90	31 785.80	34 570.70
营业外支出/万元	1 104.90	2 074.30	2 054.00	4 123.50	59 810.70
净利润/万元	1 262 373.30	1 552 463.50	2 250 859.90	2 637 903.00	2 482 724.40
营业利润比重	107.07%	112.44%	116.07%	117.51%	119.24%
投资收益比重	0.77%	−14.31%	1.76%	0.40%	−0.91%
营业外收支净额比重	3.12%	0.49%	2.18%	1.05%	−1.02%

根据表 6-17 可知，格力电器主营业务获取的利润所占比重较大，对外投资产生的收益比重较小，这与格力电器自主经营为主的战略有关，资产结构与利润结构相吻合。近年来，格力电器的盈利能力主要来自主营收益，具有相对稳定性和未来预测价值，但 2019 年公司营业利润结构比重较 2018 年有所降低，应进一步关注。此外，营业外收支净额比重在 2019 年是负数，其营业外收入小于营业外支出。

二、盈利的业务结构

盈利的业务结构就是直接按照业务类型对盈利的构成项目进行分析，从而明确各种业务的收益贡献。企业战略定位与核心业务带来的盈利更有质量，而非核心业务的盈利质量并不是由企业战略与经营贡献带来的，其稳定性与连续性存在一定差距。企业主要产品盈利贡献越大，盈利质量越高，反之亦然。格力电器2015~2019年有关盈利的业务结构数据如表6-18所示。

表6-18 格力电器营业收入结构分析计算表

年份	业务类型	营业收入/元	比重
2015	分行业		
	制造业	87 930 981 568.34	89.96%
	其他业务	9 814 155 625.82	10.04%
	分产品		
	空调	83 717 936 071.67	85.65%
	生活电器	1 522 676 680.86	1.56%
	其他主营	2 690 368 815.81	2.75%
	其他业务	9 814 155 625.82	10.04%
	营业收入合计	97 745 137 194.16	100.00%
2016	分行业		
	制造业	93 187 780 602.40	86.04%
	其他业务	15 114 784 691.30	13.96%
	分产品		
	空调	88 085 431 144.00	81.33%
	生活电器	1 717 749 799.40	1.59%
	其他主营	3 384 599 659.30	3.13%
	其他业务	15 114 784 691.30	13.96%
	营业收入合计	108 302 565 293.07	100.00%
2017	分行业		
	制造业	132 189 595 225.70	89.14%
	其他业务	16 096 854 753.48	10.86%
	分产品		
	空调	123 409 767 128.48	83.22%
	生活电器	2 300 898 577.78	1.55%
	智能装备	2 126 418 528.67	1.43%
	其他主营	4 352 511 020.77	2.94%
	其他业务	16 096 854 753.48	10.86%
	营业收入合计	148 286 450 009.18	100.00%

续表

年份	业务类型	营业收入/元	比重
2018	分行业		
	制造业	170 592 428 489.17	86.10%
	其他业务	27 530 748 567.67	13.90%
	分产品		
	空调	155 682 359 475.59	78.58%
	生活电器	3 794 087 435.54	1.91%
	智能装备	3 108 531 271.87	1.57%
	其他主营	8 007 450 306.17	4.04%
	其他业务	27 530 748 567.67	13.90%
	营业收入合计	198 123 177 056.84	100.00%
2019	分行业		
	制造业	156 888 659 016.13	79.18%
	其他业务	41 264 368 524.22	20.82%
	分产品		
	空调	138 665 055 103.82	69.99%
	生活电器	5 575 911 375.57	2.81%
	智能装备	2 141 285 558.55	1.08%
	其他主营	10 506 406 978.19	5.30%
	其他业务	41 264 368 524.22	20.82%
	营业收入合计	198 153 027 540.35	100.00%

从表 6-18 可知，格力电器 2015~2019 年的营业收入主要来自制造业，制造业营业收入主要来自空调业务。近年来，智能装备已经成为国家发展主要战略方向，2017 年起，格力电器增加了智能装备业务，并将智能装备作为公司重点发展的支柱产业之一。创立于 2013 年的格力智能装备有限公司，以“精工品质，格力创造”为宗旨，致力于自主研发，精益制造。从 2017~2019 年智能装备占营业收入比重来看，智能装备业务尚属起步阶段，所占比例很低。

三、盈利的地区结构

不同地区的市场，对公司意味着不同的盈利机会，公司会在发展战略上重点开发某些地区的市场，因此，不同地区的盈利结构体现着公司的盈利质量。公司在重点地区的盈利占净利率的比重越大，公司的盈利越稳定，越具有可持续性。此外，通过分析公司盈利的地区结构，还能准确摸清哪些地区的市场是公司的主要目标，有助于调整公司发展战略和市场结构，促进公司盈利能力和市场价值的提高。

从营业收入的地区结构来看，格力电器的市场定位于中国国内，其国内营业收入占比相对较高，市场定位清晰。从表 6-19~表 6-21 可以看出，2017 年起，在中国国内的营业收入占比逐渐上升，海外业务略有萎缩，2019 年，无论是国内销售还是国外销售营业收入均呈现负增长。

表 6-19　格力电器制造业营业收入地区构成 单位：亿元

项目	2015 年	2016 年	2017 年	2018 年	2019 年
国内营业收入	745.96	769.38	1 136.96	1 483.23	1 360.73
国外营业收入	133.35	162.50	184.94	222.70	208.15
合计	879.31	931.88	1 321.90	1 705.92	1 568.89

表 6-20　格力电器制造业营业收入地区结构分析表

项目	2015 年	2016 年	2017 年	2018 年	2019 年
国内营业收入	84.83%	82.56%	86.01%	86.95%	86.73%
国外营业收入	15.17%	17.44%	13.99%	13.05%	13.27%
合计	100.00%	100.00%	100.00%	100.00%	100.00%

表 6-21　格力电器制造业营业收入增长率地区结构分析表

项目	2015 年	2016 年	2017 年	2018 年	2019 年
国内营业收入	−31.52%	3.14%	47.78%	30.46%	−8.26%
国外营业收入	−3.44%	21.86%	13.81%	20.42%	−6.53%
合计	−28.36%	5.98%	41.85%	29.05%	−8.03%

综合上述分析，格力电器近年来依靠核心技术，在空调专业化进程中将研发、生产、销售、服务集于一体来抢占市场。在立足国内市场的同时，稳步推进国外市场。从产品结构来看，主要靠空调业务来推动。2019 年，在空调行业不景气的市场形势下，空调企业的业绩略有下滑。格力电器 2019 年实现营业收入 1 981.53 亿元，同比仅增长 0.02%；毛利率为 27.58%，同比下降 0.10%；实现净利润 248.27 亿元，同比下降 5.88%。对于产品多元化的美的集团来说，2019 年实现营业收入 2 782 亿元，同比增长 7.14%；毛利率为 28.86%，同比增长 0.48%；实现净利润 257.77 亿元，同比下降 16.75%。

与美的集团相比，2019 年格力电器收入略增的情况下，每股收益、市盈率、销售净利率等指标均优于美的集团，原因是格力电器强化了成本管理，大幅度削减销售费用，若把这一因素剔除掉，格力电器的盈利能力逊色于美的集团。

鉴于此，格力电器应以空调产业为支柱，强化技术升级，巩固现有市场份额。在此基础上，大力开拓发展智能装备、智能家居、新能源、自动化设备等新兴产业，寻找新的利润增长点。

➢思考题

1. 如何分析企业盈利能力?
2. 如何进行盈利质量分析?
3. 每股市场价格与每股账面价值背离意味着什么?
4. 如何对销售净利率进行深入分析?

5. 如何对公司盈利能力进行进一步修复与检验?

➢练习题

一、单项选择题

1. 销售净利率的计算公式中,分子是( )。

A. 净利润　　B. 利润总额

C. 营业利润　　D. 息税前利润

2. 公司销售毛利率与上年基本一致,而销售净利率却有较大幅度下降,最有可能的原因是( )。

A. 期间费用上升　　B. 主营业务收入上升

C. 主营业务成本上升　　D. 其他业务利润下降

3. 每股收益能够反映( )。

A. 资金的供应能力　　B. 股票所含的风险

C. 股东的投资报酬　　D. 公司的投资报酬

4. 上市公司盈利能力分析与一般企业盈利能力分析的区别关键在于( )。

A. 利润水平　　B. 股东权益

C. 股利发放　　D. 股票价格

5. ( )是普通股股利与每股收益的比值,反映普通股股东从每股的全部获利中分到多少。

A. 每股收益　　B. 普通股权益报酬率

C. 市盈率　　D. 股利发放率

二、多项选择题

1. 短期债权人进行盈利能力分析的目的是想了解( )。

A. 净资产的增值程度　　B. 本期盈利能力

C. 盈利能力的稳定持久性　　D. 现金支付能力

E. 盈利潜力

2. 基本财务比率分析中用到的利润只包括正常经营活动赚取的利润,必须剔除非正常因素对利润的影响,这些非正常因素主要有( )。

A. 营业收入　　B. 非正常或非经常项目

C. 已经或将要停止经营的项目　　D. 非常项目

E. 会计准则和财务制度变更带来的累计影响

3. 下列关于每股收益的说法中,正确的有( )。

A. 每股收益可以反映股票所含的风险性

B. 每股收益适宜不同行业公司间的横向比较

C. 每股收益多,不一定意味着分红多

D. 每股收益反映普通股的投资报酬

E. 每股收益反映全体股东的投资盈利能力

4. 盈利质量分析的主要内容包括( )。

A. 盈利的项目结构分析
B. 盈利的业务结构分析
C. 资产运营效率分析
D. 现金流量保障程度分析
E. 盈利的地区结构分析

5. 反映企业盈利能力的指标有（　　）。

A. 营业利润
B. 产权比率
C. 净资产收益率
D. 成本利润率
E. 净利润

三、判断题

1. 盈利能力分析中采用的利润指标就是利润表中的利润总额。（　　）

2. 成本费用相对于收入而言，是公司增强盈利能力更为可控的关键因素。（　　）

3. 对企业盈利能力的分析主要指对利润额的分析。（　　）

4. 总资产报酬率越高，净资产收益率就越高。（　　）

5. 当总资产报酬率高于负债利息率时，提高负债与所有者权益之比，将使净资产收益率提高。（　　）

➢上市公司案例分析

1. 公司简介

海信家电集团股份有限公司（简称海信家电）（股票代码：000921），主营业务涵盖冰箱、家用空调、中央空调、冷柜、洗衣机、厨房电器等电器产品的研发、制造和营销业务，同时涉及商用冷链以及环境电器等产业领域。

公司生产基地分布于山东青岛、广东顺德、广东江门、江苏扬州、浙江湖州、四川成都等多个国内城市，产品远销海外130多个销售区域，是国内大型家用电器制造企业。根据艾肯空调制冷网统计数据，2019年度，公司旗下“海信日立”“海信”“约克”三个品牌多联机中央空调市场占有率合计位居行业第一。根据中怡康统计数据，2019年度，公司冰箱“海信”“容声”两个品牌产品线上加线下累计零售量市场占有率合计位居行业第二；家用空调“海信”“科龙”两个品牌产品线下累计零售量市场占有率合计位居行业第四，线上累计零售量市场占有率合计位居行业第五。

公司产品使用的“海信”“容声”“科龙”三个品牌拥有良好的品牌美誉度和市场基础。随着海信的国际化战略不断加速，品牌海外知名度和影响力不断提升，2019年“BrandZ中国出海品牌50强”报告出炉，“海信”位列第六，在家电领域位列第一，成为家电领域出海第一品牌；“容声”品牌历史悠久，“容声容声，质量保证”的品质坚守品牌形象深入人心；“科龙”专注空调数十年，以专业、实用的品牌定位，精准定位用户需求，凭借出色的产品表现，“科龙”荣获2019~2020年度空调行业品质消费卓越品牌。

2019年，公司实现营业收入374.53亿元，同比增长3.98%。分产品看，空调业务实现主营业务收入163.69亿元，同比增长9.92%；冰洗业务实现主营业务收入161.28亿元，同比增长0.34%；分境内外收入看，内销业务实现主营业务收入227.12亿元，同比增长3.05%；外销业务实现主营业务收入114.85亿元，同比增长6.81%。报告期末，公司资产总额为 339.91 亿元，同比增长 55.72%。经营活动产生的现金流量净额为 20.05 亿元，同比增长 91.10%。

未来，公司将继续坚守“家电的本质是家”的核心经营理念，以优化产业结构为基础，技术创新为动力，坚持做高质量的好产品，实现公司持续健康稳健发展。

2. 主要财务数据

海信家电 2015~2019 年主要财务数据如表 6-22 所示。

表 6-22 海信家电 2015~2019 年主要财务数据 单位：万元

项目	2015 年	2016 年	2017 年	2018 年	2019 年
利润表摘要					
营业收入	2 347 160.30	2 673 021.90	3 348 759.00	3 601 959.80	3 745 304.40
营业成本	1 844 073.90	2 048 665.30	2 696 983.10	2 917 152.50	2 942 480.90
营业利润	31 399.10	106 525.50	203 075.90	150 872.90	205 470.40
利润总额	62 365.40	127 034.10	225 287.40	156 490.60	215 225.00
所得税费用	7 937.80	12 874.80	18 106.70	14 183.10	20 180.10
净利润	54 427.60	114 159.40	207 180.70	142 307.40	195 044.90
基本每股收益/元	0.43	0.8	1.48	1.01	1.32
资产负债表摘要					
货币资金	101 441.00	222 742.10	299 602.80	364 846.40	612 056.30
应收账款	208 659.60	272 512.90	283 322.80	309 645.50	396 757.60
存货	227 014.00	266 004.50	339 786.00	295 575.30	349 894.50
流动资产合计	853 254.10	1 300 197.90	1 484 760.50	1 429 684.80	2 452 045.70
固定资产	352 978.80	348 172.60	325 180.90	326 393.20	381 354.20
非流动资产合计	576 027.60	605 308.00	675 984.70	753 105.70	947 020.60
资产总计	1 429 281.70	1 905 505.90	2 160 745.20	2 182 790.50	3 399 066.40
流动负债合计	944 595.00	1 336 157.10	1 410 905.50	1 350 648.60	2 083 840.90
非流动负债合计	37 305.70	37 002.70	41 124.10	43 201.20	67 139.20
负债合计	981 900.80	1 373 159.90	1 452 029.70	1 393 849.80	2 150 980.10
所有者权益（或股东权益）合计	447 380.90	532 346.00	708 715.60	788 940.70	1 248 086.30
现金流量表摘要					
经营活动产生的现金流量净额	48 426.10	292 593.00	45 504.90	104 936.70	200 533.70
投资活动产生的现金流量净额	−30 976.10	−119 701.60	73 108.10	22 841.30	−8 022.90
筹资活动产生的现金流量净额	−3 327.70	−194 929.20	−102 016.70	−116 117.60	−92 245.00
期初现金及现金等价物余额	87 003.90	101 215.90	79 498.50	95 231.90	106 136.40
期末现金及现金等价物余额	101 215.90	79 498.50	95 231.90	106 136.40	206 510.70

3. 案例分析

（1）分析海信家电资产结构和利润结构的匹配性，并评价其利润质量。

（2）分析海信家电现金流与收入的匹配程度。

第七章

营运能力分析

本章学习目标

1. 了解营运能力分析的内涵及意义。
2. 掌握流动资产营运能力评价指标的计算及分析。
3. 掌握非流动资产营运能力评价指标的计算及分析。
4. 掌握总资产周转率评价指标的计算及分析。

第一节　营运能力分析概述

一、营运能力分析的内涵

营运能力分析是指通过计算和分析反映企业资产营运快慢和收益好坏的指标，得出对企业营运能力的总体评价结论，由分析出的结论来决定企业未来提高经济效益的方法。企业营运能力的实质就是以尽可能少的资产占用和尽可能短的时间周转，生产尽可能多的产品，实现尽可能多的销售收入和利润，实现企业价值的最大化。

二、营运能力分析的意义

营运能力可以反映企业资产的质量、结构和运行状态以及企业对资产的管理水平，而这些状况和管理水平将直接影响企业的偿债能力和盈利能力，具体来说，营运能力分析的意义有以下几个方面。

（一）评价企业资产的流动性

企业运用资产进行经营才能给企业带来收益，企业的营运能力越强，说明资产的周转速度越快，资产的变现能力越强，企业支付能力越强；同时，企业营运能力越强，说明资产的质量越好，良好的资产质量是资产在经营中得以保值并增值的前提，从而有利于保证债务本金及利息按期偿还和支付。流动性是企业营运能力的具体表现，通过营运能力的分析就可以对企业资产的流动性进行评价。

（二）评价资产的利用效率

营运能力是指企业利用资产开展的经营活动、创造营业收入的能力，通常用企业资产的周转率反映。资产周转速度越快，营运能力越强，资产的使用效率越高，说明企业以相对较少的资产占用就可以取得相对较大的收益，企业资产的变现能力和收益能力越强。

（三）评价企业资产结构，为优化资产结构提供前提

企业经营的基本动机是获得高的收益，而企业若想利用资产进行经营活动，则提高资产的流动性是必要手段，以达到少投入、多产出的目的。通过对营运能力的分析，可以揭露出经营过程中企业资产配置和资产管理中存在的问题，以便用来采取措施、优化结构、改善管理，使企业达到价值的最大化。

三、企业营运能力分析的原则

可以反映企业营运能力的指标有很多种，但要正确完整地了解企业的营运能力，首先要有正确规范的用来评价企业营运能力的指标体系，正确规范的评价体系，必须遵守以下几项原则。

（1）企业营运能力指标应该体现出使资产营运能力可以得到提高的实质性要求。企业资产营运能力的实质就是要以最少的资产占用，最短的时间周转，生产出最多的产品，实现尽可能多的营业收入，创造出尽可能多的纯收入。

（2）资产营运能力指标还该体现出各类资产的特点。企业资产可以分为固定资产和流动资产，它们各有特点。对于固定资产应着重考虑它在使用上的价值和其价值相脱离的特点，在计算此指标时，应从这两方面加以考虑；对于流动资产，应该体现出其流动性这一重要特点。

（3）资产营运能力所分析的指标应该有利于对其进行整体考核分析。最好采用常用制度规定的考核指标，或根据现有核算的资料可以计算并便以分析的指标，否则所做的分析没有实际意义。

第二节　流动资产营运能力分析

一、应收账款周转率

（一）应收账款周转率计算

应收账款周转率又称应收账款周转次数，是指对企业在一定时期商品赊销收入净额

与应收账款（含应收票据）平均占用额进行对比所确定的一个指标。应收账款周转率是反映企业应收账款变现速度和管理效率高低的指标。在相同的计算时间内，应收账款周转率越高，其周转速度也就越快，则表明企业的应收账款要回的速度越快，企业在应收账款方面的管理效果越好。反之，应收账款周转率越低，表明企业的应收账款的管理效率越低。

应收账款周转天数也称平均收现期，是指企业自商品或产品销售出去开始至应收账款收回为止所经历的时间，应收账款周转天数越少，表明企业应收账款收回的速度越快，企业自己的资金被别的企业占用的时间越少，管理的工作效率越高。计算公式如下：

应收账款周转率=赊销收入净额/应收账款平均占用额（次）

赊销收入净额=销售收入–现销收入–销售退回–销售折让与折扣

应收账款周转期=360/应收账款周转次数（天）

应收账款平均余额=（期初应收账款+期末应收账款）÷2

应收账款周转率可以用来估计回收应收账款的速度和应收账款的管理效果。应收账款回收快不仅可以节约公司资金，还可以说明企业的可信度较好，发生坏账准备的可能较少。一般认为周转率越高越好。

由于外部分析人员无法取得公司内部的赊销数据，只能用销售收入代替赊销收入计算，可以看作假设现金销售是收现时间等于零的应收账款。所以，应收账款周转率的公式可以简化为

应收账款平均余额=（期初应收账款+期末应收账款）÷2

应收账款周转率=营业收入/应收账款平均占用额（次）

应收账款周转期=360/应收账款周转次数（天）

此类公式应注意：①应收账款平均余额应是未扣除坏账准备的应收金额，因为坏账准备只是会计上基本稳健原则所确认的一种可能损失，即已计提坏账准备的应收账款并不排除在收款责任之外。②计算时应该将应收票据算入应收账款周转率中，大部分应收票据都是销售产生的，也就是说以另外的一种形式表现应收账款。

【例 7-1】 ABC 公司 2019 年销售收入为 58 520 万元，年初应收账款额为 3 700 万元，年末应收账款额为 4 100 万元，已知其赊销收入额占其销售收入的 80%，计算该公司应收账款周转率。

应收账款周转率（次数）=58 520 × 80%/［（3 700+4 100）÷2］= 12（次）

应收账款周转天数= 360 /12=30（天）

（二）应收账款周转率分析

第一，对应收账款周转率进行分析，应注意以下问题。

（1）影响应收账款周转率下降的原因主要是企业的信用政策、客户故意拖延和客户财务困难。

（2）应收账款是时点指标，易受季节性、偶然性和人为因素的影响。为了使该指标尽可能接近实际值，计算平均数时应采用尽可能详细的资料。

（3）过快的应收账款周转率可能是由紧缩的信用政策引起的，其结果可能会危及企业的销售增长，损害企业的市场占有率。

（4）若现金销售比例较大，该比率作用就小。销售波动越大，该比率被歪曲的可能性越大。

第二，对应收账款进行质量分析，主要有以下几种方法。

（1）对账龄进行分析。企业已发生的应收账款时间有长有短，有的尚未超过信用期，有的则超过了信用期。账龄分析法是通过对现有债权按其欠账期的长短（即账龄）进行分析，进而对不同账龄的债权分别判断其质量。一般而言，未过信用期或已过信用期但拖欠期较短的债权出现坏账的可能性比已过信用期较长时间的债权发生坏账的可能性要小。

（2）对债务人的偿债信誉进行分析。在很多情况下，企业债权的质量，不仅与债权的账龄有关，更与债务人的偿债信誉有关。对于资信好、经济实力强的债权人而言，其偿债能力有保障，偿债信誉越好，企业债权收回的可能性也就越大。而对于某些偿债信誉较差的债务人而言，企业收回债权的可能性就要差些。企业在确定某一客户的偿债信誉时，可通过 5C 系统来进行，5C 系统是评估客户信用品质的五个方面，即品质、能力、资本、抵押和环境。通过 5C 系统，可以了解客户的信用品质，评估其赖账的可能性。

（三）应收账款周转率举例

应收账款周转率是指企业在一定时期销售收入与应收账款（含应收票据）平均占用额进行对比所确定的一个指标，反映企业回收应收账款的速度和企业管理效率好坏，企业的收款效率数值越大，表明资金运用和管理效率越高，由表 7-1 和表 7-2 可以看出，2019 年格力电器销售收入幅度减缓，应收账款周转率亦在下降。同期，美的集团应收账款周转率较低，周转天数较长，两家公司周转天数都在 30 天之内，坏账风险不大。

表 7-1 格力电器应收账款周转率计算表

项目	2015 年	2016 年	2017 年	2018 年	2019 年
营业收入/万元	9 774 513.70	10 830 256.50	14 828 645.00	19 812 317.70	19 815 302.80
平均应收账款/万元	277 028.00	291 987.35	438 751.35	675 707.55	810 649.70
应收账款周转率/次	35.28	37.09	33.80	29.32	24.44
应收账款周转天数/天	10.20	9.71	10.65	12.28	14.73

表 7-2 格力电器、美的集团应收账款周转率比较表

项目		2015 年	2016 年	2017 年	2018 年	2019 年
格力电器	应收账款周转率/次	35.28	37.09	33.80	29.32	24.44
	应收账款周转天数/天	10.20	9.71	10.65	12.28	14.73
美的集团	应收账款周转率/次	14.03	13.35	15.54	14.07	14.62
	应收账款周转天数/天	25.66	26.97	23.17	25.59	24.62

二、存货周转率

存货是企业重要的流动资产之一，通常占流动资产总额的一半以上。与其他流动资产相比，存货的变现能力相对较弱，因而存货过多将使存货在流动资产中所占的比重上升，使流动资产总体的变现能力下降，从而影响企业的短期偿债能力；而且存货过多，将使企业的资金过多地占用在存货上，影响企业的资金周转，同时还会增加存货的存储成本及磨损或霉变等损失。另外，存货是企业生产经营的前提和条件，存货量不足，就无法满足企业正常生产经营的需要，容易导致企业生产经营的中断，使企业失去获利机会。

（一）存货周转率指标计算

存货周转率又称存货周转次数，是指一定时期营业成本与存货平均占用额的比率。该指标用于衡量企业的销售能力和存货周转速度。存货周转率反映存货的周转速度，它是衡量企业生产经营各环节中存货营运效率的综合性指标，该指标越高，周转次数越多，表明企业存货周转速度越快，利用效果越好；反之，则表明存货占用资金多，存货的管理效率低。

存货周转的状况也可以用存货周转天数来表示，存货周转天数是指存货周转一次所需要的时间，周转天数越少，周转速度越快，利用效果越好。计算公式如下：

存货周转率=营业成本/存货平均占用额（次）

存货周转期=360/存货周转次数（天）

存货平均占用额=（期初存货余额+期末存货余额）/2

（二）存货周转率指标分析

在计算分析存货周转率指标时，应注意以下几个问题。

第一，要以提高企业存货管理水平为前提。企业存货管理是企业管理的重要内容之一，报表使用者在分析存货周转率指标时，应尽可能结合存货的批量因素、季节性变化因素等对存货的结构以及影响存货周转速度的重要指标进行分析，通过进一步计算原材料周转率、在产品周转率或某种存货的周转率，从不同角度、环节上找出存货管理中的问题，在满足企业生产经营需要的同时，尽可能地减少经营占用资金，提高企业存货管理水平。

第二，要对存货周转率做出合理的判断。一方面，存货周转率指标较慢，是企业经营情况欠佳的一种迹象，它可能是由企业存货中出现了冷背残次品、存货不适应生产销售需要、存货投入资金过多等造成的。另一方面，存货周转率指标较高，也不能完全说明企业的存货状况很好，因为若企业存货资金投入过少，可能会因存货储备不足而影响生产或销售业务的进一步发展，特别是那些采购困难的存货。此外，存货周转率加快也可能是由于企业提高了销售价格，存货成本并未改变。分析时，应注意这些情况的影响。

（三）存货周转率举例

存货周转率反映存货的周转速度，它是衡量企业生产经营各环节中存货营运效率的综合性指标。该指标越高，周转次数越多，表明企业存货周转速度越快，利用效果越好。

从表 7-3 和表 7-4 计算的结果来看，存货周转率有一定的波动，2019 年，格力电器存货周转率较 2018 年有所下降。作为电器制造业，格力电器的存货在资产总额中的比重偏低，存货周转率对总资产周转率影响不大。美的集团存货周转率与格力电器存货周转率比较接近，两家公司暂时都不存在存货积压的情况。

表 7-3 格力电器存货周转率计算表

项目	2015 年	2016 年	2017 年	2018 年	2019 年
营业成本/万元	6 601 735.40	7 288 564.10	9 956 291.30	13 823 416.80	14 349 937.30
平均存货/万元	903 652.05	924 942.40	1 279 662.60	1 828 993.25	2 204 818.60
存货周转率/次	7.31	7.88	7.78	7.56	6.51
存货周转天数/天	49.28	45.69	46.27	47.63	55.31

表 7-4 格力电器、美的集团存货周转率比较表

项目		2015 年	2016 年	2017 年	2018 年	2019 年
格力电器	存货周转率/次	7.31	7.88	7.78	7.56	6.51
	存货周转天数/天	49.28	45.69	46.27	47.63	55.31
美的集团	存货周转率/次	8.06	8.87	8.01	6.37	6.38
	存货周转天数/天	44.66	40.60	44.96	56.53	56.47

三、营业周期

营业周期是指从取得存货开始到销售存货并收回现金为止的时期，亦即企业的生产经营周期。营业周期长短对企业生产经营具有重要影响：①营业周期越短，说明资产的效率越高，其收益能力也相应增强；②营业周期越短，资产的流动性越强，资产风险降低；③营业周期的长短还影响着企业的资产规模和资产结构，周期越短，流动资产的占用相对越少，反之则相反。因此，分析研究企业的营业周期，并想方设法缩短营业周期，对于增强资产的管理效果具有重要意义。

营业周期的长短可以通过应收账款周转天数和存货周转天数近似地反映出来，因此，我们可由应收账款周转天数和存货周转天数之和对其进行简化计算，营业周期计算公式为

营业周期=应收账款周转天数+存货周转天数

从营业周期比较表（表 7-5 和表 7-6）来看，两家公司营业周期都在合理范围之内。

表 7-5 格力电器营业周期计算表 单位：天

项目	2015 年	2016 年	2017 年	2018 年	2019 年
应收账款周转天数	10.20	9.71	10.65	12.28	14.73
存货周转天数	49.28	45.69	46.27	47.63	55.31
营业周期	59.48	55.39	56.92	59.91	70.04

表 7-6 格力电器、美的集团营业周期比较表 单位：天

企业	2015 年	2016 年	2017 年	2018 年	2019 年
格力电器	59.48	55.39	56.92	59.91	70.04
美的集团	70.31	67.56	68.12	82.12	81.09

四、流动资产周转率

(一)流动资产周转率指标计算

流动资产周转率又称流动资产周转次数，是指企业一定时期的营业收入与流动资产平均占用额的比率，该指标用于衡量流动资产的运用效率。流动资产周转次数越多，周转一次所需的时间就越少，表明流动资产的周转速度越快，流动资产利用效果越好；反之，流动资产周转次数越少，周转一次所需的天数越多，则表明企业流动资产利用效果越差。其所需的计算公式为

流动资产周转率=营业收入/流动资产平均占用额（次）

=营业收入净额/流动资产平均余额

=营业成本/流动资产平均余额×营业收入/营业成本

流动资产平均占用额=（期初流动资产+期末流动资产）/2

流动资产周转天数=360/流动资产周转率（天）

流动资产周转率是指企业在经营周期内的企业营业收入与平均流动资产余额的比值，也是对企业流动资产的利用效率进行评价的重要指标。评价流动资产周转率的主要作用是用来评价流动资产的使用程度，格力电器应采取措施，在保证良好的经济效益的同时提高企业资产的运用效果。可以在不影响长期投资运营的条件下，在短期的投资上加以重视，进一步增加企业的流动资产周转率，使企业获得更多的收益。

流动资产周转率的快慢取决于流动资产垫支周转率（营业成本/流动资产平均余额）和成本收入率（营业收入/营业成本）两个因素。流动资产周转率不仅反映流动资产的周转速度，还反映在生产经营过程中新创纯收入的情况，即成本占收入的比率说明了企业所得与所费之间的关系，当成本收入率大于 1 时，说明企业可以获得经济效益，此时流动资产垫支周转率越大，说明企业运用资产所产生的效益越好；反之，当成本收入率小于 1 时，说明其经营的成果不能满足企业所消耗的费用，此时流动资产垫支周转率越大，反而不利于企业经济效益的提高。

【例 7-2】 ABC 公司 2019 年销售收入净额为 15 000 万元，2019 年流动资产期初数为 3 050 万元，期末数为 3 500 万元，则该公司流动资产周转指标计算如下：

流动资产周转次数=15 000/［（3 050+3 500）÷2］=4.58（次）

流动资产周转天数=360÷4.58=78.6（天）

(二)流动资产周转率分析

（1）加快流动资产周转，可以使企业在销售规模不变的条件下，运用更少的流动资产，形成流动资产节约额。

（2）流动资产周转加速，可以使企业在流动资产规模不变的条件下，增加企业的收入。

（3）流动资产绝对节约，是指企业由于加速流动资产周转，因而可以从周转中拿出一部分资金支付给企业所有者或还给债权人。绝对节约的资金可以退出企业经营。

（4）流动资产相对节约，是指企业由于加速流动资产周转，可以在不增资或少增资的条件下扩大本企业的生产规模，因而有可能不需要或减少由债权人或所有者对企业的新投资。相对节约的资金提供本企业扩大再生产之用。

结论：

（1）如果企业流动资产周转速度加快，而销售收入不变，这时所形成的节约额为绝对节约额。

绝对节约额=报告期流动资产占用额–基期流动资产占用额

（2）如果企业流动资产周转速度加快，而实际占用流动资产等于基期占用流动资产，这时形成的节约额为相对节约额。

相对节约额=流动资产总节约额–绝对节约额

（3）如果企业流动资产周转速度加快，同时销售收入增加，流动资产占用减少，这时形成的流动资产节约额为绝对节约额和相对节约额。

（4）当主营业务收入的增幅高于流动资产的增幅时，流动资产使用效率提高，流动资金会相对节约。

（三）流动资产周转率举例

通过表 7-7 和表 7-8 可以看出，2019 年格力电器销售额增幅减缓，流动资产周转率下降，2018 年流动资产周转天数 337.29 天，延长到 2019 年的 375.23 天，周转天数延长，说明资产的使用效率下降。同期，美的集团流动资产周转天数远远短于格力电器，说明美的集团资产利用效率更高。格力电器在注重产品品质发展的同时，也应关注资产的利用效率，加强资产的管理。

表 7-7 格力电器总资产周转率计算表

项目	2015 年	2016 年	2017 年	2018 年	2019 年
营业收入/万元	9 774 513.70	10 830 256.50	14 828 645.00	19 812 317.70	19 815 302.80
平均流动资产/万元	12 054 639.70	13 193 004.95	15 722 271.50	18 562 279.75	20 653 749.50
流动资产周转率/次	0.81	0.82	0.94	1.07	0.96
流动资产周转天数/天	443.98	438.54	381.69	337.29	375.23

表 7-8 格力电器、美的集团流动资产周转率比较表

项目		2015 年	2016 年	2017 年	2018 年	2019 年
格力电器	流动资产周转率/次	0.81	0.82	0.94	1.07	0.96
	流动资产周转天数/天	443.98	438.54	381.69	337.29	375.23
美的集团	流动资产周转率/次	1.54	1.49	1.66	1.47	1.39
	流动资产周转天数/天	233.77	242.18	217.18	244.35	258.26

第三节　固定资产与总资产营运能力分析

一、固定资产营运能力分析

固定资产利用效率分析，主要是通过营业收入与固定资产的比例关系，分析固定资产的周转速度，评价固定资产的营运效率。常用的评价固定资产利用效率的指标有固定资产周转率和固定资产周转天数。

固定资产周转率又称固定资产利用率，是指企业年销售收入净额与固定资产平均净值的比率。它反映了企业固定资产的周转情况，因此可以作为企业在固定资产利用上好坏的显示。固定资产周转率越高，表明固定资产利用率越高，利用固定资产所产生的效果越好。其计算公式为

固定资产周转率=营业收入/平均固定资产

固定资产周转天数=360/固定资产周转率

平均固定资产=（期初固定资产+期末固定资产）/2

表 7-9、表 7-10 显示：2015~2018 年，格力电器固定资产周转率呈现上升态势，2019 年，固定资产周转率较 2018 年略有下降。说明近年来，格力电器固定资产整体利益效率较高。同期，美的集团固定资产周转率高于格力电器，说明同为电器行业，美的集团的固定资产的利用效率更高。

表 7-9　格力电器固定资产周转率计算表

项目	2015 年	2016 年	2017 年	2018 年	2019 年
营业收入/万元	9 774 513.70	10 830 256.50	14 828 645.00	19 812 317.70	19 815 302.80
固定资产/万元	1 518 554.65	1 655 673.40	1 757 451.30	1 792 656.60	1 875 384.60
固定资产周转率/次	6.44	6.54	8.44	11.05	10.57
固定资产周转天数/天	55.93	55.03	42.67	32.57	34.07

表 7-10　格力电器、美的集团固定资产周转率比较表

项目		2015 年	2016 年	2017 年	2018 年	2019 年
格力电器	固定资产周转率/次	6.44	6.54	8.44	11.05	10.57
	固定资产周转天数/天	55.93	55.03	42.67	32.57	34.07
美的集团	固定资产周转率/次	7.24	7.99	11.03	11.53	12.62
	固定资产周转天数/天	49.73	45.03	32.65	31.22	28.53

二、总资产营运能力分析

总资产周转率又称总资产周转次数，是指企业一定时期的营业收入与总资产平均占用额的比率，它表明企业的总资产在一定时期周转的次数（通常是指一年，按 360 天计算）。总资产周转率可用来分析企业全部资产的使用效率，该指标越高，周转速率越快，表明资产的有效使用程度越高，总资产的运用效率越好，其结果是使企业的偿债能力和

获利能力增强，反之，则说明企业在利用总资产上的经营效果不好，直接导致企业的盈利能力降低，影响企业的发展。其计算公式如下：

总资产周转率（次）=营业收入/平均资产总额

总资产周转天数=360/总资产周转率

总资产周转率通过当年已实现的营业收入与全部资产进行比较，反映企业一定时期的实际产出质量以及对每单位资产实现的价值补偿。通常情况下，该指标数值越高，周转速度越快，资产利用效率越高。

通过表 7-11 和表 7-12 可以看出，格力电器 2019 年总资产周转率较 2018 年下降，总资产周转天数 2018 年 423.56 天，2019 年 485.27 天，2019 年较 2018 年增加了 61.71 天。同期，美的集团，总资产利用效率远远超过格力电器，美的集团的总资产总周转天数均控制在一年以内。通过前面的分析及报表数据可以看出，导致格力电器资产周转率下降的原因一是 2019 年营业收入幅度减缓，二是大量的货币资金闲置。

表 7-11　格力电器总资产周转率计算表

项目	2015 年	2016 年	2017 年	2018 年	2019 年
营业收入/万元	9 774 513.70	10 830 256.50	14 828 645.00	19 812 317.70	19 815 302.80
平均资产总额/万元	15 896 448.20	17 203 386.05	19 866 885.20	23 310 107.80	26 710 315.70
总资产周转率/次	0.61	0.63	0.75	0.85	0.74
总资产周转天数/天	585.47	571.84	482.32	423.56	485.27

表 7-12　格力电器、美的集团总资产周转率比较表

项目		2015 年	2016 年	2017 年	2018 年	2019 年
格力电器	总资产周转率/次	0.61	0.63	0.75	0.85	0.74
	总资产周转天数/天	585.47	571.84	482.32	423.56	485.27
美的集团	总资产周转率/次	1.11	1.06	1.15	1.01	0.98
	总资产周转天数/天	323.92	338.90	313.10	354.79	365.97

➢思考题

1. 营业周期公式中应收账款周转天数的计算是否应该用销售收入净额？
2. 存货周转天数是以成本为基础还是以收入为基础计算？
3. 流动资金利用效果应利用哪些指标进行分析？
4. 固定资金利用效果应利用哪些指标进行分析？
5. 选择一家上市公司，对其资产营运效果进行分析。

➢练习题

一、单项选择题

1. 下列不属于流动资产周转率越大所带来的结果的是（　　）。

A. 周转速度越快　　B. 周转天数越多

C. 企业盈利及偿债能力越强　　D. 变现能力越强

2. 信贷人员在进行企业营运能力分析时，不包括的评价内容是（　　）。

A. 企业营运能力　　B. 企业偿债能力

C. 企业创新能力　　D. 资本结构

3 作为金融机构，评价企业财务状况的各项指标的关注重点是（　　）。

A. 企业的发展前景　　B. 企业的盈利能力

C. 企业的资产总额　　D. 企业的偿债能力

4. 在审查企业的贷款时，银行应重点分析的是（　　）。

A. 企业若干年的偿债、盈利能力　　B. 企业当年的财务状况

C. 企业的发展潜力和前景　　D. 企业最近几年的净利润

5. 资产营运能力的强弱关键取决于（　　）。

A. 企业资产营运能力　　B. 企业资产净利率

C. 企业周转速度　　D. 企业资产使用率

6. 一定时期内商品或产品营业收入与平均应收账款余额的比值，称作（　　）。

A. 固定资产周转率　　B. 流动资产周转率

C. 存货周转率　　D. 应收账款周转率

7. 运用应收账款周转率指标时，不会影响指标正确计算的因素是（　　）。

A. 大量使用非现金结算　　B. 年末销售额大幅度变动

C. 季节性经营　　D. 大量使用分期付款方式

8. 关于企业存货周转率增高所带来的结果，表述错误的是（　　）。

A. 企业流动资产的变现能力越强　　B. 短期偿债能力越强

C. 资产占用水平越低　　D. 存货周转率越低越好

9. 进行固定资产周转率分析时，需要剔除的不可比因素是（　　）。

A. 固定资产计提折旧　　B. 国家宏观经济政策调整

C. 新的科技成果的出现　　D. 固定资产结构的调整

10. 关于营运资金的说法，表述错误的是（　　）。

A. 营运资金是指流动资产扣除流动负债后的差额

B. 营运资金周转率=（营运资金平均余额×360）/主营业务收入净额

C. 可以用营运资金周转率和周转天数来表示

D. 反映了营运资金的使用效率

二、多项选择题

1. 企业管理当局进行营运能力分析的主要目的表现在（　　）。

A. 寻找优化资产结构的途径和方法，制定优化资产结构的决策，达到优化资产结构的目的

B. 寻找加速资金周转的途径与方法，制定加速资金周转的决策，达到优化资源配置目的

C. 判断投入资本的保值情况

D. 判断资本增值的情况

2. 企业某年应收账款周转率大幅度提高可能的原因是（　　）。

A. 计提了大额的坏账准备
B. 采用了更苛刻的信用政策
C. 采用了更宽松的信用政策
D. 产品销售大幅度上升

3. 营业周期越短，说明（　　）。

A. 流动资产占用相对较多
B. 资产风险提高
C. 资产效率越高
D. 资产的流动性越强

4. 下列关于营业周期的说法正确的有（　　）。

A. 营业周期越短，说明资产的效率越高，其收益能力也越强
B. 营业周期越长，说明资产的效率越高，其收益能力也越强
C. 在其他条件不变的情况下，应收账款周转天数越短，营业周期越短
D. 在其他条件不变的情况下，存货周转天数越短，营业周期越短

5. 下列关于流动资产周转率的说法正确的有（　　）。

A. 计算流动资产周转率时，周转额为一定期间内取得的主营业务收入
B. 周转次数与周转天数成反比
C. 流动资产周转率并非越高越好，流动资产周转率过高表示流动资产未充分利用
D. 流动资产周转率的高低，应结合企业历史资料或行业水平判断

6. 以下说法正确的是（　　）。

A. 应收账款的账龄越长，收回的可能性越大
B. 债务人分布越分散，应收账款越安全
C. 应收账款的账龄越短，收回的可能性越大
D. 债务人分布越集中，应收账款越安全

三、判断题

1. 营运能力分析的主要目的是分析评价企业资产的利用程度和营运活动。（　　）

2. 反映企业营运能力的各项指标都有各自的特点，在具体应用时一定要区分开来。（　　）

3. 总资产周转天数是逆指标，越小越好。（　　）

4. 企业存货周转率低，说明存货管理效果尚未达到一般平均水平，高则说明企业的存货管理效果好。（　　）

5. 所有者权益周转率越大、周转天数越少，表明周转速度越快，所有者投入资本的利用率越高。（　　）

6. 周转越慢的资产，流动性越强，在同样的时间内能够为企业带来的收益越少。（　　）

➤上市公司案例分析

1. 公司简介

中国神华能源股份有限公司（简称中国神华）（股票代码：601088），由中国最大的煤炭企业神华集团有限责任公司（简称神华集团）改制而来，中国神华于 2004 年 11 月 6 日在北京正式成立。公司 H 股和 A 股于 2005 年 6 月和 2007 年 10 月分别在香港联合交易所及上海证券交易所上市。中国神华的主营业务是煤炭、电力的生产和销售，铁路、

港口和船舶运输，煤制烯烃等业务。煤炭、发电、铁路、港口、航运、煤化工一体化经营模式是中国神华的独特经营方式和盈利模式。中国神华的发展战略目标是“建设世界一流的清洁能源供应商”。

按销售量计算，中国神华是中国乃至全球第一大煤炭上市公司，2019 年中国神华煤炭销售量 447.1 百万吨，商品煤产量 282.7 百万吨。该公司拥有神东矿区、准格尔矿区、胜利矿区及宝日希勒矿区等优质煤炭资源，截至 2019 年底，中国标准下中国神华的煤炭保有资源量 299.9 亿吨、煤炭保有可采储量 146.8 亿吨，JORC 标准下煤炭可售储量 80.2 亿吨。中国神华控制并运营大规模高容量的清洁燃煤机组，2019 年底，中国神华控制并运营的发电机组装机容量 31 029 兆瓦，2019 年总售电量 144.04 十亿千瓦时。中国神华控制并运营围绕“晋西、陕北和蒙南”主要煤炭基地的环形辐射状铁路运输网络和“神朔—朔黄线”西煤东运大通道，控制并运营的铁路营业里程约 2 155 千米，2019 年自有铁路运输周转量 285.5 十亿吨千米。

截至 2019 年 12 月 31 日，中国神华总资产 558 484 百万元，比上年末下降 4.9%；实现营业利润 66 629 百万元（2018 年：73 146 百万元），同比下降 9.8%。

展望未来，机遇与挑战并存。当前世界经济增长持续放缓，全球动荡源和风险点显著增多，能源生产和消费革命步伐加快，国内煤炭、电力、化工产业整体产能过剩的基本面没有改变。中国神华将进一步挖掘内部潜力，逐步开拓新的发展空间，以增强公司的综合竞争力、盈利能力和抗风险能力。

2. *主要财务数据*

中国神华 2015~2019 年主要财务数据如表 7-13 所示。

表 7-13 中国神华 2015~2019 年主要财务数据

项目	2015.12.31	2016.12.31	2017.12.31	2018.12.31	2019.12.31
货币资金	278 527.00	188 609.10	222 472.60	43 607.30	15 116.90
交易性金融资产	—	—	—	—	120 770.30
应收票据	81 562.70	92 620.20	77 690.40	81 936.00	61 106.60
应收账款	112 409.90	111 379.30	73 291.70	68 847.40	60 724.60
预付款项	16 828.10	21 208.50	13 274.30	13 810.70	8 406.90
其他应收款	6 279.50	17 911.50	2 539.90	1 187.30	808.20
存货	189 696.80	173 916.40	123 822.30	152 160.20	160 203.90
一年内到期的非流动资产	30.70	143.70	—	—	—
其他流动资产	—	667.60	76.10	25.70	30.00
流动资产合计	685 334.80	606 456.30	513 167.30	361 574.60	427 167.40
可供出售金融资产	2 594.10	2 594.10	1 230.00	1 230.00	—
长期股权投资	1 182.00	825.80	—	—	—
投资性房地产	—	329.30	249.50	238.00	—
固定资产	276 171.50	273 834.00	289 020.00	269 122.60	335 440.60
在建工程	76 371.70	80 550.50	66 173.40	77 646.80	10 382.00
工程物资	144.60	70.00	35.80	—	—

续表

项目	2015.12.31	2016.12.31	2017.12.31	2018.12.31	2019.12.31
无形资产	90 738.30	88 174.90	85 620.00	83 266.40	79 857.50
长期待摊费用	1 974.70	1 451.30	1 089.40	806.10	551.60
递延所得税资产	3 115.30	3 306.60	—	—	—
非流动资产合计	452 292.20	451 136.50	443 418.20	432 309.90	428 087.90
资产总计	1 137 627.00	1 057 592.70	956 585.50	793 884.50	855 255.30
短期借款	340 581.10	487 869.20	443 889.90	—	—
应付票据	552 366.00	329 015.00	359 155.00	—	32 616.90
应付账款	92 251.60	97 816.50	109 469.80	57 398.80	60 243.20
预收款项	7 548.30	10 336.00	34 264.50	16 090.00	20 765.60
应付职工薪酬	284.40	362.90	417.70	1 024.80	1 629.60
应交税费	1 433.10	4 112.60	−9 166.90	−1 540.50	−363.30
其他应付款	46 190.50	47 073.30	23 222.00	18 173.20	9 325.40
一年内到期的非流动负债	14 037.70	11 709.50	650.00	1 300.00	1 300.00
其他流动负债	—	149.00	243.10	2 886.70	1 196.30
流动负债合计	1 054 692.60	988 444.00	962 145.20	95 333.00	126 713.70
长期借款	13 547.40	15 828.00	65 828.00	240 950.00	240 950.00
长期应付款	10 005.20	3 000.00	12 050.00	17 890.00	16 590.00
专项应付款	—	—	7 140.00	—	—
递延所得税负债	166.80	166.80	166.80	166.80	493.30
非流动负债合计	52 887.30	48 062.00	107 112.00	281 563.30	280 964.60
负债合计	1 107 580.00	1 036 505.90	1 069 257.20	376 896.30	407 678.30
实收资本（或股本）	130 000.00	130 000.00	130 000.00	197 210.00	197 210.00
资本公积	16 257.40	16 257.40	16 257.40	217 807.80	217 807.80
盈余公积	6 772.50	6 772.50	6 772.50	6 839.40	9 884.50
未分配利润	−122 982.90	−131 943.10	−265 701.70	−5 037.70	21 973.70
归属母公司所有者权益（或股东权益）	30 047.00	21 086.80	−112 671.70	416 988.20	447 577.00
所有者权益（或股东权益）合计	30 047.00	21 086.80	−112 671.70	416 988.20	447 577.00
负债和所有者（或股东权益）合计	1 137 627.00	1 057 592.70	956 585.50	793 884.50	855 255.30

3. 案例分析

（1）目前，我国煤炭市场供大于求，煤价持续下跌，煤炭企业亏损面扩大，中国神华应如何挖掘内部潜力，以提高资产的利用效率？

（2）中国神华的营运能力指标呈现怎样的趋势？中国神华应如何发挥一体化运营的核心竞争力，确保其实现经营目标？

（3）计算中国神华的营运能力指标并对其营运能力做出综合评述。

第八章

偿债能力分析

本章学习目标

1. 理解偿债能力的含义及偿债能力分析的意义。
2. 掌握短期偿债能力分析的主要财务指标计算及评价标准。
3. 掌握长期偿债能力分析的主要财务指标计算及评价标准。
4. 理解影响偿债能力分析应注意的问题。
5. 掌握企业偿债能力分析和评价的思路及方法。

第一节　偿债能力分析概述

一、偿债能力分析的含义及意义

2012年2月15日，联合资信评估有限公司将其2011年发行的短期融资券——11海龙CP01的评级从A-1级下调至C级，以反映其还本付息能力很低、违约风险较高的信用状况，3月ST海龙连续发布公告称被多家银行提起诉讼。《证券市场周刊》发表评论认为ST海龙有破产之忧，之所以得出这样的结论，与融资券评级下调一样，都是基于对ST海龙债务负担过重、短期支付压力过大的判断。

负债是企业资产负债表中的一个重要构成部分，负债不仅可以解决企业自有资金不足的问题，满足投资的需要，从委托代理理论的角度，还可以起到约束和监督企业经营管理者的效果，抑制过度投资，降低委托代理成本，提高企业绩效。从财务角度，负债不仅具有利息抵税效应，还能发挥财务杠杆作用，提高企业净资产收益率，但是财务杠杆的“双刃剑”作用也会使负债给企业带来财务风险，甚至令企业陷入财务困境。因此，需要对企业债务的清偿能力做出分析和判断。

偿债能力是指企业偿还各种债务的能力，从静态角度，就是企业用资产清偿其债务的能力，从动态角度，就是企业用资产和经营过程中创造的收益偿还其债务的能力。《中华人民共和国企业破产法》第 2 条规定：“企业法人不能清偿到期债务，并且资产不足以清偿全部债务或者明显缺乏清偿能力的，依照本法规定清理债务。”可见，偿债能力的强弱关乎企业的生死存亡，企业有偿债能力是企业持续经营、健康发展的重要保障。偿债能力分析是企业财务分析的重要内容，分析企业的偿债能力可以反映企业的财务风险，揭示企业的安全性，因此必然受到企业各方利益相关者的重视。

二、偿债能力的重要性

从债权人的角度来说，最关心的就是能否按时收回本金和利息。例如，银行总是愿意把钱借给偿债能力强的企业，尽量避免借款给偿债能力弱的企业，从而降低风险，提高收益的稳定性。又如，供货商更愿意向偿债能力强的企业提供赊销，因为偿债能力强意味着其具有足够的支付能力，供货商赊销的风险将会降低。

从客户（购货方）的角度来说，其更愿意与偿债能力强的企业保持业务往来，因为良好的财务信用、稳定的财务状况是能保证正常经营的根本，从而保障进货渠道的畅通。从经营者的角度来说，较强的偿债能力意味着可以利用充足的资金进行投资，提高资金利用效果及盈利水平；偿债能力弱则需要考虑及时有效筹资，保证到期债务的偿还。

从所有者投资人的角度来说，较强的偿债能力有助于提高企业的资信度，从而增强筹资能力，有利于发挥财务杠杆作用，提高企业净资产收益率；偿债能力弱则需要及时调整投资决策和筹资决策，避免财务杠杆的负面作用带来财务危机甚至面临破产。

三、偿债能力分析的分类

负债分为流动负债和长期负债，所以偿债能力分析分别从短期偿债能力和长期偿债能力两方面进行。

由于短期负债在财务报表上被称为流动负债，即将在一年或超过一年的一个营业周期内偿还的债务，所以我们将短期偿债能力定义为企业偿还流动负债的能力。短期偿债能力不仅受到债权人的重视，也同样受到经营者和所有者投资人的关注，因为它反映了企业的短期流动性水平，一定的短期流动性水平是企业日常经营活动得以顺畅进行的保证，短期流动性差甚至会导致企业不能偿还到期债务而破产。

长期偿债能力是指企业偿还长期负债的能力。相对于短期负债，长期负债偿还时间更长、偿付的不确定性更高，因此债权人需要根据企业的长期偿债能力判断其风险，以决定是否与之保持长期债权债务关系。对投资人而言，企业长期偿债能力越强，其投资的安全性越高，对盈利也越有保障。对经营者而言，长期偿债能力分析可以反映企业的资本结构，从而有助于企业合理规划资金，提高盈利水平。

第二节　短期偿债能力分析

根据对短期流动性的要求不同，以及不同资产对流动负债偿还的保障程度不同，我们把衡量短期偿债能力的指标分为流动比率、速动比率、现金比率和经营现金流量比率。

一、流动比率

从概念上看，负债需要资产来偿还，流动负债需要一年内或超过一年的一个营业周期内变现的资产来偿还，所以流动比率是指流动资产与流动负债的比率，它表示每一元流动负债有多少元流动资产可以保障其偿还，是最常用的反映短期偿债能力的指标。

流动比率=流动资产/流动负债

流动比率越高，表示短期偿债能力越强；流动比率越低，表示短期偿债能力越弱。对于债权人而言，流动比率越高，风险越小，债权收回越有保障。但是，对于经营者和投资人而言，流动比率并不是越高越好，因为过高的流动比率意味着在企业的资产结构中，流动资产占的比重过大，固定资产占的比重过小，流动资产是低风险、低收益的资产，固定资产是高风险、高收益的资产，所以，流动比率越高，表明流动资产占比越大，风险越小，但收益也越低。

流动比率过高或过低都不好，国际上一般认为流动比率保持在 2∶1 比较合适，因为流动资产中通常占比最大的存货相比现金、短期有价证券、应收账款等而言，变现风险高，变现速度慢，2∶1 的流动比率是指每一元流动负债有两元流动资产作为支付保障，即使在两元的流动资产中占一半的存货不能即时变现，也还剩一元的流动资产可以保障一元流动负债的偿还。需要注意的是，不同行业由于资产结构不同，资产变现速度不同等特点，导致流动比率标准不同；甚至同一行业不同企业也会由于不同的经营管理模式导致流动比率有差异，由于流动资产或流动负债的构成项目和占比不同而导致同样的流动比率反映不同的短期偿债能力等。所以，根据流动比率来分析评价企业短期偿债能力时，不能只与国际公认标准比较，还应该与行业平均值或正常值比较，与同行业规模相近的企业比较，并且要结合企业的经营管理、资产结构、负债结构等特点。事实上，财务比率指标分析评价都需要考虑行业特点和企业自身特点。

如表 8-1 和表 8-2 所示，虽然格力电器 2015~2019 年流动资产和流动负债规模都在不断扩大，但是流动比率比较稳定，都在 1~1.3，与国际公认标准比明显偏低，与同行业竞争对手美的集团相比稍低。尽管格力电器流动比率低于国际公认标准，但由于格力电器流动资产中货币资金所占比重较高，因此，格力电器的短期偿债能力风险较小。

表 8-1　格力电器流动比率计算表

项目	2015 年	2016 年	2017 年	2018 年	2019 年
流动资产/万元	12 094 931.50	14 291 078.40	17 153 464.60	19 971 094.90	21 336 404.10
流动负债/万元	11 262 518.10	12 687 628.00	14 749 078.90	15 768 612.60	16 956 830.00
流动比率	1.07	1.13	1.16	1.27	1.26

表 8-2 格力电器、美的集团流动比率比较表

企业	2015 年	2016 年	2017 年	2018 年	2019 年
格力电器	1.07	1.13	1.16	1.27	1.26
美的集团	1.30	1.35	1.43	1.40	1.50

二、速动比率

既然存货变现价值具有较大的不确定性，且变现速度相对较慢，所以一个比较保守的判断企业短期偿债能力的方法就是用剔除存货之后的流动资产来衡量其对流动负债的保障程度，这个指标就是速动比率。速动比率是指速动资产与流动负债的比率，速动资产是指能够迅速变现的资产，即流动资产剔除存货之后的金额。

速动比率=速动资产/流动负债

速动资产=流动资产−存货

速动比率越大，反映短期偿债能力越强，但从经营者和投资人的角度来说，速动比率并不是越高越好，因为除了可能流动资产占比过高之外，过高的速动比率还可能意味着存货过少，从而影响企业的经营收益。国际上一般认为 1∶1 的速动比率是比较合适的，表示即使在存货完全不能变现的最糟糕的情况下，每一元流动负债仍然有一元迅速变现的资产保障其偿还。由于速动比率中用来保障流动负债偿还的流动资产剔除了占比很高的存货，从债权人的角度来说，用速动比率来衡量短期偿债能力意味着对短期流动性的要求更为严格。

如表 8-3 和表 8-4 所示，2015~2019 年格力电器的流动比率在 1 左右，同期，美的集团速动比率略高于格力电器，两家电器企业偿还短期债务的能力均较强。

表 8-3 格力电器速动比率计算表

项目	2015 年	2016 年	2017 年	2018 年	2019 年
流动资产/万元	12 094 931.50	14 291 078.40	17 153 464.60	19 971 094.90	21 336 404.10
减：存货/万元	947 394.30	902 490.50	1 656 834.70	2 001 151.80	2 408 485.40
速动资产/万元	11 147 537.20	13 388 587.90	15 496 629.90	17 969 943.10	18 927 918.70
流动负债/万元	11 262 518.10	12 687 628.00	14 749 078.90	15 768 612.60	16 956 830.00
速动比率	0.99	1.06	1.05	1.14	1.12

表 8-4 格力电器、美的集团速动比率比较表

企业	2015 年	2016 年	2017 年	2018 年	2019 年
格力电器	0.99	1.06	1.05	1.14	1.12
美的集团	1.15	1.18	1.18	1.18	1.28

三、现金比率

虽然速动比率剔除了存货这种变现风险较大、变现速度较慢的资产的影响，但剩下的各项流动资产中，预付账款这种债权的收回并不能收到现金，而是收回商品货物；应

收账款和应收票据虽然是以现金的方式收回，但是能否按时如数收回具有不确定性，如客户（赊购方）破产倒闭，应收账款就成了无法收回的坏账；真正能够立即用来偿还债务的只有货币资金和交易性金融资产（有价证券）。所以，相对最为保守的评价短期偿债能力的方法就是用货币资金和交易性金融资产来衡量对流动负债的保障程度，这个指标就是现金比率。现金比率是指货币资产和交易性金融资产对流动负债的比率，在衡量短期资产的流动性上，它比流动比率、速动比率更为保守。

现金比率=（货币资产+交易性金融资产）/流动负债

现金比率越高，表明短期偿债能力越强，但是对于经营者和投资人而言，现金比率并不是越高越好。货币资金规模大、占比高会导致较高的现金比率，而货币资金是所有资产中风险最小、收益也最低的一项，所以，过高的现金比率可能意味着企业的资产收益性较差；同时，货币资金利用效率低下，大量货币资金闲置找不到投资机会也会带来过高的现金比率。一般认为现金比率在 20%以上比较好。

如表 8-5 和表 8-6 所示，2015~2019 年格力电器现金比率均高于 20%，同期，美的集团现金比率波动较大，2017 年起，美的集团现金比率高于 20%。格力电器现金比率远超美的集团，可见格力电器的现金对流动负债的保障能力很强，短期偿债能力强。

表 8-5　格力电器现金比率计算表

项目	2015 年	2016 年	2017 年	2018 年	2019 年
货币资金/万元	8 881 979.90	9 561 313.10	9 961 043.20	11 307 903.00	12 540 071.50
交易性金融资产/万元	—	—	60 204.60	101 247.00	95 520.90
流动负债/万元	11 262 518.10	12 687 628.00	14 749 078.90	15 768 612.60	16 956 830.00
现金比率	78.86%	75.36%	67.94%	72.35%	74.52%

表 8-6　格力电器、美的集团现金比率比较表

企业	2015 年	2016 年	2017 年	2018 年	2019 年
格力电器	78.86%	75.36%	67.94%	72.35%	74.52%
美的集团	16.47%	19.28%	40.54%	21.41%	49.89%

四、经营现金流量比率

以上三个指标都是从静态的角度评价企业短期偿债能力，都是通过变现现有资产来保障流动负债的偿还，但实际上，如果不是到了破产清算的地步，企业是不会变现或者说清算流动资产来偿还流动负债的，企业需要保持必要的货币资金、应收账款、存货等来维持其正常的经营活动，只有在经营活动中能持续产生现金流，才能真正保证企业持续经营过程中流动负债的偿还。所以，一个动态地衡量短期偿债能力的指标就是经营现金流量比率，即经营活动产生的现金净流量与流动负债的比率。

经营现金流量比率=经营活动产生的现金净流量/流动负债

一般认为，经营现金流量比率应超过 20%才比较安全。

如表 8-7 和表 8-8 所示，格力电器 2018 年、2019 年经营现金流量比率接近 20%，同期美的集团高于 20%。由于格力电器的流动负债中包含了大量不需用现金偿还的预收账款这类良性负债，所以偏低的经营现金流量比率并不能说明格力电器短期偿债能力弱，因此，无论是格力电器还是美的集团，其短期偿还债务的能力均较强。

表 8-7 格力电器经营现金流量比率计算表

项目	2015 年	2016 年	2017 年	2018 年	2019 年
经营活动现金流量净额/万元	4 437 838.20	1 485 995.20	1 635 853.80	2 694 079.20	2 789 371.40
流动负债合计/万元	11 262 518.10	12 687 628.00	14 749 078.90	15 768 612.60	16 956 830.00
经营现金流量比率	39.40%	11.71%	11.09%	17.09%	16.45%

表 8-8 格力电器、美的集团经营现金流量比率比较表

企业	2015 年	2016 年	2017 年	2018 年	2019 年
格力电器	39.40%	11.71%	11.09%	17.09%	16.45%
美的集团	37.17%	29.93%	20.52%	21.39%	26.74%

第三节 长期偿债能力分析

长期偿债能力指企业偿还长期负债的能力。相对于短期负债，长期负债偿还时间更长、偿付的不确定性更高，因此债权人需要根据企业的长期偿债能力判断其风险，以决定是否与之保持长期债权债务关系。对投资人而言，企业长期偿债能力越强，其投资的安全性越高，对盈利也越有保障。对经营者而言，长期偿债能力分析可以反映企业的资本结构，从而有助于企业合理规划资金，提高盈利水平。长期偿债能力指标主要有资产负债率、产权比率、有形净值债务率、利息保障倍数。

一、资产负债率

企业负债的清偿是以资产做保障的，资产负债率是指总负债与总资产的比率，体现了负债占总资本的比重，反映了企业的全部资产对其全部负债的保障程度。

资产负债率=负债总额/资产总额×100%

资产负债率越高，说明在企业的总资本中，来源于债权人的资本越多，所有者投资越少，表明企业偿债能力越弱。资产负债率不仅反映了企业长期偿债能力的强弱，而且揭示了企业资本结构的构成及财务风险的高低，合理的资本结构有助于降低资本成本，提高企业价值，所以，资产负债率是财务分析中非常重要的指标。从债权人的角度看，资产负债率越低越好，说明其债权的收回越有保障。但是，从投资者和经营者的角度看，资产负债率并非越低越好。对于投资者而言，适当的资产负债率有利于发挥财务杠杆的正效应，提高自有资金利润率，给投资者带来更多的收益；但过高的资产负债率会带来财务杠杆负效应，可能造成投资人收益大幅下降甚至亏损。对于经营者而言，负债经营有利于扩大经营规模，降低资本成本，提高盈利水平，但过高的资产负债率会增加财务风险，甚至带来财务危机。

通常认为，资产负债率不高于 50%会比较安全，资产负债率如果等于甚至高于 100%，意味着如果清算，资产已经不能保障其负债的偿还，即资不抵债。实际上，一般认为资产负债率为 40%~60%是比较合理的，不同行业、不同发展阶段会有不同的资产负债率，金融业、房地产业、建筑行业的资产负债率通常都比较高，2015 年上半年，我国房地产板块 144 家上市公司中，有 61 家资产负债率超过 70%，其中 35 家资产负债率超过 80%；2014 年我国银行业金融机构平均资产负债率为 93%。以我国上市公司为例，能源业多年来资产负债率低于 49%，但随着产能过剩，2016 年，煤炭行业平均资产负债率创下 16 年来的新高，达到 67.7%，钢铁行业资产负债率也高达 60%~70%。一般来说，除了银行、保险公司以外，超过 80%的资产负债率都意味着很高的财务风险，如上所述的煤炭和钢铁行业。在 2015 年上半年，沪深两市上市的 2 780 家公司中，有 19 家公司的资产负债率超过了 100%，其中 14 家均为 ST 公司。但是不同国家也有不同的资产负债率标准，以非金融类企业为例，以直接融资为主导的美国上市公司平均资产负债率为 53.9%，而以银行借款为主导的德国为 77.5%，同样实行“主银行制”的日本更高达 84.4%。

如表 8-9 和表 8-10 所示，2015~2019 年格力电器资产负债率虽然逐年下降，但仍高达 60%，远远超过白色家电行业同期 40%的资产负债率。单纯从资产负债率数据看，格力电器财务风险较高，但从其负债的构成来看，占比高的主要是应付票据、应付账款以及由销售返利产生的其他流动负债，这些都是无须支付利息的有利负债，同时，格力电器资产中有超过 40%的货币资金，所以，格力电器的长期偿债能力是有保障的，财务风险并不高，而且有下降趋势。

表 8-9　格力电器年资产负债率计算表

项目	2015 年	2016 年	2017 年	2018 年	2019 年
负债合计/万元	11 313 140.80	12 744 610.20	14 813 320.20	15 851 944.60	17 092 450.10
资产总计/万元	16 169 801.60	18 236 970.50	21 496 799.90	25 123 415.70	28 297 215.70
资产负债率	69.96%	69.88%	68.91%	63.10%	60.40%

表 8-10　格力电器、美的集团资产负债率比较表

企业	2015 年	2016 年	2017 年	2018 年	2019 年
格力电器	69.96%	69.88%	68.91%	63.10%	60.40%
美的集团	56.51%	59.57%	66.58%	64.94%	64.40%

二、产权比率

产权比率也叫净资产负债率，是指负债与所有者权益的比率，体现了企业资本结构的稳健性，反映了企业净资产对负债的保障程度，是资产负债率的补充。

$$产权比率=负债总额/所有者权益总额\times 100\%$$

产权比率越低，表示资本结构的风险越低，长期偿债能力越强，所有者权益对债权人投入资本的保障越强。产权比率如果低于 100%，说明在企业的资本结构中，负债资本的比重小于所有者权益资本的比重，债权人资金的安全性较高。反之，产权比率越高，表示资本结构的风险越高，所有者权益对债权人投入资本的保障越弱。

如表 8-11 和表 8-12 所示，格力电器产权比率高于 100%的常规比率，但基于其资产、负债构成的特点可知，格力电器的长期偿债能力风险并不大，同期，美的集团长期偿债风险亦在可控范围之内。

表 8-11 格力电器产权比率计算表

项目	2015 年	2016 年	2017 年	2018 年	2019 年
负债合计/万元	11 313 140.80	12 744 610.20	14 813 320.20	15 851 944.60	17 092 450.10
股东权益合计/万元	4 856 660.90	5 492 360.30	6 683 479.80	9 271 471.20	11 204 765.70
产权比率	232.94%	232.04%	221.64%	170.98%	152.55%

表 8-12 格力电器、美的集团产权比率比较表

企业	2015 年	2016 年	2017 年	2018 年	2019 年
格力电器	232.94%	232.04%	221.64%	170.98%	152.55%
美的集团	129.95%	147.33%	199.19%	185.22%	180.90%

三、有形净值债务率

虽然企业清算时，是以其全部资产来清偿债务，但由于无形资产的计量缺乏可靠的基础，通常不能作为偿还债务的资源，所以一种更谨慎的衡量债权人投入资本安全性的方式就是将不能用于偿还债务的无形资产从所有者权益中扣除。有形净值债务率就是负债与有形净值的比率，有形净值是指所有者权益减去无形资产后的净值，即有形净资产，有形净值债务率是在产权比率的基础上更为谨慎地反映债权人投入资本的安全性。

有形净值债务率=负债总额/（所有者权益–无形资产）

有形净值债务率越低，说明债权人投入资本得到有形资产的保障越多，企业的长期偿债能力越强，有形净值债务率不超过 100%说明债权人投入资本的安全性越高。

如表 8-13 和表 8-14 所示，2015~2019 年，格力电器有形净值债务率都高于 100%，但并不能说明债权人投入格力电器资本的安全性低，如上所述，格力电器大规模的负债中大量都是有利负债，而且在有形资产中，大量都是风险低、变现快的流动资产。格力电器的有形净值债务率逐年下降，说明其有形资产对债权人投入资本的保障越来越强。

表 8-13 格力电器有形净值债务率计算表

项目	2015 年	2016 年	2017 年	2018 年	2019 年
负债合计/万元	11 313 140.80	12 744 610.20	14 813 320.20	15 851 944.60	17 092 450.10
股东权益合计/万元	4 856 660.90	5 492 360.30	6 683 479.80	9 271 471.20	11 204 765.70
无形资产/万元	265 614.40	335 527.60	360 446.70	520 450.00	530 554.10
有形净值债务率	246.42%	247.14%	234.28%	181.14%	160.13%

表 8-14 格力电器、美的集团有形净值债务率比较表

企业	2015 年	2016 年	2017 年	2018 年	2019 年
格力电器	246.42%	247.14%	234.28%	181.14%	160.13%
美的集团	138.32%	163.62%	243.78%	224.53%	211.34%

四、利息保障倍数

借款、债券这类负债不仅要偿还本金，还需要支付利息，而利息的支付是以利润为保障的，利息保障倍数（也称已获利息倍数）就是用来衡量债务利息支付能力的指标。已获利息倍数是指息税前利润对利息支出的比率，反映企业用盈利支付债务利息的能力。息税前利润是指扣除利息和所得税之前的利润，利息费用不仅包括计入财务费用的利息费用，还包括资本化利息，即计入固定资产成本中的利息支出，所以利息保障倍数（已获利息倍数）也是衡量长期偿债能力的指标。

利息保障倍数（已获利息倍数）=息税前利润/利息费用

其中，

息税前利润=净利润+所得税+利息费用=利润总额+利息费用

由于资产负债表中并没有单独列示资本化利息，利润表中的财务费用也没有单列出利息费用，所以通常把利润表中的财务费用全部作为利息费用。利息保障倍数越大，表示企业经营收益支付债务利息的能力越强，说明企业的长期偿债能力越强。一般认为，利息保障倍数为 3 比较合适，长期而言至少要大于 1 才是比较安全的。利息保障倍数受盈利能力和债务规模的影响。自 2014 年以来，一方面，中国人民银行多次下调基准利率，推动了债市的上涨，大量企业债务增加，资产收益率下降；另一方面，我国经济增长速度放缓，一些行业的产能过剩导致企业盈利水平下降，上市公司利息保障倍数从 2010 年的 6 倍下降到 2015 年的 2 倍，油气类公司最差，只有 0.24 倍，金属和采矿类公司只有 0.52 倍，产能过剩严重的煤炭行业中，河南大有能源的经营亏损达到利息费用的 33 倍。看重创新的行业营利性较强，偿债能力也较强，如生命科学行业的利息保障倍数高达 33 倍，软件行业利息保障倍数为 8.5 倍。

如表 8-15 和表 8-16 所示，近年来，格力电器利息保障倍数为负数，说明财务费用为负数，即利息收入大于利息支出、手续费、汇兑损失等财务支出，可见格力电器的货币资金非常充裕，有大量的资金存入银行产生的利息收入，说明长期偿债能力有保障。同期，美的集团 2018 年、2019 年连续 2 年利息保障倍数为负数，说明其有较强的长期偿债能力。

表 8-15　格力电器利息保障倍数计算表

项目	2015 年	2016 年	2017 年	2018 年	2019 年
利润总额/万元	1 490 941.95	1 853 119.01	2 661 718.50	3 127 350.77	2 935 270.72
财务费用/万元	−192 879.73	−484 554.66	43 128.47	−94 820.14	−242 664.34
利息保障倍数	−7.73	−3.82	61.72	−32.98	−12.10

表 8-16　格力电器、美的集团利息保障倍数比较表

企业	2015 年	2016 年	2017 年	2018 年	2019 年
格力电器	−7.73	−3.82	61.72	−32.98	−12.10
美的集团	115.53	−18.80	26.78	−14.14	−13.41

五、偿债能力分析应注意的问题

运用财务指标来分析偿债能力，还应注意以下各项对企业偿债能力的影响。

（一）资产结构及资产的性质

首先，从总资产的构成来看，相对于固定资产、长期股权投资等非流动资产而言，流动资产周转速度快、变现能力强、风险小，所以如果企业的资产结构中，流动资产所占比重大，资产的流动性会更好，能够在一定程度上增强企业偿债能力。格力电器、美的集团、青岛海尔的流动资产占总资产的比重都在70%以上，大量流动性好的资产支撑了它们在远超行业均值的资产负债率下，仍然有较高的偿债能力。

其次，从流动资产的构成来看，虽然速动比率、现金比率中剔除了存货、应收账款的影响，但是如果存货、应收账款所占比重小，或者变现速度快，短期偿债能力将会更强；反之，如果存货、应收账款所占比重小、变现速度慢，短期偿债能力将会减弱。

另外还应注意，并不是资产负债表中的所有资产项目都能够用来偿还债务，如长期待摊费用、开发支出、商誉、递延所得税资产等项目虽然是资产，但并不能用来偿还债务。

（二）负债结构及负债的性质

一方面，从负债的构成来看，相对于长期负债，流动负债的风险更高，流动负债越多，短期支付压力越大。同时也要结合资产来分析，如本章开头提到的ST海龙，其资产多为非流动资产，负债却多为流动负债，相当一部分长期资产是由短期负债支撑的，也即“短贷长投”，因此，在分析其长、短期偿债能力时，将短期负债作为长期负债来看待更合理。

另一方面，应区分有利负债与不利负债。不利负债就是金融负债，包括银行借款、发行的债券等，这类负债的特点，就是需要利息等资金费用，负债越多，费用越高，偿付压力越大。有利负债就是不需要支付利息的负债，如应付账款、应付票据都是无偿占用供应商的资金，而预收账款不仅无偿占用客户的资金，其偿还不需要动用现金。格力电器的流动负债中最主要的就是应付账款、应付票据、预收账款。由于格力要求先付款再发货，其预收账款即经销商提前付的款，大部分是银行承兑汇票，大量的预收账款显示了格力对渠道的控制力。格力电器的流动负债中占很大比重的还有一项“其他流动负债”，公司财务报告有说明，其他流动负债主要是由销售返利形成的，这是格力向经销商提供的淡季提货补贴和年终返利，在年底和淡季结束时才结算，销售返利这种格力首创的营运模式为格力建立了稳定的经销商群，与预收账款一样，都是格力电器竞争优势的体现。所以，尽管格力电器的资产负债率看起来很高，但真正需要其支付利息的负债其实并不高，偿债能力并不弱。

（三）或有负债

或有负债是由过去的某种约定、承诺或某些情况引起的，其结果尚难确定，可能是要企业负责偿还的真正债务，也可能不构成企业的债务。或有负债通常包括应收票据贴现或背书转让、债务担保、产品质量保证、未决诉讼和未决判决。虽然或有负债只是一种潜在的债务，并不是企业目前真正的负债，但它的存在会拉低报表分析者对企业偿债能力的评价。

（四）盈利能力和现金流

通常企业只有到了破产清算时，才会清算全部资产来偿还债务，对于持续经营中的企业来说，通过经营活动不断获利才能取得持续的现金以偿还债务，所以企业的盈利能力和现金流量是偿债能力的根本保障，盈利能力越强、现金流越充足，偿债能力也越强。例如，上述ST海龙2010年9月末，资产负债率高达76.83%，速动比率只有0.34，并且在负债极高的情况下，2009年的净资产收益率也只有6.99%，说明其盈利能力并不强。2011年1月31日，ST海龙发布业绩预亏公告，预计2011年亏损约10.02亿元。此前，该公司曾于2011年12月9日发布前期会计差错更正公告，根据公告，其2010年末调整后的所有者权益仅为3.35亿元。也就是说，ST海龙已经资不抵债。可见，盈利能力越弱，现金流越不能持续和充足，偿债能力自然也越弱。

此外，企业偿债能力的分析还要结合企业自身的经营管理特点等内部环境，考虑经济形势、国家宏观政策、行业特点、竞争对手等外部环境，才能做出合理的评价。

➢思考题

1. 分析企业短期偿债能力的主要财务指标有哪些？怎样运用这些财务指标来评价企业短期偿债能力？

2. 分析企业长期偿债能力的主要财务指标有哪些？怎样运用这些财务指标来评价企业长期偿债能力？

3. 合理评价企业偿债能力，除了通过相关财务指标计算分析之外，还需要考虑哪些因素？

➢练习题

一、单项选择题

1. 流动比率小于1时，赊购原材料若干，将会（　　）。

A. 增大流动比率　　B. 降低流动比率

C. 降低营运资金　　D. 增大营运资金

2. 一般经验认为，速动比率应保持在（　　）以上，就说明企业有偿债能力。

A. 50%　　B. 100%

C. 200%　　D. 300%

3. 从根本上决定企业偿还流动负债能力的是（　　）。

A. 流动资产的规模与质量　　B. 企业的融资能力

C. 流动负债的规模与质量　　D. 经营现金流量

4. 在利息保障倍数指标中，用于反映对利息支付予以保障的利润是指（　　）。

A. 利润总额　　B. 税前利润

C. 息税前利润　　D. 净利润

5. 下列各项负债中，不会降低偿债能力评价的是（　　）。

A. 短期借款　　B. 预收账款

C. 长期借款　　D. 应付债券

6. 下列指标中，能动态衡量短期偿债能力的指标是（　　）。

A. 流动比率　　B. 速动比率

C. 现金比率　　D. 经营现金流量比率

7. 从有形净值债务率指标的角度看，下列不能用来偿还债务的资源是（　　）。

A. 应收账款　　B. 存货

C. 固定资产　　D. 无形资产

8. 在衡量企业短期资产的流动性上，最保守的指标是（　　）。

A. 现金比率　　B. 利息保障倍数

C. 速动比率　　D. 流动比率

9. 速动比率是指扣除（　　）之后的流动资产。

A. 交易性金融资产　　B. 应收票据

C. 存货　　D. 应收账款

10. 直接体现全部净资产对负债保障程度的指标是（　　）。

A. 资产负债率　　B. 产权比率

C. 有形净值债务率　　D. 利息保障倍数

二、多项选择题

1. 评价企业短期偿债能力的财务指标有（　　）。

A. 经营现金流量比率　　B. 速动比率　　C. 利息保障倍数

D. 流动比率　　E. 现金比率

2. 下列各项影响速动比率的项目有（　　）。

A. 货币资金　　B. 应收账款　　C. 存货

D. 应付债券　　E. 应付账款

3. 影响流动比率可信性的主要因素有（　　）。

A. 预付账款的变现能力　　B. 存货的变现能力

C. 其他流动资产的变现能力　　D. 短期证券的变现能力

E. 应收账款的变现能力

4. 评价企业长期偿债能力的财务指标有（　　）。

A. 资产负债率　　B. 有形净值负债率　　C. 产权比率

D. 经营现金流量比率　　E. 利息保障倍数

5. 资产负债率指标可以反映（　　）。

A. 短期偿债能力　　B. 长期偿债能力　　C. 财务风险

D. 资本结构　　E. 资产流动性

6. 从现金比率指标的角度看，真正能用来偿还短期债务的资产有（　　）。

A. 货币资金　　B. 存货　　C. 应收票据

D. 应收账款　　E. 交易性金融资产

7. 息税前利润是指扣除（　　）之前的利润。

A. 营业成本　　B. 管理费用　　C. 利息费用

D. 所得税费用　　E. 营业外支出

8. 下列表外项目中会影响偿债能力的有（　　）。

A. 应收票据贴现　　B. 债务担保　　C. 产品质量保证

D. 未决诉讼　　E. 未决判决

9. 企业清算时，资产负债表中不能用来偿还债务的资产项目有（　　）。

A. 长期待摊费用　　B. 开发支出　　C. 商誉

D. 递延所得税资产　　E. 无形资产

10. 下列指标中，以不超过 100%来表示债权人投入资本的安全性高的有（　　）。

A. 流动比率　　B. 速动比率　　C. 有形净值债务率

D. 利息保障倍数　　E. 产权比率

三、判断题

1. 流动比率小于 2，速动比率小于 1，表明企业必然面临很大的风险，短期偿债能力弱。(　　)

2. 流动比率等于 1 最合适，因为这表明每一元的流动负债有一元的流动资产作为保障。(　　)

3. 资产负债率大于 100%，表示企业如果清算，将会资不抵债。(　　)

4. 利息保障倍数中的利息费用是按利润表中的财务费用计算的。(　　)

5. 偿债能力对于所有者和经营者而言没有什么意义，只有债权人才关心偿债能力。(　　)

6. 有形净值债务率的有形净值是指从总资产中扣除无形资产。(　　)

7. 流动负债的风险高于长期负债。(　　)

8. 资产负债率是反映长期偿债能力的指标，不能反映资本结构的风险程度。(　　)

9. 或有负债虽然并不是企业目前真正的负债，但仍然影响企业的偿债能力。(　　)

10. 盈利能力越强，对偿债能力的增强越有利。(　　)

➢上市公司案例分析

1. 公司简介

抚顺特殊钢股份有限公司（简称抚顺特钢）(股票代码：600399)，是东北特钢集团旗下最重要的生产基地之一，是中国不可替代的国防军工、航空航天等高科技领域使用特殊钢材料的生产研发基地，是国内最早的特殊钢企业之一，主要从事特殊钢和合金材料研发、制造业务，以及工业气体（含液体）制造、销售，产品在国防军工行业长期雄居霸主地位。抚顺特钢始终坚持以“为军工服务作为办企业方向”，大力发展高温合金、钛合金、新型不锈钢、超高强度钢等航空、航天领域用的尖端材料，在产量规模上始终保持国内第一，市场占有率达到 60%。

在我国的冶金史上，抚顺特钢曾创造了诸多的第一：生产出第一炉不锈钢，第一炉高速工具钢，第一炉高温合金，第一炉高强钢和超高强钢。第一颗原子弹、第一颗氢弹、第一颗人造卫星的研制成功，也是由抚顺特钢提供了重要原材料；从我国自行研制的第一枚导弹到各类中程远程运载火箭，其耐高温、高强度、高灵敏度的关键材料均由抚顺特钢提供；我国“神舟五号”和“神舟六号”载人飞船、“嫦娥一号”探月卫星运载火箭上，抚顺特钢提供了各种关键材料；从中华人民共和国第一代战斗机到当代最先进的战斗机，抚顺特钢提供了高纯、超高强钢。国庆 50 周年，天安门广场大阅兵，在展示的新式武器上所使用的特殊钢新材料中，80%以上由抚顺特钢提供。

抚顺特钢于 2000 年 12 月 13 日通过上海证券交易所上网定价发行“抚顺特钢”普通股（A 股）12 000 万股，每股发行价为 5.5 元。发行后，注册资本增至 52 000 万元，其中国有法人股 39 672.45 万元；其他法人股 327.55 万元；社会流通股 12 000 万元。其中，12 000 万股流通股于 2000 年 12 月 29 日起在上海证券交易所上市挂牌交易。通过 2014 年底的利润分配和资本公积转增股本，公司总股本增加至 130 000 万股，注册资本增至 130 000 万元。

2. 主要财务数据

抚顺特钢 2015~2019 年主要财务数据如表 8-17 所示。

表 8-17 抚顺特钢 2015~2019 年资产负债表数据

项目	2015.12.31	2016.12.31	2017.12.31	2018.12.31	2019.12.31
货币资金	278 527.00	188 609.10	222 472.60	43 607.30	15 116.90
交易性金融资产	—	—	—	—	120 770.30
应收票据	81 562.70	92 620.20	77 690.40	81 936.00	61 106.60
应收账款	112 409.90	111 379.30	73 291.70	68 847.40	60 724.60
预付款项	16 828.10	21 208.50	13 274.30	13 810.70	8 406.90
其他应收款	6 279.50	17 911.50	2 539.90	1 187.30	808.20
存货	189 696.80	173 916.40	123 822.30	152 160.20	160 203.90
一年内到期的非流动资产	30.70	143.70	—	—	—
其他流动资产	—	667.60	76.10	25.70	30.00
流动资产合计	685 334.80	606 456.30	513 167.30	361 574.60	427 167.40
可供出售金融资产	2 594.10	2 594.10	1 230.00	1 230.00	—
长期股权投资	1 182.00	825.80	—	—	—
投资性房地产	—	329.30	249.50	238.00	—
固定资产	276 171.50	273 834.00	289 020.00	269 122.60	335 440.60
在建工程	76 371.70	80 550.50	66 173.40	77 646.80	10 382.00
工程物资	144.60	70.00	35.80	—	—
无形资产	90 738.30	88 174.90	85 620.00	83 266.40	79 857.50

续表

项目	2015.12.31	2016.12.31	2017.12.31	2018.12.31	2019.12.31
长期待摊费用	1 974.70	1 451.30	1 089.40	806.10	551.60
递延所得税资产	3 115.30	3 306.60	—	—	—
非流动资产合计	452 292.20	451 136.50	443 418.20	432 309.90	428 087.90
资产总计	1 137 627.00	1 057 592.70	956 585.50	793 884.50	855 255.30
短期借款	340 581.10	487 869.20	443 889.90	—	—
应付票据	552 366.00	329 015.00	359 155.00	—	32 616.90
应付账款	92 251.60	97 816.50	109 469.80	57 398.80	60 243.20
预收款项	7 548.30	10 336.00	34 264.50	16 090.00	20 765.60
应付职工薪酬	284.40	362.90	417.70	1 024.80	1 629.60
应交税费	1 433.10	4 112.60	−9 166.90	−1 540.50	−363.30
其他应付款	46 190.50	47 073.30	23 222.00	18 173.20	9 325.40
一年内到期的非流动负债	14 037.70	11 709.50	650.00	1 300.00	1 300.00
其他流动负债	—	149.00	243.10	2 886.70	1 196.30
流动负债合计	1 054 692.60	988 444.00	962 145.20	95 333.00	126 713.70
长期借款	13 547.40	15 828.00	65 828.00	240 950.00	240 950.00
长期应付款	10 005.20	3 000.00	12 050.00	17 890.00	16 590.00
专项应付款	—	—	7 140.00	—	—
递延所得税负债	166.80	166.80	166.80	166.80	493.30
非流动负债合计	52 887.30	48 062.00	107 112.00	281 563.30	280 964.60
负债合计	1 107 580.00	1 036 505.90	1 069 257.20	376 896.30	407 678.30
实收资本（或股本）	130 000.00	130 000.00	130 000.00	197 210.00	197 210.00
资本公积	16 257.40	16 257.40	16 257.40	217 807.80	217 807.80
盈余公积	6 772.50	6 772.50	6 772.50	6 839.40	9 884.50
未分配利润	−122 982.90	−131 943.10	−265 701.70	−5 037.70	21 973.70
归属母公司所有者权益（或股东权益）	30 047.00	21 086.80	−112 671.70	416 988.20	447 577.00
所有者权益（或股东权益）合计	30 047.00	21 086.80	−112 671.70	416 988.20	447 577.00
负债和所有者（或股东权益）合计	1 137 627.00	1 057 592.70	956 585.50	793 884.50	855 255.30

3. 案例分析

（1）计算 2015~2019 年流动比率、速动比率、现金比率、经营现金流量比率，分析短期偿债能力。

（2）计算 2015~2019 年资产负债率、产权比率、有形净值债务率、利息保障倍数，分析长期偿债能力。

（3）综合评价抚顺特钢的偿债能力。

第九章

发展能力分析

本章学习目标

1. 了解发展能力分析的含义及目的。
2. 掌握发展能力评价指标的运用方法。
3. 掌握企业整体发展能力的评价方法。

第一节　发展能力分析概述

一、发展能力分析的含义

发展能力又称增长能力或成长能力，是指企业通过自身的生产经营活动，不断扩大积累而形成的发展潜能，具体可体现为公司规模的扩大（包括资本增长）、销售的增加、利润的增长等方面的能力。发展能力分析，又称成长能力分析或发展趋势分析，通常是指将企业的相关财务指标与往年情况进行纵向对比分析，并以此判断企业未来一定时期动态变化趋势的一种财务分析方法。

在竞争激烈的市场经济条件下，企业是否能够健康发展会受到多种因素的影响，既包括外部经营环境，也包括企业内在的资源条件等。一般随着企业的快速增长，企业利润与股票价值会相应增加，因此管理者对促进企业增长会有一种原发动力。但是，当企业的内部资源、管理及生产技术水平不能支撑企业的快速发展时，快速发展可能对企业产生不利影响甚至导致企业破产。因此，从财务角度看，企业的发展必须具有可持续性的特征，正确分析和保持企业合理的增长能力，是管理者进行企业决策的重要内容。

二、发展能力分析的目的

传统的财务分析过多关注的是企业静态财务状况与经营成果，强调对偿债能力和盈利能力的分析，这种分析是静态的财务分析，不能有效促进企业经营者重视企业的持续经营和经济实力的不断增强。为充分发挥财务分析的“望远镜”功能，我们希望通过对企业发展能力的分析实现以下目的。

1. 判断企业资产规模及其发展潜力

资产代表企业的实力，资产增长既是企业发展的物质基础，也是企业价值增长的重要手段。通过企业资产的增长能力分析，可以判断企业拥有资产的规模、未来盈利能力、变现能力及技术先进性和未来更新改造等情况。

2. 分析企业资本可持续发展能力

资本是企业发展的动力，为企业的规模化发展提供源源不断的资金支持。企业资本的增长可来源于外部资金的投入，也可来源于企业内部形成的留存收益。外部资金的投入表明企业获得新资本，企业具备了进一步发展的能力；留存收益的增长反映了企业通过自身的生产经营活动，使企业净资产不断扩大，有进一步发展的潜能。通过对企业发展能力的分析，不但可以了解企业的资本规模及来源，为企业筹资决策服务，还可据此制定企业合理的债务规模，使企业取得最大限度的财务杠杆收益。

3. 正确制定企业未来发展速度和战略

企业的发展速度和战略的制定不能脱离企业当前具有的自身资源和外部条件。通过对企业偿债能力、营运能力及盈利能力的判断，并在此基础上分析企业持续成长的能力和影响因素，据此制定相应的发展速度和发展战略，才能科学引导企业的未来发展。

第二节　发展能力指标计算与分析

一、资产增长分析

资产是企业发展的资源，也是企业偿还债务的保障，资产的增长是企业发展的一个重要方面，也是实现企业价值增长的重要手段。资产的稳定增长是企业成长性好的标志，对资产增长情况的分析主要包括总资产增长率分析、固定资产更新率分析和技术投入比率分析。

（一）总资产增长率

总资产增长率是指本年资产增长额同年初资产总额的比率，该指标是从企业资产总量扩张方面来衡量企业的发展能力，表明企业规模增长的水平对企业发展的影响。总资产增长率越高，表明企业一定经营周期内的资产经营规模的扩张速度越快，其计算公式为

$$总资产增长率=本年总资产增长额/资产总额年初数\times 100\%$$

其中，本年总资产增长额是指企业本年末资产总额与年初资产总额的差额，本年总资产增长额=资产总额年末数–资产总额年初数，如本年资产总额减少，则用“–”号表示。

在使用这一指标时，要注意总资产增长率存在受资产短期波动因素影响的缺陷，在进行分析时需要注意以下几个方面的问题。

第一，运用总资产增长率进行分析时，也需要制定一定的标准，或者有一定的参照指标，如果是横向比较就要特别注意不同企业之间的可比性。因为不同企业资产使用效率不同，为实现净收益的同幅度增长，效率低的企业需要更大幅度的增长。

第二，不同的企业资产使用效率不同，为实现净收益的同幅度增长，资产使用效率低的企业需要更大幅度的资产增长；另外，不同企业所采取的不同发展策略也会体现在总资产增长率上，采取外向规模增长型发展策略的企业总资产增长率会较高，而采取内部优化型发展策略的企业总资产增长率会以较低的水平呈现。

第三，总资产增长率是反映企业发展能力的指标，所使用变量的数值是账面价值。这就使有些重要的资源无法在报表中作为资产体现，如无形资产、人力资产等。而且，近几年，无形资产和人力资产的地位越来越重要，加之资产价值的变化又很快，所以在运用总资产增长率指标分析时，要正确对待资产的账面价值，另外还可以结合其他辅助指标进行分析。

由表 9-1、表 9-2 可以看出，2015~2018 年，格力电器的总资产规模呈增速较快，资产规模从 2015 年的 16 169 801.60 万元跃升至 2019 年的 28 297 215.70 万元。同期，美的集团 2016 年、2017 年资产增速较快。从整体上看，两家家电企业近年来资产增速均较理想，说明家电行业发展前景较好。

表 9-1　格力电器总资产增长率计算表

项目	2015 年	2016 年	2017 年	2018 年	2019 年
年初资产总额/万元	15 623 094.85	16 169 801.60	18 236 970.50	21 496 799.90	25 123 415.70
本年资产增长额/万元	546 706.80	2 067 168.90	3 259 829.40	3 626 615.80	3 173 800.00
总资产增长率	3.50%	12.78%	17.87%	16.87%	12.63%

下面，我们将格力电器与美的集团的总资产增长率进行对比分析，如表 9-2 所示。

表 9-2　格力电器、美的集团总资产增长率比较表

企业	2015 年	2016 年	2017 年	2018 年	2019 年
格力电器	3.50%	12.78%	17.87%	16.87%	12.63%
美的集团	7.11%	32.41%	45.43%	6.29%	14.51%

（二）固定资产更新率

固定资产更新率是指企业当期平均固定资产净值同平均固定资产原值的比率。该指标反映了企业所拥有的固定资产的新旧程度，体现了企业固定资产更新的快慢和持续发展的能力。计算公式为

$$固定资产更新率=平均固定资产净值/平均固定资产原值\times 100\%$$

其中，

平均固定资产净值=（年初固定资产净值+年末固定资产净值）/2

平均固定资产原值=（年初固定资产原值+年末固定资产原值）/2

该指标高，表明企业固定资产比较新，技术性能较好，对扩大再生产的准备比较充足，发展的可能性比较大。反之，指标值越小，表明企业设备陈旧，技术性能落后。

使用固定资产更新率进行分析时，要注意以下几个方面的问题。

第一，在运用该指标分析固定资产新旧程度时，应剔除企业应提未提折旧对房屋、机器设备等固定资产真实价值的影响。

第二，在进行固定资产更新率指标的企业间比较时，要注意不同折旧方法对固定资产更新率的影响，加速折旧法下固定资产更新率要低于直线折旧法下的固定资产更新率。

第三，固定资产更新率与企业生命周期的相关度较高，在分析时应与企业所处生命周期阶段结合进行分析。

由表 9-3、表 9-4 可知，格力电器 2015~2019 年固定资产更新率一直保持在 55%以上，说明格力电器固定资产比较新，技术性能较好，对扩大再生产的准备比较充足，与公司一直宣扬的掌握核心科技、重视新技术和设备投入的理念是相符的。同期，美的集团也保持着较高的固定资产更新率。随着资产规模的不断扩大，固定资产更新率逐步降低，说明了格力电器在行业内对研发和设备的投入一直走在前列。

表 9-3　格力电器固定资产更新率计算表

项目	2015 年	2016 年	2017 年	2018 年	2019 年
固定资产净值/万元	1 543 181.30	1 768 165.50	1 746 737.10	1 838 576.10	1 912 193.10
固定资产原值/万元	2 172 291.70	2 556 891.90	2 680 934.50	3 061 149.30	3 435 458.20
固定资产更新率	71.04%	69.15%	65.15%	60.06%	55.66%

表 9-4　格力电器、美的集团固定资产更新率比较表

企业	2015 年	2016 年	2017 年	2018 年	2019 年
格力电器	71.04%	69.15%	65.15%	60.06%	55.66%
美的集团	59.25%	58.15%	56.28%	52.77%	49.11%

（三）技术投入比率

技术投入比率是指企业当年技术转让费支出与研究开发的实际投入与当年营业收入的比率。技术投入比率从企业的技术创新方面反映了企业发展能力和可持续发展能力。

技术投入比率=当年技术转让费支出与研发投入/当年营业收入×100%

当年技术转让费支出与研发投入是指企业当年研究开发新技术、新工艺等具有创新性质项目的实际支出，以及购买新技术实际支出列入当年管理费用的部分。营业收入是指企业当期销售产品、商品、提供劳务等经营活动所取得的收入。

技术创新是企业在市场竞争中保持竞争优势、不断发展壮大的前提。技术投入比率集中体现了企业对技术创新的重视程度和投入情况，是评价企业持续发展能力的重要指标。该指标越高，表明企业对新技术、新工艺的投入越多，企业对市场的适应能力越强，未来竞争优势越明显，生存发展的空间越大，发展前景越好。

通常认为技术投入比率在10%左右比较理想，表明企业能在当年的营业收入中拿出10%的资金研究开发新产品、新技术，国际上的一些知名企业其技术投入比率高达30%。

由表9-5、表9-6可知，2017~2019年格力电器研发人员的数量逐年增加，2018年为研制开发新产品、新技术投入了72.68亿元的研发资金，2019年研发资金有所下降。格力电器注重新产品、新技术的研制与开发，累计获得国家级、省部级、行业级奖励共33项。2019年获得奖励7项，包括国家技术发明奖二等奖1项、省部级一等奖3项。其中，格力电器"大容量高效离心式空调设备关键技术及应用"项目，荣获2019年度国家技术发明奖二等奖。格力"光储空调直流化关键技术及应用"项目，荣获广东省技术发明奖一等奖、中国专利金奖等奖项。同期，美的集团亦十分注重研发资金的投入，2019年，研发投入近100亿元。近年来，美的集团着力于构建具有全球竞争力的研发布局和多层级研发体系，具备用户体验及产品功能为本的全球一流研发实力。

表9-5 格力电器研发投入情况表

项目	2017年	2018年	2019年
研发人员数量/人	9.155	11 808	14 251
研发人员数量占比	10.74%	13.30%	16.04%
研发投入金额/万元	576 692.98	726 836.95	601 121.04
研发投入占营业收入比例	3.89%	3.67%	3.03%
研发投入资本化的金额/万元	—	28 000.12	11 999.09
资本化研发投入占营业收入比例	—	3.85%	2.00%

表9-6 美的集团研发投入情况表

项目	2017年	2018年	2019年
研发人员数量/人	10 520	12 321	13 727
研发人员数量占比	10.33%	10.74%	10.18%
研发投入金额/万元	847 829.2	837 720.1	963 813.7
研发投入占营业收入比例	3.52%	3.23%	3.46%

二、营业收入增长分析

营业收入是企业利润的源泉，对企业营业收入增长能力的分析，不但是衡量企业发展能力的一个重要指标，还是判断企业利润增长质量的重要标志。一般用销售（营业）增长率指标来进行分析。

销售（营业）增长率是指企业本年销售（营业）收入增长额与上年销售（营业）收入总额之间的比率，反映销售额的增减变动情况，是评价企业成长状况和发展能力的重要指标。其计算公式为

销售（营业）增长率=本年销售（营业）增长额/上年销售（营业）收入总额×100%

上式还可简化为

销售（营业）增长率=本年销售（营业）额/上年销售（营业）额−1

其中，本年销售（营业）增长额是企业本年销售（营业）收入与上年销售（营业）收入的差额，即本年销售（营业）增长额=本年销售（营业）收入总额−上年销售（营业）收入总额。销售（营业）额通常应采用利润表中的营业收入净额，即扣除销售折扣、销售折让后的“主营业务收入”数。例如，本年营业收入总额低于上年，本年营业收入增长额用“−”号表示。

使用这一指标进行计算时，要注意以下问题。

（1）如果销售增长率指标大于0，则说明企业本年的销售（营业）收入较上一年有所增长，增长率越高说明其增长速度越快，企业市场前景越好；如果增长率小于 0，则说明企业的产品销路不佳、质次价高，或在售后服务等方面存在问题，或已被竞争产品替代，这就要求企业管理者不断追求创新，开发新产品，提升服务质量，才能立足市场，给企业带来高收入。

（2）对销售增长率高低的判断没有一个绝对的标准，分析时应结合本企业往年历史数据及同行业其他企业的增长水平来进行综合判断，以便找出差距，分析原因，不断提高企业的销售水平。

（3）销售增长率作为相对数指标，在分析时要注意受基数影响的问题。例如，企业受到一些偶然性因素，如自然灾害、生产事故等的影响，可能导致上年度销售（营业）收入异常降低，则即使本年销售（营业）额小幅度增长，增长率也会体现为大幅度增加，使用这样的指标进行分析，可能会使报表使用者对企业销售情况的判断出现误差。

（4）可根据企业产品的销售收入增长率指标分析企业的成长性。在产品的生命周期处于投放期时，销售收入增长率较小；在成长期时，销售收入增长率较大；在成熟期时，销售收入增长率较上期变动不大；在衰退期时，销售收入增长率表现为负数。根据这个原理，大致可以分析企业产品所处的生命周期阶段，据此也可以判断出企业发展的前景。对于一个具有良好发展前景的企业来说，较为理想的产品结构是“成熟一代，生产一代，储备一代，开发一代”。对一个所有产品都处于成熟期或者衰退期的企业来说，其发展前景值得怀疑。

从表 9-7、表 9-8 可以看出，格力电器 2016~2018 年营业收入增长额和营业收入增长率均呈现稳步增长的态势，并且增幅较大，充分说明格力电器产品的市场地位及其良好的销路。2019 年，受行业不景气影响，营业收入增速减缓，增长率仅为 0.02%，这主要是由于空调行业在经历连续多年的快速发展后，市场发展出现瓶颈，这应该充分引起公司管理层的重视，大力度从新产品开发、多元化发展等方面努力。

近年来，美的集团推行的是产品多元化发展战略，市场销售规模较大，2017 年营业收入较 2016 年增长 51.35%。格力电器产品相对单一。这也导致空调行业快速发展时，格力销售增长率比美的集团高，但当单一市场需求趋于饱和时，格力电器营业收入增长速度就会放慢。

表 9-7 格力电器营业收入增长率计算表

项目	2015 年	2016 年	2017 年	2018 年	2019 年
营业收入/万元	9 774 513.70	10 830 256.50	14 828 645.00	19 812 317.70	19 815 302.80
营业收入增长额/万元	−4 000 522.10	1 055 742.80	3 998 388.50	4 983 672.70	2 985.10
营业收入增长率	−29.04%	10.80%	36.92%	33.61%	0.02%

表 9-8 格力电器、美的集团营业收入增长率比较表

企业	2015 年	2016 年	2017 年	2018 年	2019 年
格力电器	−29.04%	10.80%	36.92%	33.61%	0.02%
美的集团	−2.28%	14.88%	51.35%	7.87%	7.14%

三、盈利能力增长分析

盈利能力是企业价值增长的原动力，因而企业盈利能力的增长是反映企业发展能力的重要方面。对盈利能力的增长情况我们通常使用利润增长率指标进行分析，利润增长率指标是指企业本期利润增长额与上期利润增长额之间的比率，其计算公式如下：

$$利润增长率=本期利润增加额/上期利润额\times 100\%$$

其中，本期利润增加额是企业本期利润与上期利润的差额。利润增长率越高，说明企业的盈利能力越强；反之，此比率越低，说明企业盈利能力越弱。如果本期利润低于上期，则本期利润增长额用“−”号表示。

由于利润在会计上具体表现为营业利润、利润总额、净利润等多种指标，因此，利润增长率仅是分析盈利能力的一个基本指标，在具体分析中通常使用的是营业利润增长率、息税前利润增长率、净利润增长率等指标，其相应的计算公式为

$$营业利润增长率=本期营业利润增长额/上期营业利润\times 100\%$$

$$利润总额增长率=本期利润总额增长额/上期利润总额\times 100\%$$

$$净利润增长率=本期净利润增长额/上期净利润\times 100\%$$

使用以上指标进行分析时，要注意以下问题。

（1）对利润增长率相关指标高低的判断并没有一个绝对的标准，需要结合企业往年历史数据及同行业水平进行对比分析，以便管理者准确掌握企业盈利能力发展情况，对下一步制定增收节支政策提供参考。

（2）在分析营业利润增长率（或利润总额增长率）时，应结合企业的营业收入增长情况一起分析。如果企业的营业利润增长率（或利润总额增长率）高于企业的营业收入增长率，则说明企业的产品正处于成长期，业务不断拓展，企业的盈利能力不断提高；反之，如果低于营业收入增长率，则反映企业营业成本及期间费用等上升超过了营业收入的增长，说明企业盈利能力不强，发展潜力值得怀疑。

（3）在分析企业净利润增长率时，应结合营业收入增长率或营业利润增长率共同分析。如果企业的净利润增长率高于营业收入增长率或营业利润增长率，则表明企业产品盈利能力在不断提高，企业正处于高速成长阶段，具有良好的发展能力；相反，如果企业净利润增长率低于营业收入增长率，特别是营业利润增长率，则表明企业成本费用的上升超

过了营业收入的增长，反映出企业的增长能力较差。

（4）为排除个别时期一些偶然性和特殊性因素的影响，应将企业连续多年的净利润增长率、营业利润增长率和息税前利润增长率指标进行对比分析，从而全面真实地揭示企业是否具有持续稳定的增长能力。

从表9-9、表9-10可以看出，2019年，格力电器的营业利润、利润总额、净利润的绝对值较2018年，均呈现下降的态势，这与近年来家电行业竞争加剧，行业利润平均值不断降低的市场情况是相符的。2019年，格力电器的空调收入占营业收入的69.99%，空调收入是格力电器主要的收入来源，一旦空调行业不景气，对格力电器销售增长会产生较大的影响。同期，多元化发展美的集团，其营业利润、利润总额、净利润依然稳健增长，美的集团的空调收入占营业收入的39.61%，消费电器占营业收入的41.02%，机器人及自动化系统占营业收入的11.23%，因此，空调行业并不景气对美的集团影响较小。

表9-9 格力电器利润增长率计算表

项目	2015年	2016年	2017年	2018年	2019年
营业利润/万元	1 351 617.70	1 745 569.80	2 612 666.60	3 099 688.50	2 960 510.70
营业利润增长率	−15.99%	29.15%	49.67%	18.64%	−4.49%
利润总额/万元	1 490 941.90	1 853 119.00	2 661 718.50	3 127 350.80	2 935 270.70
利润总额增长率	−11.00%	24.29%	43.63%	17.49%	−6.14%
净利润/万元	1 262 373.30	1 552 463.50	2 250 859.90	2 637 903.00	2 482 724.40
净利润增长率	−11.43%	22.98%	44.99%	17.20%	−5.88%

表9-10 美的集团利润增长率计算表

项目	2015年	2016年	2017年	2018年	2019年
营业利润/万元	1 345 050.37	1 491 687.30	1 743 597.50	2 162 785.40	2 556 411.10
营业利润增长率	10.90%	16.89%	24.04%	18.20%	16.11%
利润总额/万元	1 399 068.46	1 605 135.40	1 891 460.30	2 185 477.40	2 577 305.80
利润总额增长率	14.73%	17.84%	15.54%	17.93%	16.13%
净利润/万元	1 164 632.87	1 362 465.50	1 586 191.20	1 861 119.00	2 165 041.90
净利润增长率	16.99%	16.42%	17.33%	16.33%	16.75%

四、股东财富增长分析

股东财富最大化是实践中采用较多的一个财务管理目标，因此股东财富的增加也是分析企业发展能力的重要指标。我们通常用资本积累率这一指标来衡量股东财富的增加情况。

资本积累率，也叫股东权益增长率，是指企业本年所有者权益同年初所有者权益的比率。资本积累率表示企业当年资本的积累能力，是评价企业发展潜力的重要指标。

$$资本积累率=本年所有者权益增长额/年初所有者权益\times 100\%$$

其中，本年所有者权益增长额是指企业本年所有者权益与上年所有者权益的差额，即本年所有者权益增长额=所有者权益年末数–所有者权益年初数。资本积累率是企业当年所有者权益总的增长率，反映了企业所有者权益在当年的变动水平。这一指标体现了企业资本的积累情况，是企业发展强盛的标志，也是企业扩大再生产的源泉，有效揭示了企业的发展潜力。

使用该指标进行分析时，要注意以下几点。

（1）资本积累率反映了投资者投入企业资本的保全性和增长性，该指标越高，表明企业的资本积累越多，企业资本保全性越强，应付风险、持续发展的能力越大。该指标如为负值，表明企业资本受到侵蚀，所有者利益受到损害，应予充分重视。

（2）股东权益主要来源于企业经营活动产生的净利润留存和筹资活动产生的股东净投资，因此股东权益增长率还可以表示为股东权益增长率=净资产收益率+股东净投资率，从公式中可以看出，股东权益增长率受净资产收益率和股东净投资率两个因素驱动。其中，净资产收益率反映了企业运用股东投入的资本创造收益的能力，而股东净投资率反映了企业利用股东新投资的程度。这两个比率的高低都反映了企业对股东权益增长的贡献程度，但前者更能体现资本积累的本质，表现出良好的企业发展能力和发展后劲。

（3）为正确判断和预测企业资本积累的发展趋势和发展水平，应将企业不同时期的资本积累率加以比较。因为一个持续增长型企业，其股东权益应是不断增长的，若是时增时降，则反映出企业发展不稳定，同时也说明企业并不具备良好的发展能力，因此仅计算和分析某个时期的资本积累率是不全面的，只有利用趋势分析法将一个企业不同时期的资本积累率加以比较，才能正确评价企业发展能力。

从表 9-11 可知，格力电器 2015~2019 年资本积累率呈稳定发展趋势，尤其在 2016~2018 年增幅较大，充分说明格力电器具有较好的发展潜力。

表 9-11　格力电器资本积累率计算表

项目	2015 年	2016 年	2017 年	2018 年	2019 年
股东权益总额/万元	4 856 660.90	5 492 360.30	6 683 479.80	9 271 471.20	11 204 765.70
本年股东权益增加额/万元	343 515.80	635 699.40	1 191 119.50	2 587 991.40	1 933 294.50
资本积累率	7.61%	13.09%	21.69%	38.72%	20.85%

为进一步分析格力电器资本积累率增长的内涵，我们有必要对该公司实收资本、资本公积、盈余公积、未分配利润等股东权益各项目进行增长情况分析，如表 9-12 所示。

表 9-12　格力电器股东权益各项目增长率计算表

项目	2015 年	2016 年	2017 年	2018 年	2019 年
实收资本/万元	601 573.10	601 573.10	601 573.10	601 573.10	601 573.10
实收资本增长率	100.00%	0.00	0.00	0.00	0.00
资本公积/万元	18 595.10	18 340.10	10 388.10	9 338.00	9 338.00
资本公积增长率	−94.17%	−1.37%	−43.36%	−10.11%	0.00
盈余公积/万元	349 967.20	349 967.20	349 967.20	349 967.20	349 967.20
盈余公积增长率	18.31%	0.00	0.00	0.00	0.00

续表

项目	2015 年	2016 年	2017 年	2018 年	2019 年
未分配利润/万元	3 773 718.70	4 407 495.00	5 574 007.60	8 193 970.20	9 379 464.40
未分配利润增长率	8.31%	16.79%	26.47%	47.00%	14.47%
股东权益总额/万元	1 837 715	2 758 020	3 546 668	4 513 145	4 856 661
资本积累率	31.16%	50.08%	28.59%	27.25%	7.61%

由表 9-12 可知，格力电器在 2015~2019 年，在没有追加资本的情况下，资本公积近年来有所下降，其资本积累率的增长主要是来自未分配利润的增长，并且增幅较大，这说明格力电器近几年股东权益的增长主要是靠内源融资，即企业靠自身的盈利实现了自有资本的增加，说明格力电器具有较好的发展潜力和发展后劲。

第三节　基于价值驱动因素的发展能力分析

上文我们分别从资产增长、营业收入增长、盈利能力增长及资本积累率这几个方面对企业的发展能力进行了讨论。但这些指标都只能说明企业某一方面的增长能力，不能概括企业发展能力的全貌。同时，各个分析指标之间并不是完全独立的，如资产增长率、销售增长率和利润增长率等指标，它们之间存在相互联系、相互影响的关系，在分析时不能把它们完全隔离开来，因此有必要对企业的发展能力进行整体分析。

企业的发展，归根结底要体现在企业价值的增长上。如何判断企业价值的增长，一直都是财务理论中难以解决的问题。因为到目前为止，如何定义企业价值，在理论界都没有形成一个公认的概念，既然企业价值的定义都没有完全明确，对其进行量化评判更是困难。一般使用未来现金流折现指标或净收益增长指标作为替代指标来研究企业价值问题。

基于此，我们转换研究角度，不着眼于直接研究企业价值本身，而是去研究影响企业价值增长的相关因素，即对价值驱动因素进行分析。我们认为，影响企业价值增长，即企业发展能力的因素主要包括资产增长、销售增长、利润增长和股东权益增长四个方面，对这四个因素进行分析时要注意以下几点。

（1）对资产增长的分析。企业资产是取得营业收入的基础，从资产角度来看，要实现营业收入的增长，一方面可通过提高资产利用率；另一方面，在资产利用率一定的条件下，就需要通过扩大资产规模来实现。要扩大资产规模，一是通过扩大债务融资；二是可以通过股东权益的增长，即净利润和净投资的增长来实现。

（2）对销售增长的分析。销售的增长是企业价值增长的源泉，一个企业只有不断开拓市场，提升产品的市场份额，才能不断扩大销售收入，增加股东权益；同时，销售收入增长，使企业有能力为进一步扩大市场、开发新产品和进行技术改造提供资金来源，最终促进企业的进一步发展。

（3）对利润增长进行分析。利润的增长主要表现为净利润的增长，而对于一个持续发展的企业而言，其净利润的增长应该主要来源于营业利润，而营业利润的增长又应该主要来自营业收入的增加。

（4）对股东权益增长的分析。股东权益的增长主要来自两个方面：一是来源于净利润，净利润应主要来自营业利润，营业利润又主要取决于营业收入，并且营业收入的增长在资产使用效率保持一定的前提下要依赖于资产投入的增加；二是来源于股东的净投资，而净投资取决于本期股东投资的增加。

从以上分析可以看出，在对价值驱动因素进行分析时，一定要注意四个因素之间的相互影响关系，这样才能对企业的整体发展能力做出正确评价。

从表 9-13 可以看出，自 2016 年起，格力电器除了营业利润增长率在 2019 年出现负值之外，其他指标在近几年均保持了正增长，一些年份的指标增幅还比较大，这足以说明格力电器在近几年财务状况是优良的，这个结论和其市场表现也是一致的。

表 9-13 格力电器发展能力指标增长率

项目	2015 年	2016 年	2017 年	2018 年	2019 年
总资产增长率	3.50%	12.78%	17.87%	16.87%	12.63%
资本积累率	7.61%	13.09%	21.69%	38.72%	20.85%
销售增长率	−29.04%	10.80%	36.92%	33.61%	0.02%
营业利润增长率	−15.99%	29.15%	49.67%	18.64%	−4.49%

下面就指标之间的相互关系进行分析。首先看资产增长率和销售增长率。从表 9-13 可以看出，2015 年，在资产增长率上升的前提下，销售增长率不增反降，销售增长率为 29.04%，说明资产的投入没有带来同比例的销售增长。2017 年、2018 年，销售增长率高于资产增长率，说明前期的资产投入已经产生效益。

营业利润增长率和销售增长率相比，2016 年、2017 年营业利润增长率远远高于销售增长率，但 2018 年、2019 年，营业利润增长率低于销售增长率，格力电器在扩大销售收入的同时，亦应注重成本费用的管控。

总资产增长率与资本积累率。总资产的增长要么来自企业债务的增加，要么来自自有资本的新投入，或者二者兼而有之。若资产的增加主要来自债务资本的增加，则企业可能会面临较大的财务风险。从表 9-13 可以看出，五年来，格力电器资本积累率一直高于总资产增长率，说明格力电器的总资产增长是良好的。

为了更加全面地判断格力电器的发展能力，可在分析时将该公司增长率水平与行业标准值进行比较。

在分析中也要注意不同企业的发展方式是不同的。有的企业采用的是外向规模增长型政策，通过进行大量的并购活动，资产规模迅速增长，但短期内并不一定带来销售及净收益的同比例增长，这一类型企业分析的重点为企业资产或资本的增长指标。有的企业采取的是内部优化增长型政策，在现有资产规模基本保持不变的基础上，通过充分挖掘内部潜力，在降低成本的同时，提高产品竞争力和服务水平。这一类型企业的发展能力反映在销售及营业利润的增长上，而资产规模及资本规模则保持稳定或缓慢增长。因而，这一类型企业分析的重点应放在销售增长及资产利用效率上。对于财务分析者而言，只有通过对以上诸多因素进行全面、细致的系统性分析，才能对企业的整体发展能力得到准确的判断。

同时，在财务分析中，应注意与企业所处的发展周期相结合。处于不同周期阶段的企业，其同一发展能力分析指标的计算结果可能反映不同的发展能力。例如，处于发展阶段和成熟阶段的两家企业，如果发展能力分析指标的结果相同，实际上成熟阶段的企业要优于发展阶段的企业。

➢思考题

1. 发展能力分析的目的是什么？
2. 评价企业发展能力的指标有哪些？如何计算？
3. 运用销售增长率指标时要注意哪些问题？
4. 营业收入增长率和营业利润增长率之间有何关系？
5. 企业价值驱动因素包含哪些指标？如何运用？

➢练习题

一、单项选择题

1. 下列指标中，属于增长率指标的是（　　）。

A. 产权比率　　B. 资本收益率
C. 不良资产比率　　D. 资本积累率

2. 可以反映股东权益账面价值增减变化的指标是（　　）。

A. 权益乘数　　B. 产权比率
C. 股东权益增长率　　D. 总资产增长率

3. 下列项目中，不属于企业资产规模增加的原因是（　　）。

A. 企业发放股利　　B. 企业实现盈利
C. 企业对外举债　　D. 企业发行股票

4. 下列选项中，不属于利润增长来源的是（　　）。

A. 债务重组收益　　B. 银行贷款
C. 财政补贴　　D. 投资收益

5. 从根本上看，一个企业的股东权益增长应主要依赖于（　　）。

A. 净资产收益率　　B. 股东净投资率
C. 净损益占营业收入率　　D. 资本积累率

二、多项选择题

1. 企业发展能力的分析目标在于（　　）。

A. 股东通过发展能力分析衡量企业创造价值的程度以做出正确的战略决策
B. 补充和完善传统财务分析
C. 债权人通过发展能力分析判断企业未来盈利能力以做出正确的信贷决策
D. 为预测分析与价值评估做铺垫
E. 政府通过发展能力分析评估企业社会贡献水平以制定正确的宏观经济政策

2. 企业单项发展能力包括（　　）。

A. 资产增长能力　　B. 盈利增长能力

C. 营业收入增长能力　　D. 负债增长能力

E. 股东权益增长能力

3. 可以用来反映企业收益增长能力的财务指标包括（　　）。

A. 净利润增长率　　B. 收入增长率

C. 总资产报酬率　　D. 资本积累率

E. 营业利润增长率

4. 下列说法中正确的有（　　）。

A. 股东权益增长率越高，表明企业本期股东权益增加得越多

B. 计算股东权益增长率时用到的“净利润”没有扣除非经常性损益

C. 一个持续增值型的企业，其股东权益应该是不断增长的

D. 股东权益时增时减，说明企业并不具有良好的发展能力

E. 一个企业的股东权益增长应主要依赖于企业运用股东投入的资本所创造的利润

5. 下列说法正确的有（　　）。

A. 如果一个企业营业收入增长但利润并未增长，那么从长远看，它并没有增加股东权益

B. 一个企业如果净利润增长但营业收入并未增长，这样的增长对企业而言是无法持续保持的

C. 净利润增长率可以比营业利润增长率更好地考察企业利润的成长性

D. 如果企业的净利润主要来源于营业利润，则表明企业具有良好的发展能力

E. 应将企业连续多期的净利润增长率和营业利润增长率指标进行对比分析

三、判断题

1. 企业能否持续增长对投资者、经营者至关重要，但对债权人而言相对不重要，因为他们更关心企业的偿债能力。（　　）

2. 企业的资产增长率越高，则说明企业的资产规模增长势头一定越好。（　　）

3. 尽管一个企业的价值在短期内可以通过筹集和投入尽可能多的资本来获得增加，但这种行为引起的增长不具有可持续性，而且它忽视了股东权益资本应获得合理投资报酬的事实。（　　）

4. 获利能力强的企业，其增长能力也强。（　　）

5. 仅分析某一项发展能力指标，我们无法得出企业整体发展能力情况的结论。（　　）

6. 分析股东权益增长率、利润增长率、销售增长率和资产增长率的共同意义是进行预测分析和为基于预测分析的价值评估提供重要参考数据。（　　）

➢上市公司案例分析

1. 公司简介

中天金融集团股份有限公司（简称中天金融）（股票代码：000540），根植贵州省 30 余年，是贵州省第一家上市公司、唯一一家房地产类上市公司，具有一级房地产开发资质，AAA 信誉等级，总部位于贵州省贵阳市，是贵州省内成长最快、规模最大的上市公司之一。主要从事一级土地开发、房地产开发、城市基础设施及配套项目开发；金融及

类金融服务、大健康产业、商业、教育、文化传媒、能源、旅游产业、会议展览、酒店的投资及经营管理业务。

中天金融致力于推动贵州省乃至全国的城镇化进程，逐步实现从房地产向大健康、大金融产业的转型发展，同时实现集团业务从产业资本化运营向资本产业化运营迈进。

2019 年，中天金融实现营业总收入 211.98 亿元，同比增长 16.55%。由于宏观经济形势、行业和市场环境等因素影响，公司金融类子公司盈利不达预期，延安东路延伸线建设及周边片区棚户区城中村低效用地再开发项目、贵铝电解铝老工业区改造共享项目等未来重点房地产项目处于开发初期，公司 2019 年归属于上市公司的净利润为 11.08 亿元，未能实现上年度净利润计划目标。公司重大资产重组事项尚在进程中。

2. 主要财务数据

中天金融主要财务数据如表 9-14 所示。

表 9-14　中天金融 2015~2019 年主要财务数据　　单位：万元

项目	2015 年	2016 年	2017 年	2018 年	2019 年
利润表摘要					
营业收入	1 538 609.50	1 946 054.10	1 579 336.00	1 413 269.40	1 257 778.70
营业成本	993 345.50	1 288 965.70	959 687.90	994 718.90	848 896.90
营业利润	268 729.60	341 999.70	240 528.40	176 693.40	143 118.40
利润总额	292 053.00	344 079.20	237 737.70	163 109.80	132 219.70
所得税费用	30 619.20	48 799.50	23 374.90	18 266.20	17 112.60
净利润	261 433.70	295 279.70	214 362.80	144 843.50	115 107.00
基本每股收益/元	0.61	0.63	0.45	0.21	0.16
资产负债表摘要					
货币资金	835 490.90	965 458.40	765 517.70	486 267.90	485 295.40
应收账款	122 305.90	250 791.10	442 808.30	178 070.80	123 183.10
存货	3 301 188.10	3 349 791.90	3 630 960.50	3 341 755.50	3 541 696.20
流动资产合计	4 384 232.80	5 183 419.50	5 965 951.50	5 527 166.10	7 323 417.30
固定资产	337 466.00	324 775.60	320 931.70	309 674.20	355 435.20
非流动资产合计	1 155 781.80	1 932 507.80	4 884 531.60	4 668 372.10	4 659 943.70
资产总计	5 540 014.60	7 115 927.30	10 850 483.10	10 195 538.20	11 983 361.00
流动负债合计	2 909 057.30	2 263 471.10	5 356 394.60	5 798 301.40	4 260 158.90
非流动负债合计	1 335 138.40	3 294 816.20	3 587 031.90	2 426 452.60	5 647 613.40
负债合计	4 244 195.70	5 558 287.30	8 943 426.50	8 224 754.00	9 907 772.30
所有者权益（或股东权益）合计	1 295 818.90	1 557 640.00	1 907 056.60	1 970 784.20	2 075 588.80

3. 案例分析

（1）请根据表 9-14 数据计算中天金融 2016~2019 年的资产增长率、销售增长率、营业利润增长率、净利润增长率及股东权益增长率。

（2）请结合国家宏观经济、产业发展政策及企业价值驱动因素，分析中天金融的整体发展能力。

第十章

财务综合分析

本章学习目标

1. 了解财务综合分析的目的和内容。
2. 掌握杜邦财务分析法的体系和运用。
3. 了解沃尔评分法的基本步骤和缺陷。
4. 掌握企业经营业绩评价综合指数法的运用。

第一节　财务综合分析概述

一、财务综合分析的概念

在前面的章节中，我们对财务报表中的资产负债表、利润表、现金流量表及企业偿债能力、盈利能力、营运能力及发展能力等进行分析，以了解企业在财务管理中的筹资、投资、资本营运、利润分配等方面的情况，为企业的股东、债权人等相关利益者决策提供服务。但企业活动是一个有机整体，仅从某一方面或某一角度去分析企业的信息或状态是远远不够的，不能揭示企业的总体状况和业绩水平，财务综合分析能有效解决这一问题。

财务综合分析，就是将企业营运能力、偿债能力和盈利能力等方面的分析纳入一个有机的分析系统之中，全面地对企业财务状况、经营状况进行解剖和分析，从而对企业经济效益做出较为准确的评价与判断的分析方法。

二、财务综合分析的作用

财务综合分析能够有效克服单一能力指标分析不能揭示企业总体财务状况和业绩水

平的不足，可有效发挥以下作用。

（1）财务综合分析可以有效分析企业盈利能力、营运能力、偿债能力及发展能力之间的相互联系，找出制约企业发展的“瓶颈”所在，为企业下一步发展找到突破口。

（2）财务综合分析是财务综合评价的基础，通过财务综合分析有利于从不同侧面、不同层次综合评价企业财务状况及经营业绩，明确企业的经营水平、位置及发展方向。

（3）财务综合分析能够为企业管理者或政府等利益相关者提供内部管理或宏观调控的决策参考依据。

三、财务综合分析的内容

财务综合分析的内容根据评价对象与评价目的的不同而有所不同，它可以是对筹资活动、投资活动、经营活动和分配活动的综合评价；也可以是对偿债能力、盈利能力、资金营运能力与发展趋势的综合评价。

公司偿债能力的强弱是评价公司财务状况优劣的重要指标。偿债能力分析的重点是判断企业是否有足够的资产，特别是流动资产用以偿还企业债务。在分析过程中，既要保证企业财务的安全性，但也不能为了财务安全而使大量资产闲置于企业流动资产中，从而使企业的盈利能力降低。同时，在分析中也要注意，除了各类资产总额会影响企业偿债能力外，企业资产的周转速度也是影响企业偿债能力的重要因素。

营利性是企业最直接的经济目标，任何一个企业都在追求以最少的人力、物力和财力投入，生产出更多更好的适应市场需求的产品或服务。营利性分析不但是判断企业经营成果优劣的重要指标，也是考察企业发展能力的重要参考。所以，分析者由于所处角色不同，其对营利性分析的着眼点也可能不一样。

资金营运能力分析主要是评价公司资金的运用效率，这实际上是将公司的资金运用与公司的生产经营目标有机地联系在一起，以考察企业财务管理的质量和效益。营运能力的高低，是评价一个企业财务综合能力的重要指标。

发展趋势分析是企业财务综合分析中极为重要的组成部分。在一个发展趋势良好，处于上升期的企业中，哪怕个别指标，如流动比率、股东权益报酬率等指标偏离正常值，也不应因此全面否定企业的财务状况。根据企业财务战略相关理论，处于成长期的企业，是可以借助债务资金的杠杆收益助力企业发展的，这时企业的偿债能力指标在一定范围内偏离正常值，应该是可以接受的。反之，在公司发展趋势衰退甚至濒临破产的情况下，可能会因为大量抛售土地、厂房等生产资料而使盈利能力等指标表现良好。所以，不对公司发展趋势进行分析，仅仅依靠一些独立的财务指标判断企业的财务状况，可能会得到一些错误的结论。

第二节　杜邦分析法

杜邦分析法就是将几种主要的财务指标有机地结合在一起，突出各指标之间的联系，因此便于深入分析企业在具体财务活动中的优势与不足，为企业巩固优势克服不足指出解决的途径。它是一种从财务角度评价企业绩效的经典方法。其基本思想是，将企业净资产收益率逐级分解为多项财务比率乘积，并利用各财务比率间的逻辑关系分析企业经营业绩。由于这种分析方法最早由美国杜邦公司发明使用，故称之为杜邦分析法。

一、杜邦分析体系构成

杜邦财务分析体系是以权益净利率（股东权益报酬率）这一综合性最强的财务指标为核心，其他财务指标都是通过各种不同的数量关系联系起来的。其体系构成图如图 10-1 所示。

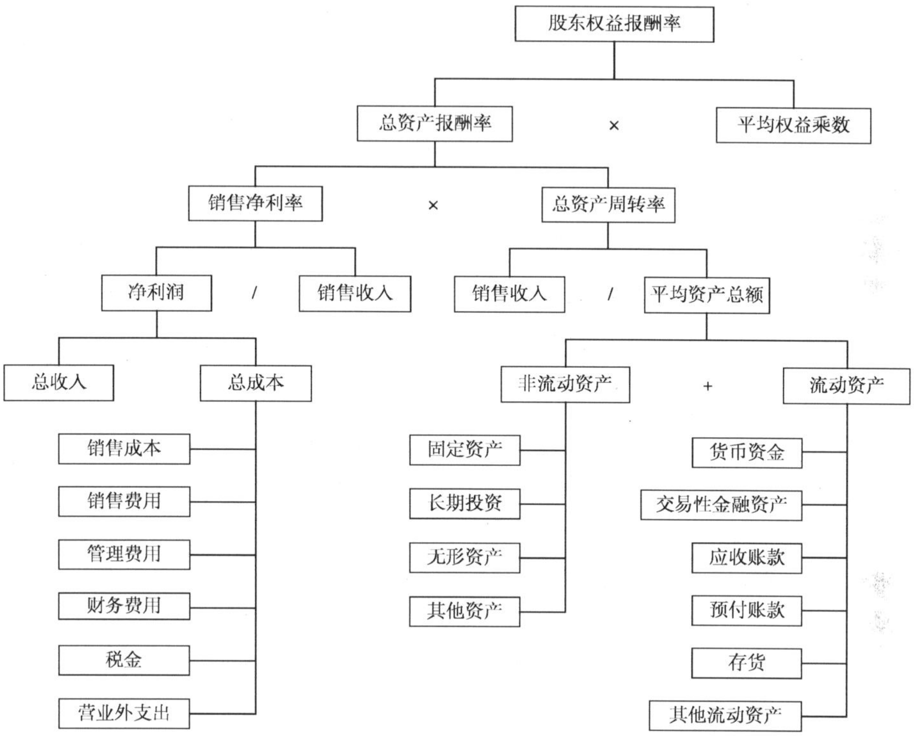

图 10-1　杜邦财务分析体系构成图

如图 10-1 所示，从数量关系上看，股东权益报酬率等于总资产报酬率乘以平均权益乘数，而总资产报酬率又取决于销售净利率和总资产周转率的高低，所以股东权益报酬率受到销售净利率、总资产周转率及平均权益乘数的影响，并与这三个指标成正比例关系。通过杜邦财务分析体系我们可以看到，只有把这个系统内各个因素的关系安排好、协调好，才能使股东权益报酬率达到最大，才能实现股东财富最大化的财务管理目标。

销售净利率是净利润与销售收入的比率，反映的是销售收入的收益水平。提高销售净利率是提高企业盈利能力的关键所在，同时也是提高资产周转率的必要条件和途径。

要想提高销售利润率，一是要扩大销售收入，二是要降低成本费用，这样才能使净利润的增长高于销售收入的增长，从而使销售净利率得到提高。所以，提高销售净利率可以从以下两个方面进行。

（1）坚持以市场为中心，不断提升产品竞争力，增加企业销售收入。在竞争日趋激烈的市场环境中，企业必须深入调查研究市场情况，了解市场的供需关系，从产品设计、生产、销售、售后服务等方面提升企业竞争力，为企业销售收入的增长提供核心支撑。

（2）加强成本控制，降低耗费，增加利润。开源节流是提升企业利润的不二法宝，光有销售收入的上升，如果成本费用没有进行有效的管理和控制，那利润不但上升不了，甚至还有可能下降。所有企业在增强产品营销能力时，要尽可能降低成本，控制企业的管理费用、销售费用、财务费用等各种期间费用，降低耗费，增加利润。

总资产周转率是综合评价企业全部资产的经营质量和利用效率的重要指标。对这个指标的分析可从资产结构和资产构成要素的运行效率两方面进行分析。

（1）分析企业资产的结构是否合理，即流动资产和非流动资产的比例安排是否恰当。企业资产的营运能力和流动性，既关系到企业的获利能力，又关系到企业的偿债能力，还会影响到企业的盈利能力。企业持有较多的流动资产，特别是现金资产，能够有效提高企业的偿债能力，但会降低企业的盈利能力，因此应利用最佳现金持有量及经济订货批量等模型确定现金、存货等流动资产在总资产中的最优比率。

（2）结合销售收入，分析企业资产组成要素的周转情况。资产周转速度直接影响到企业的盈利能力，如果企业资产周转较慢，就会占用大量资金，增加资金成本，减少企业的利润。对资产周转情况分析，不仅要分析企业总资产周转率，还要进一步分析流动资产周转率、存货周转率、应收账款周转率等有关资产组成要素的使用效率，以判明影响资产周转的主要问题出在哪里。

权益乘数表示企业的负债程度，反映了公司利用财务杠杆进行经营活动的程度。资产负债率高，权益乘数就大，这说明公司负债程度高，公司会有较高的杠杆利益，但风险也高；反之，资产负债率低，权益乘数就小，这说明公司负债程度低，公司杠杆利益下降，但相应所承担的风险也低。

二、杜邦分析法运用

结合格力电器2015~2019年的财务报表，得到其杜邦分析法的相关指标数据，如表10-1所示。

表 10-1　格力电器杜邦分析计算表

项目	2015年	2016年	2017年	2018年	2019年
销售净利率	12.9%	14.3%	15.1%	13.31%	12.50%
总资产周转率/次	0.61	0.63	0.75	0.85	0.74
权益乘数	3.33	3.32	3.22	2.71	2.53
股东权益报酬率	26.20%	29.91%	36.43%	30.66%	23.36%

杜邦分析法中的几种主要财务指标关系为

销售净利率=净利润/营业收入×100%

资产周转率=营业收入/平均总资产

权益乘数=平均总资产/平均权益总额

股东权益报酬率=销售净利率×资产周转率×权益乘数

由格力电器杜邦分析计算表（表 10-1）可知，格力电器从 2015 年到 2017 年股东权益报酬率总体呈稳定上升趋势，从 2015 年的 26.20%上升到 2017 年的 36.43%。但从 2018 年起，股东权益报酬率却开始下降。现在我们用因素分析法对 2018 ~ 2019 年的下降原因进行分析，以了解杜邦分析法的具体运用方法。

2018 年股东权益报酬率=13.31%×0.85×2.71=30.66%

2019 年股东权益报酬率=12.50%×0.74×2.53=23.40%

2019 年股东权益报酬率与 2018 年相比，下降了 7.26 个百分点。其中，销售净利率对股东权益报酬率的影响：

（12.50%−13.31%）×0.85×2.71=−1.87%

2019 年与 2018 年相比，销售净利率下降了 0.81%（12.50%−13.31%），使股东权益报酬率下降了 1.87%。

总资产周转率对股东权益报酬率的影响：

12.50%×（0.74−0.85）×2.71=−3.73%

2019 年与 2018 年相比，总资产周转率下降 0.11（0.74−0.85），使股东权益报酬率下降 3.73%。

权益乘数股东权益报酬率的影响：

12.50%×0.74×（2.53−2.71）=−1.67%

2019 年与 2018 年相比，权益乘数下降 0.18（2.53−2.71），使股东权益报酬率下降了 1.67%。

以上三个因素对股东权益报酬率的总影响为

−1.87%+（−3.73%）+（−1.67%）=−7.27%

从上面的分析可以看出，格力电器 2019 年的股东权益报酬率较上年下降了 7.27%，这个差异主要是由销售净利率、总资产周转率和权益乘数三个因素下降造成的。计算结果表明，前两种因素均为不利因素，其中销售净利率下降影响值为 1.87%，总资产周转率下降影响值为 3.73%，权益乘数下降影响值为 1.67%。引起总资产报酬率下降的主要原因是总资产周转率的迟缓，而国内空调销售进入瓶颈期是总资产周转率迟缓的主要原因。对于这个不利因素，格力电器今后要通过强化企业管理，优化资源管理，缩短生产经营周期，通过供给侧结构性改革、加快新产品研发等方式来解决。对于权益乘数下降所引起的对股东权益报酬率的影响，这与当年银行筹资难度增大和企业面对复杂市场情况主动降低财务风险有很大关系。今后可考虑适当增加负债，积极获取财务杠杆收益，以提高股东权益报酬率。

将格力电器与美的集团的杜邦分析表进行对比分析，如表 10-2 所示。

表 10-2 美的集团杜邦分析计算表

项目	2015 年	2016 年	2017 年	2018 年	2019 年
销售净利率	9.84%	9.97%	7.73%	8.34%	9.09%
总资产周转率/次	1.11	1.06	1.15	1.01	0.98
权益乘数	2.30	2.47	2.99	2.85	2.81
股东权益报酬率	13.81%	15.54%	17.35%	20.22%	18.89%

通过两个公司 2015~2019 年的杜邦分析计算表可知，格力电器的股东权益报酬率一直高于美的集团。这主要是因为格力电器一直在产品利润和负债经营上有优异表现，使销售净利润和权益乘数指标均高于美的集团。但格力电器对资产营运能力的管理水平还需进一步提高，五年间该公司的总资产周转率一直低于美的集团。2019 年，由于格力电器销售净利率、总资产周转率和权益乘数均下降，使其股东权益报酬率指标下降，而美的集团股东权益报酬率保持相对稳定。这需引起格力电器管理层的高度重视，尽早摆脱产品单一化所带来的弊端，使公司在面临复杂市场情况时能够从容应对。

三、杜邦分析法的局限性

从企业绩效评价的角度来看，杜邦分析法只包括财务方面的信息，不能全面反映企业的综合实力，有很大的局限性，主要表现在以下几个方面。

（1）对短期财务结果过分重视，有可能助长公司管理层的短期行为，忽略企业长期的价值创造。

（2）财务指标反映的是企业过去的经营业绩，这在工业时代能够满足企业的业绩评价需求。但在信息时代，顾客、供应商、雇员、技术创新等因素对企业经营业绩的影响越来越大，而杜邦分析法在这些方面是无能为力的。

（3）在市场经济环境中，企业的无形资产对提高企业长期竞争力至关重要，但杜邦分析法却不能解决无形资产的估值问题。

第三节 沃尔评分法

一、沃尔评分法的概念

沃尔评分法是由财务状况综合评价的先驱——亚历山大·沃尔教授最先提出的。在此之前，人们进行财务分析时，遇到的一个主要困难是计算出财务比率后，无法判断它是偏高还是偏低，难以评价其在市场竞争中的优劣地位。为弥补这些缺陷，1928 年，沃尔在其出版的《信用晴雨表研究》和《财务报表比率分析》等著作中提出了信用能力指数概念，将流动比率、产权比率、固定资产比率、存货周转率、应收账款周转率、净资产周转率等 7 项财务比率用线性关系结合起来，设定总和为 100 分，分别给定各个比率在总评价中所占的比重，然后通过与标准比率进行比较，确定各项指标的相对比率和实际分数，从而对企业的财务状况做出评价。

二、沃尔评分法的步骤

（1）选定若干财务指标，按其重要程度给定一个分值，即重要性权数，其总和为100分。

（2）确定各个指标的标准值。财务指标的标准值，可以采用行业平均值、企业的历史先进数、国家有关标准或国际公认的基准等。

（3）计算出各指标的实际值，并与所确定的标准值进行比较，计算一个相对比率，将各项指标的相对比率与其重要性权数相乘，得出各项比率指标的实际分数，即实际分数=实际值÷标准值×权重。

（4）将各项比率指标的实际分数相加，最终得出企业的综合分数，即可以判明企业财务状况的优劣。

根据以上分析步骤，现将格力电器2018年及2019年的沃尔分析评分表计算如下，见表10-3和表10-4。

表10-3 格力电器2018年沃尔分析评分表

财务比率	权重 ①	标准值 ②	实际值 ③	相对比率 ④=③/②	综合分数 ⑤=①×④
流动比率	25	2	1.27	0.64	15.88
净资产/负债总额	25	1.5	0.58	0.39	9.67
资产/固定资产	15	2.5	13.66	5.46	81.96
销售成本/存货	10	8	7.56	0.95	9.45
销售收入/应收账款	10	6	29.32	4.89	48.87
销售收入/固定资产	10	4	11.05	2.76	27.63
销售收入/净资产	5	3	2.14	0.71	3.57
合计	100				197.03

表10-4 格力电器2019年沃尔分析评分表

财务比率	权重 ①	标准值 ②	实际值 ③	相对比率 ④=③/②	综合分数 ⑤=①×④
流动比率	25	2	1.26	0.63	15.75
净资产/负债总额	25	1.5	0.66	0.44	11.00
资产/固定资产	15	2.5	14.80	5.92	88.80
销售成本/存货	10	8	6.51	0.81	8.14
销售收入/应收账款	10	6	24.44	4.07	40.73
销售收入/固定资产	10	4	10.57	2.64	26.43
销售收入/净资产	5	3	1.77	0.59	2.95
合计	100				193.8

一般情况下，如果最终的综合得分是100分或接近100分，则可认为企业的财务状况是良好的，达到了预先设定的标准；如果实际得分远远低于100分，则说明企业的财务状况不佳，应分析低分是由哪些财务指标所导致，深入分析其背后的原因，采取适当措施予以改善；如果实际得分远远超过100分，则说明企业的财务状况比较理想。在采用沃尔评分法进行综合评价时，最好能与企业历史数据或同行业代表性企业的综合得分进行比较，这样得出的分析结论才会更加客观和准确。

从表10-3和表10-4可知，格力电器2018年的综合得分是197.03分，2019年的综合得分是193.8分，均远远高于100分的标准值，可认为格力电器的财务状况是比较良好的。2019年较2018年的综合得分下降3.23分，主要是由存货周转率、应收账款周转率及固定资产周转率下降所致。所以，格力电器应进一步提高管理水平，增强资产营运能力。这一结论与杜邦分析法的结论也是一致的。

三、沃尔评分法的缺陷

（1）沃尔评分法至今未能充分证明为什么要选择流动比率、权益乘数等7个指标，而不是更多或更少些，或者选择别的财务比率。这些指标更多的是评价企业的短期流动性，用来衡量企业的短期偿债能力尚可，但若用来衡量企业的综合财务能力则显然不够。

（2）对每个指标权重的分配问题没有有力的论证，为何销售收入/净资产只占到5%的权重，而流动比率和净资产/负债总额两个指标就占到50%。

（3）财务比率的标准值也是由经验判断确定。但不同行业不同规模的企业，甚至同一企业在不同时期的“标准状态”也应是不同的，因此用固定的标准值作为各种类型企业财务状况的判断标准是不科学的。

（4）最终以综合得分的高低作为财务状况的评价标准也是不合理的。一是如果个别指标偏高，可能会使最终的综合得分较高，掩饰个别得分较低的指标，产生以点概面现象，得到的评价结果自然是不准确的；二是有的指标并不是越高越好，如流动比率，这一指标过高必然会影响企业的盈利能力，但并不利于企业的发展。

第四节　企业经营业绩评价综合指数法

为进一步提高企业财务综合分析的准确性，人们针对沃尔评分的缺陷，提出了很多解决的方法，也随之产生了一系列全新的财务综合评价方法。现介绍在实践中常用的一种企业经营业绩评价综合指数法，其主要内容包括选择经营业绩评价指标、确定各项评价指标的标准值、计算各项评价指标的单项指数、确定各项评价指标的权数、计算综合经济指数、评价综合经济指数等内容。

一、选择经营业绩评价指标

进行经营业绩评价的首要步骤是正确选择评价指标，指标选择要根据分析目的和要求，考虑分析的全面性、综合性。我们按照财政部出台的企业经济效益评价指标体系确定评价指标。这套体系包含以下四个方面的评价内容。

第一，从投资者角度设置的反映获利能力的指标，包括销售利润率、总资产报酬率、资本收益率和资本保值增值率。

（1）销售利润率是衡量企业销售收入收益水平的指标，其计算公式为

销售利润率=营业利润/营业收入×100%

（2）总资产报酬率是衡量企业总资产获利能力的指标，其计算公式为

总资产报酬率=（利润总额+利息支出）/平均资产总额×100%

其中，利润总额是指企业实现的全部利润，包括企业当年营业利润、投资收益、补贴收入、净额等内容，如为亏损，则用“–”号表示。

平均资产总额=（资产总额年初数+资产总额年末数）/2

（3）资本收益率是衡量股东投入资本盈利能力的指标，其计算公式为

资本收益率=净利润/实收资本×100%

需要注意的是，式中使用的是实收资本。实收资本不一定等于注册资金，因为在授权资本制下，公司成立时确定的资本金总额不要求投资者一次性缴付其全部出资额，只缴纳第一期出资额，公司成立后委托董事会筹措资本，这时实收资本与注册资本不一致，为了正确反映股东投入资本的盈利能力，选择实收资本比较准确。

（4）资本保值增值率是衡量企业资本的运营效益与安全状况能力的指标，其计算公式为

资本保值增值率=期末所有者权益/期初所有者权益×100%

第二，从债权人角度设置的反映偿债能力的指标，包括资产负债率、流动比率和速动比率。

（1）资产负债率是衡量债权人所提供的资本占全部资本比率的指标，其计算公式为

资产负债率=负债总额/资产总额×100%

（2）流动比率是衡量企业流动资产在短期债务到期以前，可以变为现金用于偿还负债的能力指标，其计算公式为

流动比率=流动资产/流动负债×100%

（3）速动比率是衡量企业流动资产中可以立即变现用于偿还流动负债能力的指标，其计算公式为

速动比率=速动资产/流动负债×100%

其中，速动资产=流动资产–存货。

第三，从企业角度设置的反映营运能力的指标，包括应收账款周转率和存货周转率。

（1）应收账款周转率是衡量企业应收账款周转速度快慢的指标，其计算公式为

应收账款周转率=赊销收入净额/应收账款平均余额×100%

其中，应收账款平均余额=（期初应收账款余额+期末应收账款余额）/2。

在实践中，由于企业一般不愿意公开赊销收入净额，可用营业收入值进行替代。

（2）存货周转率是衡量存货周转速度快慢及存货资金占用量是否合理的指标，其计

算公式为

存货周转率=营业成本/平均存货余额×100%

其中，平均存货余额=（期初存货+期末存货）/2。

第四，从社会角度设置的反映企业社会贡献能力的指标，包括社会贡献率和社会积累率。

（1）社会贡献率是衡量企业运用全部资产为国家或社会创造或支付价值能力的指标，其计算公式为

社会贡献率=社会贡献总额/平均资产总额×100%

其中，社会贡献总额包括工资、劳保退休统筹及其他社会福利支出、利息支出净额、应交或已交的增值税、消费税、有关销售税金及附加、所得税及有关费用和净利润等。

（2）社会积累率用于衡量企业社会贡献总额中多少用于上交国家财政和支持社会公益事业，从而直接或间接反映企业的社会责任的指标，其计算公式为

社会积累率=上交国家财政总额/企业社会贡献总额×100%

其中，上交国家财政总额包括企业依法向财政交纳的各项税款，如增值税、所得税、产品销售税金及附加、其他税款等。

二、确定各项评价指标的标准值

业绩评价指标标准值可根据分析的目的和要求确定，可用某企业某年的实际数，也可用同类企业、同行业或部门平均数，还可用国际标准数表示。

一般来说，当评价企业经营计划完成情况时，可以企业计划水平为标准值；当评价企业经营业绩水平变动情况时，可以企业前期水平为标准值；当评价企业在同行业或在全国或国际上所处地位时，可用行业标准值或国家标准值或国际标准值。实践中，我们可选用国务院国有资产监督管理委员会财务监督与考核评价局制定的企业绩效评价标准值，该指标体系分十大类进行每年定期发布，较容易获得也比较有代表性。家用电器制造业绩效评价标准值如表10-5和表10-6所示。

表10-5 家用电器制造业绩效评价标准值（2018年）

指标	优秀值	良好值	平均值	较低值	较差值
总资产报酬率	7.3%	5.1%	2.8%	−3.5%	−5.9%
销售利润率	17.6%	11.2%	5.9%	−3.0%	−12.6%
资本收益率	17.8%	12.4%	8.5%	−2.5%	−7.1%
应收账款周转率/次	14.9	11.9	7.8	4.1	1.7
资产负债率	49.5%	54.5%	59.5%	69. 5%	84.5%
速动比率	120.8%	103.2%	79.2%	60.9%	31.0%
现金流动负债比率	14.0%	7.2%	5.2%	−2.8%	−9.3%
资本保值增值率	110.2%	104.8%	101.4%	93.7%	87.1%
存货周转率/次	8.4	5.1	3.9	2.4	1.7

表 10-6　家用电器制造业绩效评价标准值（2019 年）

指标	优秀值	良好值	平均值	较低值	较差值
总资产报酬率	7.8%	5.7%	3.4%	−2.8%	−5.3%
销售利润率	16.9%	10.5%	5.2%	−3.7%	−13.4%
资本收益率	10.6%	5.2%	1.4%	−9.6%	−14.2%
应收账款周转率/次	16.2	13.2	9.1	5.4	3.0
资产负债率	49.0%	54.0%	59.0%	69.0%	84.0%
速动比率	121.1%	103.5%	79.5%	61.2%	31.3%
现金流动负债比率	14.0%	7.2%	5.2%	−2.8%	−9.3%
资本保值增值率	109.9%	105.4%	104.9%	92.2%	85.7%
存货周转率/次	8.6	5.3	4.1	2.6	1.9

三、计算各项评价指标的单项指数

单项指数是指各项经济指标的实际值与标准值之间的比值，其计算公式为

单项指数=某指标实际值/该指标标准值

在使用这一指数计算时要注意，单项指数计算公式主要用于评价指标为纯正正指标或纯正逆指标。如果评价指标是纯正正指标，则单项指数越高越好，如销售利润率、股东权益报酬比等指标；如果评价指标为纯正逆指标，则单项指数越低越好，如销售成本率、成本费用率等指标。但像流动比率、速动比率等指标，过低则说明企业的偿债能力弱，面临出现财务风险的可能；但若比率值太高，则表明企业流动资产占用过高，会削弱企业的盈利能力，对企业的发展是不利的。对于这类既不是纯正正指标，又不是纯正逆指标的指标，其单项指数可按如下公式计算：

$$\text{单项指标}=\frac{\text{标准值}-\text{实际值与标准值差额的绝对值}}{\text{标准值}}\times 100\%$$

例如，流动比率的标准值一般为 200%，则当流动比率实际值为 210%时，其单项指数为

$$\text{单项指标}=\frac{200\%-|210\%-200\%|}{200\%}\times 100\%=95\%$$

四、确定各项评价指标的权数

综合经济指数不是单项指数的简单算术平均数，而是一个加权平均数。因此，要计算综合经济指数，应在计算单项指数的基础上，确定各项指标的权数。

各项经济指标权数的确定应依据各指标的重要程度而定，一般来说，某项指标越重要，其权数就越大；反之，则权数就越小。十项经济效益指标的权重总和为 100，通过测算并参考发达国家的做法，将各项经济效益指标的权数确定如下：销售利润率为 15、总资产报酬率为 15、资本收益率为 15、资本保值增值率为 10、资产负债率为 5、流动比

率（或速动比率）为 5、应收账款周转率为 5、存货周转率为 5、社会贡献率为 10、社会积累率为 15。

五、计算综合经济指数

综合经济指数是以各单项指数为基础，乘以各指标权数所得到的一个加权平均数。综合经济指数的计算有两种方法。

1. 按各项指标实际指数计算（不封顶）

在按各项指标实际指数计算时，其计算公式为

$$综合经济指数=\sum(某指标单项指数\times该指标权数)$$

2. 按扣除超过 100%部分后计算（封顶）

当全部指标中没有逆指标时，如果某项指标指数超过 100%，则扣除超出部分，按 100%计算，如果某项指标指数低于 100%，则按该指标实际指数计算。其计算公式为

$$综合经济指数=\sum[某指标指数（扣除超出部分）\times该指标权数]$$

根据以上分析步骤，现用第一种不封顶的计算方法将格力电器 2019 年的综合经济指数计算如下，见表 10-7。

表 10-7 格力电器 2019 年的综合经济指数计算表

经济指标	标准值	实际值	单项指数	权重	经济综合指数
总资产报酬率	3.4%	8.77%	257.94%	15	38.69
销售利润率	5.2%	14.94%	287.31%	15	43.10
资本收益率	1.4%	9.3%	664.29%	15	99.64
应收账款周转率/次	9.1	24.44	268.57	5	13.43
资产负债率	59.0%	60.4%	97.63%	5	4.88
速动比率	79.5%	111.62%	59.60%	5	2.98
资本保值增值率	104.9%	120.85%	115.20%	10	11.52
存货周转率/次	4.1	6.51	158.78	5	7.94
社会贡献率	35%	35%	100.00%	10	10.00
社会积累率	30%	30%	100.00%	15	15.00
合计				100	247.18

注：社会贡献率和社会积累率实际值由于受资料限制，假设其为标准值。资产负债率、速动比率采用第二种单项指标计算法计算。标准值为家电制造业绩效评价平均值

六、评价综合经济指数

按第一种方法（不封顶）计算综合经济指数时，当各项业绩指标中没有纯正正指标时，综合经济指数以小于 100%为好，而且越低越好；当各项业绩指标中没有纯正逆指标时，综合经济指数越高越好。当综合经济指数达到或超过 100%时，说明企业经营业绩总体水平达到标准要求，或者说企业取得了较好的经济效益；否则，综合经济指数低于 100%，说明企业经济效益水平没达到标准要求，该指标越低，经营业绩水平越差。

按照第二种方法（封顶）计算综合经济指数时，其最高值为 100%，越接近 100%，

说明企业经营业债总体水平越好。

从格力电器 2019 年的综合经济指数表可知，该集团 2019 年综合经济指数为 247.18，远大于 100，说明该公司较好地实现了经营业绩目标。

在使用综合指数法进行业绩评价时要注意以下两方面的问题。

首先，各项经济评价指标在性质上应基本保持一致性，即所有指标都选择纯正正指标或纯正逆指标。若选取的指标中既有纯正正指标又有纯正逆指标，应采用合适的方式将逆指标转换成正指标或相反。例如，存货周转率等周转速度指标，按次数算为正指标，按天数算则为逆指标。由于大多数评价指标都是正指标，所以一般情况下都是将这些周转速度指标转换成正指标进行评价。

其次，关于采用封顶法还是不封顶法计算综合经济指数的问题。如果采用不封顶法计算，则各单项指数的取值可以高于 100%，则综合经济指数可能高于 100%，这样做的优点是，该指数越高，说明企业经营业绩越好；它的缺点是，某些过高的评价指标可能会弥补一些过低的评价指标，这样即使综合经济指数高于 100%，也不能说明企业的各项经济指标都达到了标准值要求，从而掩盖了企业在某方面存在的问题。若采用封顶法进行计算，则可以达到“去掉一个最高分”效果，削弱个别异常较高指标对综合指数的影响。只要综合经济指数达到 100%，就说明企业各项经济指标都达到或超过了标准值，取得了理想的经营业绩，低于 100%则说明企业在某方面一定存在问题。这种方法的缺点是，如果几个评价指标都达到 100%，很难从中分析出各个指标之间的优劣。

如上文所述的格力电器案例中，若采用封顶法计算，其综合经济指数为 97.86%，未达到 100%。而采用不封顶法计算导致综合经济指数远高于 100%，主要是由资本收益率等指标过高带来的影响。

因此，进行企业经济效益综合评价时，在标准值比较先进时，可采用指数封顶的方法；当标准值为平均值时，则应采取指数不封顶的方法。企业在进行自身经营业绩评价时，也可将两种方法结合使用，取长补短，从而准确地评价企业的经营业绩。

➢思考题

1. 财务综合分析的内容有哪些？
2. 杜邦分析法的核心指标是什么？为何将其作为核心指标？
3. 杜邦分析法揭示的提升企业股东权益报酬率的方法有哪些？
4. 沃尔评分法的缺陷有哪些？
5. 怎样运用企业经营业绩评价综合指数法进行评价？
6. 企业经营业绩评价综合指数计算封顶法和不封顶法各有何优劣？

➢练习题

一、单项选择题

1. 下列关于杜邦分析体系的说法中，不正确的是（　　）。

A. 杜邦财务分析体系以净资产收益率为起点

B. 负债比率提高有益于股东权益报酬率提高

C. 决定净资产收益率高低的主要因素是销售净利率、总资产周转率和权益乘数
D. 要想提高销售净利率，只能降低成本费用

2. 下列指标中不属于沃尔评分法七个指标体系的是（ ）。
A. 流动比率　　B. 资产/固定资产
C. 销售收入/固定资产　　D. 销售增长率

3. （ ）是一个重要的财务比率，是企业销售利润率与资产利润率的综合表现。
A. 权益乘数　　B. 销售利润率
C. 总资产利润率　　D. 总资产周转率

4. （ ）反映了企业税后净利润与企业销售收入的关系，是提高企业盈利能力的关键所在。
A. 总资产利润率　　B. 销售利润率
C. 权益乘数　　D. 总资产周转率

5. 在杜邦财务分析体系中，假设其他情况相同，下列说法错误的是（ ）。
A. 权益乘数大则财务风险大
B. 权益乘数大则权益净利率大
C. 权益乘数等于资产权益率的倒数
D. 权益乘数大则资产净利率大

6. 下列指标中不属于纯正正指标的是（ ）。
A. 流动比率　　B. 销售增长率
C. 利润增长率　　D. 股东权益报酬率

二、多项选择题

1. 利用杜邦财务分析体系，可以（ ）。
A. 了解企业的人力资源结构
B. 了解各项财务分析指标间的结构关系
C. 了解企业财务状况的全貌
D. 分析企业经营过程中存在的问题
E. 分析各项主要财务指标增减变动的原因

2. 沃尔评分法的缺陷在于（ ）。
A. 所选指标并不是值越高越好　　B. 选择了多个财务指标
C. 没有说明选择财务指标的原因　　D. 没有分析各指标比重分配的原因
E. 只能够揭示企业某一方面的财务状况

3. 杜邦财务分析体系中，提高资产净利率的途径有（ ）。
A. 加强负债管理，提高资产负债率
B. 加强销售管理，提高销售利润率
C. 加强资产管理，提高资产利用率
D. 加快流动资产周转，提高流动资产周转率
E. 减少负债，提高企业抵御财务风险的能力

4. 对权益乘数而言，其正确的说法有（ ）。

A. 表示企业的负债程度

B. 权益净利率除以资产净利率可以计算权益乘数

C. 权益乘数总是固定的

D. 个别企业可能不存在权益乘数

5. 下列财务指标中，既不是纯正正指标也不是纯正逆指标的是（ ）。

A. 资产负债率　　B. 股东权益报酬率

C. 流动比率　　D. 速动比率

E. 销售利润率

三、判断题

1. 最能体现企业经营目标的财务指标是净资产收益率。（ ）

2. 财务综合分析能为宏观经济调控提供参考。（ ）

3. 在杜邦财务分析体系中，综合性最强，最具有代表性的财务比率是市盈率。（ ）

4. 负债水平越低，股东权益报酬率越高。（ ）

5. 使用经营业绩评价综合指数法进行评价时，必须将评价指标全部调整为正指标或逆指标。（ ）

➢上市公司案例分析

1. 公司简介

贵州益佰制药股份有限公司（简称益佰制药）（股票代码：600594），是一家集新型药品的研究、开发、生产和销售为一体的高新技术企业。公司创建于 1995 年 6 月 12 日，2000 年 11 月完成股份制改造，并于 2004 年 3 月在上海证券交易所成功上市，成为贵州省首家取得上市资格的非公有制企业。

益佰制药是集药品研发、生产、销售为一体的医药工业企业。公司产品涉及肿瘤、心脑血管、妇科、儿科、骨科和呼吸等多个治疗领域，已形成比较完善的产品布局。2019 年，益佰制药获得“2018 年度中国中药企业 100 强”第 47 名、“2018 年度中国医药工业百强”第 88 名、连续 14 次入榜“贵州企业 100 强”第 54 名、连续第 5 次入榜“贵州民营企业 100 强”第 9 名、入榜 2018 年首次推出的“贵州制造业企业 100 强”第 24 位等荣誉。益佰制药经过多年的发展，从单一中成药企业发展成为拥有化学制剂、中成药、生物制剂、大健康产品、医疗服务的全产业链医药工业集团。

2019 年，益佰制药实现营业收入 336 102.60 万元，与上年同期相比，实现扭亏为盈，公司经营业绩止跌企稳。其中，医药工业板块实现营业收入 280 424.48 万元，同比减少 6.29%；医疗服务板块实现营业收入 54 475.31 万元，同比减少 38.07%，营业收入增速出现下降，主要由本期出售医疗资产合并范围变动所致。医药工业板块与医疗服务板块营业收入占比分别为 83.43%、16.21%，医药工业板块为公司的主要业绩贡献的来源。2019 年经营活动产生的现金流量净额 36 271.37 万元，较 2018 年增加 69.26%，主要是本期销售收现速度加快所致。报告期内，公司继续加大研发投入，全年研发投入 17 795.79 元，同比增长 19.08%。

2020年伊始，突然暴发的新型冠状病毒肺炎疫情对全球宏观经济造成巨大的影响，受到企业复工复产延迟、医院非疫情需求端下降等因素的影响，医药行业也面临了严峻的挑战，预计2020年全年医药行业增速将显著放缓。面对不利的市场环境，益佰制药将继续坚持“一舰双翼”的发展战略，立足药品制造领域，夯实制药主业，依托中药为基础，形成生物药和化学药并举的综合性制药企业，凝心聚力，发力增长！

2. 主要财务数据

益佰制药主要财务数据如表10-8所示。

表10-8 益佰制药2015~2019年主要财务数据 单位：万元

项目	2015年	2016年	2017年	2018年	2019年
利润表摘要					
营业收入	330 251.90	368 682.30	380 766.20	388 286.30	336 102.60
营业成本	63 228.30	86 780.90	96 151.10	107 584.20	73 560.20
营业利润	19 453.80	46 392.80	46 631.40	−77 795.00	23 875.30
利润总额	22 733.30	48 334.00	48 653.30	−78 594.70	20 832.30
所得税费用	4 730.00	9 862.20	7 875.30	−10 146.00	7 590.60
净利润	17 375.60	38 156.80	40 777.90	−68 448.70	13 241.70
基本每股收益/元	0.24	0.49	0.49	−0.92	0.18
资产负债表摘要					
货币资金	104 974.90	102 533.30	116 554.70	55 079.90	102 338.50
应收账款	23 627.50	35 249.30	38 252.70	32 405.50	29 393.70
存货	20 826.90	28 028.90	33 249.40	35 894.90	41 055.00
流动资产合计	257 996.70	253 223.70	265 261.50	312 099.90	272 205.90
固定资产	90 520.00	103 583.00	147 209.30	140 088.90	122 969.90
非流动资产合计	300 761.20	405 667.80	454 188.00	335 457.00	289 595.70
资产总计	558 757.90	658 891.50	719 449.50	647 556.80	561 801.60
流动负债合计	170 209.90	192 680.20	168 019.10	193 619.90	107 229.60
非流动负债合计	29 993.60	42 203.00	82 541.90	58 143.40	82 268.00
负债合计	203 754.80	239 617.40	255 295.20	256 497.40	189 497.60
所有者权益（或股东权益）合计	355 003.10	419 274.20	464 154.20	391 059.40	372 304.00

3. 案例分析

（1）计算益佰制药2018年、2019年销售净利率、总资产周转率、权益乘数、股东权益报酬率指标。

（2）运用杜邦分析法，比较益佰制药2018年和2019年股东权益报酬率的差别，并分析其原因。

（3）运用杜邦分析原理对益佰制药2019年的经营状况进行总体评价。

第十一章

其他财务信息分析

本章学习目标

1. 掌握财务报表附注的内容。
2. 了解财务报表附注分析的方法和思路。
3. 了解审计报告种类，能够读懂各类审计报告包含的信息。
4. 了解关联方关系和交易的含义。

第一节　财务报表附注分析

一、财务报表附注的作用

现代企业的会计报表附注，不仅包括对有关报表项目的分析与解释，还包括对企业编制财务报表所依据的会计政策、会计事项的不确定性与风险的说明，以及对编表日后所发生的重大事项的说明等。概括地说，会计报表附注将起到以下几方面的作用。

（一）提高会计信息可比性

会计报表是依据会计准则编制而成的，会计准则要求会计报表处理方法前后期间的一贯性，一般不得随意变更，但当经济环境发生变化，或企业某类业务的实际情况发生变化时，企业有可能改变原来采用的会计处理方法，会计处理方法的变更自然会影响会计信息的可比性。因此，在财务报告中，通过会计报表附注，用适当的方式来说明企业所选用的会计政策及其变更，就大大提高了不同企业及本企业前后期之间会计资料的可比性。

（二）使会计报告易于理解

要理解会计报表数据之间存在的内在逻辑关系，需要一定的会计基础知识。而会计报表的使用者十分广泛，不仅知识背景不同，对信息需求的要求也各有侧重。通过会计报表附注对表中数字进行解释，有助于报表使用者正确理解会计报表，合理取得所需的会计信息。另外，从形式上说，会计报表以数字表示为主，会计报表附注则重在文字说明，辅以数字解释，两者结合，更易使使用者获得信息。

（三）体现完整性

会计报表附注包括企业采用的主要会计政策、会计报表主要项目的明细资料，以及对企业重要事项的揭示等，从而使会计报表提供的信息更加完整，有助于报表使用者更全面地了解企业的财务状况和经营成果。

（四）突出重要性

会计报表中含有的数量信息较多，内容复杂，使用者可能会抓不住重点，对其中的重要信息了解不够全面、详细。通过附注，可将会计报表中的重要数据进一步予以分解说明，以便帮助使用者了解哪些是重要的信息，应当引起注意，并在决策中有所考虑。

总之，会计报表附注既可以对基本财务报表的有关内容做详细说明，也可以对报表内容做必要补充，甚至可以成为阅读财务报表的前提条件。国际会计准则委员会对会计报表附注高度重视，在 1997 年修订的国际会计准则第 1 号（International Accounting Standards 1，IAS1）《财务报表列报》中，将其作为“结构和内容”大项下单独的一部分进行规定，与各主要报表处于同等重要地位。我国最新会计准则也对其细则给予了同样的重视。

二、财务报表附注的内容

财务报表附注是企业财务报告不可缺少的部分，是对财务报表本身无法或难以充分表述的内容和项目所做的补充说明，由于资产负债表、利润表、现金流量表以及相关的附表受报表特有的格式、篇幅及反映形式等诸多方面的限制，其所提供的信息是有限的，不能完全满足报表使用者的需要，因此，有必要通过财务报表附注，对财务报表的相关项目，会计年度内执行的会计政策和方法，会计处理方法的变更情况、变更原因以及对财务状况和经营成果的影响等做出详细说明。

根据中国证券监督管理委员会发布的《会计报表附注指引（试行）》，会计报表附注的内容应包括所有在会计报表内未提供的，与公司财务状况、经营成果和现金流量有关的，有助于报表使用者更好地了解会计报表且可以公开的重要信息。具体应包括以下几个方面。

（一）企业的基本情况

（1）企业注册地、组织形式和总部地址。

（2）企业的业务性质和主要经营活动。

（3）母公司以及集团最终母公司的名称。

（4）财务报告的批准报出者和财务报告批准报出日。

（二）财务报表的编制基础

企业应当披露是在何种基础上编制的财务报表。一般情况下，以持续经营为基础编制财务报表。在编制财务报表时，企业应当对持续经营的能力进行估计。如果已决定进行清算或停止营业，或者已确定在下一个会计期间将被迫进行清算或停止营业，则不应再以持续经营为基础编制财务报表。如果财务报表不是以持续经营为基础编制的，则企业应当在财务报表附注中先对此予以披露，并进一步披露财务报表的编制基础，以及企业未能以持续经营为基础编制财务报表的原因。

（三）遵循会计准则的声明

企业应当声明编制的财务报表符合《企业会计准则》的要求，真实、完整地反映企业自身的财务状况、经营成果和现金流量等有关信息。

（四）重要会计政策和会计估计

1. 重要会计政策的说明

由于企业经济业务的复杂性和多样化，某些经济业务可以有多种会计处理方法，即存在不止一种可供选择的会计政策。企业选择不同的会计处理方法，可能极大地影响企业的财务状况和经营成果，进而编制出不同的财务报表。为了有助于使用者理解，有必要对这些会计政策加以披露。重要会计政策的说明包括：

（1）财务报表项目的计量基础。会计计量基础包括历史成本、重置成本、可变现净值、现值和公允价值。例如，存货是按成本还是按可变现净值计量等。

（2）会计政策的确定依据，主要是指企业在运用会计政策过程中，对报表项目金额最具影响的判断。

2. 重要会计估计的说明

重要会计估计的说明，包括下一会计期间内很可能导致资产、负债重大调整的会计估计的确定依据等。

（五）会计政策、会计估计变更和差错更正的说明

企业应当按照《企业会计准则第 28 号——会计政策、会计估计变更和差错更正》及其应用指南的规定，披露会计政策和会计估计变更以及差错更正的有关情况。

（六）报表重要项目的说明

企业对报表重要项目的说明，应当按照资产负债表、利润表、现金流量表、所有者权益变动表及其项目列示的顺序，采用数字和文字描述相结合的方式进行披露。报表重要项目的明细金额合计，应当与报表项目金额相衔接。

（七）或有事项

或有事项是指过去的交易或事项形成的一种状况，其结果需由未来不确定事件的发生或不发生加以证实。常见的或有事项有商业票据背书转让或贴现、未决诉讼、未决仲裁、产品质量保证等。或有事项可分为或有负债和或有资产：或有负债若确认为负债，则需确认支出，不确认为负债时只需做相关说明。或有资产不记入收益。但是，当或有负债确认为负债时，所确认支出仅是估计值，不确认为负债时不必披露金额，投资者需对或有事项发生的可能性及金额予以估计。

（八）资产负债表日后事项

资产负债表日后事项是指自年度资产负债表日至财务会计报告批准报告日之间发生的，需要调整或说明的事项。企业应当在附注中披露与资产负债表日后事项有关的下列信息。

（1）财务报告的批准报出者和财务报告批准报出日。按照有关法律、行政法规等规定，企业所有者或其他方面有权对报出的财务报告进行修改的，应当披露这一情况。

（2）每项重要的资产负债表日后非调整事项的性质、内容，以及其对财务状况和经营成果的影响。无法做出估计的，应当说明原因。

（九）关联方关系及其交易事项

1. 关联方关系的披露

企业无论是否发生关联方交易，均应披露与母公司和子公司有关的下列信息。

（1）本企业的母公司有关信息披露格式和内容，如表 11-1 所示。

表 11-1 格力电器母公司的相关信息

母公司名称	关联关系	企业类型	注册地	法人代表	业务性质	注册资本
珠海格力集团有限公司	母公司	国有独资	珠海	董明珠	投资与资产管理	80 000 万元

母公司不是本企业最终控制方的，需说明最终控制方名称。母公司和最终控制方均不对外提供财务报表的，需说明母公司之上与其最相近的对外提供财务报表的母公司名称。

（2）本企业的子公司有关信息披露格式和内容，如表 11-2 所示。

表 11-2 格力电器子公司的相关信息

子公司名称	注册地	业务性质	注册资本	本企业会计持股比例	本企业会计享有的表决权比例
格力电器（合肥）有限公司	合肥市	工业制造	—	100%	100%
格力电器（重庆）有限公司	重庆市	工业制造	—	97%	97%

2. 关联方交易的披露

企业与关联方发生关联方交易的，应披露该关联方关系的性质、交易类型及交易要素。交易要素至少应当包括：①交易的金额；②未结算项目的金额、条款和条件，以及有关提供或取得担保的信息；③未结算应收项目的坏账准备金额；④定价政策。

类型相似的关联方交易，在不影响财务报表阅读者正确理解关联方交易对财务报表影响的情况下，可以合并披露。企业只有在提供确凿证据的情况下，才能披露关联方交易是公平交易。

三、财务报表附注分析

（一）宏观经济环境分析

通过财务报表附注中阐述的企业经营环境和背景，从中洞悉宏观经济环境，进行经济周期变动分析、经济指标变动分析等。也可以根据宏观形势来判断企业的生存环境，并对未来做合理预期。同时，通过财务报表附注中对执行财政政策的表述，进行财政政策变动分析、货币金融政策变动分析。

（二）公司分析

财务报表附注的第一部分是公司基本情况，介绍上市公司的历史和主营业务范围。在判断财务报表反映其财务状况及经营成果和现金流量情况的真实程度之前，要先了解上市公司的历史和主营业务范围，分析上市公司的重大历史事件可能影响公司盈利前景的程度，分析公司所处行业的发展状况及其对公司盈利能力的影响程度。

（三）会计处理方法影响

财务报表附注的第二部分是公司所采用的主要会计处理方法，会计处理方法的变更情况、变更原因，以及对财务状况和经营成果的影响。

由于根据相同的原始会计记录，使用不同的会计处理方法，可以编制出不同财务数据的财务报表，得出不同的净利润，所以必须关注上市公司使用哪些会计处理方法和是否变更了会计处理方法，以及会计处理方法及其变更对净利润的影响。

（四）报表重要项目说明

一般来说，财务报表分析应该全方面审查、立体式审核，但是基于成本效益原则及重要性原则，通常重点分析财务报表中的重要项目。因为，一方面，有些项目虽然是报表中必不可少的部分，但是财务准则赋予它的选择性和灵活性很低，不大容易出问题；另一方面，这些项目的数据很直观，可能没有太多复杂的内容构成，如货币资金等。所以，这里选择几个财务报表重要项目加以着重分析，包括应收账款、其他流动负债、存货、应付职工薪酬等。

1. 应收账款

应收账款是指企业因销售产品、材料、提供劳务等经济活动而应向购货方、接受劳务的单位或个人收取的款项。形成应收账款的直接原因就是赊账销售。因为应收账款与企业实现的销售收入和企业现金流等密切相关，是企业运营的重要分析指标。

对于应收账款的分析还应注意以下问题。

（1）是否存在虚假销售问题，即通过虚构收入交易，一面增加应收账款，一面增加收入。为此，应联系利润表中“营业收入”、现金流量表的“销售商品、提供劳务收到的现金”以及资产负债表中的“应收账款”等项目进行综合分析，根据销售现金比率是否异常等来判断销售收入的质量。

（2）利用“坏账准备”调节操控利润。由于应收账款提取坏账准备存在很大的操作空间，很多企业利用这个自由选择权来调节、增加自身利益。例如，当公司面临亏损时，它就会倾向于选择较低的计提比例。而在利润丰厚的年度又大幅计提坏账准备，在经营不好的年份冲回坏账准备，从而将坏账准备作为利润的调节器。

【例 11-1】 对格力电器进行账龄分析，如表 11-3、表 11-4 所示。

表 11-3 格力电器 2019 年报表附注账龄分析表

账龄	应收账款/万元	占比
1 年以内	7 697 417 213.86	83.26%
1~2 年	926 391 719.35	10.02%
2~3 年	355 717 739.24	3.85%
3 年以上	265 497 478.10	2.87%
合计	9 245 024 150.55	100.00%

表 11-4 格力电器 2019 年报表附注按坏账计提方法分类列示坏账准备表

类别	期末余额				账面价值
	应收账款		坏账准备		
	金额	比例	金额	比例	
单项计提坏账准备的应收账款	132 904 666.21	1.44%	132 904 666.21	100.00%	—
按组合计提坏账准备的应收账款	9 112 119 484.34	98.56%	598 784 939.26	6.57%	8 513 334 545.08
其中： 组合 1：账龄组合	7 825 227 159.34	86.64%	494 357 918.17	6.32%	7 330 869 241.17
组合 2：低风险组合	1 286 892 325.00	13.92%	104 427 021.09	8.11%	1 182 465 303.91
合计	9 245 024 150.55	100.00%	731 689 605.47	7.91%	513 334 545.08

账龄是在分析应收账款时最为重要的信息，由于应收账款属于流动资产，所以，所有账龄在 1 年以上的应收账款都会给公司运营造成负面影响，而且账龄越高，发生坏账的风险越大。除非公司因行业和业务特性，如大型设备或工程的回款可能在 1 年以上，且之前发生坏账的情况不多，除此之外，如果公司有大量应收账款账龄在 1 年以上，甚至 3 年以上，都需要投资者引起额外警惕。格力电器的应收账款中，1 年以内的应收账款占比达到 83.26%，说明公司具有良好的应收账款管理水平。

2. 其他流动负债

其他流动负债反映企业除短期借款、交易性金融负债、应付票据、应付账款、应付职工薪酬、应交税费等流动负债以外的其他流动负债。从第三章的资产负债表分析可知，从资金的来源看，格力电器的其他流动负债款占总资产比重很大，2015 年和 2016 年分别达到 34.02% 和 32.77%，这在其他家电公司的报表上是很少见的。根据年报，格力电器的其他流动负债主要包括安装维修费、销售返利、套期工具公允价值和其他项目，如表 11-5 所示。

表 11-5　格力电器 2018~2019 年其他流动负债

项目	2018 年/万元	2019 年/万元	结构比 2018 年	结构比 2019 年
维修费	140 549.18	203 281.60	2.22%	3.12%
销售返利	6 187 821.46	6 175 164.09	97.66%	94.74%
未终止确认的商业票据支付义务	—	80 241.90	—	1.23%
其他	7 789.23	59 461.59	0.12%	0.91%
合计	6 336 159.88	6 518 149.19	100.00%	100.00%

2018~2019 年，从“其他流动负债”的结构比来看，“销售返利”占到了 94%以上，格力电器从 1996 年开始对因市场价格下跌而亏损的经销商给予销售返利支持，但都一直作为“秘密武器”秘而不宣，格力电器董事长董明珠在她 2006 年 12 月出版的《行棋无悔》一书中表示：中国空调行业非常特殊，竞争空前激烈，商业间谍、商业谣言无孔不入，各家制造商的定价政策、返利政策被视为“核按钮”。由此可见，销售返利是格力电器销售政策的核心机密。

由于格力电器逐年上涨的“其他流动负债”引发市场和投资者的强烈关注。迄今为止，格力电器对“销售返利”做出了唯一权威的官方解释是，在 2012 年 1 月发布的《增发招股意向书》中——销售返利是指经销商在一定时期内累计购买货物达到一定数量，或者由于市场价格下降等原因，公司给予经销商相应的价格优惠或补偿等。公司的销售返利按月计提，分期支付。

格力电器向经销商提供的淡季提货补贴和年终返利，在年底和淡季结束时才结算，这是格力电器竞争优势的体现。先给钱再发货，显示了格力电器对渠道的控制力；淡季和年底的返利，则是格力电器首创的运营模式，将经销商牢牢地捆在身边。正是这种胡萝卜加大棒的政策，成就了今天的格力电器。表 11-6 列示了“销售返利”与现金流量表及利润表之间的关系。

表 11-6　“销售返利”与现金流量表及利润表关系

年份	销售返利①/万元	增长比率	销售费用②/万元	销售费用支付的现金③/万元	增长比率	差额 ②–③
2017	5 946 649.41	—	1 666 026.85	1 039 743.49	—	626 283.36
2018	6 187 821.46	4.06%	1 888 957.80	1 213 515.12	16.71%	675 442.68
2019	6 175 164.09	−0.20%	1 830 981.22	1 160 115.69	−4.40%	670 865.53

由于销售返利是由销售业务产生的，结合格力电器期间费用变化与销售返利余额的变化分析，格力电器的销售返利在计提时，计入至当年的“销售费用”科目。

近年来，随着格力电器销售返利余额的变动，其销售费用也随之变动，2018 年，格力电器销售返利余额为618.78亿元，比上年增长 4.06%，当年其销售费用为 188.89亿元，根据财务报表附注，当年“支付其他与经营活动有关的现金”中，“销售费用支付的现金”为 67.54亿元，增长比例为 16.71%，大于 4.06%，可推测，2018年很多经销商完成了销售任务，拿到了返利，营业收入较高；“销售费用”和“销售费用支付的现金”差额为 67.54 亿元，应为已计提但尚未支付的“销售返利”。

2019年，格力电器销售返利余额为617.51亿元，比2018年下降0.20%，当年其销售费用为183亿元，根据财务报表附注，当年“支付其他与经营活动有关的现金”中，“销售费用支付的现金”为67.09亿元，比上年减少4.4%，可推测，2019年可能有不少销售公司未能完成销售指标，没能拿到返利；“销售费用”和“销售费用支付的现金”差额为67.09亿元，应为已计提但尚未支付的“销售返利”。

3. *存货*

对存货进行分析时，既应当从存货绝对额的变化进行分析，也应当从存货结构的变化进行分析。存货结构变化是指存货各个组成项目占存货总额比例的变化。通过存货结构变化分析能够比存货绝对值分析获得更多的信息，包括各项目占存货比例大小变化、逐年增减变动幅度等。

此外，通过对存货的分析，还能够观察出企业目前的经营状况以及战略方向。例如，如果企业的产成品所占比重增大，而原材料的比重减少，则说明企业的产品可能出现积压情况，生产减缓；如果企业的产成品比重下降，原材料比重上升，则可能说明企业的产品适销对路，并且企业打算扩大生产规模。在分析时，要结合企业披露的其他有关信息进行综合分析。

【例11-2】 根据格力电器2017~2019年报表附注存货明细表（表11-7），对其进行存货分析。

表11-7 格力电器2017~2019年存货明细表 单位：万元

项目	2017年	2018年	2019年
原材料	419 948.45	853 892.78	1 010 594.94
在产品	283 961.94	183 341.94	183 367.52
产成品	952 924.33	963 917.10	1 107 090.35
开发成本	—	—	107 432.59
合计	1 656 834.72	2 001 151.82	2 408 485.40

注：2019年开发成本为格力电器基于员工住房需求而开发建设的洛阳基地地产配套项目

先对变动额和变动幅度进行分析，如表11-8所示。

表11-8 格力电器年存货绝对额分析表

项目	2018年		2019年	
	变动金额/万元	变动幅度	变动金额/万元	变动幅度
原材料	433 944.33	103.33%	156 702.17	18.35%
在产品	−100 620.00	−35.43%	25.58	0.01%
产成品	10 992.77	1.15%	143 173.25	14.85%
开发成本	—	—	107 432.59	—
合计	344 317.11	20.78%	407 333.58	20.35%

从表11-8中可以看出，2018年存货比上年增加了20.78%，其中原材料增加了

103.33%，在产品减少了 35.43%，产成品增加了 1.15%。2019 年存货比上年增加了 20.35%，其中原材料增加了 18.35%，在产品增加了 0.01%，产成品增加了 14.85%。2018~2019 年，格力电器存货增幅较大，分析其可能的原因如下：格力电器制造家电产品的主要原材料为各种等级的钢材、铜材、铝材和塑料等，由于近年来原材料价格上涨，存货占用了较多的资金。

对存货进行结构分析，如表 11-9 所示。

表 11-9 格力电器存货结构分析表

项目	2017 年	2018 年	2019 年
原材料	25.35%	42.67%	41.96%
在产品	17.14%	9.16%	7.61%
产成品	57.51%	48.17%	45.97%
开发成本	—	—	4.46%
合计	100.00%	100.00%	100.00%

格力电器存货中产成品占比最多，因受国内外宏观环境不景气影响，国内家电巨头，如青岛海尔、美的集团、四川长虹等企业产成品量占存货比率都较高；而且原材料占比较多，据年报分析，是由产能扩张导致。

4. 应付职工薪酬

应付职工薪酬是指企业为获得职工提供的服务而给予各种形式的报酬以及其他相关支出，主要包括职工工资、奖金、津贴和补贴、福利费、五险一金等。

分析应付职工薪酬时，应检查应付职工薪酬的总体合理性；分析比较近期各年度和本年度各个月工资变动情况，判断其变动有无异常；将本年度产品生产成本中直接人工费用与前期相比，查明其异常波动原因；将本年度管理费用中人工费用与前期进行比较，如有变动应取得管理当局有关员工工薪变动的决议；检查应付职工薪酬的发生额与费用的勾稽关系是否无误。

报表附注中的应付职工薪酬也可与现金流量表中的“经营活动产生的现金流量”中“支付给职工以及为职工支付的现金”一栏对比。因为在现金流量表中，支付给职工以及为职工支付的现金项目只核算有现金流出的部分，导致应付职工薪酬减少就是用现金支付的部分，因此，“支付给职工以及为职工支付的现金”数额除了包括“应付职工薪酬在建工程年初余额–应付职工薪酬在建工程年末余额”之外，还应与“应付职工薪酬”中“本期减少数”数额基本一致，才能形成比较对应的勾稽关系。如果差额较大，应查明波动原因。

【例 11-3】 对格力电器 2017~2019 年报表附注中“应付职工薪酬”进行分析。

从表 11-10 和表 11-11 可以看出，格力电器在 3 年时间里，应付职工薪酬计提（本期增加）从 2017 年 82.23 亿元增加到 2018 年的 104.93 亿元，再下降到 2019 年的 99.49 亿元。支付薪酬（本期减少）从 2017 年的 80.49 亿元增加到 2018 年的 98.96 亿元，再下降到 2019 年的 89.91 亿元。从应付职工薪酬的水平分析上看，2018 年应付职工薪酬（本期增加）比上年多计提 27.60%，实际现金薪酬（本期减少）比上年增加 22.95%；2019 年应付职工薪酬（本期增加）比上年减少 5.19%，实际现金薪酬（本期减少）比上年减少

9.15%。

表 11-10　格力电器应付职工薪酬余额及变动表　　单位：万元

年份	期初余额	本期增加	本期减少	期末余额
2017	170 294.94	822 306.59	804 928.64	187 672.89
2018	187 672.89	1 049 269.99	989 622.43	247 320.45
2019	247 320.45	994 865.07	899 088.62	343 096.90

表 11-11　格力电器应付职工薪酬水平分析

项目	2018 年		2019 年	
	变动金额/万元	变动幅度	变动金额/万元	变动幅度
期初余额	17 377.95	10.20%	59 647.56	31.78%
本期增加	226 963.40	27.60%	−54 404.92	−5.19%
本期减少	184 693.79	22.95%	−90 533.81	−9.15%
期末余额	59 647.56	31.78%	95 776.45	38.73%

从表 11-12 可以看出，现金流量表中“支付给职工以及为职工支付的现金”一栏与应付职工薪酬本期减少额差额基本等于“应付职工薪酬在建工程年初余额–应付职工薪酬在建工程年末余额”。因此，格力电器的应付职工薪酬不存在异常波动情况。

表 11-12　现金流量表与附注“应付职工薪酬”关系　　单位：万元

项目	2018 年	2019 年
应付职工薪酬本期减少额	989 622.43	899 088.62
支付给职工以及为职工支付的现金	857 541.26	883 121.37
差异额	132 081.17	15 967.25

第二节　关联方关系及交易分析

关联方关系及其披露是财务报表附注中必须披露的信息，《企业会计准则》针对关联方关系及其交易的披露，规定了关联方关系及其交易在财务会计报告中披露的原则及方法，它提出了关联方关系的判断标准，以及关联方交易的类型、信息披露应当包含的内容等，有助于会计信息使用者了解真实的财务状况和经营成果。

一、关联方关系

在企业财务和经营决策中，如果一方有能力直接或间接控制、共同控制另一方或对另一方施加重大影响，会计准则将其视为关联方；如果两方或多方同受一方控制，会计准则也将其视为关联方。

会计准则涉及的关联方关系主要是指：①直接或间接地控制其他企业或受其他企业控制，以及同受某一企业控制的两个或多个企业（如母公司、子公司、受同一母公司控制的子公司之间）；②合营企业；③联营企业；④主要投资者个人、关键管理人员或与其关系密切的家庭成员；⑤受主要投资者个人、关键管理人员或与其关系密切的家庭成员直接控制的其他企业。

会计准则不将下列各方视为关联方：①与企业仅发生日常往来而不存在其他关联方关系的资金提供者、公用事业部门、政府部门和机构，虽然它们可能参与企业的财务和经营决策，或在某种程度上限制企业的行动自由；②仅仅由于与企业发生大量交易而存在经济依存性的单个购买者、供应商或代理商。

二、关联方交易

关联方交易是指在关联方之间发生转移资源或义务的事项，而不论是否收取价款。以下是关联方交易的例子：①购买或销售商品；②购买或销售除商品以外的其他资产；③提供或接受劳务；④代理；⑤租赁；⑥提供资金（包括以现金或实物形式的贷款或权益性资金）；⑦担保和抵押；⑧管理方面的合同；⑨研究与开发项目的转移；⑩许可协议；⑪关键管理人员报酬。

三、关联方交易的动机与目的

1. 粉饰业绩

为了取得配股资格，避免被 ST、PT 摘牌下市，实现预定的盈利指标，以及其他经济和政治原因，上市公司往往通过有利的转让价格和虚假销售来实现收入的增长或成本的降低，提高特定关联企业的利润率和竞争力；或是通过资产重组等方式，以低价将优质资产转让给关联企业，剥离其不良资产，增强其获利能力，改善其财务状况。

2. 降低税负

利用关联交易避税，一方面，是利用不同企业、不同地区税率及免税条件的差异，将利润转移到税率低或可以免税的关联企业；另一方面，是将盈利企业的利润转移到亏损企业，从而实现整个集团的税负最小化。尽管我国在税制改革以后，国内企业之间税率差别变小，但是，不同地区不同企业的税收政策仍然不同，如特区的企业、高新技术企业与一般企业在税率的免税优惠上，仍存在相当大的差别。企业集团经常通过在关联企业间人为地抬高或降低交易价格来调节各关联企业的成本和利润，以达到减轻税负，使各关联企业的共同体获取最大利润的目的。

3. 转移资金

许多国家在国内资金和外汇相对短缺的情况下，大都采取一些闲置资金转移的措施。此时，跨国公司往往通过高于市场的价格向处于该国的子公司发运货物或提供劳务，或该国的子公司通过低于市场的价格把产品销往其跨国公司，从而实现资金的转移。

4. 利益输送

将企业资产和利润转移到主要投资者、关键管理人员及其家属所控制或有重大影响的企业，从而达到为少数人谋利的目的。相当一部分上市公司的控股股东利用关联交易转移利益至母公司或其控制的关联企业，如低价向上市公司收购产品再以市场价格出售以获取价差，向上市公司高价提供原料，向上市公司转让低质量资产等，这实际上是吮吸了从属公司的营运能力、营业能力和偿债能力，侵蚀了从属公司中小股东的利益。

四、关联方关系及其交易的分析

【例 11-4】 格力电器 2015~2019 年关联方交易分析。

格力电器拥有独立的供、产、销系统，主要原材料的采购和产品的销售均不依赖于控股股东以及浙江格力、河南格力等关联方。公司与浙江格力、河南格力的日常关联交易是为了满足公司业务发展及生产经营的需要，将保证公司正常稳定的发展，对公司本期及未来销售经营成果有积极影响，表 11-13 反映了 2015~2019 年公司与主要关联方发生的日常关联交易。

表 11-13 格力电器 2015~2019 年日常关联交易表 单位：万元

年份	关联交易方	关联关系	关联交易内容	关联交易金额	占同类交易金额的比例
2015	河南盛世欣兴格力贸易有限公司	本公司监事任总经理的企业	销售收入	644 770.16	7.70%
	河北盛世欣兴格力贸易有限公司	本公司董事任总经理的企业	销售收入	267 104.02	3.19%
	浙江盛世欣兴格力贸易有限公司	本公司董事任总经理的企业	销售收入	523 179.82	6.25%
	合计			1 435 054.00	—
2016	河南盛世欣兴格力贸易有限公司	本公司监事任总经理的企业	销售收入	522 813.35	5.94%
	河北盛世欣兴格力贸易有限公司	本公司董事任总经理的企业	销售收入	242 627.79	2.75%
	浙江盛世欣兴格力贸易有限公司	本公司董事任总经理的企业	销售收入	431 836.64	4.90%
	合计			1 197 277.78	—
2017	河南盛世欣兴格力贸易有限公司	本公司监事任总经理的企业	销售收入	750 979	5.68%
	河北盛世欣兴格力贸易有限公司	本公司董事任总经理的企业	销售收入	514 958	3.90%
	浙江盛世欣兴格力贸易有限公司	本公司董事任总经理的企业	销售收入	572 555	4.33%
	合计			1 838 492	—
2018	河南盛世欣兴格力贸易有限公司	本公司监事任总经理的企业	销售收入	1 049 635.97	6.15%
	浙江盛世欣兴格力贸易有限公司	本公司董事任总经理的企业	销售收入	669 829.24	3.93%
	银隆新能源股份有限公司及其子公司、控股子公司	本公司董事长持股5%以上的企业	销售收入	265 482.13	1.56%
	银隆新能源股份有限公司及其子公司、控股子公司	本公司董事长持股5%以上的企业	新能源车辆及储能设备	27 249.73	14.79%
	上海海立（集团）股份有限公司及其子公司、控股子公司	本公司持股 5%以上的企业	销售收入	172 275.58	1.01%
	上海海立（集团）股份有限公司及其子公司、控股子公司	本公司持股 5%以上的企业	原材料	299 399.28	2.86%
	合计			2 483 871.93	—
2019	河南盛世欣兴格力贸易有限公司	本公司监事任总经理的企业	销售收入	871 967.81	5.56%

续表

年份	关联交易方	关联关系	关联交易内容	关联交易金额	占同类交易金额的比例
2019	浙江盛世欣兴格力贸易有限公司	本公司董事任总经理的企业	销售收入	520 267.81	3.32%
	银隆新能源股份有限公司及其子公司、控股子公司	本公司董事长担任董事的公司及子公司、控股公司	销售收入	32 108.78	0.20%
	银隆新能源股份有限公司及其子公司、控股子公司	本公司董事长担任董事的公司及子公司、控股公司	储能设备	1 996.81	0.01%
	上海海立（集团）股份有限公司及其子公司、控股子公司	本公司持股5%以上的企业	销售收入	148 755.48	0.95%
	上海海立（集团）股份有限公司及其子公司、控股子公司	本公司持股5%以上的企业	原材料	216 955.57	1.63%
	山东盛世欣兴格力贸易有限公司	本公司监事任担任经理的公司	销售收入	493 541.24	3.15%
	合计			2 285 592.73	—

从表11-12可见，格力电器日常关联交易的类型主要是销售收入，关联方销售收入占同类销售收入比重较低，不存在粉饰业绩或转移资金等情况。

第三节　审计报告分析

审计报告，是指注册会计师对企业财务报表所出具的就企业财务报表的编制是否恰当地反映了企业的财务状况和经营成果所出具的意见。

从我国目前的情况看，股份制企业尤其是上市公司以及外商投资企业的年度财务报表均应经注册会计师审计并出具审计报告。因此，了解审计报告所包含的信息对理解企业的财务报表具有重要意义。

一、企业报表审计的委托人及审计目标

现代企业普遍采用经营权与所有权相分离的形式。企业的所有者向企业注入资本后，由经营者经营企业，使企业的资产增值并获利，向所有者分配股利。大多数所有者不参与企业的经营活动，他们只能通过阅读其投资企业的财务报表来了解企业的经营状况，做出相关决策。受各种因素的制约，企业的经营者往往在报表的编制中粉饰企业的财务状况与经营成果，从而对所有者的投资决策造成误导；因此，企业的所有者只能聘请公正的第三者注册会计师对企业所编制的财务报表进行审计，对报表编制是否恰当地反映了企业的财务状况和经营成果出具相应的审计报告。

二、审计报告的作用

一般认为，注册会计师签发的对企业年度财务报表出具的审计报告，具有鉴证作用

和证明作用。

（一）鉴证作用

注册会计师是以超然独立的第三者身份，对审计单位财务报表中所反映的财务状况、经营成果等情况是否恰当，表明自己的意见，签发审计报告。这种客观意见具有鉴证作用。这种鉴证作用，得到政府有关部门及社会各界的普遍认可。政府有关部门，如财政部门、税务部门等可以依据注册会计师的审计报告做出的判断，了解、掌握企业的财务报表是否恰当；股份制股东，依据注册会计师的审计报告来判断被投资企业的财务状况和经营成果是否真实，并据以做出是否投资的决策等。

（二）证明作用

审计报告是对注册会计师审计任务完成情况及其结果所做的总结，它可以对审计工作质量和注册会计师的审计责任起证明作用。审计报告在一定程度上可以证明注册会计师在审计过程中是否完成了预定的审计程序，是否以审计工作底稿为依据表示审计意见，表示的审计意见是否与被审计单位的实际情况相一致，审计工作的质量是否符合要求等。

三、审计意见的基本类型

按照我国独立审计准则的规定，注册会计师在完成报表审计任务后，可以视实际情况形成不同的审计意见，出具四种基本类型审计意见的审计报告，即无保留意见的审计报告、保留意见的审计报告、否定意见的审计报告和无法（拒绝）表示意见的审计报告。

（一）无保留意见的审计报告

无保留意见是指注册会计师对被审计单位的财务报表，依照独立审计准则的要求进行审查后，确认被审计单位采用的会计处理方法遵循了会计准则及有关规定；财务报表反映的内容符合被审计单位的实际情况；财务报表内容完整，表达清楚，无重要遗漏；报表项目的分类和编制方法符合规定要求，因而对审计单位的财务报表无保留地表示满意。无保留意见意味着注册会计师认为财务报表的反映是恰当的，能满足非特定多数的利益相关者的共同需要，并对表示的该意见负责，注册会计师经过审计后，认为被审计单位财务报表的编制符合下述情况时，应出具无保留意见的审计报告。

（1）财务报表的编制符合《企业会计准则》和其他财务会计法规的规定。

（2）财务报表在所有重要方面恰当地反映了被审计单位的财务状况、经营成果和资金变动情况。

（3）会计处理方法遵循一致性原则。

（4）注册会计师已按照独立审计准则的要求，完成预定的审计程序，在审计过程中未受阻碍和限制。

（5）不存在影响财务报表的重要的未确定事项。

（6）不存在应调整而被审计单位未予调整的重要事项。

【例 11-5】格力电器 2019 年无保留意见的审计报告。

审计报告

审计意见类型	标准的无保留意见
审计报告签署日期	2020 年 4 月 29 日
审计机构名称	中审众环会计师事务所（特殊普通合伙）
审计报告文号	众环审字〔2020〕050146 号
注册会计师姓名	龚静伟、吴梓豪

珠海格力电器股份有限公司全体股东：

一、审计意见

我们审计了珠海格力电器股份有限公司(以下简称“贵公司”)的财务报表，包括 2019 年 12 月 31 日合并及母公司的资产负债表，2019 年度合并及母公司的利润表、合并及母公司的现金流量表和合并及母公司的所有者权益变动表以及财务报表附注。

我们认为，后附的财务报表在所有重大方面按照企业会计准则的规定编制，公允反映了贵公司 2019 年 12 月 31 日合并及母公司的财务状况以及 2019 年度合并及母公司的经营成果和现金流量。

二、形成审计意见的基础

我们按照中国注册会计师审计准则的规定执行了审计工作。审计报告的“注册会计师对财务报表审计的责任”部分进一步阐述了我们在这些准则下的责任。按照中国注册会计师职业道德守则，我们独立于贵公司，并履行了职业道德方面的其他责任。我们相信，我们获取的审计证据是充分、适当的，为发表审计意见提供了基础。

三、关键审计事项

关键审计事项是根据我们的职业判断，认为对本期财务报表审计最为重要的事项。这些事项的应对以对财务报表整体进行审计并形成审计意见为背景，我们不对这些事项单独发表意见。

（一）关联方关系及交易

关键审计事项	该事项在审计中是如何应对的
请参阅财务报告中“附注（十二）4”、“附注（十二）5”、“附注（十二）6”及“附注（十二）8”所示。2019 年度，贵公司向关联方采购原材料、固定资产等合计 245 009.95 万元，向关联方销售空调、智能装备等产品合计 2 085 096.28 万元。由于贵公司关联方交易金额重大，关联方关系及其交易披露的完整性以及关联交易的公允性将对经营业绩和信息披露构成重大影响，因此我们将关联方关系及其交易作为关键审计事项	1. 我们了解、评估并测试了与识别和披露关联方关系及其交易的相关的内部控制，并复核相应的内控设计及执行的有效性；2. 我们获取管理层就关联方关系及其交易完整性等方面的声明，并获得管理层提供的关联方关系清单，将其与其他公开渠道获取的信息进行核对；3. 我们复核重大的采购、销售和其他合同，以识别是否存在未披露的关联方，同时获取关联交易相关的董事会决议、股东会决议，检查关联交易决策权限和程序，判断关联交易的合法与合规性，以及是否经过恰当的授权审批；4. 我们执行了抽样检查程序，对相应的交易协议、出库单、入库单据、销售发票、采购发票、销售收款、采购付款凭证进行检查，分析交易目的，判断交易双方在交易前后获得现金流量的方式、金额和风险是否发生实质性变化、交易是否具有商业实质，并结合函证等其他审计程序，验证关联交易的真实性；5. 我们将关联方的销售、采购价格与非关联方同类产品的销售、采购价格或同类产品市场价格进行比较，判断关联交易价格的公允性；6. 我们扩大了期后测试程序的范围，检查是否存在销售退回情况，以应对虚假销售；7. 我们也复核了财务报告中“附注（十二）4”、“附注（十二）5”、“附注（十二）6”及“附注（十二）8”对关联关系及关联交易相关信息披露的充分性

（二）递延所得税资产的确认

关键审计事项	该事项在审计中是如何应对的
请参阅财务报告中“附注（五）26”以及“附注（七）22”所示。截至2019年12月31日，贵公司合并资产负债表中列示了1 254 108.51万元的递延所得税资产。递延所得税资产的确认依赖于管理层的重大判断，管理层在做出判断时需评估未来是否可以取得足够的应纳税所得额，以及未来产生上述应纳税所得额和转回可抵扣暂时性差异的可能性。由于递延所得税资产的确认对合并财务报表的重要性，以及在预测未来应纳税所得额时涉及管理层的重大判断和估计，其中可能存在错误或潜在的管理层偏向的情况，因此我们将其识别为贵公司关键审计事项	1. 我们测试了递延所得税资产确认相关的内部控制的设计和执行；2. 我们邀请了税务专家加入团队，以协助我们从税务技术层面评估管理层的分析；3. 我们获取管理层确定未来可利用税务利润的方法和重要假设，以及相应未来期间的财务情况预测，并评估其编制是否符合家电行业总体趋势及企业自身情况；4. 我们将上年度管理层在预测时的估计与本年实际应纳所得税进行比较，以考虑管理层所做预测结果的历史准确性，并评价管理层对关键假设指标的选择是否存在管理层偏向的迹象；5. 我们也复核了财务报告中“附注（五）26”以及“附注（七）22”对递延所得税资产相关信息披露的充分性

（三）存货跌价准备的计提

关键审计事项	该事项在审计中是如何应对的
请参阅财务报告中“附注（五）12”、“附注（七）8”以及“附注（七）56”所示。截至2019年12月31日，贵公司合并资产负债表中存货账面价值2 408 485.41万元，其中存货账面余额2 434 248.02万元和存货跌价准备25 762.61万元。存货跌价准备的确认取决于对存货可变现净值的估计，存货可变现净值的确定，要求管理层对存货的未来售价，至完工时将要发生的成本（如相关）、销售费用以及相关税费的金额进行估计。由于存货和存货跌价准备的确认对合并财务报表的重要性，且存货跌价准备的计算过程复杂，以及在确定存货可变现净值时涉及管理层的重大判断、假设和估计，其中可能存在错误或潜在的管理层偏向的情况，因此我们将其识别为贵公司关键审计事项	1. 我们测试了存货跌价准备确认相关的内部控制的设计和执行；2. 我们评价了管理层计算可变现净值所涉及的重要判断、假设和估计，同时，我们查阅了管理层确定存货未来销售价格和至完工时发生的成本（如相关）、销售费用以及相关税金等事项的依据和文件；3. 我们执行了检查、重新计算等审计程序，特别是对于存货可变现净值的确定我们根据相关数据进行了重新计算；4. 我们通过对存货库龄情况进行分析性复核，以确定相应的存货跌价准备计提是否充分；5. 我们对存货盘点进行了监盘，在监盘过程中，我们除了关注存货的真实性和准确性外，还重点关注了存货的使用状况，是否存在呆滞、残次等状况的存货，以评价存货跌价准备计提的充分性；6. 我们也复核了财务报告中“附注（五）12”、“附注（七）8”以及“附注（七）56”对存货跌价准备相关信息披露的充分性

四、其他信息

贵公司管理层对其他信息负责。其他信息包括贵公司 2019 年年度报告中涵盖的信息，但不包括财务报表和我们的审计报告。我们对财务报表发表的审计意见不涵盖其他信息，我们也不对其他信息发表任何形式的鉴证结论。结合我们对财务报表的审计，我们的责任是阅读其他信息，在此过程中，考虑其他信息是否与财务报表或我们在审计过程中了解到的情况存在重大不一致或者似乎存在重大错报。

基于我们已经针对审计报告日前获取的其他信息执行的工作，如果我们确定该其他信息存在重大错报，我们应当报告该事实。在这方面，我们无任何事项需要报告。

五、管理层和治理层对财务报表的责任

贵公司管理层负责按照企业会计准则的规定编制财务报表，使其实现公允反映，并设计、执行和维护必要的内部控制，以使财务报表不存在由于舞弊或错误导致的重大错报。

在编制财务报表时，管理层负责评估贵公司的持续经营能力，披露与持续经营相关的事项（如适用），并运用持续经营假设，除非管理层计划清算贵公司、停止营运或别无其他现实的选择。

治理层负责监督贵公司的财务报告过程。

六、注册会计师对财务报表审计的责任

我们的目标是对财务报表整体是否不存在由于舞弊或错误导致的重大错报获取合理保证，并出具包含审计意见的审计报告。合理保证是高水平的保证，但并不能保证按照审计准则执行的审计在某一重大错报存在时总能发现。错报可能由舞弊或错误所导致，如果合理预期错报单独或汇总起来可能影响财务报表使用者依据财务报表作出的经济决策，则通常认为错报是重大的。在按照审计准则执行审计的过程中，我们运用了职业判断，保持了职业怀疑。同时，我们也执行以下工作：

（一）识别和评估由于舞弊或错误导致的财务报表重大错报风险；设计和实施审计程序以应对这些风险，并获取充分、适当的审计证据，作为发表审计意见的基础。由于舞弊可能涉及串通、伪造、故意遗漏、虚假陈述或凌驾于内部控制之上，未能发现由于舞弊导致的重大错报的风险高于未能发现由于错误导致的重大错报的风险。

（二）了解与审计相关的内部控制，以设计恰当的审计程序。

（三）评价管理层选用会计政策的恰当性和作出会计估计及相关披露的合理性。

（四）对管理层使用持续经营假设的恰当性得出结论。同时，根据获取的审计证据，就可能导致对贵公司持续经营能力产生重大疑虑的事项或情况是否存在重大不确定性得出结论。如果我们得出结论认为存在重大不确定性，审计准则要求我们在审计报告中提请报表使用者注意财务报表中的相关披露；如果披露不充分，我们应当发表非无保留意见。我们的结论基于截至审计报告日可获得的信息。然而，未来的事项或情况可能导致贵公司不能持续经营。

（五）评价财务报表的总体列报、结构和内容（包括披露），并评价财务报表是否公允反映相关交易和事项。

（六）就贵公司中实体或业务活动的财务信息获取充分、适当的审计证据，以对财务报表发表意见。我们负责指导、监督和执行集团审计。我们对审计意见承担全部责任。

我们与治理层就计划的审计范围、时间安排和重大审计发现等事项进行沟通，包括沟通我们在审计中识别出的值得关注的内部控制缺陷。

我们还就已遵守与独立性相关的职业道德要求向治理层提供声明，并与治理层沟通可能被合理认为影响我们独立性的所有关系和其他事项，以及相关的防范措施（如适用）。

从与治理层沟通过的事项中，我们确定哪些事项对本期财务报表审计最为重要，因而构成关键审计事项。我们在审计报告中描述这些事项，除非法律法规禁止公开披露这些事项，或在极少数情形下，如果合理预期在审计报告中沟通某事项造成的负面后果超过在公众利益方面产生的益处，我们确定不应在审计报告中沟通该事项。

中审众环会计师事务所（特殊普通合伙）　　中国注册会计师：龚静伟
（盖章）　　（签名并盖章）
中国注册会计师：吴梓豪
（签名并盖章）
中国·武汉　　2020 年 4 月 29 日

（二）保留意见的审计报告

注册会计师通过审查对被审计单位的财务报表有异议，或存在某些疑问，就不应签发无保留意见的审计报告。注册会计师应视被审计单位的实际情况及所掌握的审计证据，签发保留意见、反对意见或拒绝表示意见的审计报告。

保留意见是指注册会计师对财务报表的反映有所保留的审计意见，某些事项的存在，使无保留意见的条件不完全具备，影响了被审计单位财务报表的表达，因而注册会计师对无保留意见加以修正，对影响事项提出保留意见，并表示对该意见负责。

注册会计师经过审计后，认为被审计单位财务报表的反映就其整体而言是恰当的，但还存在下列情况之一时，应出具表示保留意见的审计报告。

（1）个别重要财务会计事项的处理或个别重要财务报表项目的编制不符合《企业会计准则》和国家其他有关财务会计法规的规定，被审计单位未予调整。

（2）因审计范围受到局部限制，无法按照独立审计准则的要求取得应有的审计证据。

（3）个别会计处理方法不符合一致性原则的要求。

（4）存在对财务报表反映有重要影响的个别未确定事项。

上述条件要求注册会计师在遇到可能对被审计单位财务报表产生较大影响的重要事项时，应在审计意见中加以保留。

【例 11-6】 神雾节能 2019 年保留意见的审计报告。

审计报告

审计意见类型	保留意见
审计报告签署日期	2020 年 4 月 28 日
审计机构名称	中审众环会计师事务所（特殊普通合伙）
审计报告文号	众环审字〔2020〕010839 号
注册会计师姓名	李建树、喻俊

神雾节能股份有限公司全体股东：

一、保留意见

我们审计了神雾节能股份有限公司（以下简称“神雾节能公司”）财务报表，包括 2019 年 12 月 31 日的合并及公司资产负债表，2019 年度的合并及公司利润表、合并及公司现金流量表、合并及公司股东权益变动表以及相关财务报表附注。我们认为，除“形成保留意见的基础”部分所述事项产生的影响外，后附的财务报表在所有重大方面按照企业会计准则的规定编制，公允反映了神雾节能公司 2019 年 12 月 31 日合并及公司的财务状况以及 2019 年度合并及公司的经营成果和现金流量。

二、形成保留意见的基础

截至 2019 年 12 月 31 日，神雾节能公司预付款项年末账面余额 63 672.80 万元，年初账面余额 59 526.97 万元，详见附注六、4，公司的大部分预付款项账期较长。我们未能获取充分、适当的审计证据，无法判断上述预付款项的实际用途和对财务报表的影响，以及神雾节能公司与该等公司是否存在关联方关系，无法判断该等预付款项的可收回性和减值准备计提的合理性。此外，虽然神雾节能公司向我们提供了关联方及关联交易清单，我们仍无法判断神雾节能公司财务报表附注“十、关联方关系及其交易”披露的完整性。我们按照中国注册会计师审计准则的规定执行了审计工作。审计报告的“注册会计师对财务报表审计的责任”部分进一步阐述了我们在这些准则下的责任。按照中国注册会计师职业道德守则，我们独立于神雾节能公司，并履行了职业道德方面的其他责任。我们相信，我们获取的审计证据是充分、适当的，为发表审计意见提供了基础。

三、与持续经营相关的重大不确定性

我们提醒财务报表使用者关注，如财务报表附注二、2 所述，神雾节能公司 2019 年发生净亏损 2 042 566 079.93 元，且于 2019 年 12 月 31 日，神雾节能公司流动负债高于流动资产总额 1 453 560 787.42 元，发生流动性困难。截止年度报告出具日，公司所有银行债务及融资租赁债务出现逾期，职工薪酬不能按时支付，部分银行账户被冻结，全部工程项目施工处于停滞状态。上述情况表明存在可能导致对神雾节能公司持续经营能力产生重大疑虑的重大不确定性。神雾节能公司在附注二、2 中已经披露了拟采取的改善措施，但可能导致对持续经营能力产生重大疑虑的事项或情况仍然存在重大不确定性。该事项不影响已发表的审计意见。

四、强调事项

如财务报表附注十三、2 所述，因涉嫌违反证券法律法规，神雾节能公司于 2019 年 7 月 11 日收到中国证券监督管理委员会《调查通知书》(编号：赣证调查字 2019019 号)，决定对公司进行立案调查。截止审计报告签发日，证监会的立案调查工作仍在进行中，尚未收到证监会就上述立案调查事项的结论性意见或决定。本段内容不影响已发表的审计意见。

五、关键审计事项

关键审计事项是我们根据职业判断，认为对本期财务报表审计最为重要的事项。这些事项的应对以对财务报表整体进行审计并形成审计意见为背景，我们不对这些事项单独发表意见。除“形成保留意见的基础”“与持续经营相关的重大不确定性”“强调事项”所述事项外，我们确定下列事项是需要在审计报告中沟通的关键审计事项。

（一）应收账款坏账准备的计提

关键审计事项在审计中如何应对该事项如财务报表附注六、3 所述，截至 2019 年 12 月 31 日，神雾节能公司合并财务报表中应收账款的账面余额为人民币 528 510 173.40 元，坏账准备为人民币 508 949 683.13 元。管理层对单项金额重大的应收款项和单项金额不重大但存在客观证据表明发生减值的应收款项单独进行减值测试，根据其未来现金流量现值低于其账面价值的差额，计提坏账准备；除已单独计提坏账准备的应收款项外，根据以前年度与之相同或相类似的、具有类似信用风险特征的应收款项组合的实际损失率为基础，结合现实情况确定应计提的坏账准备。应收账款可收回金额的计算需要管理层的判断和估计，因此我们将应收款项的减值识别为关键审计事项。

1. 评价管理层与信用控制、账款回收和评估应收款项减值准备相关的关键财务报告内部控制设计和运行有效性；

2. 评价管理层应收账款坏账准备会计估计的合理性，包括确定应收账款组合的依据、金额重大的判断、单独计提坏账准备的判断；

3. 对于单项金额重大的应收账款，复核管理层计算可收回金额的依据，包括管理层结合客户经营情况、市场环境、历史还款情况等对客户信用风险作出的评估；

4. 对于以组合为基础计量预期信用损失的应收账款，评价管理层按信用风险特征划分组合的合理性；评价管理层根据历史信用损失经验及前瞻性估计确定的应收账款账龄与预期信用损失率对照表的合理性；测试管理层使用数据（包括应收账款账龄、历史损失率、迁徙率等）的准确性和完整性以及对坏账准备的计算是否准确；

5. 检查资产负债表日后的回款情况。

（二）存货跌价准备的计提

关键审计事项在审计中如何应对该事项如财务报表附注六、6 所述，截至 2019 年 12 月 31 日，神雾节能公司合并财务报表中存货的原值合计为人民币 305 124 368.27 元，存货跌价准备为人民币 302 995 385.89 元。由于存货金额重大，且管理层在确定存货跌价准备时需要运用重大判断，因此我们将存货跌价准备确定为关键审计事项。

1. 了解管理层关于计提存货跌价准备的流程并评价其关键内部控制；

2. 对存货盘点进行监盘，并关注残次冷背的存货是否被识别；

3. 结合可获取的公开信息（如天眼查、中国裁判文书网等公开平台），对管理层计算可变现净值所涉及的重要假设和估计进行评价；

4. 了解年初计提跌价准备的存货在本年度实际处置情况，对存货跌价准备的变动进行分析性复核。

（三）关联方担保和未决诉讼

关键审计事项在审计中如何应对该事项如财务报表附注十一、2 所述，神雾节能公司在未履行内部审批程序的情况下，为控股股东及其关联方的借款提供担保，导致被相关债权人起诉并要求承担连带责任。鉴于对外担保及相关未决诉讼事项对财务报表可能的影响涉及管理层所作出的重大判断和估计，因此，我们将其确认为关键审计事项。

1. 与公司管理层讨论相关诉讼的具体情况、可能的结果及判断依据，取得相关诉讼的律师出具的法律意见书，评估管理层根据律师专业意见而作出的预计负债的计提是否恰当；

2. 查阅法院关于公司相关诉讼已作出的判决意见；

3. 查阅公司关于重大诉讼的信息披露情况，与管理层进行沟通，了解诉讼应对措施以及诉讼、和解的推进情况，取得相关法律文书并核查执行情况；

4. 通过裁判文书网等公开渠道查询公司涉诉情况，以评估管理层对诉讼事项披露的完整性；

5. 检查相关各方的财务报表，对其履约能力进行了分析，评估公司因违规担保及相关诉讼事项而产生损失的可能性。

六、其他事项

神雾节能公司 2018 年 12 月 31 日的资产负债表，2018 年度的利润表、现金流量表、股东权益变动表以及相关财务报表附注由大信会计师事务所（特殊普通合伙）审计，并于 2019 年 4 月 29 日发表了无法表示意见。

七、其他信息

神雾节能公司管理层对其他信息负责。其他信息包括 2019 年年度报告中涵盖的信息，但不包括财务报表和我们的审计报告。我们对财务报表发表的审计意见不涵盖其他信息，我们也不对其他信息发表任何形式的鉴证结论。结合我们对财务报表的审计，我们的责任是阅读其他信息，在此过程中，考虑其他信息是否与财务报表或我们在审计过程中了解到的情况存在重大不一致或者似乎存在重大错报。基于我们已执行的工作，如果我们确定其他信息存在重大错报，我们应当报告该事实。如上述“形成保留意见的基础”部分所述，我们未能对保留意见事项获取充分、适当的审计证据，因此，我们无法确定与该事项相关对其他信息是否存在重大错报。基于我们已执行的工作，如果我们确定其他信息存在重大错报，我们应当报告该事实。在这方面，我们无任何事项需要报告。

八、管理层和治理层对财务报表的责任

神雾节能公司管理层（以下简称管理层）负责按照企业会计准则的规定编制财务报表，使其实现公允反映，并设计、执行和维护必要的内部控制，以使财务报表不存在由于舞弊或错误导致的重大错报。在编制财务报表时，管理层负责评估神雾节能公司的持续经营能力，披露与持续经营相关的事项（如适用），并运用持续经营假设，除非管理层计划清算神雾节能公司、终止运营或别无其他现实的选择。治理层负责监督神雾节能公司的财务报告过程。

九、注册会计师对财务报表审计的责任

我们的目标是对财务报表整体是否不存在由于舞弊或错误导致的重大错报获取合理保证，并出具包含审计意见的审计报告。合理保证是高水平的保证，但并不能保证按照审计准则执行的审计在某一重大错报存在时总能发现。错报可能由于舞弊或错误导致，如果合理预期错报单独或汇总起来可能影响财务报表使用者依据财务报表作出的经济决策，则通常认为错报是重大的。在按照审计准则执行审计工作的过程中，我们运用职业判断，并保持职业怀疑。同时，我们也执行以下工作：

（一）识别和评估由于舞弊或错误导致的财务报表重大错报风险，设计和实施审计程序以应对这些风险，并获取充分、适当的审计证据，作为发表审计意见的基础。由于舞弊可能涉及串通、伪造、故意遗漏、虚假陈述或凌驾于内部控制之上，未能发现由于舞弊导致的重大错报的风险高于未能发现由于错误导致的重大错报的风险。

（二）了解与审计相关的内部控制，以设计恰当的审计程序。

（三）评价管理层选用会计政策的恰当性和作出会计估计及相关披露的合理性。

（四）对管理层使用持续经营假设的恰当性得出结论。同时，根据获取的审计证据，就可能导致对神雾节能公司持续经营能力产生重大疑虑的事项或情况是否存在重大不确定性得出结论。如果我们得出结论认为存在重大不确定性，如果我们得出结论认为存在重大不确定性，审计准则要求我们在审计报告中提请报表使用者注意财务报表中的相关披露；如果披露不充分，我们应当发表非无保留意见。我们的结论基于截至审计报告日可获得的信息。然而，未来的事项或情况可能导致神雾节能公司不能持续经营。

（五）评价财务报表的总体列报、结构和内容，并评价财务报表是否公允反映相关交易和事项。

（六）就神雾节能公司中实体或业务活动的财务信息获取充分、适当的审计证据，以对财务报表发表意见。我们负责指导、监督和执行集团审计。我们对审计意见承担全部责任。我们与治理层就计划的审计范围、时间安排和重大审计发现等事项进行沟通，包括沟通我们在审计中识别出的值得关注的内部控制缺陷。我们还就已遵守与独立性相关的职业道德要求向治理层提供声明，并与治理层沟通可能被合理认为影响我们独立性的所有关系和其他事项，以及相关的防范措施（如适用）。从与治理层沟通过的事项中，我们确定哪些事项对本期财务报表审计最为重要，因而构成关键审计事项。我们在审计报告中描述这些事项，除非法律法规禁止公开披露这些事项，或在极少数情形下，如果合理预期在审计报告中沟通某事项造成的负面后果超过在公众利益方面产生的益处，我们确定不应在审计报告中沟通该事项。

中审众环会计师事务所（特殊普通合伙）
（盖章）

中国注册会计师：李建树
（签名并盖章）
中国注册会计师：喻俊
（签名并盖章）

中国·武汉

2020 年 4 月 28 日

（三）否定意见的审计报告

表示否定意见是指与无保留意见相反，提出否定财务报表恰当地反映被审计单位财务状况、经营成果和资金变动情况的审计意见。当未调整事项、未确定事项、违反一致性原则的事项等对财务报表的影响程度在一定范围内时，注册会计师可以表示保留意见。但如果其影响程度超出一定范围，以致财务报表无法被接受，被审计单位的财务报表已失去其价值，注册会计师既不能表示保留意见，又不能不表示意见，而只能表示否定意见。

注册会计师经过审计后，认为被审计单位的财务报表存在下列情况之一时，应当出具表示否定意见的审计报告。

（1）会计处理方法严重违反《企业会计准则》和国家其他财务会计法规的规定，被审计单位拒绝进行调整。

（2）财务报表严重歪曲了被审计单位的财务状况、经营成果和资金变动情况，被审计单位拒绝进行调整。

注册会计师在出具表示否定意见的审计报告时，应于“意见段”之前另设“说明段”，说明所持否定意见的理由，并在“意见段”中使用“由于上述问题造成的重大影响”“由于受到前段所述事项的影响”等专业术语，并指出财务报表“不能恰当地反映”“不符合……规定”等问题。

【例 11-7】 大华新材公司 2018 年否定意见的审计报告。

审计报告

是否审计	是
审计意见类型	否定意见
审计报告中的特别段落	√无 □强调事项段 □其他事项段□持续经营重大不确定段落 □其他信息段落中包含其他信息存在未更正重大错报说明
审计报告文号	苏公 W〔2019〕A1156 号
审计机构名称	江苏公证天业会计师事务所（特殊普通合伙）
审计机构地址	无锡市新区龙山路 4 号 C 幢 303 室
注册会计师姓名	付建平、邓燏
审计报告签署日期	2019 年 6 月 28 日
会计师事务所是否变更	是

江西大华新材料股份有限公司全体股东：

一、否定意见

我们审计了江西大华新材料股份有限公司（以下简称大华新材公司）财务报表，包括 2018 年 12 月 31 日合并及母公司资产负债表，2018 年度的合并及母公司利润表、合并及母公司现金流量表和合并及母公司所有者权益变动表，以及相关财务报表附注。

我们认为，由于“二、形成否定意见的基础”段所述事项的重要性，后附的大华新材公司财务报表没有在所有重大方面按照企业会计准则的规定编制，未能公允反映大华新材公司 2018 年 12 月 31 日的合并财务状况以及 2018 年度的合并经营成果和合并现金流量。

二、形成否定意见的基础

如财务报表附注二、财务报表的编制基础所述，大华新材公司财务报表以持续经营假设为基础编制。

2019 年 4 月 9 日大华新材公司收到江西省宜春市中级人民法院出具的民事裁定（【2019】赣 09 破申 1 号），法院裁定受理大华新材公司被申请破产清算，大华新材公司已不具备持续经营能力，因此我们认为大华新材公司按照持续经营假设编制的 2018 年度财务报表不恰当。

三、管理层和治理层对财务报表的责任

大华新材公司管理层（以下简称管理层）负责按照企业会计准则的规定编制财务报表，使其实现公允反映，并设计、执行和维护必要的内部控制，以使财务报表不存在由于舞弊或错误导致的重大错报。

在编制财务报表时，管理层负责评估大华新材公司的持续经营能力，披露与持续经营相关的事项（如适用），并运用持续经营假设，除非管理层计划清算大华新材公司、终止运营或别无其他现实的选择。治理层负责监督大华新材公司的财务报告过程。

四、注册会计师对财务报表审计的责任

我们的目标是对财务报表整体是否不存在由于舞弊或错误导致的重大错报获取合理保证，并出具包含审计意见的审计报告。合理保证是高水平的保证，但并不能保证按照审计准则执行的审计在某一重大错报存在时总能发现。错报可能由于舞弊或错误导致，如果合理预期错报单独或汇总起来可能影响财务报表使用者依据合并财务报表作出的经济决策，则通常认为错报是重大的。

在按照审计准则执行审计工作的过程中，我们运用职业判断，并保持职业怀疑。同时，我们也执行以下工作：

（1）识别和评估由于舞弊或错误导致的合并财务报表重大错报风险，设计和实施审计程序以应对这些风险，并获取充分、适当的审计证据，作为发表审计意见的基础。由于舞弊可能涉及串通、伪造、故意遗漏、虚假陈述或凌驾于内部控制之上，未能发现由于舞弊导致的重大错报的风险高于未能发现由于错误导致的重大错报的风险。

（2）了解与审计相关的内部控制，以设计恰当的审计程序，但目的并非对内部控制的有效性发表意见。

（3）评价管理层选用会计政策的恰当性和作出会计估计及相关披露的合理性。

（4）对管理层使用持续经营假设的恰当性得出结论。同时，根据获取的审计证据，就可能导致对大华新材公司持续经营能力产生重大疑虑的事项或情况是否存在重大不确定性得出结论。如果我们得出结论认为存在重大不确定性，审计准则要求我们在审计报告中提请报表使用者注意合并财务报表中的相关披露；如果披露不充分，我们应当发表非无保留意见。我们的结论基于截至审计报告日可获得的信息。

（5）评价财务报表的总体列报、结构和内容（包括披露），并评价财务报表是否公允反映相关交易和事项。

（6）就大华新材公司中实体或业务活动的财务信息获取充分、适当的审计证据，以对财务报表发表审计意见。我们负责指导、监督和执行集团审计，并对审计意见承担全部责任。

我们与治理层就计划的审计范围、时间安排和重大审计发现等事项进行沟通，包括沟通我们在审计中识别出的值得关注的内部控制缺陷。

（此页无正文，为《江西大华新材料股份有限公司 2018 年度审计报告》之盖章页）

公证天业会计师事务所（特殊普通合伙）
（盖章）

中国注册会计师：付建平
（签名并盖章）
中国注册会计师：邓燏
（签名并盖章）

中国·无锡

2019 年 6 月 28 日

（四）无法表示意见的审计报告

无法表示意见是指注册会计师说明其对被审计单位的财务报表不能表示意见，也即对财务报表不发表包括肯定、否定或保留的审计意见。注册会计师在审计过程中，由于受到委托人、被审计单位或客观环境的严重限制，不能获取必要的审计证据，以致无法对财务报表整体表示审计意见时，应当出具无法表示意见的审计报告。

注册会计师在出具无法表示意见的审计报告时，“意见段”之前另设“说明段”，以说明所持无法表示意见的理由，并在“意见段”中使用“由于审计范围受到严重限制”“由于无法实施必要的审计程序”“由于无法获取必要的审计证据”等术语，并指出“我们无法对上述财务报表整体表示审计意见”。

否定意见的审计报告和无法发表意见的审计报告，在实践中均不多见。必须强调的是，审计意见是注册会计师判断的结果。而这种判断受多种因素制约，既有注册会计师主观业务水平方面的因素，也有企业客观对注册会计师意见形成的影响因素。

【例 11-8】 银鸽投资 2019 年无法表示意见的审计报告。

审计报告

审计意见类型	无法表示意见
审计报告签署日期	2020 年 4 月 27 日
审计机构名称	立信会计师事务所（特殊普通合伙）
审计报告文号	信会师报字〔2020〕第 ZB10824 号
注册会计师姓名	

河南银鸽实业投资股份有限公司全体股东：

一、无法表示意见

我们接受委托，审计河南银鸽实业投资股份有限公司（以下简称“银鸽投资”）财务报表，包括 2019 年 12 月 31 日的合并及母公司资产负债表，2019 年度的合并及母公司利润表、合并及母公司现金流量表、合并及母公司所有者权益变动表以及相关财务报表附注。我们不对后附的银鸽投资的财务报表发表审计意见。由于“形成无法表示意见的基础”部分所述事项的重要性，我们无法获取充分、适当的审计证据以作为对财务报表发表审计意见的基础。

二、形成无法表示意见的基础

（一）担保披露的充分性和合规性

2020 年 4 月 7 日，银鸽投资收到河南省证监局有关违规担保的警示函，认定银鸽投资为其控股股东漯河银鸽实业集团有限公司在中原银行股份有限公司合计 69 900.00 万元的借款提供了担保。

该担保未经银鸽投资董事会、股东大会批准，亦没有按照相关规定对外公告。由于银鸽投资的相应内部控制存在重大缺陷，我们无法获取充分、适当的审计证据以合理判断银鸽投资是否存在其他尚需披露的担保事项，及其对财务报表可能产生的影响。

（二）大宗贸易业务

如附注十二、（二）所述，银鸽投资 2019 年度按照净额法确认大宗贸易业务收入 3 614.96 万元，与之相关的交易发生额为 266 848.57 万元，截至 2019 年 12 月 31 日，与大宗贸易相关的应付商业承兑汇票 103 042.08 万元，应收账款余额 13 070.42 万元、应收商业承兑汇票 104 234.72 万元。截至审计报告出具日，上述应付票据、应收账款和应收票据均已逾期。

我们无法就这些大宗贸易业务的商业实质，交易对手是否与银鸽投资存在关联方关系，以及相应款项的范围、可回收性及偿付的必要性获取充分、适当的审计证据。

（三）预付款项的商业实质及可收回性

如附注五、（五）所述，截至 2019 年 12 月 31 日，银鸽投资对河南 D 公司、四川 Y 公司和河南 F 公司的预付款项余额分别为 27 612.90 万元、12 790.86 万元和 3 498.03 万元。

河南 D 公司、四川 Y 公司和河南 F 公司 2019 年度向银鸽投资销售金额（含税）分别为 81.86 万元、9 893.66 万元和 1 915.26 万元。我们无法就上述预付款项的商业实质，及其可收回性获取充分、适当的审计证据。

（四）与商业承兑汇票相关的诉讼

银鸽投资于 2019 年 7 月 1 日开具 40 008.00 万元电子商业承兑汇票给大宗贸易客户河南 R 公司，到期日为 2019 年 7 月 15 日，同时记录相同金额的预付款项。河南 R 公司于 2019 年 7 月 1 日背书给北京 T 公司，2020 年 4 月 3 日该票据状态显示逾期拒绝付款。2020 年 4 月 17 日，银鸽投资收到河南省漯河市中级人民法院【2020】豫 11 民初字第 15 号应诉通知书，北京 T 公司请求法院判决银鸽投资向其承付商业承兑汇票票面金额人民币 40 008.00 万元。

我们无法就上述诉讼事项涉及的预付款项的可收回性、应付票据偿付的必要性获取充分、适当的审计证据。

三、管理层和治理层对财务报表的责任

银鸽投资管理层（以下简称管理层）负责按照企业会计准则的规定编制财务报表，使其实现公允反映，并设计、执行和维护必要的内部控制，以使财务报表不存在由于舞弊或错误导致的重大错报。

在编制财务报表时，管理层负责评估银鸽投资的持续经营能力，披露与持续经营相关的事项（如适用），并运用持续经营假设，除非计划进行清算、终止运营或别无其他现实的选择。

治理层负责监督银鸽投资的财务报告过程。

四、注册会计师对财务报表审计的责任

我们的责任是按照中国注册会计师审计准则的规定，对银鸽投资的财务报表执行审计工作，以出具审计报告。但由于“形成无法表示意见的基础”部分所述的事项，我们无法获取充分、适当的审计证据以作为发表审计意见的基础。

按照中国注册会计师职业道德守则，我们独立于银鸽投资，并履行了职业道德方面的其他责任。

立信会计师事务所中国注册会计师：

（特殊普通合伙）（项目合伙人）

中国注册会计师：

中国·上海

立信会计师事务所（特殊普通合伙）
（盖章）

中国注册会计师：
（签名并盖章）
中国注册会计师：
（签名并盖章）

中国·上海

2020年4月27日

四、审计报告所包含的质量信息

在审计报告中，普遍存在若干重要术语，如“我们认为”“在所有重大方面”等。此外，以上四种不同类别的审计意见包含企业财务信息质量的不同含义。

（1）“我们认为”。一方面，意味着签字的注册会计师对审计报告负责；另一方面，意味着注册会计师签署的具体审计意见，是基于签字者的主观认为或主观判断，这种“认为”存在极强的主观判断性，因而促使其签署某种意见的弹性是非常大的。换句话说，就一个特定企业的财务报表来说，某些注册会计师“认为”应该签署无保留意见的审计报告，而其他注册会计师则可能“认为”应该签署否定意见的审计报告。

（2）“在所有重大方面”包含两方面的信息：①“在所有重大方面”存在的问题，并不影响注册会计师对审计意见的基本态度；②是否重大，完全取决于有关注册会计师的主观判断，对于“重大”的认识，不同的注册会计师之间有可能存在“重大”差异。

（3）“公允”。尽管有《中华人民共和国会计法》《企业会计准则》以及中国证券监督管理委员会发布的针对上市公司会计处理与信息披露的各种规定，但“公允”还是由注册会计师来判断。注册会计师既有可能把“公允”的判断为“公允”，也有可能把“不公允”的判断为“公允”，还有可能把“公允”的判断为“不公允”。随着注册会计师业务素质、道德素质及监管力度的加大，审计意见对企业财务信息的质量意义会越来越大，从总体上说，被出具无保留意见和保留意见的财务报告的质量普遍高于被出具另外两种审计意见的财务报告。

➢思考题

1. 财务报表附注的作用体现在哪些方面？
2. 财务报表附注包括哪些内容？
3. 审计报告有哪些类型？如何理解审计报告对财务报表分析的作用？
4. 关联方交易的目的有哪些？
5. 什么是关联方和关联方交易？

➤练习题

一、单项选择题

1. 报表附注的作用不包括（　　）。

A. 提高会计信息可比性　　B. 使会计报告易于理解

C. 了解企业所有者权益变动情况　　D. 体现完整性

2. 财务报表附注中无须披露的事项有（　　）。

A. 财务编制基础　　B. 资本结构

C. 或有事项　　D. 关联方关系及其交易事项

3. 企业报表审计的委托人是（　　）。

A. 股东　　B. 债权人

C. 经营管理者　　D. 企业内部员工

4. 注册会计师认为财务报表的反映是恰当的，能满足非特定多数的利益相关者的共同需要，是哪一种类型的审计意见（　　）。

A. 无保留意见的审计报告　　B. 保留意见的审计报告

C. 否定意见的审计报告　　D. 无法出具意见的审计报告

5. 或有事项可分为或有负债和（　　）。

A. 或有利润　　B. 或有所有者权益

C. 或有资产　　D. 或有费用

二、多项选择题

1. 关联方关系包括（　　）。

A. 合营企业　　B. 税务工商部门　　C. 联营企业

D. 主要投资者　　E. 企业高层管理人员

2. 关联方交易包括（　　）。

A. 代理　　B. 租赁　　C. 担保和抵押

D. 购买或销售商品　　E. 资产转让

3. 关联方交易的动机包括（　　）。

A. 企业良好形象　　B. 粉饰业绩　　C. 降低税负

D. 转移资金　　E. 利益输送

4. 应付职工薪酬主要包括（　　）。

A. 职工工资　　B. 奖金　　C. 津贴和补贴

D. 福利费　　E. 五险一金

5. 财务报表附注包括哪些内容（　　）。

A. 企业的基本情况　　B. 利润表　　C. 或者事项

D. 现金流量表　　E. 关联方交易

三、判断题

1. 关联方交易可以不在报表附注中披露。（　　）

2. 无法出具审计意见的审计报告说明注册会计师认为企业的会计信息披露是恰当

的。(　　)

3. 财务报表附注是企业财务报告不可缺少的部分。(　　)

4. 账龄越高，发生坏账的风险越小。(　　)

5. 表示否定意见是指与无保留意见相反，提出否定财务报表恰当地反映被审计单位财务状况、经营成果和资金变动情况的审计意见。(　　)

➢上市公司案例分析

佛山照明关联方重大担保事件①

1. 公司简介

佛山电器照明股份有限公司（简称佛山照明）（股票代码：000541），成立于1992年，是通过由南海市务庄彩釉砖厂、佛山市鄱阳印刷实业公司以及佛山市电器照明公司定向募集设立的，由法人与自然人混合持股共同发起的股份有限公司，是一家工业企业。佛山照明为1993年国家批准的广东第一批A、B股上市公司，并于1993年11月在深圳证券交易所挂牌交易，于1996年8月转为外商投资股份有限公司。公司主要以生产制造重点光源产品为核心，主要出口到欧美、东南亚等20多个国家和地区，国内市场则以广东省为主要根据地，并已在国内其他省份及地、县级城市设立销售网点2 000多家，享有“中国灯王”的美誉。

2010年11月2日，佛山照明控股子公司锂电正极向中国建设银行格尔木市分行出具《关于同意为青海盐湖蓝科锂业股份有限公司贷款担保的决议》，同意锂电正极为关联公司蓝科锂业4 000万元银行贷款提供担保。但是，锂电正极为蓝科锂业提供的担保并没有提请佛山照明董事会与股东大会进行审议。11月5日，锂电正极与中国建设银行格尔木市分行签署保证合同，为蓝科锂业4 000 万元银行贷款提供连带责任保证担保。2011年12月20日，蓝科锂业向中国建设银行格尔木市分行归还借款4 000 万元，锂电正极的担保责任解除。而佛山照明在2010年与2011年的年报中并没有对这一项担保事件进行披露。

2. 案例背景

第一，与关联方的共同投资与收购事件。

2010年8月17日，佛山照明召开董事会，全票审议通过与青海威力等4家公司共同出资5 000万元设立锂电正极的议案，其中佛山照明出资2 550万元，占51%的股权。佛山市斯朗柏企业有限公司是青海威力公司的股东，占20%的股权，钟永晖是该20%股权的实际控制人，且钟永晖是佛山照明的董事长钟信才的次子，在如此错综复杂的关联关系下，会议将该议案作为普通共同投资交易审议，且钟永晖等也参加了设立锂电正极的表决会议。8月18日，佛山照明发布关于发起设立锂电正极的公告，但是在公告中称该次投资事项不属于关联交易。青海威力为佛山照明的关联方，佛山照明与青海威力共同投资设立锂电正极的行为构成关联交易，但是公司临时报告披露该次投资事项不属于关联交易。在2010年的年报中没有提及以上与关联方的共同投资和收购事件。

① 资料来源：赵趣. 佛山照明关联方交易内部控制案例分析. 辽宁大学硕士学位论文，2014.

第二，与关联方交易借款事件。

2011 年 1 月 4 日，佛山照明控股子公司锂电正极董事会通过决议，同意向佛照锂能源股份有限公司提供 2 500 万元借款。2010 年，佛山照明与施诺奇、上海亮奇、佛山泓邦、南海光明等 9 家关联公司存在与日常经营相关的关联交易，交易金额累计 7 646.52 万元。佛山照明在 2010 年年度报告和中期报告中对上述关联方及关联交易只字未提。同样，佛山照明在 2011 年年度报告和中期报告中也找不到上述关联方和关联交易内容。最终，佛山照明因为关联方交易违规的原因受到了中国证券监督管理委员会的处罚，因为在 2010 年与 2011 年的年报中佛山照明的关联交易披露并没有提到这两家企业。

事实上，施诺奇的生产商是一家名叫上海亮奇的电器公司，而佛山照明的销售商中也有这家上海亮奇电器公司的身影。而上海亮奇的法人代表正是钟信才的长子钟永亮。2009 年 9 月 25 日，佛山照明收购了豪之远所持佛照灯具 10%的股权，佛山照明持股比例达到 70%。2010 年 11 月 19 日，上海亮奇也将自己持有的佛照灯具的全部股权协议转让给了佛山照明。转让后，佛照灯具成为佛山照明的全资子公司。不过，在佛山照明的年报或者公告中并没有对股权转让事件以及股权转让价格进行披露。

除上海亮奇外，佛山照明的另一家关联公司——青海威力在过去的几年中频繁发生的工商资料变更更加扑朔迷离。2009 年 12 月 8 日，青海威力在青海省工商行政管理局东川工业园区工商分局公告中注册资本为 2 000 万元，实收资本为 1 300 万元，而青海威力的法人代表正是钟信才的次子钟永晖。2010 年 6 月 29 日，青海威力在工商行政管理局东川工业园区分局公告的法人代表则变更为了钟信才。仅仅 1 个月之后，2010 年 8 月，佛山照明发布了一个关于发起设立青海佛照锂电正极材料股份有限公司的公告，在这一公告中称青海威力的法定代表人是霍广，公司注册资本为 2 000 万元，注册地址为西宁东川工业区，而霍广则是钟信才的妹夫。在 2011 年 2 月 15 日，李祥则成为青海省工商行政管理局东川工业园区分局公告中青海威力的法人代表。

事实上，佛山照明的关联方相当错综复杂，与钟信才父子有关联的公司非常多。在佛山市工商行政管理局的披露中，仅钟信才父子三人担任法人代表的关联公司，在该局登记的就已经有 17 家。其中，钟信才担任法人代表的公司有 11 家，钟永亮担任法人代表的公司有 2 家，钟永晖担任法人代表的公司有 4 家。钟信才担任法人代表的多数公司都已经注销。目前存在的以法定代表人登记的公司中，投资主体都已经成为佛山照明。相比之下，钟信才的儿子们钟永亮和钟永晖所控制的企业多为独资企业。钟永亮旗下除施诺奇外，还有上海亮奇。钟永晖持有股权的则有斯朗柏、香港天际、世佳照明与青海威力。

值得一提的是，钟永亮独资的上海亮奇与弟弟钟永晖控股的世佳照明在佛山照明园区内共同依偎在父亲钟信才怀中。香港天际、青海威力、上海亮奇、佛山泓邦、佛山施诺奇、佛山市斯朗柏等 15 家公司是钟信才的儿子等亲属直接或间接控制或者担任董事、高级管理人员的公司。2011 年 1 月 5 日，锂电正极与佛照锂签署借款合同，并向佛照锂账户转款 2 500 万元。但是公司关联方交易内部控制规定中明确规定公司与关联法人发生的交易金额在 300 万元以上，且占公司最近一期经审计净资产绝对值 5%以上的关联应当及时披露，而这一交易的金额满足公司对关联方交易的这一规定。但是董事长秘书邹建平没有提请佛山照明公司董事会进行审批，也没有予以公告，同时也没有对相关资料进行整理提请公司的独立董事进行审批，而独立董事也没有对这一交易多加关注。4 月 2 日，佛照锂向锂电正极归还了全部本金和利息。4 月 8 日，佛山照明召开董事会，审议通过《关于子公司之间提供财务资助的议案》。4 月 12 日，佛山照明发布了锂电正极向佛照锂提供 2 500 万元借款的公告。公告中称，佛山照明与锂电正极的其他股东、佛照锂的其他股东均无关联关系。

3. 案例分析

（1）关联方交易给佛山照明带来哪些不良影响？

（2）面对企业刻意隐瞒关联方交易的事实，相关部门应采取哪些措施保护中小投资者利益？

第十二章

财务报表的粉饰与识别

本章学习目标

1. 了解财务报表粉饰的含义。
2. 了解财务报表粉饰的动机及类型。
3. 了解财务报表粉饰的手段及识别方法。

第一节　财务报表粉饰的含义及动机

一、财务报表粉饰的含义

财务报表粉饰是指企业管理当局采用编造、变造、伪造等手法编制财务报表，装饰企业真实财务状况、经营成果与现金流量情况的行为。

财务报表粉饰含义包括两个层次的内容：一是指由会计法规、会计准则的灵活性、模糊性和滞后性而导致的会计人员（自愿或非自愿）粉饰财务报表的行为；二是指有关会计法规、准则有规定而会计人员（自愿或非自愿）不按法规准则处理经济业务来粉饰财务报表的造假行为。第一层次的财务报表粉饰行为显然不需承担法律责任，这类财务报表粉饰行为只有通过对会计法律、法规加以完善才能得以解决。而对于第二层次的财务报表粉饰行为，各行业相关人则应为其不法行为承担相应法律责任，否则将会导致有法不依，必然使我国会计信息失真问题更加严重。本书中的财务报表粉饰主要是指第二个层次的含义。

二、财务报表粉饰的动机

判断公司管理层粉饰财务报表的潜在动机，是有效地分析和利用财务报表的关键。根据证券监管部门披露的大量财务舞弊和报表粉饰案例，我国企业财务报表粉饰的主要动机可分为六种，分别是业绩考核动机、信贷资金获取动机、股票发行动机和上市资格维持动机、税收策划动机、政治利益动机及责任推卸动机。

（一）业绩考核动机

企业的经营业绩，其考核办法一般以财务指标为基础，如利润（或扭亏）计划的完成情况、投资回报率、产值、销售收入、国有资产保值增值率、资产周转率、销售利润率等，均是经营业绩的重要考核指标。而这些财务指标的计算都涉及会计数据。除了内部考核外，外部考核，如行业排行榜，主要也是根据销售收入、资产总额、利润总额来确定的。经营业绩的考核，不仅涉及企业总体经营情况的评价，还涉及企业厂长经理的经营管理业绩的评定，并影响到厂长经理的提升、奖金福利等。

美国著名学者 Watts 和 Zimmerman（1986）在其《实证会计理论》一书中，提出了三个假说，其中的一个假说为“奖金计划假说”。“奖金计划假说”指出：在其他条件保持相同的情况下，设有奖金计划的企业，其高管人员更有可能选择将未来期间的报告盈利提前至本期确认的会计程序。Watts 和 Zimmerman 提出的这一假说对于我国企业同样适用。尤其是当我国企业在设计报酬方案时，主要采用以利润为基础的奖金分享。企业的高管人员为了其自身利益，往往选择能够将报告盈利由未来期间提前至本期确认的会计政策或做法。

（二）信贷资金获取动机

改革开放以来，我国的证券市场得到迅速发展，但我国的证券市场仍属于新兴市场，其深度和广度不能与发达国家的证券市场相提并论，因此，企业需要的资金，绝大部分来自银行等金融机构。在市场经济下，银行等金融机构出于风险考虑和自我保护的需要，一般不愿意贷款给亏损企业和缺乏资信的企业。然而，资金又是在市场竞争取胜的五要素（产品质量、资金实力、人力资源、信息、资源）之一。在我国，企业普遍面临资金紧缺的局面。因此，为了获得金融机构的信贷资金或其他供应商的商业信用，经营业绩欠佳、财务状况不健全的企业就有可能对其财务报表进行粉饰。

Watts 和 Zimmerman（1986）提出的另一个假说为“债务契约假说”。该假说指出：在其他条件保持相同的情况下，企业越接近于违反以会计数据为基础的债务契约，企业的经理越有可能选择将未来期间的盈利提前至本期确认的会计程序，这一假说对我国同样适用。

随着商业银行改革的深入，银行与企业签订的贷款合同越来越多地利用会计信息。许多银行为了控制风险，往往对贷款企业的财务指标提出限制性要求，有些甚至对贷款企业的继续举债、利润分配、收购兼并做出限制。这意味着，如果违反与银行签订的以会计数据为基础的债务契约，企业将面临许多严重的经济后果，如银行可能提高贷款利率、要求追加抵押或质押品、提高信用担保条件、提前收回贷款等。所有这些，都会增加企业的借款成本，甚至使企业陷入技术性偿债困难。因此，为了避免违反以会计数据为基础的债务契约，企业可能诉诸财务报表粉饰。换言之，这种情形下的财务报表粉饰可以降低违反债务契约的风险，从而达到降低借款成本的目的。

【例 12-1】 南海光华骗贷案。2004 年的“审计风暴”揭露了南海光华集团通过粉饰财务报表骗取中国工商银行 74 亿元贷款的恶性案件①。表 12-1 揭示了南海光华集团的财务报表粉饰。

表 12-1 南海光华集团财务数据比较

项目名称	资产总额	所有者权益	销售收入	净利润	增值税
真实金额/亿元	9.77	1.17	3.22	0.11	0.04
报表金额/亿元	36.43	18.63	64.38	7.31	1.55
虚假金额/亿元	26.66	17.46	61.16	7.20	1.51
虚假比例	273%	1 492%	1 899%	6 545%	3 775%

（三）股票发行动机和上市资格维持动机

股票发行分为首次发行（initial public offerings，IPO）和后续发行（subsequent offering，SEO），如配股或增发。

在 IPO 情况下，根据《中华人民共和国公司法》等法律、法规的规定，企业必须连续三年盈利，且经营业绩要比较突出，才能通过中国证券监督管理委员会的审批。此外，股票发行价格的确定也与盈利能力有关。因为，股票发行价格=预测的每股税后利润×发行市盈率。为了顺利通过发行审核，尽可能多地募集资金，降低募集资金的成本，拟上市公司往往对财务报表进行包装、粉饰。此外，为了使 IPO 顺利进行，拟上市公司发行前一年的净资产比率不得低于 10%，故主要依靠举债经营的企业，为了发行股票，往往通过隐瞒负债等手段粉饰财务状况。

在配股情况下，根据 1999 年之前中国证券监督管理委员会的规定，要符合配股条件，企业最近三年的净资产收益率（ROE）每年必须在 10%以上。因此，10%的 ROE 已成为上市公司的“生命线”。统计数据表明，1997 年 755 家上市公司净资产收益率在 10%~11%的高达 211 家，约占 28%。1999 年中国证券监督管理委员会修改了配股条件，其中对净资产收益率的要求改为 3 年平均不低于 10%，但每年不低于 6%，结果，1998 年上市公司公布的净资产收益率低于 10%的比比皆是，但低于 6%的却屈指可数。可见，为了配股而粉饰财务报表的动机并不亚于 IPO。

2001 年起，中国证券监督管理委员会开始实行“退市制度”，即连续三年亏损的上市公司，其股票将暂停交易，在暂停交易的第一个半年内，如果仍无法实现盈利，则其股票将被摘牌，在交易所停止交易。这一新政策的出台，给绩差公司带来了很大压力。濒临退市边缘的上市公司，为了保住上市“壳资源”，其报表粉饰的动机也特别强烈，少数上市公司可能因此铤而走险。

（四）税收策划动机

尽管财务会计与税务会计日趋分离，但应纳税所得额基本上仍以财务会计的利润为基础，通过纳税调整，将利润总额调整为应纳税所得额，再乘以适用的所得税率而得出

① 资料来源：对财务报表粉饰的识别及防范措施. 毕业生查重网.

的。因此，基于偷税、漏税、减少或推迟纳税等目的，企业往往对财务报表进行粉饰。当然，也有少数国有企业和上市公司，基于资金筹措和操纵股价的目的，有时甚至不惜虚构利润，多交所得税，以“证明”其盈利能力。

（五）政治利益动机

我国上市公司中绝大多数是国有企业改制上市，政府对这些企业领导的任免、奖惩仍有实权，创造良好经营业绩成为这些公司领导人的主要任务，而能否完成这些任务及完成好坏直接决定着他们自身的经济利益，也决定着他们的政治前途。

（六）责任推卸动机

为了推卸责任而粉饰财务报表，主要情形表现在以下几个方面。

（1）企业在调动高级管理人员时，一般要进行离任审计，离任审计时，财务报表会根据“需要”进行调节，暴露或者不暴露企业已存在的许多问题。等到新任领导上台以后，为了明确责任或者推卸责任，往往要大刀阔斧地对陈年老账进行清理，这时同样也会存在财务报表上的造假。

（2）会计准则、会计制度变化频繁引起的报表粉饰。例如，2006 年 2 月 15 日，财政部颁布了新的《企业会计准则》。而每当会计制度发生重大变化时，企业就会根据新准则的要求，重新编制和调整财务报表。这时也是财务报表粉饰的好机会，因为可以通过这种方式，提前消化潜亏，并将责任归咎于新的会计准则和会计制度。

（3）当企业发生天灾人祸时，具体地说是发生了自然灾害，或者高级管理人员卷入经济案件时，企业很可能利用这种机会对财务报表进行粉饰，以便推卸责任。

第二节　财务报表粉饰的类型

根据粉饰对象的不同，财务报表粉饰可分为三种类型，即经营业绩粉饰、财务状况粉饰和现金流量粉饰。

一、经营业绩粉饰

经营业绩粉饰的具体表现形式包括利润最大化、利润最小化、利润均衡化和利润清洗。

1. 利润最大化

公司在上市前一年和上市当年采用这种类型的报表粉饰尤其明显。典型的做法如下：提前确认收入、推迟结转成本、亏损挂账、资产重组和关联交易。

2. 利润最小化

当公司达不到经营目标或可能出现连续三年亏损，面临被摘牌时，采用这种类型的财务报表粉饰就不足为奇了。典型的做法如下：推迟确认收入、提前结转成本、转移价格。

3. 利润均衡化

企业为了塑造绩优股的形象或获得较高的信用等级评定，往往采用这种类型的财务报表粉饰。典型的做法如下：利用其他应收、应付款等科目调节利润，制造利润稳步增长的趋势。

4. 利润清洗

利润清洗俗称“洗大澡”，亦称巨额冲销，其做法如下：在某一特定会计期间，将坏账、存货积压、长期投资损失、闲置固定资产、待处理流动资产和待处理固定资产等虚拟资产一次性处理为损失，以便卸掉包袱，轻装前进，为未来会计期间实现盈利拓展空间。

二、财务状况粉饰

财务状况粉饰的具体表现形式包括高估资产、低估负债和或有负债。

1. 高估资产

对外投资和股份制改组时，企业往往倾向于高估资产，以获得较大比例的股权。典型的做法如下：编造理由进行资产评估、虚构业务交易和利润。

2. 低估负债和或有负债

企业贷款或发行债券时，为了证明其财务风险较低，通常有低估负债和或有负债的欲望。典型的做法如下：账外账，将负债和或有负债隐匿在关联企业。

三、现金流量粉饰

现金流量粉饰的具体表现形式主要包括突击制造现金流量、混淆现金流量的类别。

1. 突击制造现金流量

为了使对外报告的利润表显得真实，企业可能在粉饰利润表的同时，对现金流量表进行粉饰。典型做法是，突击制造不可持续的现金流量。例如，在会计期间即将结束前，突击收回关联企业结欠的账款，降价处置存货，低价抛售有价证券，高额融入资金，在会计期间结束前形成现金流入的“高峰”。

2. 混淆现金流量的类别

不同类别的现金流量发出的信号也存在差别。在其他条件保持相同的情况下，经营活动产生的现金流入净额越大，意味着企业的利润质量越高；反之，如果企业的现金流量主要来自投资活动或融资活动，则其利润的质量较低。为此，企业为了改变投资者对利润表的“印象”，可能蓄意混淆现金流量表的类别，将投资活动或融资活动产生的现金流量划分为经营活动产生的现金流量。

四、财务报表粉饰动机与类型的关系

财务报表粉饰的首要动机决定了财务报表粉饰的类型。一般而言，基于业绩考核、获取信贷资金、发行股票和政治目的，财务报表粉饰一般以利润最大化、利润均衡化、高估资产、低估负债和或有负债、虚增经营活动现金流量等形式出现。基于纳税和推卸责任等目的，财务报表粉饰一般以利润最小化和利润清洗（巨额冲销）、低估资产、高估负债和或有负债、虚减经营活动现金流量等形式出现。

第三节　财务报表粉饰的手段

财务报表粉饰的类型一般有三种，不同的财务报表粉饰手段形成不同的结果。从结果分析，财务报表粉饰有以下手段。

一、利用资产重组的粉饰手段

资产重组是企业为优化资本结构、调整产业结构、完成战略转移等目的而实施的资产置换和股权置换。资产重组分为报表重组和实质性重组。报表重组并不期待对企业的经营效率产生实质性的改善，只求改变当期或短期内的财务报表数字，如提高利润、净资产收益率等；实质重组可以提高企业的真实业绩，优化企业的资源配置，改变企业的面貌，对企业的未来产生重大的积极影响。

因资产重组需要将企业某些以历史成本记账的资产价值转换为现时价值，所以给原资产升值留下了空间。不少企业通过资产重组将原以历史成本法记账的资产转化为现时价值，从而产生出巨额利润。特别是上市公司在资产重组过程中，通过不等价的资产置换，为上市公司输送利润。

例如，凭借关联交易，用上市公司的劣质或闲置资产以大大高于账面价值的金额与其国有控股母公司的优质资产相交换或干脆出售，从而获取巨额利润。

【例 12-2】 华源制药资产重组造假案例分析。

华源制药在 2001~2004 年虚增净利润 1.57 亿元，中国证券监督管理委员会要求该公司进行相应调减：将公司资产重组中置换出的不良资产冲回；资产和股权重组中交易对方差额返回公司不得作为其他业务利润处理。华源制药年报显示，2001~2004 年其披露的净利润分别为 1 887 万元、2 026 万元、4 725 万元、1 013 万元，加起来还不足 1.57 亿元，这意味着如果按照财政部的审计来追溯调整的话，华源制药这四年很可能都是亏损的。对此，华源制药在上报的说明中分别就不良债权资产代换问题和股权交易中交易对方的差价返还做收入问题，给出了自己的评出。其中，问题不良债权置换总额约为 9 000 万元，包括安徽华源广生公司的股权重组中置换出不良资产 2 290 万元、安徽金寨华源股权置换出不良资产 2 096 万元、本溪药材置换出不良资产 1 783 万元、改制后转挂华源日化销售公司的应收款 1 436 万元等。至于股权交易中交易对方的差价返还做收入问题，主要是 2001 年 6 月北京星昊现代医药开发有限公司 30%股权受让差额 400 万元、2003 年 9 月本溪三药 40%股权受让差价款冲回 11 640 万元[①]。

① 资料来源：严华. 解密华源制药财务造假三宗罪. 中国证券报，2006-04-06.

华源制药认为，上述股权交易协议转让价和实际价大额返还给公司是受让方对本次交易的折让，公司做成了其他收益，并经中介审计机构确认。这是公司会计认定处理的水平问题，并非故意虚增收入。

有证据表明①，华源制药利用一宗土地交易就虚增了 1.9 亿元收入。事实上，这笔交易是通过华源制药子公司安徽金寨华源公司这个平台完成的。在 2003 年 11 月的报告中，华源制药表示金寨华源公司取得出让的 3 万亩（1 亩≈666.67 平方米）林地使用权是客观存在的，该宗土地经有相应资质的中介机构评估是有价值的，金寨华源公司已获得出让的土地使用权证书也是真实的，该宗土地正在和辽宁本溪的土地一起共同种植红豆杉、博落回等中药材，并已得到了当地政府的认可。此外，该宗土地的取得是根据金寨华源与当地政府签订的协议和当地政府会议纪要有偿出让的，金寨华源有偿受让，同时当地政府承诺将土地出让金 19 400 万元扣除 200 万元农场职工安置费后的 19 200 万元，作为财政补贴支持公司发展。根据当时公司资金状况，土地出让金缴付采取了变通处理方式，即华源制药借款 2 500 万元给金寨华源，金寨华源用该笔 2 500 万元资金经过多次转账将 19 400 万元土地出让金缴纳完毕，当地国土局再将 19 200 万元“财政补贴”逐步返回金寨公司。而这种变通方式也得到了当地土管局的认可。华源制药认为，由于本次交易中与政府签订的相关协议和出地政府办公会议纪要对出让金缴纳和财政补贴已做了规定，加之主观理解上的偏差，而没有要求当地政府部门再出具土地出让金收据和财政补贴收据或批文。这些属于办理手续的缺漏，公司应与当地政府沟通，尽快完善相关手续。

公司账面净资产为 1.5 亿元，但不良资产（包括三年以上应收账款、长期呆滞的存货等）高达 9 000 多万元，公司主营的日化、化工业务部分，共有全民身份职工 1 140 人，且经营亏损。在这样的背景下，华源制药开始了向医药产业转型，并试图在产业转型和资产重组中解决和消化历史遗留问题。华源制药财务舞弊风波，实际上反映了华源集团过去几年里一味追求规模扩张而不注重内部整合的弊端，并最终使华源集团由并购者变成被并购者。

二、利用关联方交易的粉饰手段

我国国有企业改制主要有部分改组和整体改组两种形式。由于种种原因，绝大多数改制企业采用部分改组形式，而部分改组往往会形成重大关联方交易。例如，一些公司的关联方交易采取了协议定价的原则，造成利润在公司之间转移，将关联交易一方的利润转移至另一方，使一方利润减少而另一方利润增加。这一操纵利润的手法普遍见于由国有企业改制而成的上市公司，其目的在于控股母公司可以利用上市公司的壳资源，从股市上筹措资金。

利用关联方交易操纵利润的方式多种多样，包括利用产品和原材料的转移价格调节收入和成本；利用资产重组定价获取资产增值收益；利用高投资回报率的委托经营方式虚增业绩；利用利率差异降低财务费用；利用管理费用收支、共同费用分摊等方式调节利润；采用受托经营方式。

---

① 资料来源：严华. 解密华源制药财务造假三宗罪. 中国证券报，2006-04-06.

例如，托管经营的操作往往服务于公司利润的操纵，成为财务报表造假的一种新方法。其具体表现形式如下：上市公司将不良资产委托给母公司经营，定额收取回报，以在避免不良资产亏损的同时，凭空获得一块利润；母公司将稳定、获利能力高的资产以较低的托管费用委托上市公司经营，虚构上市公司的经营业绩。

【例 12-3】 五粮液的关联方交易分析。

第一，五粮液关联方交易表现如下。

（1）五粮液与普什集团有限公司之间的关联方交易。2004 年 1 月 15 日，五粮液与普什集团有限公司签订了《塑料瓶盖、酒瓶、商标供应协议》，普什集团向其提供塑料瓶盖、酒瓶、商标，交易价格按协议价。

（2）五粮液与五粮液集团之间的关联方交易。五粮液每年都要向五粮液集团支付综合服务费、商标使用费、土地租赁费及经营管理区域租赁费、劳务费。2006 年合计 317 334 394 元，2007 年为 283 173 240.9 元，2008 年为 288 581 421.4 元，且这几项费用均是按照协议价来结算。

（3）五粮液与五粮液集团进出口公司之间的关联方交易。在五粮液的众多关联方交易中，进出口公司是关键。2006 年，关联销售达到 35.77 亿元，同比增长 32.48%，其中，销售给五粮液进出口公司的成品白酒就达到 35.4 亿元，同比增长 46.18%，同样远超过主营业务收入的增幅，占公司关联销售金额的 98.98%。由此可见，五粮液与五粮液集团进出口有限公司之间的关联方交易有失公允。

（4）五粮液的利润分配情况。在非全流通时代，集团和高管自然考虑集团与个人利益的最大化，这符合经济学的规律和价值取向。从五粮液上市以来的分配方案来看，真正意义上的分红仅有 1998 年、2001 年、2003 年和 2005 年，总体上以送股为主，分红极为吝啬。

（5）五粮液高管人员的报酬情况。根据五粮液的历年年报，可以发现其高管的年薪都很低，绝大多数不超过 10 万元。这与动辄年薪收入成百上千万的其他上市公司高管相比，未免太悬殊。

第二，五粮液关联方交易形成原因。

在谈到五粮液的关联方交易时，有关分析人士指出，该公司通过大量的关联方交易输送利益的做法是以五粮液集团利益最大化为目标，而不是以五粮液的全体股东利益最大化为目标。自 1998 年上市以来，五粮液的关联方交易从来就没有停止过，究竟是什么原因使其热衷于此呢？

（1）特有的上市模式。特有的上市模式使五粮液和五粮液集团间带有先天的关联性。1998 年五粮液上市时，宜宾市国有资产监督管理委员会将五粮液中的酒业核心优质部分“剥离”出来上市，形成了现在的五粮液股份有限公司，而其他周边产业则组建成目前的五粮液集团，集团内有负责销售的五粮液进出口公司、提供包装和商标防伪产品的普什集团、包装材料的主要供应商环球集团、提供物流服务的安吉物流等。五粮液上市时的先天不足，使五粮液与五粮液集团之间的关联方交易具有了现实可能性。

（2）特殊的股权结构。1998 年，五粮液上市之初，宜宾国有资产管理局持有五粮液 75%的股份。1999 年，宜宾国有资产经营公司由宜宾国有资产管理局出资成立，宜宾国有资产管理局持有的五粮液股份全部转移至宜宾国有资产经营公司名下。宜宾国有资产经营公司是五粮液股份有限公司的实际控股人，也是销售大股东。

（3）五粮液与五粮液集团高管交叉任职现象严重。五粮液与五粮液集团以及其他公司高管交叉任职现象严重。严重的交叉任职现象，为关联方交易提供了一定的条件和动机，这也是“契约人”人性假设的一个体现。

（4）五粮液与五粮液集团的特殊关系。五粮液是宜宾市国有资产监督管理委员会直接控制的企业。宜宾国资经营公司虽为五粮液的第一大股东，但在董事会中并不占席位，也不能左右公司重大决策，根本无法履行其实际控制人的职责。五粮液集团也是国有独资企业，虽并不持有五粮液股份，但从近年来五粮液所披露的关联方交易来看，关联交易方多是五粮液集团下属企业，利润也大多通过这些关联方交易流到五粮液集团，五粮液集团是五粮液的实际控制人。

可以看出，五粮液关联方交易问题的存在具有必然性和客观性，且有失公允，在一定程度上损害了股东的利益。

三、选用不当会计政策的粉饰手段

由于我国的具体会计准则还没有涉及企业会计核算的方方面面，加之会计准则和会计制度有一定的灵活性。因此，在同一交易事项的会计处理上，就有多种可供选择的会计处理方法。于是，会计政策的选择就成为报表粉饰的一种手段。实践中，运用不当的借款费用核算方法、运用不当的股权投资核算方法、运用不计提或少计提折旧费用的核算方法、使用不当的收入确认方法等都是报表粉饰的常用手段。

（一）利息资本化

按会计制度规定，利息按其借款的用途，可以分为资本性支出和收益性支出两大类：企业为购建固定资产而发生的利息费用，在固定资产尚未投入使用之前，应计入固定资产的成本，即应予以资本化；而为日常经营活动而发生的利息应计入财务费用，抵减当期损益。

利息资本化本是为了满足收入与成本相配比原则的需要，但在实务中，不少企业将它作为一种操纵利润的手段。利用利息资本化调节利润的方法比较隐秘，因为不管自有资金还是借入资金，一旦投入使用后就难以区分清楚，这就给企业人为划定资金来源和资金用途大开方便之门，使企业很容易将非资本性支出的利息资本化，从而达到减少本期财务费用、增加利润的目的。例如，渝钛白股份公司将钛白粉工程建设期间的借款和应付债券的利息 8 064 万元，在该项目投入使用的情况下仍予以资本化。按现行会计制度的规定，这 8 064 万元的利息应该计入 1997 年度的损益，结果被注册会计师出具了表示反对意见的审计报告，成为我国上市公司被出具表示反对意见的审计报告的第一个案例[①]。

---

① 资料来源：渝钛白公司审计案例. https://www.docin.com/p-647272900.html.

（二）更改收入和费用的入账时间

更改收入和费用的入账时间的主要手段如下：提前确认收入、推迟结转成本费用，或提前结转成本费用、推迟确认收入。以收入确认为例，根据《股份有限公司会计制度》，销售商品的收入应在下列条件均能满足时予以确认：企业已将商品所有权上的主要风险和报酬转移给购货方；企业既没有保留通常与所有权相联系的继续管理权，也没有对已售出的商品实施控制；与交易相关的经济利益能够流入企业，相关的收入和成本能够可靠地计量。但是，一些上市公司则违背会计准则和会计制度规定，提供虚假信息。

（三）利用资产减值准备推迟或提前确认损失

《企业会计制度》要求自 2001 年 1 月 1 日起，上市公司要计提八项资产减值准备。在企业法人治理结构和内部控制不健全的状况下，计提资产减值准备有较大的利润调节空间。资产减值会计内涵的复杂性，决定了同样一项资产有不确定的价值，因为资产减值实际上是掺杂企业管理当局主观估计的一种市场模拟价格，资产减值的不确定性给企业管理当局利润操纵提供了极大的空间。新增的四项减值准备涉及不动产及无形资产的估价，与旧四项准备相比，资产减值计量难度更大，甚至大大超过上市公司财务部门及审计师的职业判断能力，除寻求专业的不动产及无形资产评估师帮助外，根本无法得出恰当的资产减值标准，从而影响减值准备计提的正确性。这就更为上市公司利用资产减值准备操纵利润提供了空间。目前，上市公司利用资产减值玩会计数字游戏，主要是利用资产减值准备推迟或提前损失，典型表现为某个年度出现巨额亏损——“让我一次亏个够”。

四、变更会计政策的粉饰手段

在同一交易或事项的会计处理中，会计政策具有可选择性。企业利用会计政策这一特征通过随意变更会计政策，如折旧政策、存货政策、坏账损失核算政策变更等是最为常见的会计政策变更。

（一）固定资产折旧

不同的折旧方法，折旧年限所计算确定的每年折旧不相等。例如，公司将固定资产折旧计提方法由加速折旧法改为一般折旧法，折旧率下降 3%，税前利润就会增加。又如，对同一项固定资产，《农业企业会计制度》比《工业企业会计制度》规定的折旧期限要短，如蓝田股份 2000 年以前没有执行《农业企业会计制度》，而执行《工业企业会计制度》，因此过长的固定资产折旧年限虚增了蓝田股份的利润[①]。

（二）存货计价方法

存货计价方法很多，包括个别认定法、加权平均法、移动加权平均法、先进先出法、后进先出法等。不同方法对企业利润和期末存货价值的影响是不一样的，上市公司通过

① 资料来源：蓝田股份会计造假案例. http://www.doc88.com/p-8856247370326.html.

改变存货计价方法调节利润，这一现象也比较常见。

（三）坏账损失的核算方法

坏账损失的核算方法有备抵法和直接冲销法两种。在备抵法下，需要计提坏账准备，并列入当期管理费用中。而在直接冲销法下，只需要在发生坏账损失时确认管理费用，而哪些应收款项是坏账往往需要判断。于是在这种方法下，企业往往隐瞒真实情况，不确认坏账损失。这样，一些业绩差的上市公司也就利用直接冲销法的这一特点，将备抵法改为直接冲销法，从而达到增加利润的目的。此外，长期股权投资核算方法的改变以及合并政策的改变也常常是公司造假的手段。

【例 12-4】 金螳螂涉嫌会计变更造假案例分析①。

金螳螂（股票代码：002081）于 2006 年 11 月 2 日向社会公开发行人民币普通股股票 2 400 万股，该公司 2006~2008 年净资产收益率分别是 31.46%、16.71%、21.72%。有关分析人士针对该公司的财务状况进行了分析，认为存在利用会计变更进行造假的行为。该公司 2007 年年报中存货余额由年初的 8.22 亿元降至年末的 0.18 亿元，净减 8.04 亿元，也就是这 8 亿多元存货对应的未实现净利在 2007 年全部确认了，可是 2007 年收入确认政策变更的同时，毛利率大幅下滑，由 2006 年的 18.17%降至 12.77%，而 2008 年该公司毛利率是 15.84%。2007 年初 8 亿元存货对应的未实现收益其实少得可怜，果然在 2007 年年报新旧会计准则净利润差异调节表中看到这 8 亿元存货基本是零毛利。

金螳螂 2007 年年收入确认方法变更应属于重大会计差错，该差错对公司 2007 年年报及以前损益都有重大影响。金螳螂收入确认政策变更会计处理有误，这个政策变更即使成立，也不是新会计准则导致，是企业自己的会计政策变更，应适用追溯调整法，不适用未来适用法。可金螳螂不但套用未来适用法，甚至隐瞒会计政策变更的影响数，严重违反了会计准则。收入确认属于会计估计范畴，金螳螂收入确认由完工合同法转为完工百分比法应属于会计估计变更，但会计估计变更的前提是估计基础发生了变化，否则就是滥用会计估计变更。滥用会计估计变更视同会计差错。

对此状况，该公司董事做了这样的说明：根据财政部 2006 年 2 月 15 日发布的财会规定，集团自 2007 年 1 月 1 日起执行新会计准则。新会计准则中与工程劳务收入确认相关的会计准则，均取消了完工合同法。根据关于提供劳务收入的有关规定，集团在资产负债表日提供劳务交易的结果能够可靠估计的，应当采用完工百分比法确认提供劳务收入，集团将收入确认方法由完工合同法变更为完工百分比法。根据企业会计准则以及财政部陆续发布的应用指南和准则讲解、解释以及专家工作组意见等的规定，集团收入确认方法变更不应追溯调整，因此集团对收入确认方法变更采用未来适用法，在采用未来适用法调整收入确认方法时，无须披露影响数。这显然是对准则的自利性解释。

五、虚拟资产挂账的粉饰手段

虚拟资产是指列示在资产负债表的资产方，但严格地讲它并不是企业真实的资产，

---

① 资料来源：会计报表的造假与甄别. https://www.docin.com/p-256153673.html.

而是介于资产与费用之间的一个概念，它基本上不能或很少能给企业带来未来经济利益，主要包括三年以上的应收款项、待摊费用、长期待摊费用。虚拟资产的存在，为企业操纵利润提供了“蓄水池”。

企业利用虚拟资产调节利润的基本方法是通过递延摊销、少摊销或不摊销已经发生的费用和损失来增加利润，即通过增加虚拟资产来虚增利润。例如，某公司年度报告中有近 3 500 万元的净利润，但长期待摊费用挂账达 13 000 万元。其中，居然有一部分是将成本转为待摊费用的，若剔除不合理的虚拟资产，该公司将陷入严重亏损。

六、虚构交易事实的粉饰手段

虚构交易或事实不仅包括虚构关联方交易，还包括虚构非关联方交易，不仅包括虚构销售业务，还包括虚构重组业务。其中，虚构销售业务的情况比较常见，这是最严重的造假行为，其做法：一是白条出库，做销售入账；二是对开发票，确认收入；三是虚开发票，确认收入。

有些手法从形式上看是合法的，但实质上是非法的。例如，上市公司利用子公司将产品按市场价销售给第三方，确认该子公司的销售收入。再由另一公司从第三方手中购回，这种做法避免了集团内部交易必须抵消的约束，确保了在合并报表中确认收入和利润，达到了操纵收入的目的。此外，一些上市公司还利用阴阳合同虚构收入，如公开合同上注明货款是 1 亿元，但秘密合同上约定实际货款为 5 000 万元，另外 5 000 万元虚挂，这样虚增了 5 000 万元的收入，这种情况在关联方交易中非常普遍。

七、利用应收和应付款的造假手段

应收应付款项是为了满足权责发生制条件下计算和反映相应债权债务往来的需要而设置的，但这一项目的存在，给企业操纵利润提供了方便，成为企业造假的重要手段。利用应收和应付款造假的主要做法是通过增加应收账款来增加销售收入，如在本年底虚开发票，同时增加应收账款和营业收入，到次年又以诸如质量不符合要求等名义将其冲回，使本年营业收入虚增。若是为了隐藏部分收入，则利用推迟开票，将营业收入藏于预收账款之中的办法。另外，许多高龄应收账款已成坏账，但企业为了虚增利润不扣冲销。企业通过其他应收款虚增利润的常见方法主要是将已损失的资产转入其中，使亏损不体现出来。利用其他应付款则主要是为了隐藏利润，如将已实现的收益转入其中，使之不列入利润表之中。

第四节 财务报表粉饰的识别

财务报表舞弊和粉饰是一个严重的社会问题。对于投资者、债权人等财务报表的使用者来说，应掌握甄别财务报表粉饰的方法，以确保自身的合法权益。甄别财务报表信息的真实性，首先应了解财务报表及其主要项目之间的勾稽关系，然后参照审计报告、财务报表附注所提供的信息，借助财务报表分析方法，将企业主要财务指标、主要会计事项与同行业其他企业的进行对比、分析，从而做出判断。

一、财务报表之间的勾稽关系

会计信息系统是一个科学的信息加工系统，各指标之间存在着各种相关关系。如果某企业的利润很大，但经营现金净流入却很小，甚至为负数，那么就可以判断该企业利润的质量很差；如果企业的利润很小，甚至为负数，而经营现金净流量却很大，那么就可以推断该企业有利润造假的现象。因此，将财务报表中的相关指标联系在一起来进行对比、分析，可以判断出各指标的质量。

要达到这一目的，关键应了解资产负债表、利润表、现金流量表之间的勾稽关系。资产负债表、利润表及现金流量表各项目之间存在着勾稽关系，有着深层次的内在联系。

会计等式“资产=负债+所有者权益”是编制资产负债表的主要依据。资产负债表中“货币资金”项目与现金流量表中“现金及现金等价物净增加额”项目有关，即货币资金期末余额–货币资金期初余额=现金及现金等价物净增加额。“短期投资”项目与利润及利润分配表中的“投资收益”项目有关。“应收票据”“应收账款”“存货”项目与现金流量表中的“经营活动产生的现金净流量”项目有关。“长期投资”项目与利润及利润分配表的“投资收益”项目有关，与现金流量表的“投资活动产生的现金净流量”项目有关。“固定资产”项目与现金流量表的“投资活动产生的现金净流量”项目有关。“短期借款”“长期借款”项目与利润及利润分配表的“财务费用”项目和现金流量表的“筹资活动产生的现金净流量”项目有关。

“利润=收入–成本费用”是编制利润表的基本原理。“资产=负债+所有者权益+(收入–成本费用)”这一等式揭示了资产负债表与利润表之间的关系。资产负债表与利润表最简单的关系就是利润分配表中的“未分配利润”项所列数字，等于资产负债表中“未分配利润”项数字。由会计等式可以看出，收入与成本费用之差并不是一个虚无的数字，它最终要表现为资产的增加或负债的减少，这也是两个表之间深层次的联系。公司很多的经济业务不仅会影响到公司的资产负债表，还会影响到公司的利润表。

现金流量表与资产负债表、利润表的关系主要表现在现金流量表的编制方法之中，现金流量表的一种编制方法是工作底稿法，即以工作底稿为手段，以利润表和资产负债表数据为基础，对每一项目进行分析并编制调整分录，从而编制出现金流量表。例如，“销售商品、提供劳务收到的现金”的计算公式为

销售商品、提供劳务收到的现金
=当期销售商品或提供劳务收到的现金收入+当期到前期的应收账款
+当期收到前期的应收票据+当期的预收账款–当期因销售退回而支付的现金
+当期收回前期核销的坏账损失

这一项目金额的得出，是以资产负债表相应几个科目金额变化为基础的。如果不存在应收账款、应收票据等往来账项，那么销售商品、提供劳务收到的现金就等于当期收到的现金收入。

此外，财务报表主表与明细表之间的勾稽关系，既有比较简单的明细与合计关系，也有比较复杂的涉及数张报表发生额和余额的关系，如固定资产及累计折旧明细表就既与资产负债表中的固定资产原价、净值和累计折旧发生勾稽关系，又与现金流量表中的固定资产的折旧发生勾稽关系。

其他诸如无形资产及其他资产、待摊费用、预提费用等明细表也都存在上述勾稽关系。通过主表与明细表的逐项对照，可以判明财务报表编制中是否存在造假问题。

二、财务报表粉饰的识别方法

在了解了财务报表主要项目及三大财务报表之间关系的基础上，应采用以下方法识别财务报表的真实性。

（一）分析性复核方法

分析性复核是指对企业重要的财务比率或趋势的异常变动及其与预期数据和相关信息的差异进行分析判断，常用的方法有比较分析、比率分析、结构百分比和趋势分析等方法。

通过分析性复核，可以发现财务报表中的异常波动，进而识别财务报表造假问题。例如，应用比率分析法可计算出2000年蓝田股份流动比率为0.77，速动比率为0.35，而国际公认标准流动比率为2，速动比率为1①，这表明蓝田股份面临很大的财务风险。

又如，应用趋势分析法分析得出琼民源1996年利润总额为57 093万元，比1995年的67万元增长了851倍，净资产收益率由1995年的每股0.034元增加到1996年的每股21.51元，增长了631倍①，从指标上反映琼民源1996年获得了暴利，这些数字在一定程度上也暗示该公司会计信息的虚假性。再采用结构百分比分析法可以看出，琼民源利润总额是主营业务收入的34倍。这表明主营业务利润并不是琼民源利润总额的主体，这同样反映琼民源会计信息有造假行为。事实是，琼民源利润总额的大幅上涨来源于市场操纵行为下的“投资收益”，即琼民源与其控股公司联手，在重组消息公布前，由关联公司大量买进琼民源股票，重组消息公布后大量抛出而获得非法利润。

（二）虚拟资产剔除法

虚拟资产剔除法就是将资产负债表中的长期待摊费用、递延税款、待摊费用、3年以上的应收款项加以剔除，然后进行分析的一种方法。利用虚拟资产造假的共同特点是虚拟资产的多记少摊，识别利用虚拟资产调节利润的基本方法应是重点检查各类虚拟资产项目的明细表，以及注意财务报表附注中关于虚拟资产日确认和摊销的会计政策，特别注意财务本年度增加和未予正常摊销的项目，如发现有人为操纵行为，应予以调整。

例如，某公司2000年度报告利润总额为5 000万元，但长期待摊费用增加9 000万元，其中包括折旧费用3 000万元、管理费用2 000万元、销售（广告）费用4 000万元。

---

① 资料来源：财务报表分析完整案例. https://wenku.baidu.com/tag/f6c472232f60ddccda38a0b0.html.

这些费用均经当地财政部门批准列入长期待摊费用。从这些长期待摊费用的性质不难看出，它们应该计入当期损益。将这 9 000 万元资产调整为费用列入当期损益之后，该公司 2000 年度实际亏损额为 4 000 万元。

（三）应收和应付款造假的识别

识别利用应收和应付款调节利润的基本方法是分析应收账款的质量，特别注意年末应收账款的变化情况。

具体来说，应采取下列措施。

1. 大胆怀疑年底突发性产生的与应收账款相对应的营业收入

例如，某企业全年营业收入为 15 000 万元，除 12 月以外，各月都较为平均，1~11 月累计营业收入为 11 000 万元，而 12 月一个月营业收入则高达 4 000 万元，且有 2 800 万元是通过应收账款产生的。对此，可以认定企业有操纵利润行为，应将 2 800 万元的营业收入予以剔除。即使次年这一笔 2 800 万元的营业收入没有开红票冲回，这样剔除也是应该的。因为它可能导致次年营业收入减少，是将次年的营业收入前置至本年。

2. 大胆剔除高龄应收账款

按我国会计制度规定，账龄为 3 年及以上的应收账款应作为坏账处理，故应将已达到上述标准但未列入坏账的应收账款作为不良资产加以剔除。例如，某企业本年度利润总额为 10 000 万元，但应收账款明细表中列有账龄在 3 年及以上的应收账款 3 000 万元，那么将其剔除后，实际利润则只有 7 000 万元。

在正常情况下，其他应收款和其他应付款的余额不应过大，当出现余额过大甚至超过应收账款、应付账款余额的异常情况时，就应注意识别是否有操纵利润的情况，识别这类操纵行为仍然是从其他应收款和其他应付款的明细表入手，将属于异常情况的金额从中剔除。例如，某公司原有一笔债权 200 万元，债务合同规定该债权的年利率为 10%，期限为 1 年，但从借款至今的 5 年中，债务人从未支付过利息，也没偿还本金，经查实该债务人已经破产，债权已不可能收回，损失已成事实，可是该公司在其他应收款中的这笔债权却从 200 万元上升为 300 万元［200×（1+10%×5）］。显然，该公司有操纵利润的行为，这笔 300 万元的不良债权应予冲销。

在识别是否存在操纵利润现象的过程中，还应注意对企业现金流量的分析，该分析是将经营活动产生的现金净流量、投资活动产生的现金净流量分别与主营业务利润、投资收益和净利润进行比较，以判断企业主营业务利润、投资收益和净利润的质量。没有相应现金净流量做支撑的利润，不如有足够现金净流量做支撑的利润质量高。按会计基本原理，企业的现金净流量不应该长期低于其净利润。因为随着时间的推移，按权责发生制核算的结果会与按收付实现制核算的结果间的差异逐渐缩小并趋向于零。如果某企业的现金净流量长期低于其净利润，则意味着该企业可能将本应作为费用处理的一些项目变为虚拟资产，而虚拟资产是不可能转化为现金的，即企业是通过增加虚拟资产来操纵利润，出现这种情况也应对利润进行调整。

（四）审计报告分析法

对注册会计师出具的审计报告加以分析，亦是识别财务报表造假的一个重要途径。分析审计报告时，应关注审计报告中所反映的意见类型。注册会计师所发表的审计意见类型直接反映了财务报表是否存在造假以及造假的严重程度。一般来说，经注册会计师审计过的财务报表的可信度要高于未经注册会计师审计过的财务报表，对已经注册会计师审计过的财务报表，需结合审计报告意见，重点分析财务报表的粉饰状况；对未经注册会计师审计过的财务报表，除了分析财务报表粉饰状况之外，还需要判断财务报表中是否存在技术错误。

（五）财务报表附注分析法

财务报表附注是为帮助理解财务报表的内容面对报表的有关项目所做的解释，包括：①公司基本情况；②公司采用的主要会计方法及变更情况、变更原因以及对财务状况和经营成果的影响；③控股子公司合营企业的基本情况；④财务报表主要项目注释；⑤其他事项的说明。

将财务报表与其附注相对照，可以了解企业财务报表的披露政策是否合理、会计估计是否科学、会计差错处理是否恰当等方面的信息，为甄别企业财务报表提供有用的信息。

（六）关联方交易分析

在某些情况下，关联方之间通过虚假交易可以达到造假、欺骗报表使用者的目的。利用关联交易调节利润，其结果一般体现在“其他业务利润”“投资收益”“营业外收入”“财务费用”等具体项目中。因此，甄别的方法如下：首先，计算各项目中关联交易产生的盈利分别占项目总额的百分比和这些项目占利润总额的百分比，判断企业盈利能力对关联企业的依赖程度；其次，分析这些关联交易的必要性及公正性；最后，将非必要和欠公正关联交易产生的利润从企业利润总额，如关联交易产生的盈利占利润总额的比例剔除，以反映这些项目的正常状况。例如，关联交易产生的盈利占利润总额的比例高，表明企业利润对关联企业的依赖程度高，如果从定价政策分析其交易为非公正交易，则表明企业有造假行为。

➢思考题

1. 我国企业财务报表粉饰的动机有哪些？
2. 上市公司财务报表粉饰主要有哪些类型？
3. 关联交易中滋生了大量的不等价交易、虚假交易，损害了大量中小股东的利益，试举例说明。
4. 财务报表粉饰的识别方法主要有哪些？

➢练习题

一、单项选择题

1. 股票发行分为首次发行和（　　）。

A. 增加发行　　B. 后续发行

C. 折价发行　　D. 溢价发行

2. 2001 年起，中国证券监督管理委员会开始实行退市制度，连续（　　）年亏损的上市公司，其股票暂停交易。

A. 一年　　B. 两年

C. 三年　　D. 四年

3. 以减少纳税为目的的财务报表粉饰，其一般采用的手段是（　　）。

A. 利润最大化　　B. 利润最小化

C. 高估资产　　D. 虚增经营活动现金流量

4. 财务报表粉饰中的巨额冲销又称（　　）。

A. 利润最大化　　B. 利润最小化

C. 利润均衡化　　D. 利润清洗

5. 对外投资和股份制改造时，企业往往（　　）。

A. 高估资产、低估负债　　B. 高估负债、低估资产

C. 高估资产、高估负债　　D. 低估负债、低估资产

6. 企业为优化资本结构、调整产业结构、完成战略转移等目的而实施的资产置换和股权置换叫作（　　）。

A. 关联交易　　B. 跨国经营

C. 资产重组　　D. 风险投资

二、多项选择题

1. 财务报表粉饰的主要动机有（　　）。

A. 社会责任动机　　B. 减少纳税动机　　C. 业绩考核动机

D. 政治利益动机　　E. 股票上市、配股和保壳动机

2. 财务报表粉饰手段，主要有（　　）。

A. 利用资产重组　　B. 利用关联方交易　　C. 选用不当会计政策

D. 变更会计政策　　E. 虚拟资产挂账

3. 根据粉饰对象的不同，财务报表粉饰可分为（　　）。

A. 经营业绩粉饰　　B. 盈利能力粉饰　　C. 现金流量粉饰

D. 发展能力粉饰　　E. 财务状况粉饰

4. 选用不当会计政策的粉饰手段有哪些（　　）。

A. 利息资本化　　B. 更改收入和费用的入账时间

C. 变更固定资产折旧方法　　D. 利用资产减值准备推迟或提前确认损失

E. 变更存货计价方法

5. 虚构交易事实的粉饰手段做法有哪些（ ）。

A. 利用资产重组　　B. 白条出库，做销售入账　　C. 虚拟资产挂账

D. 对开发票，确认收入　　E. 虚开发票，确认收入

三、判断题

1. 在 IPO 情况下，根据《中华人民共和国公司法》规定，拟上市公司必须连续两年盈利，才能通过中国证券监督管理委员会的审批。（ ）

2. 资产重组可分为报表重组和实质性重组。（ ）

3. 在其他条件一致的情况下，经营活动的现金净流入流量越大，企业的利润质量越低。（ ）

4. 我国国有企业改制主要有部分改组和整体改组两种形式。（ ）

5. 企业为购建固定资产而发生的利息费用，在固定资产尚未投入使用之前，应计入财务费用，抵减当期损益。（ ）

➤上市公司案例分析

四川长虹财务报表粉饰事件[①]

1. 公司简介

长虹创始于 1958 年，公司前身国营长虹机器厂是我国“一五”期间的 156 项重点工程之一，是当时国内唯一的机载火控雷达生产基地。从军工立业、彩电兴业，到信息电子的多元拓展，已成为集军工、消费电子、核心器件研发与制造为一体的综合型跨国企业集团，并正向具有全球竞争力的信息家电内容与服务提供商挺进。

2016 年，长虹品牌价值达 1 208.96 亿元人民币，继续稳居中国电子百强品牌第七位，在中国企业 500 强排名第 152 位，居中国制造业 500 强第 64 位。长虹旗下拥有四家上市公司，分别为四川长虹（600839.SH）、美菱电器（000521.SZ）、华意压缩（000404.SZ）、长虹佳华（08016.HK），同时，新增长虹民生（836237.OC）、长虹能源（836239.OC）、中科美菱（835892.OC）等新三板挂牌公司。

2. 案例背景

从数年前开始，长虹就陆续爆出财务丑闻。2003 年 3 月 5 日，《深圳商报》披露了长虹在美国遭遇巨额诈骗的消息：长虹 2002 年出口彩电近 400 万台，其中有 300 多万台是由美国 APEX 公司代理出口的，这家公司拖欠了长虹的货款，使长虹彩电数亿美元可能无法追回。四川长虹立即给予否认，称“传长虹在美国遭巨额诈骗”纯属捏造，当时有人质疑长虹外销急剧增长和应收账款急剧增长的背后存在“提前确认收入”可能。2003 年 3 月 25 日，四川长虹公布 2002 年年报显示，长虹实现收入 125.9 亿元，实现净利 1.76 亿元，但经营性现金流为–29.7 亿元，这是自要求编制现金流量表以来（1998 年），长虹经营性现金流首次出现负数。长虹的这份年报披露了这样的一个事实：截至 2002 年底，长虹应收账款仍高达 42.2 亿元，其中 APEX 公司欠 38.3 亿元（4.6 亿美元）。事实上，审计意见及财务报表附注都没有完全揭示 APEX 风险，长虹巨亏预告后，股价几度

① 资料来源：四川长虹财务造假案例分析. https://www.docin.com/p-2159730676.html.

跌停，投资者损失惨重。

长虹 2008 年年报披露存在漏洞，披露的成本、费用存在差异约 155 亿元，长虹 2008 年可能存在同时虚增营业收入和成本、费用上百亿元。律师提供的一份材料中指出，长虹 2008 年年报（合并）中披露的营业成本（2 304 652.63 万元）、销售费用（298 553.91 万元）、管理费用（114 800.62 万元），计算得出三项合计为 2 718 007.16 万元，但通过年报披露的采购金额等信息分析计算，上述三项费用合计金额约为 1 166 326.47 万元，中间存在大约 155 亿元的差距。两位律师指出，一种可能是长虹 2008 年隐瞒约 155 亿元的利润，但可能性较小，另一种可能则是四川长虹 2008 年可能存在同时虚增营业收入和成本、费用上百亿元。

2010 年 2 月 25 日，媒体刊出《被指虚增销售收入 50 亿四川长虹 10 年财务迷踪》一文，长虹"财务门"事件由此开始闹得沸沸扬扬。长虹前员工范德均实名举报长虹公司虚报销售收入 50 亿元，而在其之前，亦有多位专家对四川长虹财务报表真实性提出质疑。长虹公司财务管理方面主要有三个疑点。

一是存货方面：长虹的存货在 1997 年彩管大战的时候增加，这属于正常情况。1997 年之后存货没有下降还有上升趋势，但是它们的存货跌价准备并没有随着存货量的上升而增加。

二是应收账款方面：1998 年彩管大战时，长虹的应收账款正常增加，但是 1998 年以后应收账款不跌反升，长虹没有按照程序计提坏账准备。

三是短期投资方面：从 2000 年开始，长虹办理了一个高达 10 亿元的代客理财，代客理财应该计提跌价准备，但是长虹没有按照程序计提短期投资跌价准备。根据长虹的报表可以发现，其 2000 年有 99.92%的一年期应收账款，2001 年有 99.80%，2002 年有 99.76%都不计提，而这些应收账款从来没有收回过。

通过多方的证据和分析可以看出，长虹公司舞弊的主要方法为多计应收账款：由虚列销售收入，导致应收账款虚列；或者应收账款少提或不提备抵坏账，导致应收账款变现价值和相关资产虚增。长虹公司多计应收账款的渠道主要为以下四种。

1）提前确认收入

自 2001 年以来，长虹应收账款余额直线上升。与此同时，主营收入在 2002 年虽有起色，但远远不如应收账款增长得快。长虹 2002 年收入和利润增长主要得益于出口收入的猛增，据长虹执行副总裁李克兴称，2002 年出口开始迅猛增长，从 2001 年的 1.04 亿美元猛增到 7.8 亿美元。对于应收账款余额增长过快的问题，长虹电子集团董事长兼总经理倪润峰做出这样的解释：长虹是 2001 年开始与 APEX 合作的。他坦承现在由 APEX 中介出口的资金确实有四成没有收回，但按惯例，与海外中介企业合作，一般会有二至六个月的还款期，APEX 尚未偿还的四成资金中绝大部分仍未超过信用付款期限，而且还有支票担保。

这一事实表明长虹计入财务报表的利润中有很大一部分是未确认的收入，也就是应收账款。提前确认的收入不一定能在将来实现，这样是有很大风险的，也就构成了账实不符。

2）伪造承兑汇票

在 1998 年四川长虹财务报表大额应收票据列示表中，高达 4.658 亿元的上海英达商业公司商业承兑汇票事实上是上海英达商业公司应四川长虹要求开具，但是上海英达没有提过货，也没有销售和入库，也不是预付款，公司多次向四川长虹讨要未果，也没有给出不予归还的解释。此外，在四川长虹 1998 年的财务报表中，显示其对重庆百货大楼 1998 年末的应收票据为 6.658 亿元。而在当年重庆百货自己的财务报表中，应付票据仅为 9 494 万元。两家上市公司的财务数据完全不相符。事实证明：四川长虹多次通过几个大的代理商以虚假提货和虚假财务记账的方式将销售收入虚增了数十亿元。

3）暗度陈仓

长虹的一家子公司长虹新艺的所有实物资产、货币资金、存货以及固定资产共计 1 600 万元，长虹向长虹新艺投资 1 亿元，长虹新艺实际收到 8 000 万元，长虹新艺拿着这 8 000 万元去购买固定资产，或者变成存货、货币资产，总共只有 1 600 万元，6 400 万元资本金去向不明。长虹向长虹新艺投资 1 亿元，损失了 8 400 万元。长虹新艺有 8 000 万元的应收账款，但在长虹 2003 年年报中，在关联方应收应付款余额项中指明：长虹对长虹新艺无应付账款。大量的银行贷款、货币现金就是通过这些子公司以应收账款的形式，转移到第三者手中，然后再把子公司倒闭。子公司因为对其资料公布的要求没有上市公司严格，隐蔽性高，就成了暗中转移资金的目的地。长虹公司通过应收账款，巧妙地将货款转移至子公司，再利用子公司隐蔽性好的特点进一步将资金转走，最后银行债权追索无门，而长虹来自子公司的应收账款则不断上升。

4）重复记录旺季销售收入

四川长虹 1997 年度销售收入账务截止日期实际为 1998 年 1 月 31 日，将 1998 年 1 月 1 日至 1 月 31 日春节销售旺季近 20 亿元的销售收入计算到了 1997 年度，这 20 亿元彩电销售增值税发票的票面开票日期均为 1997 年 12 月 31 日。但是这部分销售收入在 1998 年度以变通的方式再度被计入年报。四川长虹 1998 年年度财务报表显示，会计年度为公历 1998 年 1 月 1 日至 12 月 31 日。

3. 案例分析

（1）四川长虹财务报表粉饰和造假手段主要有哪些？

（2）结合自己在互联网上搜集的资料，谈谈如何治理上市公司财务报表粉饰行为？

第十三章

企业财务预警分析

本章学习目标

1. 了解财务危机的含义和特征，熟悉财务危机征兆。
2. 明确财务预警的目的。
3. 掌握财务预警系统的概念和功能。
4. 熟练掌握常用财务预警定性分析方法和定量分析方法。
5. 掌握财务预警的指标体系构建。

第一节　财务危机与财务预警

市场的瞬息万变和企业管理者素质的差异，使风险成为企业面临的客观问题。如果企业不能卓有成效地规避和防范各种风险，那它未来的发展势必会陷入严重的危机。在各种不测风险发生时，最易遭受侵害的是企业的资金运动中枢——财务管理：由财务状况的恶化引发的财务危机。因此，进行财务危机预警分析，及早发现诊断出危机信号，并采取相应措施，将危机消灭在萌芽状态，将成为企业财务报表分析的一项重要任务。

一、财务危机

（一）财务危机的概念

财务危机，又称财务困境、财务失败。因为处于财务危机的企业必然陷入财务困境，这类企业的特征是年年亏损，经营不畅，面临较大的财务风险。迄今为止，学术界对财务危机仍然没有统一的定义。比弗（Beaver，1966）将财务危机定义为破产、拖欠优先股股利和拖欠债务及银行透支严重；奥特曼（Altman，1968）将财务危机分为四种类型，即经营失败、无偿付能力、违约和破产，并将企业破产定义为财务危机的标志；卡梅驰奥（Carmichael）认为财务危机是指企业履行义务受阻，表现为流动性不足、权益不足、债务拖欠和流动资金不足四种类型；罗斯（Ross）认为财务危机有四种理解，即上市公司失败、法定破产、技术破产和会计破产，其中的技术破产是指财务危机，即上市公司的经营性现金流量不足以抵偿现有到期债务，以至于无法按期履行债务契约的情况。国内财务学者，如谷祺、刘淑莲等的观点也与此类似。综合以上观点的共同特征，财务危机实质上是企业现有的资金不足以偿还到期的债务，导致企业违约、破产风险加大的一种财务状况。

（二）财务危机的特点

企业管理不善年年亏损，由盛转衰，甚至出现财务危机是一个逐渐演变的过程，反映在财务上，便是一些相应财务指标的不同方向和不同程度的变化，解读这些有规律的变化对企业的持续经营而言是必要而有价值的。企业的财务危机具备以下特点。

1. 客观积累性

企业财务危机的形成不是在一朝一夕之间，而是慢慢积累起来的。它是在企业整个财务活动中，伴随着筹资、投资、经营、分配的各类经济活动，在一定时间内逐步积累起来的行为失误的综合表现。

2. 突发性

财务危机由于受到许多主客观因素的影响，其中有些因素是可以把握和控制的，但更多的因素是爆发性的、意外的，甚至是不可逆转的。

3. 多样性

企业财务危机是多种多样的，呈现出多样性的特征。由于受到企业经营环境、经营过程、财务行为方式多样化的影响，并且财务活动环节繁多，不管其中哪一环节出现问题都可能引发财务危机。

4. 灾难性

财务危机虽然包括多种情况，但不管是资金管理技术性失败，还是企业破产，或是介于两者之间的任何一种情况发生，都会给企业带来灾难性的损失。

5. 预见性

企业财务危机虽然可能突然发生，但还是能够运用一些具体措施对企业财务危机发生的概率进行预测和判断，从而进行事前预测和防范、事中化解和分散，以及事后缓解和补救，以达到通过财务危机预警系统将危机造成的损失降低到最小限度的目的，因此，企业有能力预防和控制财务危机的发生。

（三）财务危机的预兆分析

企业财务危机出现之前是可以通过一些预兆发现的，若这些可能危及企业盈利甚至生存的财务问题及早发现并解决，且随时注意可能引起财务危机的现象，对企业而言是有利而无害的，一般来说，财务危机发生前的预兆有如下表现形式。

1. 生产方面

（1）存货大幅变动。一段时间内，存货大幅增加或减少，都是不正常的。任何一个月的存货与销售的比率高过一般的标准，都可能是企业财务危机的信号。

（2）生产设备大幅度增加。当生产设备大幅度增加时，企业的生产能力和营销能力未能完全很好地配合。几乎所有危机中的企业都面临还贷问题，其中多数公司发生危机的原因是无节制的投资，以至负债累累，资金亏空过大。

（3）规模过度扩张。在规模过度扩张的过程中，企业未进行严密的预算与管理，很可能会发生周转资金不足的现象，因此，对于大举收购企业的行为要多加注意，能够透过繁荣的表象发现破产的征兆。

2. 经营方面

（1）平均收账期延长，较长的平均收账期会吸收掉许多的现金。当企业的现金余额由于客户迟缓付款而逐渐消失时，较长的平均收账期就会成为企业严重的财务问题。所以，管理人员应该注意企业的收账期，从中找出问题，避免问题变得更加严重。

（2）公司高层大幅度变动，在一段时间内公司董事人员、其他高管人员频繁改组或离职。

（3）经常拖欠银行借款或员工工资，企业信用状况下滑。企业信用不断下滑，筹资、融资出现困难，企业与关联单位之间的往来结算出现支付困难。

3. 销售方面

（1）销售收入的非正常下降。在一般情况下，当企业产品销售量下滑时，管理层可采用调整价格、调整产品品种或加强推销等方法来提高销售业绩。如果管理层不能采取行之有效的策略抑制下滑趋势，必将带来严重的财务问题，尤其是非预期的下降。

（2）市场竞争力减弱、市场占有率下降将导致公司盈利能力下降，企业经济效益严重滑坡，交易记录恶化，平均收现期延长，经营活动现金流量将不足以抵偿到期流动性债务。公司主要现金流量主要依靠筹资活动和投资活动。

（3）企业所处行业正在萎缩，竞争对手日益强大，客户不增加或更迭频繁，主要部门的销售额连年下降，主打产品不受市场欢迎，人均销售额降低，销售人员素质差等。

4. 其他方面

其他方面包括企业的资本结构、投资结构、生产结构和支出结构不合理，企业的关联方企业趋于倒闭，企业的财务预测在长时间内不准确，并且无法按时编制财务报表并获得审计师意见。此外，资本注销、全新的竞争对手出现等现象均要引起注意。

二、财务预警

（一）财务预警的概念

企业财务预警是指对财务危机的预警，是以企业财务信息为基础，利用企业提供的财务报表、经营计划等资料，通过选择和观察敏感性预警指标变化，借助比例变化、数学模型等分析方法，对企业可能或将要面临的财务危机进行实时监控和预测报警，并及时向企业管理者、债权人、所有者以及潜在投资者等利益相关者发出警告。财务危机预警敏锐度越高，就越能较早地发现问题并告知企业管理者，越能有效防范和解决问题，避免财务危机的发生。

（二）财务预警的目的

2007年，我国颁布的《企业财务通则》第63条规定，企业应当建立财务预警机制，自行确定财务危机警戒标准，重点监测经营性现金流量和到期债务、企业资产与负债的配比，及时沟通企业有关财务危机预警的信息，提出解决财务危机的措施和方案。财务预警的目的主要是为企业财务报表的使用者服务，帮助有关各方做出正确的财务决策和经营决策，具体包括如下几个方面。

（1）为企业管理者预警，避免企业破产的发生。财务预警可以反映企业的财务状况、发展前景，有利于管理者改善公司的财务管理，使企业较早清楚自己的状况，及时发现问题，采取有效措施，调整自身的发展战略及财务政策，不给财务危机的发生创造机会。

（2）为投资者和债权人预警，提高他们决策的正确性。有效的财务预警能让投资者了解企业的财务状况和生产经营情况及企业未来的发展势头，减少盲目投资带来不必要的损失，对投资者进行强有力的保护。同样，财务预警也为债权人是否决定贷款，给出了一份可以分析受贷企业是否面临财务危机的参考答案，进而减少了债权人由于盲目贷款而遭受的不必要损失。

（3）为政府部门的宏观资源配置提供参考。政府部门可以通过财务预警提供的财务信息发现一些经营状况恶化、没有发展潜能，或者是濒临破产倒闭的企业。进行合理化、较优化的资源配置，以防国有资产流失，减少经济资源的浪费。

（4）为证券监管部门进行事前预警，提高其监管效率。证券监管机构除了根据上市公司管理制度的规定“连续两年发生亏损给予*ST戴帽，连续三年亏损暂停股票上市”的处罚外，还可以根据上市公司近几年的数据资料计算反映公司财务危机预警的指标，了解其变化的情况，分析企业有无发生财务危机的可能，这将有助于证券监管部门进行事前监管，提高监管效率。

（5）为企业客户预警，提高其购买和销售正确性。为公司的供货商和采购商进行财务预警，帮助供货商制定正确的信用政策，帮助采购商制定正确的采购策略，以减少企业客户可能遭受的连带财务危机。

三、财务危机与财务预警的关系

财务危机和财务预警在财务管理中不断重复、相互交织，它们是一对共生的矛盾体。一个正常运行的企业，在其资金运动过程中总是伴随着一系列的危机，而危机预警系统也会随时通过财务指标信息对企业财务运营进行危机评价，从而告知企业此时的危机状态，提醒企业是否需要做出危机应急反应。企业财务预警与财务危机在某种程度上呈现出前后关联的关系，起到互为补充的作用。这是因为，尽管当前企业在危机管理中取得了一定的成果，但是对企业危机的形成原因和发展过程却缺少机理性的分析和实证研究，而财务预警所确立的理念和研究方法等能弥补企业危机管理的不足，并能拓展其研究领域，使危机管理研究更为全面、深入。如图13-1所示，若企业财务预警行为成功，则企业可能会转危为安、重回正常经营的轨道；反之，若财务预警行为失败，则企业很可能马上进入危机状态，最终直至破产清算。

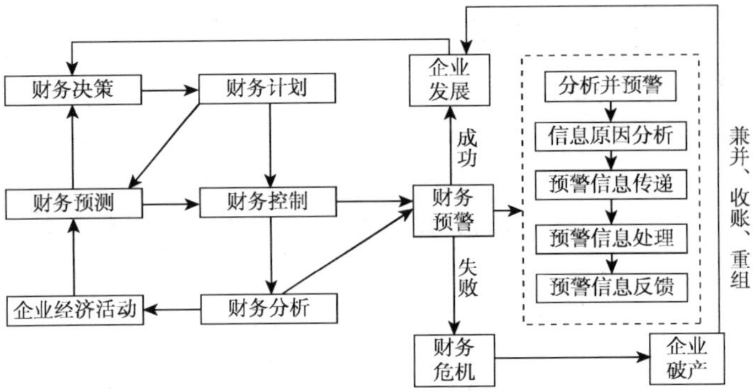

图 13-1 财务危机与财务预警关系示意图

第二节 财务预警系统

一、财务预警系统的概念

任何企业的财务危机都是一个逐步呈现、不断恶化的过程，因而在财务系统的正常运营中，就应该对企业的财务运营进行跟踪、监控，及早地发现财务危机的信号，预测企业的财务失败，一旦发现某种异常征兆就应该着手应变，以避免或减弱。

财务危机预警系统是指通过对企业财务报表及相关经营资料的分析，利用及时的财务数据和相应的数据化管理方式，将企业所面临的危机情况预先告知企业管理者和其他利益相关者，并分析企业发生财务危机的原因和企业财务运营体系隐藏的问题，以便提早做好防范措施的财务分析系统。建立财务危机预警系统以对企业的财务运营做出预测报告，无论从哪个立场分析都是十分必要的。该系统主要是服务于管理上市公司自身，即上市公司利用此系统进行自我诊断。此外，也可以是上市公司的债权人、审计师、监管机构、中介机构和独立分析师等对上市公司财务风险的分析预警。尽管上市公司财务预警系统的风险监控情况不会对外披露，但是外部分析者可以借用财务预警系统的研究成果和分析方法对上市公司财务风险进行有效评估。

二、财务预警系统的功能

建立财务预警系统能够强化企业财务管理，避免财务危机的发生，因而具备下列功能。

1. 信息收集功能

信息收集功能贯穿财务预警活动全过程，是通过收集企业经营相关的产业政策、市场竞争情况、企业本身的财务和经营信息，进行分析比较来展开财务预警的。

2. 财务监测功能

监测是跟踪企业的生产经营过程，将企业的生产经营实际情况同企业设定目标、计划或者是标准进行对比，当实际经营状况偏离这个目标和标准时，需要找到差异进行分析比较，当出现危及企业财务状况的关键因素时就马上进行预警。让企业经营者早日寻求对策，减少财务损失。

3. 诊断功能

诊断是预警体系重要的功能之一，它根据监测的结果对比分析，运用现代企业管理技术、企业诊断技术对企业运营状况的优劣做出判断。当潜在的财务危机出现时，有效的财务预警系统能对企业财务结构等问题进行分析诊断，发现导致企业出现财务恶化的原因。

4. 治疗功能

通过监测、诊断，判断企业的弊病，找出病根后，对症下药。帮助经营管理者及时找到导致财务状况恶化的征兆，针对企业经营管理的缺陷进行弥补，更正企业运营中的偏差或过失，使企业回到正常的运转轨道上来。防止企业财务状况进一步恶化，以及避免同类财务危机的再次发生。

三、财务预警系统管理的程序

1. 寻找财务预警的警源

警源是指警情产生的根源，财务预警的警源包括外生警源和内生警源。外生警源是指来自外部经营环境变化而产生的警源。例如，国家产业政策的调整，有可能导致企业被迫转产或做出重大经营政策上的调整，也有可能直接或间接地导致巨额亏损，乃至破产。此时，外生警源为“政策调整”。内生警源是指企业内部运行机制不协调而产生的警源。以投资失误为例，若所投入的资金是从银行借入的，因投资失误而导致营运资金出现负数，企业难以用流动资产偿还即将到期的流动负债，很可能被迫折价变卖长期资产以解燃眉之急。此时，投资失误则为企业出现财务预警的内生警源。

2. 分析财务预警的预兆

预兆是指发生异常变化时的先兆。在警源的作用下，在财务状况发生变化导致警情爆发之前，总有一些预兆或先兆。分析财务预警的预兆，是财务预警系统的关键一环。从警源到预兆，有一个发展过程，即警源孕育警情—警情发展扩大—警情爆发前的预兆出现。财务预警的目的就是在警情爆发前，分析预兆、控制警源、拟定对策。预兆又可细分为景气预兆和动向警兆。景气预兆反映的是经济景气的程度和状况，反映的是萌芽状态的警情或正在成长壮大的警情。此时，警情与预兆之间并未构成某种因果关系。动向预兆是与警情具有因果关系、逻辑关系或时间先后顺序关系的先行变量指标。动向预兆一般与警源构成因果关系。在财务预警系统中，反映财务风险状况的一般属于景气预兆，而导致财务风险的经营风险状况则属于动向警兆。财务出现风险的景气预兆有现金净流量为负数、资不抵债、无法偿还到期债务、过度依赖短期借款筹资等。经营出现风险导致财务出现风险的动向预兆有主导产品不符合国家产业政策、失去主要市场，或有负债与或有损失数额巨大、关键管理人员离职且无人替代等。

3. 监测并预报警度

警度是指警情的级别程度。财务预警的警度一般设计为五种，即无警、轻警、中警、重警、巨警。警度的确定，一般是根据预兆指标的数据大小，找出与警情相对应的警限区域，预兆指标值落在某个警限区域，则确定为相应级别的警度。例如，为了监测企业的债务情况，设置资产负债率作为预兆指标。设置的警限区域如下：当资产负债率小于10%，为无警；10%~30%，为轻警；30%~50%，为中警；50%~70%，为重警；70%以上，为巨警。根据这一警限区域标准，当某企业的资产负债率的实际值为58%时，则为重警。

4. 建立预警模型

建立预警模型一般有两种方法：一是定性分析的方法，如风险分析法、四阶段症状法等；二是定量分析的方法，包括单变量和多变量模型分析方法等。

5. 拟定排警对策

预警的目的，就是要在警情扩大或爆发之前，采取排警对策，即通过有效的寻找警源、分析警兆、测定警度，进而采取行之有效的排警对策。监测财务风险和危机的目的是有效地防范财务风险和危机。当实际警情已出现或实际警度已测定时，人们的注意力不再是财务预警系统，而是财务排警对策研究。

第三节 财务预警分析方法

一、定性预警分析方法

定性预警分析方法是指依靠人们的主观分析判断进行财务预警分析的方法。在引起企业财务危机的所有问题中，定性预警可以揭示其中的一些非财务因素。已有的定性研究方法主要有风险分析法、“四阶段症状”分析法、“三个月资金周转表”分析法、流程图风险分析法、管理评分法，其中以管理评分法应用最多。

（一）风险分析法

风险分析法又称标准化调查法，由风险研究机构、专业分析师、咨询公司等对上市公司可能遇到的困难设计标准化的问题，通过企业对这些问题的回答形成对警情的预测，最终形成书面报告文件，供企业管理层参考。调查问题一般包括企业业绩、同行业比较、企业财务经营问题及原因、企业前景等。这一调查可能是上市公司全范围调查的一部分，也可能是专门的财务风险预警分析。该方法在操作上一般设计了一系列标准化的问题，故又称之为标准化调查法。这种方法特点是在调查的过程中所提出的问题对所有企业都适用，较少对特定企业的特定问题进行调查分析。标准化调查法的优点是简单易懂、操作性强、对所有企业普遍适用；缺点是缺少针对特定企业设计的问题，没有针对表内问题的解释，缺少对表外信息的判断。

（二）“四阶段症状”分析法

财务危机绝非“一日之寒”，均有一个由量变到质变的过程。因此，分析者根据收集、整理的信息分析财务危机，除需要搞清楚病因外，还需要对企业的财务处境予以定位。“四阶段症状”分析法将公司财务危机划分为四个阶段，即财务危机潜伏期、财务危机发作期、财务危机恶化期和财务危机爆发期，四阶段的相关特征见表 13-1。

表 13-1　“四阶段症状”分析法

财务危机阶段	特征
潜伏期	盲目扩张、营销不善、无效制度、缺乏风险预警机制、无视环境重大变化
发作期	负债比例持续上升、过分依赖外部贷款、风险加剧、收账不利、债务拖延偿付
恶化期	现金失控、资金周转明显缓慢、市场退化、筹资困难、无心经营、信誉大跌
爆发期	资不抵债、货币资金严重短缺、完全丧失偿债能力、债务重整、宣布破产

分析者根据财务指标挖掘相关信息，如果确认财务危机处于潜伏期或发作期，则迅速采取措施，争取化解风险；如果确认财务风险已经恶化或爆发，则应采取相应措施以减少损失。这种方法简单易行，但是四个阶段的界限不容易区分。

（三）“三个月资金周转表”分析法

“三个月资金周转表”分析法是指通过对企业三个月资金周转表以及结算额占收入比例的分析，来判断企业财务状况的一种分析方法。该方法认为，公司处于一个时刻变化的经营环境中，应定期和不定期地检查销售额与应收账款、应收票据兑现率的比率。判断企业财务危机的有力武器是看企业是否制定了三个月资金周转表，是否经常检查销售额对付款票据的比率。采用这一方法，企业要经常准备安全程度较高的资金周转表，如果企业资金周转处于紧张状态，则说明企业已经处于财务危机。从短期来看，若企业制定不出三个月资金周转表，则说明企业财务状况已经恶化，发生了财务危机；若能制定出资金周转表，还要查明转入下个月的结转额是否占总收入的 20%以上，应付票据总支付额是否在销售收入的 60%以下（批发商）或 40%以下（制造业）。如果回答为否，则说明企业发生了财务危机。这种方法简单易懂、实施方便、直观有效；缺点是判断标准不够科学，目前还存在一些争议。

（四）流程图风险分析法

流程图风险分析法是一种动态分析。企业的筹资活动、投资活动、经营活动和利润分配四大活动在空间上并存、时间上继起，并且不断循环。按照这一思路，可以绘制出企业资金运动和物资运动的流程图，这幅流程图对识别企业生产经营和财务活动的关键点特别有用。运用流程图分析可以暴露企业潜在的风险并进行分析判断，并采取相应的措施防范。在整个企业生产经营流程中，即使一两处发生意外，都有可能造成较大的损失，如果在关键点上出现阻塞和发生损失，将会导致企业全部经营活动终止或资金运转终结，一般而言，企业只有在关键点处采取措施，才能防范风险。这种方法的优点是脉络清晰，层次分明，简单易懂，实施方便；缺点是绘图人员必须具备较高的业务能力和水平，且对企业物资运动和财务活动情况有较深的了解。

（五）管理评分法

管理评分法又称A记分法，由美国人约翰·阿吉蒂（John Agyedy）调查了企业的管理特征及可能导致企业破产的原因之后，按照经营缺点、经营错误和破产征兆因素分为三大类，进一步细分为17个风险小项，每一项给出标准分值，每一项得分要么是满分，要么是0分。所给的分数表明了管理不善的程度，总分为100分，参考管理评分法中设置的各项进行打分，分数越高，表明公司的处境越差。在经营管理好的公司中，这些分数应该为0。这种管理评分方式试图将定性分析判断为定量化处理。根据对分析对象的调查了解分别打分，即得综合风险分值，记为A，因此也叫A记分法，如表13-2所示。

表13-2 风险因素及其赋值表

序号	风险因素	记分值	总值	临界值
一、经营缺点			43	10
1	管理活动不深入	1		
2	管理技能不全面	2		
3	被动的经理班子	2		
4	财务经理不够强	2		
5	无过程预算控制	3		
6	无现金开支计划	3		
7	无成本监控体系	3		
8	董事长兼任总经理	4		
9	总经理独断专行	8		
10	应变能力太低	15		
二、经营错误			45	15
1	高杠杆负债经营	15		
2	缺乏资本的过度投资	15		
3	过大风险项目	15		
三、破产征兆			12	0
1	危机财务信号	4		
2	被迫编造假账	4		
3	经营秩序混乱	3		
4	管理停顿	1		
四、分值加总		100	100	25

从表13-2可以看出，A记分法首先是对各项因素进行打分，其次将各项分数加总，最后根据总分判断企业是否处于财务危机状态。打分时需要注意的是，对某项因素要么打0分，要么打满分，不能打折扣分。例如，董事长兼任总经理要么打4分，要么打0

分，不能打其中的 1 分、2 分、3 分。A 记分法临界值分布如图 13-2 所示。如果评价的分数超过 25 分，表明企业面临财务危机的可能；如果得分超过 35 分，企业就处于严重的危机之中；企业的安全分数一般小于 18 分，因此 18~35 分构成企业管理的“黑色区域”。如果企业所得评价分数位于“黑色区域”，就必须提高警惕，迅速采取有效措施，将分数降低到 18 分以下的安全区域以内。这种方法简单易懂，行之有效；缺点是这种方法的效果还受制于对被评分项目及管理者的了解程度。

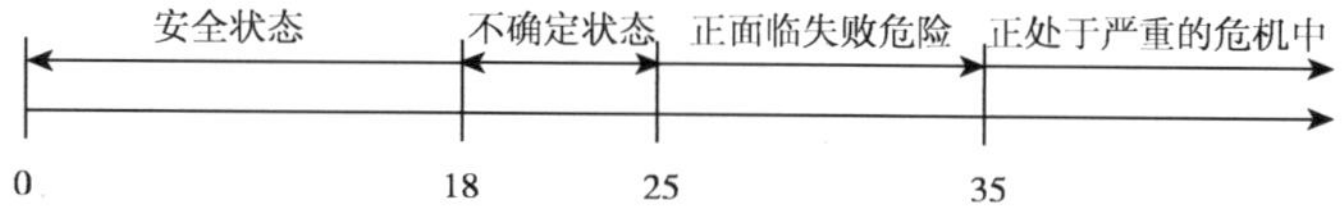

图 13-2　A 记分法临界值分布图

二、定量预警分析方法

定量预警分析方法有单变量分析方法和多变量分析方法两种。

（一）单变量预警模型

单变量预警模型是指运用单一财务指标变量、个别财务比率来预测财务危机的方法。当模型中所涉及的几个财务比率趋于恶化时，通常是企业发生财务危机的先兆。单变量预警模型最早可以追溯到菲茨帕特里克（Fitzpatrick）于 1932 年进行的单变量破产预测研究，后由芝加哥大学会计系教授比弗采用立面分析（profile analysis）和二叉分类试验（dichotomous classification test），于 1966 年提出了单变量预警模型。他通过对 1954~1964 年的 79 家失败企业和相同数量、相同资产规模的成功企业进行比较研究，对 14 种财务比率进行取舍，最终得出可以有效预测财务失败的比率依次为

$$债务保障率=\frac{现金流量}{债务总额}\times 100\%$$

$$总资产收益率=\frac{净收益}{资产总额}\times 100\%$$

$$资产负债率=\frac{负债总额}{资产总额}\times 100\%$$

$$资产安全率=资产变现率-资产负债率$$

其中，$资产变现率=\dfrac{资产变现金额}{资产账面价值}$。

比弗认为，债务保障率能够成功判别在公司破产前一年 87%的公司处于财务失败之中，能够最好地判定企业的财务状况，误判率最低；总资产收益率次之，然后是资产负债率。并且离失败日越近，误判率越低。单变量分析方法虽然简单、使用方便，但因不同财务比率的预测方向与能力经常有相当大的差距，有时会产生对同一公司使用不同比率预测出不同结果的现象，因此招致了许多批评，而渐渐被多变量预警模型替代。

（二）多变量预警模型

多变量预警模型是指运用多种财务比率进行加权汇总产生的总分数值来预测财务危机的方法，也是一种综合评价企业风险的方法。多变量预警模型可以更全面地监测大量财务指标，综合分析企业财务状况，提前发现财务危机，并且还可以进行因素分析，对发生的财务危机追根溯源，从源头上防止财务危机的恶化和再次发生，能够很好地克服个别指标在评价企业财务状况方面存在的缺陷。

1. Z 计分模型

1968 年，美国纽约大学斯特恩商学院教授奥特曼在他的《财务比率、判别分析和公司破产预测》一文中研究了企业失败的预警。他选取 1946~1965 年美国的 33 家行业相同、资产规模相近的破产企业和非破产企业作为样本，收集整理了 22 个财务比率来分析企业潜在的财务危机。他利用逐步多元鉴别分析（multivariate differential analysis，MDA），逐步选取 5 种最具共同预测能力的财务比率，分别是流动率、收益率、稳定性、支付能力和活动比例，建立起了一个类似回归方程式的鉴别函数——Z 计分模型。该模型将企业偿债能力指标、获利能力指标和营运能力指标有机联系起来，综合分析预测企业财务危机的可能性。Z 计分模型具体表达式如下：

$$Z = 1.2X_1 + 1.4X_2 + 3.3X_3 + 0.6X_4 + 10X_5$$

其中，Z 为判别函数值。其余变量解释如下：

$$X_1 = \frac{\text{期末流动资产}-\text{期末流动负债}}{\text{期末总资产}} \times 100\%$$

$$X_2 = \frac{\text{留存收益}}{\text{资产总额}} \times 100\%$$

$$X_3 = \frac{\text{息税前利润}}{\text{资产总额}} \times 100\% = \frac{\text{息税前利润}}{\text{平均总资产}} \times 100\%$$

$$X_4 = \frac{\text{普通股及优先股市场价值总额}}{\text{负债账面价值总额}} \times 100\%$$

$$X_5 = \frac{\text{本期销售收入}}{\text{资产总额}} \times 100\% = \frac{\text{营业收入}}{\text{资产总额}} \times 100\%$$

其中，X_1 表示企业的流动性和规模特征；X_2 表示企业累积收益状况；X_3 表示企业资产的获利能力；X_4 表示财务杠杆，反映企业的偿债能力；X_5 表示资产经营效率。Z 计分模型的变量是从资产流动性、获利能力、偿债能力和营运能力等指标中选择一两个最具代表的指标；模型中的系数则是根据统计结果得到的各指标相对重要性的度量。按照这一模型，通过计算企业连续几年的 Z 值就可以发现企业发生财务危机的征兆。奥特曼教授的研究结论是，“Z 值越小，企业遭受财务危机的可能性就越大”。Z 值的范围为 1.81~3.0，等于 2.675 时居中。运用该模型时，当 $Z<1.81$ 时，预测该企业将在 1 年以内面临财务危机；$1.81 \leqslant Z<2.675$ 是灰色区域，即不能对企业是否会面临财务危机做出准确的判断，处于此区间的企业财务状况极不稳定；$Z \geqslant 3.0$，企业的财务状况是稳健的。具体判断标准见表 13-3。

表 13-3　*Z* 计分模型具体判断标准表

<table>
<tr><th>Z 取值范围</th><th colspan="3">企业财务危机程度</th></tr>
<tr><td>$Z \geqslant 3.0$</td><td>财务危机的可能性很小</td><td rowspan="2">安全状态</td><td rowspan="3">财务正常</td></tr>
<tr><td>$2.675 \leqslant Z \leqslant 2.9$</td><td>有财务危机的可能</td></tr>
<tr><td>$1.81 \leqslant Z < 2.675$</td><td>财务危机的可能性很大</td><td>破产情况不明，处于灰色区域</td></tr>
<tr><td>$Z < 1.81$</td><td>财务危机可能性非常大</td><td>很高的破产风险</td><td>财务失败</td></tr>
</table>

向德伟（2002）也认为，*Z* 记分法预测上市公司在一年内财务失败的准确率为 95%，在两年时间内出现财务失败的准确率为 83%，在三年后出现财务失败的准确率降为 48%。*Z* 计分模型简单明了、易于理解，是一种比较成熟的财务危机预警方法，该模型从总体上给出了一个定量指标来预测企业的财务失败程度，并且又有利于企业在不同历史时间进行趋势的比较，缺点就是该方法不适宜不同行业、不同规模和不同地域企业之间的横向比较，也不适用于非上市企业的测量，因为无法测量 X_4 变量。

2. *F* 计分模型

由于 *Z* 计分模型在建立时并没有考虑现金流量的变动等方面的情况，因而具有一定的局限性。周首华等（1996）借鉴 *Z* 计分模型，加入了现金流量比率，并扩大样本数量，对其进行了改进，提出了一种供管理当局使用而又区别于传统公司偿付能力分析的新的预测模式——*F* 计分模型。该模型解决权责发生制原则带来的人为操纵财务比率的缺陷，在模型构建中考虑了现金流量的概念，并选取我国 1977~1990 年 4 160 家企业的数据进行了检查，最终对同行业、净销售额相近的破产企业和非破产企业 31 家配对企业进行了财务数据分析，建立了如下所示的 *F* 计分模型，其预测准确率达 70%。

$$F=-0.177\,4+1.109\,1X_1+0.107\,4X_2+1.927\,1X_3+0.030\,2X_4+0.496\,1X_5$$

其中，*F* 为判别函数值。

$$X_1=\frac{期末流动资产-期末流动负债}{期末资产总额}\times 100\%$$

$$X_2=\frac{期末留存收益}{期末资产总额}\times 100\%$$

$$X_3=\frac{税后净收益+折旧}{平均负债总额}\times 100\%$$

$$X_4=\frac{期末股东权益的市场价值}{期末总负债}\times 100\%$$

$$X_5=\frac{税后净收益+利息+折旧}{平均资产总额}\times 100\%$$

F 计分模型加入了现金流量预测变量，弥补了 *Z* 计分模型的不足，*F* 计分模型和 *Z* 计分模型的区别就在于 X_3 和 X_5 不同。X_3 是一个现金流量变量，它是衡量企业所产生的全部现金流量可用于偿还企业债务能力的重要指标。一般来说，企业提取的折旧费用，也是企业创造的现金流入，必要时可以将这部分资金用于偿还债务。X_5 测定的是企业总资产在创造现金流量方面的能力。相对于 *Z* 计分模型，它可以更准确地预测出企业是否存在财务危机（其中的利息是指企业利息收入减去利息支出后的余额），*F* 计分模型的临

界值是 0.027 4，若公司的 *F* 分数低于 0.027 4，则公司将预测为破产公司，若 *F* 分数高于 0.027 4，则公司将被预测为继续生存公司，具体判断标准见表 13-4。

表 13-4 *F* 计分模型具体判断标准表

F 取值范围	企业财务危机程度
$F \leqslant 0.027\ 4$	可能出现明显的财务危机
$F > 0.027\ 4$	财务状况正常，可以继续生存

F 计分模型的数值在其临界值 0.027 4 上下为不确定区域，在此区域内有可能把财务危机企业预测为继续生存企业，或者将继续生存企业预测为财务危机企业，因此，要进一步研究分析。

（三）多元逻辑回归模型

多元逻辑回归模型的目标是寻求观察对象的条件概率，从而据以判断观察对象的财务状况和经营风险。适用于因变量是非连续的，且为二分类选择模式。马丁（Martin）于 1977 年最先采用逻辑回归模型预测银行倒闭的可能性。其研究表明，净利润/资产总额、坏账/营业净利润、费用/营业收入、总放款/总资产、商业放款/总放款、总资产/风险性资产这 6 个指标的财务预测效果显著。1980 年，奥尔森（Olson）为了提高财务危机预测的准确性，将逻辑回归方法引入财务危机预警领域。他选择 1970~1976 年破产的 105 家公司和 2 058 家非破产公司组成配对样本，使用了 9 个自变量分析了样本公司在破产概率区间的分布以及两类判别错误和分割点的关系，运用条件逻辑模型建立财务危机预警模型。研究结果显示，公司规模大小、资本结构（负债比率）、经营业绩（资产收益率或营运资金比率）以及流动性（流动比率、速动比率）这 4 个因素与企业发生财务危机具有显著的预测能力，预测准确率达到 96.12%。逻辑回归模型克服了单变量和多变量预测模型中自变量服从多元正态分布和两组间协方差相等假设的局限性，放宽了模型的假设条件，使财务预警得到了重大改进，使用范围更加广泛。但是其计算过程比较复杂，在计算过程中的近似处理，会影响模型预测的准确度。

国内学者吴世农和卢贤义（2001）运用逻辑回归判别式，对 1998~2000 年沪深两市 140 家上市公司进行了判别分析，根据逻辑模型，以 0.5 作为最佳判别点，结果 70 家非 ST 公司有 4 个被判错，误判率为 5.71%；69 家非 ST 公司有 5 个被判错，误判率为 7.25%；139 家非 ST 公司有 9 个被判错，误判率为 6.46%，这在同类研究中是判别效果最好的。

（四）人工神经网络预警模型

人工神经网络（artificial neural networks，ANN）技术被广泛运用于语音识别、控制论等领域。1990 年，奥多姆（Odom）和夏尔达（Sharda）最早将神经网络技术应用于财务危机预警研究中，该判别模型以神经理论为基础，模仿生物的大脑神经网络学习过程。他们利用公司失败前一年的资料，将研究对象分为两组，一组是训练样本，另一组是测试样本，研究变量直接采用奥特曼所构成的五个财务比率，运用人工神经网络进行研究，并同传统的多元判别分析方法进行对比发现，运用人工神经网络对财务危机预警进行研究的精度较高。人工神经网络的预警模型优点主要在其通用性，即对数据分布的要求不严格，能够处理绝对变量和连续变量的非线性数据，并且在复杂领域可以产生良好的预测效果，但是由于人工神经网络理论基础比较抽象，对人体大脑神经模拟的科学性和准确性还有待进一步加强。

第四节 财务预警指标体系

一、选择财务预警指标应遵循的原则

分析企业的财务状况和经营成果通常要涉及企业偿债能力、获利能力、营运能力和发展能力，所以在考虑企业财务危机预警指标体系时也应该涉及这些方面能力的指标分析。

财务预警指标是企业陷入财务危机过程的"晴雨表"，是企业财务预警的核心。企业在选择指标构建适当的财务危机预警指标体系时，必须遵循下列原则。

1. 敏感性原则

敏感性原则要求预警指标能够灵敏地暴露出企业财务活动过程中的财务危机征兆，准确地预测警情。

2. 可比性原则

可比性原则要求各指标反映的统计范围、统计口径要一致；同一指标的内容、计算方法、计算单位、价格要一致，且当有变化时要及时调整，使指标具有可比性。

3. 可操作性原则

可操作性原则要求指标本身所需要的财务数据，可以从企业的财务报告中得到体现，并在财务报表中没有缺省值，尽量采用企业现有的定量统计指标，以利于统计资料的搜集、整理、汇总和对历史统计资料的分析。

4. 有效性原则

有效性原则要求财务预警指标之间要避免高度的相关性和重复性，并要具有明显的经济意义。

5. 全面性原则

反映企业经营状况好坏不仅要看企业经济发展速度，还要看企业的经济效益及今后的发展潜力；既要考虑近期的，也要考虑远期的；既要看绝对水平，也要反映相对水平，要全面反映出经营状况。

6. 综合性原则

企业生产经营信息量大，一个企业有许许多多统计指标，要从中选择能综合反映某一方面运营状况的指标。

二、财务预警指标体系的构建

在企业财务预警指标体系中，根据其性质不同可以划分为财务指标预警和非财务指

标预警，如图 13-3 所示。

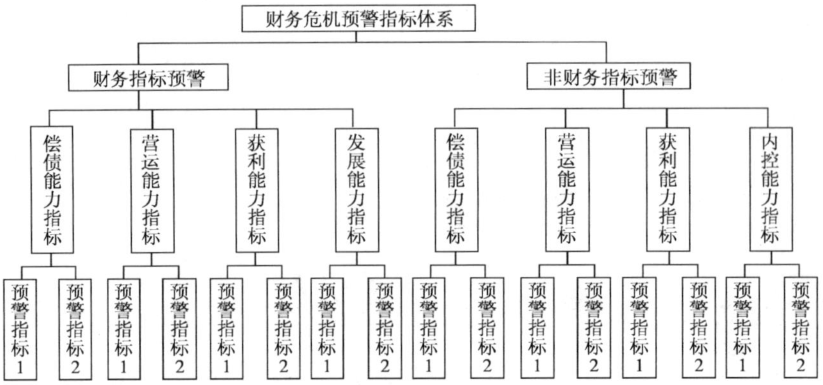

图 13-3 财务危机预警指标体系基本框架图

（一）财务指标预警

财务指标预警基本上是以现行的财务分析体系为理论框架，所选取的预警指标多为常见的财务评价指标。

1. 偿债能力的预警

偿债能力指标是指用来分析企业归还到期的长短期债务能力的指标，企业偿债能力缺乏将直接导致资金不足、对债权人利息和本金支付的拖欠，这样企业的信用受损、授信能力降低，非常容易引发财务危机并直至企业破产。这类预警指标常常使用流动比率、速动比率、现金流量比率、资产负债率和利息保障倍数。

2. 营运能力的预警

企业的周转率指标是反映企业利用自身资源效率的指标，周转率指标越强反映企业对资产的管理能力越有效，企业自身的经营能力越高，反之则说明企业日后发生财务危机的可能越大。这类预警指标常常使用应收账款周转率、存货周转率、总资产周转率和净资产周转率。

3. 获利能力的预警

企业自身生产经营活动所得资金用于应付企业日常生产经营和偿还到期债务，这才是最重要也是最可靠的资金。企业的获利能力越高、越稳定，说明企业将有足够的盈余来面对可能的各种风险，适度降低财务危机的发生。这类预警指标主要包括总资产报酬率和成本费用利润率。

4. 发展能力的预警

财务管理的目标是财富最大化，一个有远见的管理者不仅要考虑企业目前的财务状况，还要考虑企业未来的发展，所以反映未来发展能力的预警指标主要以增长率指标为主。一般包括总资产增长率、资本保值增值率和销售增长率。其中，销售增长率超过 10%，说明企业处于成长期，将继续保持较好的增长势头；如果销售增长率为 5%~10%，则说明企业处于稳定期，不久的将来可能进入衰退期，保持市场份额难度较大，销售利润下滑，加之没有新产品的开发和创新，企业将步入衰退期。

（二）非财务指标预警

关于非财务指标的研究，大多数学者都认识到非财务指标对企业财务预警有重要作用，非财务指标包括公司概况、领导素质与管理素质、行业背景分析、企业发展规划与措施、竞争态势分析、市场预测及管理手段分析等。在非财务指标的选取和构建过程中要符合相关性、竞争性等原则，同时要考虑到企业生命周期、行业特征等因素的影响。但相对于财务指标而言存在计量困难的问题，所以如何选择非财务指标有待继续探讨。借鉴《股份制商业银行风险评级体系（暂行）》中的非财务指标体系，并结合企业实际情况，设计企业的偿债能力、营运能力、盈利能力、内控能力方面的非财务预警指标，如表 13-5 所示。

表 13-5 非财务预警指标评价表

偿债能力	营运能力	盈利能力	内控能力
资本结构以及资产负债的匹配期限	研发能力发展创新能力	盈利趋势及潜在盈利能力	内部控制文化
外部及时融资能力	管理团队及员工积极性	核心业务	内部控制制度及其机构设置
不良资产以及损失程度	市场定位及经营发展战略	盈利质量及经营性现金流量	假账、利润操纵现象
企业财务政策	顾客满意程度及其外部环境	市场占有率	内部审计人员及其独立性

根据万希宁和王艳（2007）的分析思路，可以将财务预警指标和非财务预警指标进行加权平均，计算出企业的综合得分，来判断企业面临财务危机的程度，计算过程如下：

公司财务危机预警的综合得分=80%×财务预警指标+20%×非财务预警指标

若分数为 90~100 分，则说明企业现状良好，发生财务危机的风险很小；若分数为 75~90 分，则说明企业存在一定财务风险，需要采取适当的调整措施；若分数为 60~75 分，则说明企业处于“灰色地带”；若分数小于 60 分，则说明企业有破产的可能性。

【例 13-1】 财务预警分析方法实例——以 A 公司为例。

1. 案例资料

A 公司始建于 1958 年，1996 年改制为上市公司，股票在深圳证券交易所上市，是国家大型一档企业、全国 520 户重点企业、全国十大轮胎公司和工程机械轮胎配套出口基地之一。公司主要从事轮胎研发、生产及销售，主要产品有“前进”“大力士”“多力通”“劲虎”“金刚”等品牌卡客车轮胎、工程机械轮胎、农业机械轮胎、工业车辆（含实心）轮胎和特种轮胎，是全球商用轮胎规格品种较为齐全的轮胎制造企业之一。市场主要包括替换市场、配套市场和集团客户等，在国内各省市及国外近百个国家和地区有代理（或经销）机构，与国内外众多知名企业建立了配套关系，年出口量占总产量的 20%左右。企业规模在 2019 年度全球轮胎 75 强中列第 34 位。截至 2019 年 12 月，贵阳市工业投资（集团）有限公司持有公司 1.964 亿股，占比 25.33%，是公司第一大股东，贵阳市国资委是公司实际控制人。

我国是轮胎大国，但还不是轮胎强国，整体发展水平仍落后于发达国家。国内轮胎行业呈现出产能结构性过剩严重，中低端产品竞争激烈；产业规模快速增长，行业集中度不断提高；科技进步、品牌建设和经营理念创新相对滞后；出口占比越来越高，与国际一流品牌价差越拉越大等特点。轮胎作为各种汽车、工程机械、农业机械等相关行业的主要配套产品之一，与宏观经济波动呈现高度相关性，因此轮胎行业周期与宏观经济周期保持较高的一致性。近年来国内经济正处于结构性调整新常态阶段，经济发展中速增长、基础建设投资放缓、传统行业去库存、高铁发展公转铁，因此导致轮胎市场需求增长下滑，国内轮胎企业产能利用率普遍不足，同时受到北美、欧盟、巴西、印度和埃及等市场针对中国轮胎的贸易壁垒和贸易摩擦影响，国内轮胎出口受阻，市场销售也受到不同程度影响。因而，有必要在新的经济背景下分析该公司目前面临的财务风险，以期为投资者和债权人提供一些决策参考意见。表 13-6 列示了 2014~2019 年 A 公司的部分财务指标，以此为基础来分析和评价该公司可能存在的财务危机情况。

表 13-6　A 公司 2014~2019 年部分财务报表数据摘录

项目	2014 年	2015 年	2016 年	2017 年	2018 年	2019 年
存货净额/元	1 115 954 004	997 131 500.5	862 223 208	670 292 989	797 794 742.6	689 119 369.6
流动资产/元	5 443 127 616	6 172 196 437	5 315 445 097	4 533 215 791	5 305 148 292.9	5 581 375 151.1
总资产/元	9 730 392 361	11 175 733 875	10 428 277 403	9 715 434 062.2	10 481 305 448.3	10 521 029 239
流动负债/元	4 907 938 183	5 458 141 621	5 007 341 012.2	5 166 781 579	6 266 999 193	6 725 146 964.4
负债合计/元	5 956 034 495	7 690 573 936	6 849 211 999.5	6 375 868 907.2	7 066 050 527.2	6 725 146 964.4
盈余公积/元	163 438 129.9	163 438 129.9	175 536 371	175 536 371	189 736 118.2	211 351 015.3
未分配利润/元	999 894 328.4	709 893 615	713 022 547.4	472 484 995	543 756 392	644 179 971
营业收入/元	5 563 482 024	4 733 467 523	5 587 292 293	6 959 609 093	6 825 324 936.4	6 458 337 887
财务费用/元	161 403 800	127 879 639.2	119 096 097	175 673 515	114 493 548.1	103 895 498.4
折旧/元	2 004 951 186	2 228 818 386	2 288 654 625	2 458 081 924	2 686 034 982	2 435 081 496.3
利润总额/元	195 739 445	−303 510 077.4	13 768 450.4	−269 727 736	106 577 890.1	150 318 429
净利润/元	166 981 874	−258 503 010.2	14 765 428.1	−221 691 548	88 173 144	135 442 537.2
每股市价/元	6.70	7.24	5.97	4.67	3.35	4.66
股本总数/股	775 464 304	775 464 304	775 464 304	775 464 304	775 464 304	775 464 304

资料来源：A 公司年度报告，作者进行了整理

2. 案例分析

第一，财务预警模型分析。

本案例主要选取 A 公司 2014~2019 年连续 6 年经过审计的年度财务报告数据。

（1）运用 Z 计分模型进行财务预警的分析。以 2019 年为例，Z 分计算过程如下：

$$Z=1.2\times X_1+1.4\times X_2+3.3\times X_3+0.6\times X_4+1\times X_5=0.996\ 1$$

其中，

$$X_1=\frac{期末流动资产-期末流动负债}{期末总资产}\times 100\%=\frac{5\ 581\ 375\ 151.1-6\ 725\ 146\ 964.4}{10\ 521\ 029\ 239}=-0.108\ 7$$

$$X_2=\frac{盈余公积+未分配利润}{期末总资产}\times 100\%=\frac{211\ 351\ 015.3+644\ 179\ 971}{10\ 521\ 029\ 239}=0.081\ 3$$

$$X_3=\frac{\text{利润总额}+\text{财务费用}}{\text{期末总资产}}\times 100\%=\frac{150\,318\,429+103\,895\,498.4}{10\,521\,029\,239}=0.024\,2$$

$$X_4=\frac{\text{每股市价}\times\text{总股数}}{\text{期末总负债账面价值}}\times 100\%=\frac{3\,613\,663\,657}{6\,797\,437\,510}=0.531\,6$$

$$X_5=\frac{\text{营业收入}}{\text{资产总额}}\times 100\%=\frac{6\,458\,337\,887}{10\,521\,029\,239}=0.613\,9$$

运用 *Z* 计分模型进行计算分析的结果如表 13-7 和图 13-4 所示。

表 13-7 A 公司 2014~2019 年 *Z* 计分分析表

年份	2014 年	2015 年	2016 年	2017 年	2018 年	2019 年
X_1	0.055 0	0.063 9	0.029 5	−0.065 2	−0.091 8	−0.108 7
X_2	0.119 6	0.078 1	0.085 2	0.066 7	0.070 0	0.081 3
X_3	0.036 7	−0.015 7	0.012 7	−0.009 7	0.021 1	0.024 2
X_4	0.872 3	0.730 0	0.675 9	0.568 0	0.367 6	0.531 6
X_5	0.571 8	0.423 5	0.535 8	0.716 3	0.651 2	0.613 9
Z 值	1.449 7	0.995 8	1.137 9	1.040 2	0.929 2	0.996 1

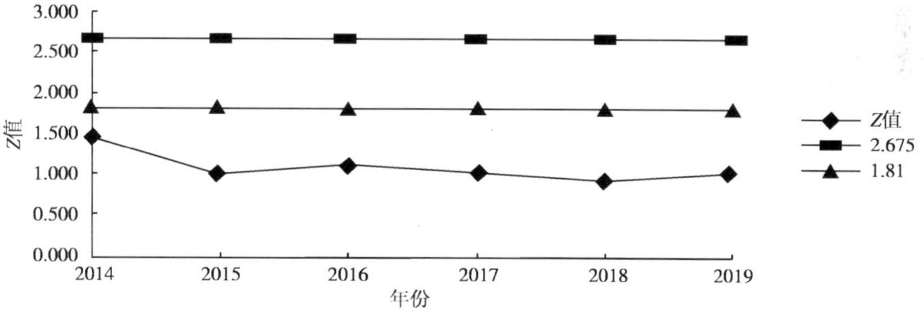

图 13-4 *Z* 值计算得分与临界值的关系图

表 13-7 中，股东权益市场价值是按照 2014~2019 年 12 月 31 日收盘价和公司总股数的乘积计算的。从 2014~2019 年的 *Z* 分来看，数据在 1.81 以下，除 2016 以及 2019 年有较小的增长幅度外，其余都呈现逐年下降的趋势。2018 年达 0.929 2，是这 5 年最低的 *Z* 分值并且处于破产可能性很高的区间。表明该公司 5 年间的经营状况较差，发生财务危机的可能性较大，且公司 2017~2019 年的净利润指标极其不稳定，在 2015 年以及 2017 年出现了负数，这也说明公司财务发生财务危机的可能性较大。其中，表示资产流动能力的 X_1 指标一路下滑，说明企业短期偿债能力不好，企业资金周转不灵，短期偿债风险可能出现危机；反映企业积累能力的 X_2 指标从 2015 年开始跌下 0.1 以后再未突破这个值，这表明公司 2015~2019 年的积累能力还不如以前年度；反映企业全部资产使用效率的 X_3 指标，从 2014~2018 年一降一升，非常不稳定，这说明企业的经营效益不稳定，财务状况不稳定；反映偿债能力的 X_4 指标从 2014~2018 年越来越小，说明公司市场价值与负债比呈逐渐下降趋势，在股东权益不变的情况下，负债在增加，风险不断积聚。反映资产经营效率的 X_5 指标波动情况也较大，可见企业的财务状况整体不佳，发生财务危机

的可能性较大，企业应采取相应的措施，有效防范和化解风险。

（2）运用 F 计分模型进行财务预警的分析。运用 F 计分模型进行计算分析的结果如表 13-8 所示。

表 13-8　A 公司 2014~2019 年 F 计分分析表

年份	2014 年	2015 年	2016 年	2017 年	2018 年	2019 年
X_1	0.055 0	0.063 9	0.029 5	−0.065 2	−0.091 8	−0.108 7
X_2	0.119 6	0.078 1	0.085 2	0.066 7	0.070 0	0.081 3
X_3	0.389 8	0.288 8	0.318 6	0.338 2	0.412 8	0.372 8
X_4	0.872 3	0.730 0	0.675 9	0.568 0	0.367 6	0.531 6
X_5	0.269 7	0.200 7	0.224 3	0.239 5	0.286 1	0.254 7
F 值	0.807 8	0.580 0	0.610 1	0.545 2	0.676 8	0.571 6

虽然从表 13-8 中的 F 值可以看出，该企业 2014~2019 年各年的 F 值均大于 F 计分模型的临界点 0.027 4，表明企业财务状况正常，公司将被视为继续生存公司。但是这个结论与 Z 计分模型存在差异，这是由于 F 计分模型和 Z 计分模型的最大区别点在 X_3 和 X_5 指标的计算上，F 计分模型重点考虑了企业的现金流量指标分析，增加了企业折旧的数据作为分析内容。所以总体来看，该公司的收入下降、利润下降，而现金流量上升，公司表现出这种财务状况可能的原因在于企业产品销路不畅，成本上升，企业主营业务利润为负值，其他业务、投资活动等增加利润有限，仍然扭转不了利润下降的局面，从短期来看，当亏损额小于折旧额，在固定资产不需要更新以前，企业现金流转可以维持。一旦亏损额大于折旧额，若外部筹资不能及时到位的情况发生，企业就会很快破产。所以，该公司要考虑用短期内扭亏为盈或者是考虑进行资产重组的方式来解决目前自己的困境。

第二，财务预警指标分析。

下文主要阐述有关该公司的偿债能力、营运能力、获利能力和发展能力的预警指标分析。

（1）偿债能力预警分析。从偿债的角度看，A 公司的偿债能力指标分析如表 13-9 所示。

表 13-9　A 公司 2015~2019 年偿债能力分析表

项目	2015 年	2016 年	2017 年	2018 年	2019 年
流动比率 （行业数据）	1.13 （1.63）	1.06 （1.56）	0.83 （1.55）	0.85 （1.48）	0.83 （1.42）
速动比率 （行业数据）	0.95 （1.30）	0.89 （1.24）	0.71 （1.22）	0.72 （1.16）	0.73 （1.09）
现金流量比率	10.61%	4.44%	4.14%	11.70%	26.05%
资产负债率 （行业数据）	68.81% （46.84）	65.68% （46.77）	65.63% （47.23）	67.42% （47.24）	64.61% （48.24）
利息保障倍数	−137.34	111.56	−53.54	193.09	244.68

流动比率是反映一家企业短期偿债能力的指标，就制造业来说，这个指标的理想数

值应该达到 2，警戒线是 1.5，案例公司连续 5 年的流动比率在 1 左右徘徊，远低于橡胶制造行业的平均值，可见该公司短期偿债能力不强。速动比率的理想数值是 1，警戒线在 0.8，案例公司近几年的速动比率在 0.8 上下起伏，也远低于行业平均值。公司的现金流量比率等于经营活动现金净流量除以流动负债，该指标旨在反映本期经营活动所产生的现金净流量足以抵付流动负债的比率，这一指标越高，债权人的安全程度越高，该公司 2019 年的现金流量比率大幅提升，主要是该期主营业务收入上升，原材料价格下降和收回结构性存款增加所致。资产负债率是财务预警的核心指标，该公司的资产负债率超过 50%，多年以来在 65%左右说明公司的长期偿债能力尚可，合理利用了财务杠杆。公司的利息保障倍数很高，但在 2018 年及 2019 年出现大幅增加，说明这两年公司的财务状况向好。

（2）营运能力预警分析。从 A 公司的资产管理效率来分析公司的营运能力，指标分析如表 13-10 所示。

表 13-10　A 公司 2014~2019 年营运能力分析表

项目	2014 年	2015 年	2016 年	2017 年	2018 年	2019 年
应收账款周转率/次（行业数据）	4.342 6	3.524 5	4.546 8	6.012 0	6.711 1	7.860 5
存货周转率/次	4.043 9	3.950 3	5.366 8	8.393 1	7.887 5	6.938 1
总资产周转率/次	0.643 1	0.452 8	0.517 2	0.691 0	0.675 9	0.615 0
股东权益周转率/次	1.806 8	1.304 1	1.581 9	2.011 8	2.020 9	1.809 4

营运能力是衡量企业运用自身资源效率的指标。总资产周转率衡量企业全部资产的使用效率，通过单位金额的资产能够产生多少业绩，测量总资产的运用是否有效。该比率越高，企业资产运用效率越好。从表 13-10 可以看出，公司的总资产周转率太低，公司未能将资产充分利用。2016~2019 年的应收账款和存货周转的表现较前两年都有所提升，这表明公司也越来越重视应收账款的回收与存货的周转，企业流动性资产得以有效利用。

（3）获利能力预警分析。从 A 公司盈利的角度看，获利能力的指标如表 13-11 所示。

表 13-11　A 公司 2014~2019 年获利能力分析表

项目	2014 年	2015 年	2016 年	2017 年	2018 年	2019 年
总资产净利润率	1.930 2%	−2.473 0%	0.136 7%	−2.201 1%	0.873 1%	1.289 8%
成本费用利润率	3.652 1%	−6.073 5%	0.235 6%	−3.683 7%	1.636 7%	2.485 8%

获利能力是指从长期看企业未来经营产生现金的能力，是企业财务实力中最重要和最可靠的指标。从表 13-11 可以看出，公司的总资产净利润率和成本费用率有升有降，波动幅度且较大，在 2015 年及 2017 年为负数，这说明公司财务状况不稳定且说明没有足够的盈余来面对未来的风险，发生财务危机的可能较大。从数据可见，公司的获利能力是低下的，进一步分析发现盈利能力低下是由公司的销售不得力，生产经营成本的进一步上升导致利润的下滑。2019 年有所回升是公司强化内部基础管理和改造升级，持续

提升产品、成本和服务三大竞争力，在各个系列拳头产品尤其是卡客车高端无内胎轮胎的带动下，尽管出口受阻，但因调整产品系列结构、销售地区结构措施得当，全年生产经营较为稳定，轮胎业务销售收入较上年实现一定程度增长，毛利上升。

（4）发展能力预警分析。从 A 公司的发展潜力角度看，预警指标如表 13-12 所示。

表 13-12　A 公司 2014~2019 年发展能力分析表

项目	2014 年	2015 年	2016 年	2017 年	2018 年	2019 年
总资产增长率	28.512 9%	14.853 9%	−6.688 2%	−6.835 7%	7.883 0%	0.379 0%
净资产增长率	58.319 4%	−7.662 2%	2.694 4%	−6.691 7%	2.266 5%	9.028 2%
主营收入增长率	−14.113 0%	−14.919 0%	18.038 0%	24.561 4%	−1.929 5%	−5.376 8%

从公司反映发展潜力的财务预警指标来看，主营收入增长率是一家公司销售额持续增长能力强弱的指标，预示着企业未来是否有良好的发展前景；净资产增长率是公司公司规模大小、抗风险能力强弱的代表指标。从表 13-12 可以看出，该公司的主营收入增长率在 2014 年、2015 年、2018 年及 2019 年年增长率为负数，预示着该公司保持市场份额很困难，销售业务利润下滑，需要着手开发新产品，如果没有已经开发好的新产品，企业将步入衰落。虽然该公司的净资产增长率在 2014 年出现大幅的增加，投资者投入的资本保值性和增长性状况很好，债权人的债务得到有力保障，企业发展后劲较强，但是这一指标在 2015 年又出现了大幅度的下滑，这就值得去深挖其变化的原因。

第三，财务综合分析。

上文已经使用财务预警分析模型综合评价了 A 公司的财务状况，也运用单变量分析法进行了相关的分析和判断，结果发现该公司的财务状况不稳定，尤其是 2017 年的财务状况不容乐观，下文运用杜邦财务分析体系，对该公司 2016~2019 年的系列指标进行分解，以分析深层次的原因，数据见表 13-13。

表 13-13　A 公司 2016~2019 年杜邦财务分析体系数据表

项目	2016 年	2017 年	2018 年	2019 年
净资产收益率 （行业数据）	0.42% （7.89）	−0.66% （6.42）	2.59% （7.04）	3.65% （9.01）
总资产收益率	0.141 6%	−2.181 8%	0.841 2%	1.287 4%
权益乘数	2.913 8	2.909 5	3.069 4	2.825 7
资产负债率	65.68%	65.63%	67.42%	64.61%
主营业务利润率	10.114 8%	7.127 1%	14.645 1%	18.707 7%
总资产周转率/次	0.517 2	0.691 0	0.675 9	0.615 0
净利润/元	14 765 428	−221 691 548	88 173 144	135 442 537
主营业务收入/元	5 587 292 293	6 959 609 093	6 825 324 936	6 458 337 887
总资产/元	10 428 277 403	9 715 434 062	10 481 305 448	10 521 029 239
主营业务成本/元	4 989 412 418	6 431 312 288	5 789 749 353	5 158 150 359
营业费用/元	348 838 807	287 544 980	327 079 082	380 115 868
管理费用/元	354 845 275	395 411 138	244 568 435	312 985 535
财务费用/元	119 096 097	175 673 515	114 493 548	103 895 498
流动资产/元	5 315 445 097	4 533 215 791	5 305 148 293	5 581 37 151
长期资产/元	5 112 832 306	5 182 218 271	5 176 157 155	4 939 654 088

从表 13-13 数据可以看出，该公司净资产收益率远低于行业水平，且在 2017 年为负数，说明该公司总体的获利能力不强，甚至还存在问题。为了分析公司业绩不佳的深层原因，了解指标之间的相互关系，运用杜邦财务分析体系进行层层的指标分解。结果发现，净资产收益率 2017 年为负数的原因主要是受到总资产收益率下滑的影响，由 2016 年的 0.141 6%，下降到 2017 年的−2.181 8%，这是导致净资产收益率恶化的主要原因。此外，权益乘数的杠杆放大作用也起了推波助澜的作用。

进一步分析发现，该公司 2017 年总资产收益率为负数的一个重要影响因素——主营业务利润率当年也出现了极度的下滑，其中主营业务利润率由 2016 年的 10.114 8%，下降到 2017 年的 7.127 1%，并且从公司 2016~2019 年的主营业务利润率来看，2017 年的主营业务利润率也是最低的，深入分析发现是当年的成本费用大幅度上升导致的。除此以外，自 2017 年开始，公司的主营业务收入就不断下滑。如果单价变化不大的话，那么就是产品适销不对路，无法保持原有的市场占有率。该公司在销售下降时，财务危机不会马上出现的原因可能是现金流量的滞后性，如企业的月销售额流入量减少了，但企业仍按照正常销售支付采购费和其他支出。如果公司拿不出现金来填补缺口，就会使潜在问题变成现实问题。

目前一场突如其来的新型冠状病毒肺炎疫情先后在全国和世界蔓延，严重打乱了全球经济运行的节奏，也打乱了国内轮胎行业的节奏，世界经济下行风险加剧，不稳定、不确定因素增多，多重困难互相叠加，带来前所未有的挑战，市场压力、环保压力、成本压力进一步加大。当前的困难可能会促使轮胎行业加速洗牌，优势企业将会在存量市场中获得更大份额，困难企业将会雪上加霜，提高产业集中度，去过剩产能通道可能真正开启，也有助于行业更好发展。A 公司本着继续强化“向海外转移产能、全方位降低成本、调整产销结构、全面补效率和管理短板、建设美丽贵轮”的措施，加快实施“双基地”发展战略（建设好越南和扎佐三期全钢子午线轮胎异地搬迁项目），深化与市场竞争相适应的创新和变革，持续提升公司产品、成本和服务三大竞争力，推动公司尽快实现转型升级和国际化、智能化、绿色化高质量发展。

➢思考题

1. 财务预警的含义是什么？财务预警的目的有哪些？
2. 什么是财务预警系统？财务预警系统通常包括哪几个程序？
3. 企业财务预警指标体系通常包括哪些具体的财务预警指标？
4. 简述定性财务危机预警模型的概念和主要方法。
5. 简述定量财务危机预警模型的概念和主要方法。
6. 如何综合运用多种方法进行企业财务预警。

➢练习题

一、单项选择题

1. 企业财务预警目的不包括（　　）。

A. 帮助投资者提高决策效率

B. 为政府的宏观资源配置提供参考

C. 为企业管理者提供发生破产信息

D. 使报表分析者了解企业的内在价值

2. *F* 计分模型的临界值是（　　）。

A. 1.81　　B. 2.675　　C. 0.027 4　　D. 1.5

3. （　　）的特点是在调查的过程中所提出的问题对所有企业都适用，较少对特定企业的特定问题进行调查分析。

A. 风险分析法　　B. 四阶段症状分析法

C. 流程图风险分析法　　D. 管理评分法

4. 管理评分法又称 A 记分法，是由（　　）学者约翰·阿吉蒂最先使用的。

A. 德国　　B. 英国　　C. 美国　　D. 法国

5. 使用管理评分法进行预警，一般认为得分为 18~25 分，企业处于（　　）。

A. 安全状态　　B. 不确定状态　　C. 面临失败的风险　　D. 严重危机

二、多项选择题

1. 财务危机预警指标必须遵循的原则有（　　）。

A. 可比性　　B. 可操作性　　C. 有效性

D. 全面性　　E. 综合性

2. 财务危机的预兆主要是从（　　）几方面进行的。

A. 生产经营　　B. 销售　　C. 经营

D. 其他　　E. 宏观经济背景

3. 下列以统计方法为分析工具的财务预警分析方法是（　　）。

A. 管理评分法　　B. 单变量判定模型　　C. 多变量判定模型

D. 神经网络模型　　E. 多元逻辑回归

4. 下列属于财务预警分析的多变量判定模型的是（　　）。

A. *Z* 计分模型　　B. *F* 计分模型　　C. 神经网络模型

D. 流程图分析法　　E. 风险分析法

5. *Z* 计分模型预测财务危机的比率不包括（　　）。

A. 股东权益市价　　B. 现金流量变量　　C. 折旧

D. 财务费用　　E. 留存收益

三、判断题

1. 财务危机又称财务失败，是指企业现有资金不足以偿还到期债务，导致企业违约、破产风险加大的一种财务状况。（　　）

2. 标准化调查法的特点是在调查的过程中所提出的问题对所有的企业都适用，对特定企业的针对性不强。（　　）

3. 流程图分析法是一种通过对企业动态流程图的分析，识别其生产和财务的流程图以预防风险的方法。（　　）

4. 就短期而言，企业能否维持下去，并不完全取决于是否盈利，而是取决于是否有足够的现金用于各项支出。（　　）

5. 管理评分法认为，18~35 分是安全区域。(　　)

➤上市公司案例分析

1. 公司简介

酒鬼酒股份有限公司（简称酒鬼酒）（股票代码：000799），1997 年 7 月在深圳证券交易所上市，自上市以来，企业不断发展壮大，酒鬼酒也成为“中国驰名商标”。公司主营业务为生产销售湘泉酒、内参酒等一系列白酒产品，产品畅销全国，远销美国、日本、俄罗斯、韩国、东南亚等 20 多个国家和地区。2007 年，酒鬼酒公司在湖南省委、省政府以及湘西州委、州政府支持下，完成企业重组和改制工作。中国糖业酒类集团公司子公司中皇有限公司成为公司第一大股东，占总股本的 36.11%。

酒鬼酒产地湖南湘西自治州位于云贵高原东侧的武陵山区，处于北纬 30 度世界酿酒黄金带，处于世界自然遗产武陵源、梵净山和世界文化遗产老司城的中心，为沅水、澧水之源，是众多世界遗产、国家风景名胜及自然保护区荟萃之地，亚热带湿润季风气候、高山富硒生态原料、富硒窖泥、优质泉水、阴河贯通的洞藏溶洞等条件为馥郁香型酒鬼酒赋予了别具一格的品牌内涵，独特的生态环境是酒鬼酒品质的强大保证，也是发展馥郁香型白酒产业的强大基础。酒鬼酒是中国馥郁香型白酒的始创者，被赞誉为“馥郁鼻祖”。馥郁香型白酒国家标准正在起草、制定。

2019 年，“酒鬼酒”冠名 CCTV-5《直播周末》，“内参酒”成为 CCTV 财经频道《对话》、新华社《参考消息》合作伙伴。“内参酒”“酒鬼酒”亮相第 13 届夏季达沃斯论坛年会、首届中非经贸博览会、中国国际酒博会、东北亚博览会、西安欧亚论坛等国家国际舞台，“红坛酒鬼酒”成为首届中非经贸博览会指定用酒，“内参酒”成为第十四届中国 CFO 大会合作伙伴，品牌形象不断提升。2019 年，公司再次荣获中国上市公司年度金牛奖，入选 2019 最具投资价值百强上市公司；“酒鬼酒”荣获金融界 2019 年金智奖之“杰出产品奖”；2019 年“第十届华樽杯中国酒类品牌价值 200 强”活动评定“酒鬼”品牌价值为 318 亿元、“内参”品牌价值为 203.52 亿元。

2. 主要财务数据

酒鬼酒 2015~2019 年部分报表数据摘要如表 13-14 所示。

表 13-14　酒鬼酒 2015~2019 年部分报表数据摘要　　单位：万元

项目	2015 年	2016 年	2017 年	2018 年	2019 年
利润表摘要					
营业收入	60 122.50	65 485.10	87 833.10	118 688.40	151 190.30
营业成本	17 752.70	16 376.40	19 373.50	25 121.30	33 636.70
销售费用	12 438.60	16 470.40	20 541.30	34 591.80	38 387.80
管理费用	10 064.50	9 301.30	11 839.50	12 811.10	14 651.50
财务费用	68.20	−62.90	−110.30	−1 096.70	−1 053.40
营业利润	9 644.40	11 159.30	22 919.60	29 464.50	39 996.10
利润总额	9 988.20	11 192.90	22 884.40	29 867.70	40 094.80
所得税费用	2 565.50	1 490.70	5 468.00	7 599.80	10 145.20
净利润	7 422.70	9 702.20	17 416.40	22 267.90	29 949.60

续表

项目	2015 年	2016 年	2017 年	2018 年	2019 年
资产负债表摘要					
货币资金	38 565.10	30 767.20	34 179.30	100 657.50	131 791.20
应收账款	102.80	70.70	625.40	604.90	672.90
存货	76 724.40	76 304.20	77 833.00	82 150.30	93 293.70
流动资产合计	144 401.90	158 878.60	185 187.30	209 450.20	246 682.00
固定资产	53 009.90	48 215.00	40 465.90	47 858.30	42 622.20
非流动资产合计	83 695.50	77 201.20	68 986.30	77 555.00	76 176.30
流动负债合计	50 913.00	49 132.70	53 008.70	68 038.30	78 415.70
非流动负债合计	1 404.80	1 465.30	597.20	1 003.60	1 397.20
负债合计	52 317.80	50 598.00	53 605.90	69 041.90	79 812.90
未分配利润	7 244.50	17 803.20	30 611.10	46 685.50	71 040.20
所有者权益合计	175 779.50	185 481.80	200 567.70	217 963.20	243 045.40
资产总计	228 097.30	236 079.80	254 173.70	287 005.20	322 858.30

3. 案例分析

（1）分别运用 Z 计分模型和 F 计分模型对酒鬼酒历史五年财务数据进行财务预警。

（2）试对酒鬼酒盈利能力、营运能力、偿债能力和发展能力的财务预警情况进行评价。

（3）收集酒鬼酒相应五年的财务资料，分析其经营优势，评价其财务状况。

参 考 文 献

陈建良. 2002. 银行业风险评估理论模型与实证［M］. 广州：广东人民出版社.

池国华，王玉红，徐晶. 2017. 财务报表分析［M］. 3 版. 北京：清华大学出版社.

储丽琴，孟飞. 2014. 财务报表分析［M］. 上海：上海交通大学出版社.

冯龙飞. 2014. 财务报表分析的起源与发展［J］. 财会研究，(8)：47-50.

胡玉明. 2016. 财务报表分析［M］. 3 版. 大连：东北财经大学出版社.

怀特 G I，桑迪海 A C，弗里德 D. 财务报表分析与运用［M］. 2008. 杜美杰，陈宋生译. 北京：中信出版社.

黄世忠. 2007. 财务报表分析：理论・框架・方法与案例［M］. 北京：中国财政经济出版社.

金中泉. 2000. 财务报表分析［M］. 北京：中国财政经济出版社.

荆新，刘兴云. 2000. 财务分析学［M］. 3 版. 北京：经济科学出版社.

荆新，王化成，刘俊彦. 2009. 财务管理学［M］. 5 版. 北京：中国人民大学出版社.

李华中. 2001. 上市公司经营失败的预警系统研究［J］. 财经研究，(10)：58-64.

梁琳. 2010. 财务报表粉饰行为的识别及其防范［J］. 吉首大学学报（自然科学版），31（2）：125-128.

刘德红，吴文平. 2003. 企业财务分析技术［M］. 北京：中国经济出版社.

刘永泽，陈立军. 2014. 中级财务会计［M］. 4 版. 大连：东北财经大学出版社.

卢雁影. 2000. 财务分析［M］. 武汉：武汉大学出版社.

彭韶兵，邢精平. 2005. 公司财务危机论［M］. 北京：清华大学出版社.

申琦. 2008. 上市公司财务预警与风险预测分析［D］. 西安：西安建筑科技大学.

唐现杰，徐鹿. 2011. 财务分析［M］. 上海：格致出版社，上海人民出版社.

万希宁，王艳. 2007. 基于非财务指标的企业财务危机模糊预警模型研究［J］. 管理学报，(2)：195-200.

王德发. 2004. 财务报表分析［M］. 北京：中国人民大学出版社.

王化成. 2014. 财务报表分析［M］. 2 版. 北京：北京大学出版社.

王化成，支晓强，王建英. 2014. 财务报表分析［M］. 7 版. 北京：中国人民大学出版社.

王淑萍，史建梁，王蓉. 2011. 财务报告分析［M］. 3 版. 北京：清华大学出版社.

王宛秋，张艳秋. 2010. 财务报表分析［M］. 北京：北京工业大学出版社.

吴世农，卢贤义. 2001. 我国上市公司财务困境的预测模型研究［J］. 经济研究，(6)：46-55.

向德伟. 2002. 运用Z记分法评价上市公司经营风险的实证研究［J］. 会计研究，（11）：53-57.
杨显英. 2006. 财务分析理论与实务［M］. 上海：立信会计出版社.
喻晶. 2016. 财务报表分析案例教程［M］. 北京：清华大学出版社.
袁淳，吕兆德. 2008. 财务报表分析［M］. 北京：中国财政经济出版社.
岳虹. 2014. 财务报表分析［M］. 2版. 北京：中国人民大学出版社.
张玲. 2000. 财务危机预警分析判别模型［J］. 数量经济技术经济研究，（3）：49-51.
张先治，陈友邦. 2014. 财务分析［M］. 7版. 大连：东北财经大学出版社.
张新民. 2014. 财务报表分析［M］. 3版. 北京：中国人民大学出版社.
张学谦，闫嘉韬，等. 2007. 企业财务报表分析原理与方法［M］. 北京：清华大学出版社.
中华人民共和国财政部. 2006. 企业会计准则2006［M］. 北京：经济科学出版社.
中华人民共和国财政部. 2008. 企业会计准则讲解2008［M］. 北京：人民出版社.
周晋兰，胡北忠. 2017. 财务分析实验教程［M］. 3版. 大连：东北财经大学出版社.
周首华，杨济华，王平. 1996. 论财务危机的预警分析——F分数模式［J］. 会计研究，（8）：8-11.
朱传华. 2007. 财务分析精要［M］. 上海：立信会计出版社.
Altman E I. 1968. Financial ration，discriminant analysis and the prediction of corporate bankruptcy［J］. Journal of Finance，（4）：589-609.
Beaver W H. 1966. Financial ratios as predictors of failure［J］. Journal of Accounting Reasearch，（4）：71-111.
Watts R，Zimmerman J L. 1986. Positive Accounting Theory［M］. Upper Saddle River：Prentice-Hall.

练习题答案

第一章　财务报表分析概述

一、单项选择题

1. B　2. C　3. B　4. B　5. A　6. B　7. C

二、多项选择题

1. ABCD　2. ABCDE　3. CE　4. BD　5. AC

三、判断题

1. ×　2. √　3. ×　4. ×　5. ×

第二章　财务报表分析的逻辑框架

一、单项选择题

1. A　2. C　3. B　4. C　5. D

二、多项选择题

1. ACD　2. BDE　3. BC　4. BC　5. ACE

三、判断题

1. ×　2. √　3. ×　4. √　5. ×

第三章　资产负债表分析

一、单项选择题

1. D　2. A　3. A　4. D　5. C　6. A　7. C　8. B　9. B　10. C

二、多项选择题

1. ABD　2. ABD　3. CD　4. ABC　5. BC　6. ABC　7. ABC
8. ACD　9. ABCD

三、判断题

1. √　2. ×　3. ×　4. √　5. √　6. ×

第四章　利润表分析

一、单项选择题

1. B　2. D　3. C　4. A　5. D　6. B

二、多项选择题

1. ACD　2. BD　3. BC　4. ABC　5. ACD　6. ABCD　7. ABCD　8. ABC　9. BCD

三、判断题

1. ×　2. ×　3. ×　4. √　5. √　6. ×　7. ×

第五章　现金流量表分析

一、单项选择题

1. B　2. C　3. B　4. B　5. A　6. C

二、多项选择题

1. AC　2. ABD　3. ABD　4. ABCD　5. ABD

三、判断题

1. ×　2. ×　3. √　4. ×　5. ×

第六章　盈利能力分析

一、单项选择题

1. A　2. A　3. D　4. D　5. C

二、多项选择题

1. BD　2. BCE　3. BD　4. ABE　5. CD

三、判断题

1. ×　2. √　3. ×　4. ×　5. √

第七章　营运能力分析

一、单项选择题

1. B　2. C　3. D　4. A　5. C　6. D　7. A　8. D　9. A　10. B

二、多项选择题

1. AB　2. ABD　3. CD　4. ACD　5. ABD　6. BC

三、判断题

1. √　2. ×　3. √　4. ×　5. √　6. ×

第八章 偿债能力分析

一、单项选择题

1. A 2. B 3. D 4. C 5. B 6. D 7. D 8. A 9. C 10. B

二、多项选择题

1. ABDE 2. ABDE 3. ABCDE 4. ABCE 5. BCD
6. AD 7. CD 8. ABCDE 9. ABCDE 10. CE

三、判断题

1. × 2. × 3. √ 4. √ 5. × 6. × 7. √ 8. ×
9. √ 10. √

第九章 发展能力分析

一、单项选择题

1. D 2. C 3. A 4. B 5. A

二、多项选择题

1. ABCDE 2. ABCE 3. AE 4. ACDE 5. ABDE

三、判断题

1. × 2. × 3. √ 4. × 5. √ 6. √

第十章 财务综合分析

一、单项选择题

1. D 2. D 3. D 4. B 5. D 6. A

二、多项选择题

1. BCDE 2. ACD 3. BCD 4. AB 5. ACD

三、判断题

1. √ 2. √ 3. × 4. × 5. √

第十一章 其他财务信息分析

一、单项选择题

1. C 2. B 3. A 4. A 5. C

二、多项选择题

1. ACDE 2. ABCD 3. BCDE 4. ABCDE 5. ACE

三、判断题

1. × 2. × 3. √ 4. × 5. √

第十二章　财务报表的粉饰与识别

一、单项选择题

1. B　2. C　3. B　4. D　5. A　6. C

二、多项选择题

1. BCDE　2. ABCDE　3. ACE　4. ABD　5. BDE

三、判断题

1. ×　2. √　3. ×　4. √　5. ×

第十三章　企业财务预警分析

一、单项选择题

1. D　2. C　3. A　4. C　5. B

二、多项选择题

1. ABCDE　2. ABCD　3. CDE　4. AB　5. BC

三、判断题

1. √　2. √　3. √　4. √　5. ×

附录 1

格力电器——简介

珠海格力电器股份有限公司简称格力电器（股票代码：000651），是一家集研发、生产、销售、服务于一体的多元化、科技型全球工业集团，旗下拥有格力、TOSOT、晶弘三大品牌，产业覆盖空调、生活电器、高端设备、通信设备等四大领域。格力电器产品远销 160 多个国家及地区，为全球超过 4 亿用户提供满意的产品和服务。

公司自 1991 年成立以来，始终坚持“自主创新”的发展理念，秉承“百年企业”的经营目标，凭借领先的技术研发、严格的质量管理、独特的营销模式、完善的售后服务享誉海内外。

公司总部位于中国风景如画的南海滨城——珠海，在全球建有重庆、合肥、郑州、武汉、石家庄、芜湖、长沙，以及巴西、巴基斯坦等 14 大生产基地，长沙、郑州、石家庄、芜湖、天津 5 大再生资源基地，截至 2019 年底，公司拥有约 9 万名员工，覆盖了从上游零部件生产到下游废弃产品回收的全产业链条。

目前，公司获批建设“空调设备及系统运行节能国家重点实验室”，建有“国家节能环保制冷设备工程技术研究中心”和“国家认定企业技术中心”两个国家级技术研究中心、1 个国家级工业设计中心，制冷技术研究院、机电技术研究院、家电技术研究院、智能装备技术研究院、新能源环境技术研究院、健康技术研究院、通信技术研究院 7 个研究院，52 个研究所，632 个先进实验室，开发出超低温数码多联机组、高效离心式冷水机组、1 赫兹低频控制技术、变频空调关键技术的研究和应用、超高效定速压缩机、R290 环保冷媒空调、多功能地暖户式中央空调、永磁同步变频离心式冷水机组、无稀土磁阻变频压缩机、双级变频压缩机、光伏直驱变频离心机系统、磁悬浮变频离心式制冷压缩机及冷水机组、高效永磁同步变频离心式冰蓄冷双工况机组共 13 项“国际领先”级技术，累计申请专利 22 597 项，其中申请发明专利 8 310 项，生产出 20 个大类、400 个系列、12 700 多种规格的产品，远销 160 多个国家和地区，用户超过 3 亿户。

2019 年，格力电器上榜《财富》世界 500 强，位列榜单 414 位。在上榜的 129 家中国企业中，格力电器的净资产收益率第一；根据《暖通空调咨询》发布的数据，格力中央空调以 14.7%的市场占有率稳坐行业龙头地位，实现国内市场“八连冠”。

附录2

格力电器——资产负债表

附表 2-1　格力电器资产负债表　　　　单位：万元

项目	2015.12.31	2016.12.31	2017.12.31	2018.12.31	2019.12.31
货币资金	8 881 979.90	9 561 313.10	9 961 043.20	11 307 903.00	12 540 071.50
交易性金融资产	—	—	60 204.60	101 247.00	95 520.90
应收票据	1 487 980.60	2 996 335.50	3 225 641.40	3 591 156.80	—
应收账款	287 921.20	296 053.50	581 449.20	769 965.90	851 333.50
预付款项	84 792.90	181 494.60	371 787.50	216 187.60	239 561.10
其他应收款	25 401.70	24 498.40	25 282.60	255 369.00	15 913.40
应收关联公司款	—	—	—	—	—
应收利息	110 977.60	104 554.30	188 924.80	225 709.90	—
应收股利	—	—	—	—	—
存货	947 394.30	902 490.50	1 656 834.70	2 001 151.80	2 408 485.40
其中：消耗性生物资产	—	—	—	—	—
一年内到期的非流动资产	—	—	—	—	44 539.80
其他流动资产	168 483.30	199 253.70	1 034 191.30	1 711 092.10	2 309 114.40
流动资产合计	12 094 931.50	14 291 078.40	17 153 464.60	19 971 094.90	21 336 404.10
可供出售金融资产	270 471.90	138 430.40	217 494.20	221 619.50	—
持有至到期投资	—	—	—	—	—
长期应收款	—	—	—	—	—
长期股权投资	9 545.90	10 391.30	11 039.10	225 073.20	706 418.60
投资性房地产	49 154.10	59 773.70	51 663.00	53 758.90	49 864.90
固定资产	1 543 181.30	1 768 165.50	1 746 737.10	1 838 576.10	1 912 193.10
在建工程	204 483.80	58 154.40	102 070.90	166 393.90	243 105.10

续表

项目	2015.12.31	2016.12.31	2017.12.31	2018.12.31	2019.12.31
工程物资	—	—	—	—	—
固定资产清理	2 201.00	3 695.00	1 474.30	—	—
生产性生物资产	—	—	—	—	—
油气资产	—	—	—	—	—
无形资产	265 614.40	335 527.60	360 446.70	520 450.00	530 554.10
开发支出	—	—	—	—	—
商誉	—	—	—	5 180.40	32 591.90
长期待摊费用	818.20	105.10	220.90	423.80	271.80
递延所得税资产	876 437.60	966 771.70	1 083 833.30	1 134 957.40	1 254 108.50
其他非流动资产	65 700.00	131 159.00	101 012.80	78 754.30	94 832.80
非流动资产合计	4 074 870.20	3 945 892.20	4 343 335.30	5 152 320.90	6 960 811.60
资产总计	16 169 801.60	18 236 970.50	21 496 799.90	25 123 415.70	28 297 215.70
短期借款	627 666.00	1 070 108.20	1 864 609.50	2 206 775.00	1 594 417.60
交易性金融负债	—	—	—	—	—
应付票据	742 763.60	912 733.70	976 693.00	1 083 542.80	2 528 520.80
应付账款	2 479 426.80	2 954 146.70	3 455 288.60	3 898 737.10	4 165 681.60
预收款项	761 959.80	1 002 188.60	1 414 303.80	979 204.10	822 570.80
应付职工薪酬	169 728.30	170 294.90	187 672.90	247 320.40	343 096.90
应交税费	297 780.10	312 630.30	390 887.40	484 834.80	370 378.00
应付利息	4 838.70	4 178.20	19 610.40	13 374.70	—
应付股利	70.80	8 773.30	70.80	70.80	70.80
其他应付款	260 760.20	222 261.40	260 448.20	474 713.90	271 269.30
应付关联公司款	—	—	—	—	—
一年内到期的非流动负债	240 374.60	—	—	—	—
其他流动负债	5 500 785.20	5 975 884.90	6 091 222.00	6 336 159.90	6 518 149.20
流动负债合计	11 262 518.10	12 687 628.00	14 749 078.90	15 768 612.60	16 956 830.00
长期借款	—	—	—	—	4 688.60
应付债券	—	—	—	—	—
长期应付款	—	—	—	—	—
专项应付款	—	—	—	—	—
预计负债	—	—	—	—	—
递延所得税负债	24 413.70	28 000.90	40 348.80	53 618.60	92 778.90
其他非流动负债	—	—	—	—	—
非流动负债合计	50 622.70	56 982.30	64 241.30	83 332.00	135 620.10
负债合计	11 313 140.80	12 744 610.20	14 813 320.20	15 851 944.60	17 092 450.10
实收资本（或股本）	601 573.10	601 573.10	601 573.10	601 573.10	601 573.10
资本公积	18 595.10	18 340.10	10 388.10	9 338.00	9 338.00
盈余公积	349 967.20	349 967.20	349 967.20	349 967.20	349 967.20

续表

项目	2015.12.31	2016.12.31	2017.12.31	2018.12.31	2019.12.31
减：库存股	—	—	—	—	—
未分配利润	3 773 718.70	4 407 495.00	5 574 007.60	8 193 970.20	9 379 464.40
少数股东权益	104 523.20	105 965.20	123 979.20	138 761.70	189 408.30
外币报表折算价差	—	—	—	—	—
非正常经营项目收益调整	—	—	—	—	—
归属母公司所有者权益（或股东权益）	4 752 137.60	5 386 395.10	6 559 500.60	9 132 709.50	11 015 357.30
所有者权益（或股东权益）合计	4 856 660.90	5 492 360.30	6 683 479.80	9 271 471.20	11 204 765.70
负债和所有者（或股东权益）合计	16 169 801.60	18 236 970.50	21 496 799.90	25 123 415.70	28 297 215.70

附录3

格力电器——利润表

附表 3-1　格力电器利润表　　　　单位：万元

项目	2015.12.31	2016.12.31	2017.12.31	2018.12.31	2019.12.31
一、营业收入	9 774 513.70	10 830 256.50	14 828 645.00	19 812 317.70	19 815 302.80
减：营业成本	6 601 735.40	7 288 564.10	9 956 291.30	13 823 416.80	14 349 937.30
税金及附加	75 189.40	143 040.40	151 303.50	174 189.30	154 298.40
销售费用	1 550 634.20	1 647 726.60	1 666 026.80	1 889 957.80	1 830 981.20
管理费用	504 874.70	548 895.60	607 114.40	436 585.00	379 564.60
财务费用	−192 879.70	−484 554.70	43 128.50	−94 820.10	−242 664.30
资产减值损失	8 631.80	−99.20	26 378.70	26 167.40	—
加：公允价值变动净收益	−101 032.20	109 333.20	921.30	4 625.70	22 826.40
投资收益	9 665.50	−222 135.60	39 664.80	10 676.90	−22 663.50
其中：对联营企业和合营企业的投资收益	324.60	803.40	648.70	56.10	−2 098.30
影响营业利润的其他科目	—	—	—	—	—
二、营业利润	1 351 617.70	1 745 569.80	2 612 666.60	3 099 688.50	2 960 510.70
加：补贴收入	—	—	—	—	—
营业外收入	140 429.20	109 623.50	51 105.90	31 785.80	34 570.70
减：营业外支出	1 104.90	2 074.30	2 054.00	4 123.50	59 810.70
其中：非流动资产处置净损失	911.90	1 508.40	—	—	—
加：影响利润总额的其他科目	—	—	—	—	—
三、利润总额	1 490 941.90	1 853 119.00	2 661 718.50	3 127 350.80	2 935 270.70
减：所得税	228 568.70	300 655.50	410 858.60	489 447.80	452 546.40
加：影响净利润的其他科目	—	—	—	—	—

续表

项目	2015.12.31	2016.12.31	2017.12.31	2018.12.31	2019.12.31
四、净利润	1 262 373.30	1 552 463.50	2 250 859.90	2 637 903.00	2 482 724.40
归属于母公司所有者的净利润	1 253 244.30	1 542 096.50	2 240 157.60	2 620 278.80	2 469 664.10
少数股东损益	9 129.00	10 367.00	10 702.30	17 624.20	13 060.20
五、每股收益	—	—	—	—	—
（一）基本每股收益	2.08	2.56	3.72	4.36	4.11
（二）稀释每股收益	2.08	2.56	3.72	4.36	4.11

附录4

格力电器——现金流量表

附表 4-1　格力电器现金流量表　　单位：万元

项目	2015 年	2016 年	2017 年	2018 年	2019 年
一、经营活动产生的现金流量					
销售商品、提供劳务收到的现金	11 091 832.10	6 989 662.10	10 759 912.00	13 502 912.60	16 638 769.80
收到的税费返还	123 732.70	113 933.80	165 728.30	235 658.80	185 437.40
收到其他与经营活动有关的现金	468 264.00	293 882.60	267 990.90	756 698.60	279 606.40
经营活动现金流入小计	11 879 650.80	7 551 543.60	11 364 129.60	14 620 976.40	17 519 592.30
购买商品、接受劳务支付的现金	4 254 125.50	4 047 878.40	5 836 516.50	7 804 552.70	9 421 477.10
支付给职工以及为职工支付的现金	559 051.40	565 704.60	768 486.90	857 541.30	883 121.40
支付的各项税费	1 377 388.70	1 133 389.90	1 319 677.20	1 514 179.80	1 512 831.20
支付其他与经营活动有关的现金	1 043 518.50	837 152.50	1 558 988.70	1 502 683.40	2 152 645.30
经营活动现金流出小计	7 441 812.60	6 065 548.40	9 728 275.80	11 926 897.20	14 730 220.90
经营活动产生的现金流量净额	4 437 838.20	1 485 995.20	1 635 853.80	2 694 079.20	2 789 371.40
二、投资活动产生的现金流量					
收回投资收到的现金	95 000.00	314 229.00	340 388.90	671 078.60	313 097.40
取得投资收益收到的现金	8 464.30	26 472.80	15 209.60	57 949.00	42 692.00
处置固定资产、无形资产和其他长期资产收回的现金净额	122.90	2 719.60	354.90	630.20	961.50
处置子公司及其他营业单位收到的现金净额	—	—	—	—	—

续表

项目	2015 年	2016 年	2017 年	2018 年	2019 年
收到其他与投资活动有关的现金	14 343.60	650.00	44 324.40	265 239.80	487 802.50
投资活动现金流入小计	117 930.80	344 071.40	400 277.90	994 897.60	844 553.40
购建固定资产、无形资产和其他长期资产支付的现金	288 451.30	327 693.60	242 480.70	383 754.90	471 318.80
投资支付的现金	283 266.30	149 640.40	1 241 973.20	1 547 771.30	719 275.60
取得子公司及其他营业单位支付的现金净额	—	—	—	102 968.60	77 418.40
支付其他与投资活动有关的现金	17 528.60	1 791 392.70	5 141 169.70	1 144 979.30	704 045.50
投资活动现金流出小计	589 246.30	2 268 726.70	6 625 623.70	3 179 474.10	1 972 058.20
投资活动产生的现金流量净额	−471 315.50	−1 924 655.30	−6 225 345.80	−2 184 576.50	−1 127 504.90
三、筹资活动产生的现金流量					
吸收投资收到的现金	—	—	9 049.00	—	32 685.00
取得借款收到的现金	1 009 692.70	1 238 241.30	2 161 016.30	2 763 397.10	2 126 825.80
收到其他与筹资活动有关的现金	125 748.50	211 052.30	16 027.50	511.00	—
筹资活动现金流入小计	1 135 441.20	1 449 293.60	2 186 092.80	2 763 908.10	2 159 510.80
偿还债务支付的现金	951 242.40	1 105 415.70	1 300 898.50	2 422 716.10	2 765 770.40
分配股利、利润或偿付利息支付的现金	952 501.00	918 006.80	1 112 128.40	86 291.00	1 315 938.00
支付其他与筹资活动有关的现金	—	1 027.20	—	3 516.30	—
筹资活动现金流出小计	1 903 743.40	2 024 449.60	2 413 026.90	2 512 523.40	4 081 708.40
筹资活动产生的现金流量净额	−768 302.20	−575 156.00	−226 934.10	251 384.60	−1 922 197.60
四、汇率变动对现金的影响					
四（2）、其他原因对现金的影响					
五、现金及现金等价物净增加额					
加：期初现金及现金等价物余额	4 350 647.10	7 736 501.70	7 132 136.00	2 135 961.60	2 877 212.10
六、期末现金及现金等价物余额	7 736 501.70	7 132 136.00	2 135 907.20	2 877 212.10	2 637 257.20
附注：1. 将净利润调节为经营活动现金流量					
净利润	1 262 373.30	1 552 463.50	2 250 859.90	2 637 903.00	2 482 724.40
加：资产减值准备	8 631.80	−99.20	26 378.70	26 167.40	112 234.20
固定资产折旧、油气资产折耗、生产性生物资产折旧	124 460.30	173 464.50	194 794.00	285 980.00	297 710.30
无形资产摊销	5 894.20	7 330.70	8 470.40	24 955.00	21 579.60

续表

项目	2015 年	2016 年	2017 年	2018 年	2019 年
长期待摊费用摊销	1 418.10	872.30	35.60	97.90	151.90
处置固定资产、无形资产和其他长期资产的损失	807.90	1 224.50	102.20	−63.70	−491.10
固定资产报废损失	—	—	744.10	2 370.20	1 420.50
公允价值变动损失	101 032.20	−109 333.20	−921.30	−4 625.70	−22 826.40
财务费用	−72 854.10	−324 596.20	153 276.60	−111 265.90	−409 686.70
投资损失	−9 665.50	222 135.60	−39 664.80	−10 676.90	22 663.50
递延所得税资产减少	−52 622.40	−90 985.70	−115 539.80	−47 260.20	−126 787.30
递延所得税负债增加	−1 759.40	8 755.20	12 893.50	11 579.10	7 775.40
存货的减少	−90 222.20	42 152.20	−758 343.70	−300 346.10	−404 989.30
经营性应收项目的减少	3 438 764.30	−523 003.90	−784 417.10	−1 063 122.60	−438 299.40
经营性应付项目的增加	−111 151.30	472 368.10	971 007.50	672 884.10	1 986 948.30
其他	−167 269.10	53 246.70	−283 822.00	569 503.50	−740 756.50
经营活动产生的现金流量净额	4 437 838.20	1 485 995.20	1 635 853.80	2 694 079.20	2 789 371.40
2. 不涉及现金收支的重大投资和筹资活动					
债务转为资本	—	—	—	—	—
一年内到期的可转换公司债券	—	—	—	—	—
融资租入固定资产	—	—	—	—	—
3. 现金及现金等价物净变动情况					
现金的期末余额	7 736 501.70	7 132 136.00	2 135 907.20	2 877 212.10	2 637 257.20
减：现金的期初余额	4 350 647.10	7 736 501.70	7 132 136.00	2 135 961.60	2 877 212.10
加：现金等价物的期末余额	—	—	—	—	—
减：现金等价物的期初余额	—	—	—	—	—
加：其他原因对现金的影响	—	—	—	—	—
现金及现金等价物净增加额	3 385 854.60	−604 365.70	−4 996 228.80	741 250.50	−239 954.90

附录 5

美的集团简介及主要财务数据

1. 美的集团简介

美的集团股份有限公司简称美的集团（股票代码：000333），是一家以家电业为主，涉足物流等领域的大型综合性现代化企业集团，旗下拥有三家上市公司、四大产业集团，是中国最具规模的白色家电生产基地和出口基地之一。创业于 1968 年的美的集团，于 1980 年正式进入家电行业，1981 年开始使用美的品牌，2013 年在深圳证券交易所上市。截至 2019 年底，美的集团在全球拥有约 200 家子公司、28 个研发中心和 34 个主要生产基地，员工约 15 万人，业务覆盖 200 多个国家和地区。其中，在海外设有 18 个研发中心和 17 个生产基地，遍布十多个国家，海外员工超过 3 万人，结算货币达 22 种，同时美的为全球领先机器人智能自动化公司德国库卡集团最主要股东（约 95%）。

2019 年《财富》世界 500 强榜单，美的集团排名第 312 位，自 2016 年上榜以来提升 169 位，《财富》中国 500 强榜单，美的集团排名第 36 位，连续 5 年蝉联同行业第一；2019 中国企业信用发展论坛暨第十届诚信公益盛典发布的 2018 年度中国企业信用 500 强、中国制造业企业信用 100 强、中国民营企业信用 100 强以及中国上市公司信用 500 强中，美的均名列前茅；据“BrandZ™2019 最具价值中国品牌 100 强”排行榜，美的在众多品牌中排第 33 位，品牌价值上涨 20%；据英国品牌评估机构 Brand Finance 发布的 2019 年“全球 100 个最有价值的科技品牌榜”，美的位列第 27 名，较上年跃升 16 位，领先国内同行业其他品牌。

2019 年美的集团实现营业收入 2 782.16 亿元，同比增长 7.14%；实现净利润 252.77 亿元，同比增长 16.75%。

2. 主要财务数据

美的集团主要财务数据如附表 5-1~附表 5-3 所示。

附表 5-1 利润表主要项目 单位：万元

项目	2015 年	2016 年	2017 年	2018 年	2019 年
营业收入	13 844 122.60	15 904 404.10	24 071 230.10	25 966 482.00	27 821 601.70
营业成本	10 266 281.80	11 561 543.70	18 046 055.20	18 816 455.70	19 791 392.80
销售费用	1 479 976.90	1 767 845.10	2 673 867.30	3 108 587.90	3 461 123.10
管理费用	744 175.50	962 077.70	1 478 023.60	957 163.90	953 136.10
财务费用	13 893.20	−100 597.90	81 594.90	−182 304.00	−223 163.60
营业利润	1 491 687.30	1 743 597.50	2 162 785.40	2 556 411.10	2 968 309.20
利润总额	1 605 135.40	1 891 460.30	2 185 477.40	2 577 305.80	2 992 911.40
所得税费用	242 669.90	305 269.10	324 358.40	412 263.90	465 197.00
净利润	1 362 465.50	1 586 191.20	1 861 119.00	2 165 041.90	2 527 714.40

附表 5-2 资产负债表主要项目 单位：万元

项目	2015 年	2016 年	2017 年	2018 年	2019 年
货币资金	1 186 197.70	1 719 607.00	4 827 420.00	2 788 828.00	7 091 684.10
应收票据	1 288 915.10	742 748.80	1 085 422.60	1 255 629.40	476 852.00
应收账款	1 037 171.80	1 345 451.10	1 752 871.70	1 939 017.40	1 866 381.90
存货	1 044 893.70	1 562 689.70	2 944 416.60	2 964 501.80	3 244 339.90
流动资产合计	9 336 770.60	12 062 132.00	16 981 067.60	18 268 943.80	21 648 269.20
固定资产	1 872 988.10	2 105 679.10	2 260 072.40	2 243 721.20	2 166 468.20
流动负债合计	7 200 384.90	8 918 400.00	11 909 185.70	13 023 108.80	14 431 848.40
非流动负债合计	80 646.40	1 244 001.50	4 608 983.00	4 101 554.30	5 014 083.80
负债合计	7 281 031.30	10 162 401.50	16 518 168.70	17 124 663.10	19 445 932.20
股东权益合计	5 603 162.20	6 897 669.60	8 292 517.10	9 245 451.70	10 749 609.70
资产总计	12 884 193.50	17 060 071.10	24 810 685.80	26 370 114.80	30 195 541.90

附表 5-3 现金流量表主要项目 单位：万元

项目	2015 年	2016 年	2017 年	2018 年	2019 年
销售商品提供劳务收到的现金	12 590 244.40	15 332 427.30	19 582 033.80	21 123 072.30	23 881 558.90
经营活动产生的现金流量净额	2 676 425.40	2 669 500.90	2 444 262.30	2 786 108.00	3 859 040.40
投资活动产生的现金流量净额	−1 798 919.30	−1 978 108.40	−3 473 960.80	−1 864 228.80	−2 310 770.10
筹资活动产生的现金流量净额	−887 665.30	15 991.20	1 965 164.50	−1 338 716.40	−327 360.10
期初现金及现金等价物余额	527 224.00	518 731.70	1 251 373.00	2 183 165.30	1 795 228.20
现金及现金等价物净增加额	−8 492.30	732 641.30	931 792.30	−387 937.10	1 248 947.80
期末现金及现金等价物余额	518 731.70	1 251 373.00	2 183 165.30	1 795 228.20	3 044 176.00